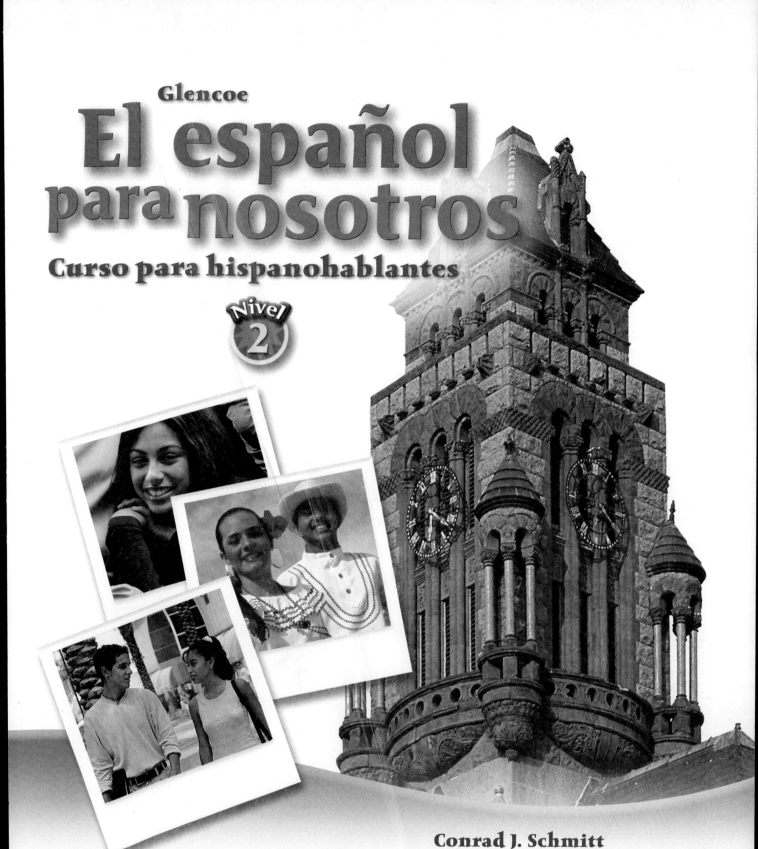

Glencoe
El español para nosotros
Curso para hispanohablantes

Nivel 2

Conrad J. Schmitt

Glencoe

New York, New York   Columbus, Ohio   Chicago, Illinois   Peoria, Illinois   Woodland Hills, California

About the Author

Conrad J. Schmitt received his B.A. degree magna cum laude in Spanish and French from Montclair State University, Upper Montclair, New Jersey. He received his M.A. from Middlebury College, Middlebury, Vermont, and did additional graduate work at New York University.

Mr. Schmitt has taught Spanish at all academic levels—from elementary school to graduate courses. He was also a visiting professor at the Graduate School of Education, Rutgers University, where he taught courses in Foreign Language Education. Mr. Schmitt served as Supervisor of Foreign Languages for the Hackensack, New Jersey, Public Schools where he also developed curriculum for Latino students. He served for many years as Editor-in-Chief of Foreign Langages, Bi-lingual Education, and ESL/EFL for the McGraw-Hill Companies.

Mr. Schmitt is the author of more than one hundred textbooks including the *¿Cómo te va?, ¡Buen viaje!,* and *El español para nosotros* series, all published by Glencoe/McGraw-Hill. He also authored *A Cada Paso,* a series for Spanish-speaking students in the elementary grades.

Mr. Schmitt has addressed teacher groups in all states of the United States. He has given seminars in Japan, the People's Republic of China, Taiwan, the Philippines, Thailand, Iran, Egypt, Germany, Spain, Portugal, Haiti, Jamaica, Mexico, Panama, Colombia, and Brazil. Mr. Schmitt has traveled extensively throughout Spain and all of Latin America.

The McGraw-Hill Companies

Send all inquiries to:
Glencoe/McGraw-Hill
8787 Orion Place
Columbus, OH 43240-4027

ISBN: 0-07-862003-1 *(Student Edition)*
ISBN: 0-07-864065-2 *(Teacher Wraparound Edition)*

Printed in the United States of America.

5 6 7 8 079/055 10 09

Muy distinguidos padres,

El programa escolar **El español para nosotros,** Niveles 1 y 2 se dirige a los alumnos que por ascendencia o ambiente familiar ya tienen la ventaja de conocer el español. Al desarrollar el programa se ha tomado en cuenta que el nivel de dominio que ha alcanzado cada alumno(a) variará según su experiencia personal. **El español para nosotros** eliminará para su hijo(a) la necesidad de perder el tiempo aprendiendo lo que no le hace falta tal como, «¡Hola, María! ¿Cómo estás?»

Cada capítulo del libro se divide en seis secciones, cada una de las cuales tiene una meta específica para el beneficio personal de su hijo(a) en su adquisición de destrezas mayores en su uso del español.

Historia y cultura En esta sección su hijo(a) estudiará la historia y la cultura del vasto mundo hispanohablante o hispanoparlante. Se familiarizará con la gran diversidad cultural hispana o latina en todas las regiones donde se habla español incluyendo Estados Unidos. Se espera que su hijo(a) se dará cuenta de la gran ventaja que tiene de poder identificarse con más de una cultura.

Conocimientos para superar En esta sección su hijo(a) va a aprender el vocabulario que necesitará para hablar y escribir sobre temas específicos que tratan de artes y letras, ciencias, comercio, finanzas, derecho, gobierno, etc. La meta primordial de esta sección es la de aumentar el poder verbal de su hijo(a) cn la lengua española. Frecuentemente los alumnos que hacen sus estudios en EE.UU. son expuestos a los términos de esta índole únicamente en inglés. Esta sección les permitirá superar la desventaja de no poder discutirlos eficazmente en español por falta de las palabras apropiadas.

Lenguaje y gramática Esta sección de cada capítulo introducirá a su hijo(a) a los aspectos gramaticales (estructurales), mecánicos (de puntuación, etc.) y ortográficos de la lengua española. Llegará a comprender y apreciar los regionalismos que existen en una lengua que se habla oficialmente en muchos países del mundo. Además aprenderá a evitar algunos errores frecuentes que cometen muchos hablantes de la lengua.

Literatura Esta sección presentará a su hijo(a) las grandes obras de las letras hispanas. Llegará a apreciar las varias formas literarias—poesía, prosa, novela, ensayo, cuento, teatro. Leerá obras de autores de muchos países hispanohablantes.

Composición Esta sección le dará a su hijo(a) la oportunidad de expresarse bien en forma escrita. Le enseñará a escribir cartas personales y comerciales, escritos narrativos, expositivos, persuasivos, biográficos, etc. Le ayudará a organizar sus ideas y presentarlas de una manera coherente e interesante.

Conexión con el inglés Esta sección le indicará a su hijo(a) las diferencias lingüísticas entre las dos lenguas que oye a diario—el español y el inglés. Al hacer estas comparaciones aprenderá cómo funcionan los idiomas. Los lingüistas dicen que el que no puede comparar un idioma con otro nunca llegará a comprender como funcionan los idiomas.

Esperamos que su hijo(a) llegará a apreciar la lengua española y todas las culturas, letras y riquezas que surgen de ella.

Respetuosamente,

Conrad J. Schmitt

Contenido

Capítulo 1

Objetivos

En este capítulo vas a:

- estudiar algunos grupos precolombinos importantes
- estudiar lo que es el gobierno y sus diferentes formas
- aprender el pretérito de algunos verbos irregulares; estudiar regionalismos en la pronunciación y el uso de vocablos
- leer *¿Quién sabe?* de José Santos Chocano y un fragmento de *Walimai* de Isabel Allende
- comparar el tiempo pasado en inglés y en español

Lo indígena

Capítulo 2

Objetivos

En este capítulo vas a:

- estudiar la influencia de la geografía en la vida latinoamericana
- aprender los elementos necesarios para mantener la salud
- estudiar el presente y el pretérito de verbos de cambio radical; estudiar regionalismos en la lengua; familiarizarte con unas influencias del inglés en el español; estudiar la pronunciación y la ortografía de la letra x
- aprender lo que es una fábula y leer *El cuervo y el zorro* de Félix de Samaniego
- familiarizarte con algunas influencias del español en inglés y el uso de algunos regionalismos

Comida y vida

Contenido

Capítulo 3

Objetivos

En este capítulo vas a:

* leer una carta famosa escrita por Hernán Cortés al rey de España durante la conquista de México; familiarizarte con algunos elementos del lenguaje antiguo

* aprender el lenguaje informático relacionado con la computadora

* estudiar la formación de algunos usos del imperfecto; analizar oraciones sencillas y oraciones compuestas; repasar los problemas ortográficos con b y v

* aprender lo que son romances y corridos; leer el romance *Abenámar* y el corrido *En Durango comenzó*; leer el romance *Canción de jinete* de Federico García Lorca; leer *El recado* de Elena Poniatowska y *El mensajero de San Martín* de autor anónimo

* contrastar el imperfecto en español y en inglés igual que las oraciones sencillas y compuestas

¿Carta o computadora?

Capítulo 4

Objetivos

En este capítulo vas a:

- ❋ aprender como se efectúan las compras en España y en Latinoamérica—en zonas urbanas y rurales

- ❋ familiarizarte con el vocabulario necesario para expresarte bien en forma oral y escrita sobre el comercio y la contabilidad

- ❋ estudiar la diferencia entre el pretérito y el imperfecto y como narrar una serie de eventos en el pasado; analizar oraciones complejas; repasar los problemas ortográficos con c, s, z

- ❋ leer *Angelita, o el gozo de vivir* de Mercedes Ballesteros

- ❋ comparar los usos del pretérito e imperfecto en español con el pasado sencillo en inglés

De tiendas

Contenido

Capítulo 5

Objetivos

En este capítulo vas a:

- estudiar la gran variedad de estilos y géneros musicales latinos
- estudiar la historia del teatro en España y Latinoamérica
- estudiar el futuro de los verbos regulares; estudiar las diferentes maneras en que se puede expresar el futuro; estudiar el futuro de probabilidad; aprender la diferencia entre el comparativo y el superlativo; aprender las partes del discurso y repasar la ortografía de palabras con j y g
- leer la obra teatral *Mi adorado Juan* del dramaturgo español Miguel Mihura; leer la poesía *Danza negra* del poeta puertorriqueño Luis Palos Mates y *A Santos Vega*, el poema gauchesco sobre un payador del poeta argentino Bartolomé Mitre
- contrastar el futuro en inglés y en español y el uso del comparativo y superlativo

Pasatiempos culturales

Capítulo 6

Objetivos

En este capítulo vas a:

- estudiar la historia pasada y actual de España
- aprender el vocabulario necesario para discutir la industria hotelera y la importancia del turismo
- estudiar el tiempo futuro de los verbos irregulares y los complementos de pronombres directos e indirectos en la misma oración; analizar casos problemáticos de la concordancia verbal; repasar los problemas ortográficos con **h**
- leer unos trozos de *El ingenioso hidalgo don Quijote de la Mancha* de Miguel de Cervantes Saavedra
- contrastar el futuro en español y en inglés; estudiar casos particulares de concordancia verbal en inglés

España

Contenido

Capítulo 7

Objetivos

En este capítulo vas a:

- ❂ estudiar las diferentes olas de migración y los motivos de ellas; apreciar los obstáculos con que se han enfrentado muchos inmigrantes
- ❂ aprender lo que es la ciencia política y familiarizarte con los términos necesarios para discutir el gobierno y asuntos exteriores
- ❂ estudiar el modo condicional o potencial, el complemento se; repasar el silabeo, acento y uso de la tilde; aprender lo que es un soneto
- ❂ leer *Al partir* de Gertrudis de Avellaneda, *El campesino quiere ir al otro lado* de J.W. Rivers, *Versos sencillos* de José Martí
- ❂ contrastar el modo potencial o condicional en español y en inglés

Movimiento poblacional

Capítulo 8

Objetivos

En este capítulo vas a:

* aprender lo que es una lengua romance y cuales son las lenguas romances

* leer un capítulo de un libro escolar sobre la salud para familiarizarte con los conceptos y la terminología para discutir la salud mental y emocional

* estudiar el presente perfecto y el comparativo de igualdad; repasar los diptongos

* leer *La señorita Cora* de Julio Cortázar, *En paz* de Amado Nervo y *El viaje definitivo* de Juan Ramón Jiménez

* contrastar el presente perfecto en español e inglés; estudiar los participios pasados en inglés; contrastar el comparativo de igualdad en español e inglés

El bienestar

Contenido

Capítulo 9

Objetivos

En este capítulo vas a:

- ❖ estudiar las diferencias sociales y económicas entre la vida urbana y rural en Latinoamérica
- ❖ familiarizarte con el vocabulario necesario para discutir la nueva e importante rama de ciencia—la ecología
- ❖ estudiar el imperfecto progresivo, la colocación de los pronombres de complemento, los adjetivos y pronombres demostrativos
- ❖ leer *Ojerosa y pintada* de Agustín Yáñez y *Ya están ahí las carretas* de Juan Ramón Jiménez
- ❖ contrastar los demostrativos en español e inglés

Campo y ciudad

Capítulo 10

Objetivos

En este capítulo vas a:

- ❧ estudiar la historia de algunos productos indígenas de las Américas

- ❧ familiarizarte con la terminología necesaria para expresar fórmulas en varias ramas de matemáticas como la aritmética, álgebra y geometría

- ❧ estudiar el imperativo formal, la colocación de los pronombres de complemento con el imperativo, las conjunciones **y, o —> e, u**

- ❧ leer *El Castellano viejo* de Mariano José de Larra, *Como agua para chocolate* de Laura Esquivel

- ❧ contrastar el imperativo en español e inglés

El arte de comer

Contenido

Capítulo 11

Objetivos

En este capítulo vas a:

- ❖ estudiar el rasgo de individualismo y como se influye en el comportamiento y la toma de decisiones
- ❖ leer trozos de un manual de conductores y familiarizarte con el vocabulario vehicular y el de la carretera
- ❖ aprender las formas del imperativo familiar y familiarizarte con algunos regionalismos relacionados con el carro y la carretera
- ❖ leer *La misma lejanía* de Miguel Armenta
- ❖ contrastar algunos regionalismos españoles e ingleses

Conducta

Capítulo 12

Objetivos

En este capítulo vas a:

- ❋ estudiar la historia de las misiones españolas en Estados Unidos
- ❋ familiarizarte con el vocabulario necesario para discutir asuntos policíacos y judiciales
- ❋ aprender varios usos del subjuntivo y la formación del subjuntivo y repasar algunos problemas ortográficos
- ❋ leer un trozo de *Zalacaín el aventurero* de Pío Baroja y *El crimen fue en Granada* de Antonio Machado
- ❋ contrastar el subjuntivo en inglés y en español

Servicios y gobierno

Contenido

Capítulo 13

Objetivos

En este capítulo vas a:

- estudiar características de la familia hispana o latina
- familiarizarte con el vocabulario necesario para leer y hablar de temas biológicos incluyendo la genética y la herencia
- estudiar más usos del subjuntivo; repasar unos problemas ortográficos
- leer *El hermano ausente en la cena de Pascua* de Abraham Valdelomar, *Temprano y con sol* de Pardo Bazán y *Dicen que me case yo* de Gil Vicente

Familia y fiestas

Capítulo 14

Objetivos

En este capítulo vas a:

- estudiar los sistemas educativos en Latinoamérica y explorar algunas profesiones y oficios importantes
- familiarizarte con el vocabulario necesario para leer y explicar textos sobre la química
- contrastar el uso del subjuntivo o del infinitivo; repasar algunos problemas ortográficos
- leer *El don rechazado* de Rosario Castellanos y *Recuerdo de la madre ausente* de Gabriela Mistral

Profesiones y ciencias

Contenido

Handbook

Guía de símbolos

En **El español para nosotros** verás los siguientes símbolos, o iconos.

 Audio Este icono indica el contenido del texto que está grabado.

 Actividad en parejas Este icono indica que puedes hacer esta actividad con un(a) compañero(a) de clase.

 Actividad en grupo Este icono indica que puedes hacer esta actividad en grupos.

El mundo hispanohablante

El español es el idioma de más de 350 millones de personas en todo el mundo. La lengua española tuvo su origen en España. A veces se le llama cariñosamente «la lengua de Cervantes», el autor de la novela más famosa del mundo y del renombrado personaje, *Don Quijote*. Los exploradores y conquistadores españoles trajeron su idioma a las Américas en los siglos XV y XVI. El español es la lengua oficial de casi todos los países de Centro y Sudamérica. Es la lengua oficial de México y varias naciones del Caribe. El español es también la lengua de herencia de unos 40 millones de personas en Estados Unidos.

▼ España

▲ México

◀ Perú

▲ Chile

El mundo

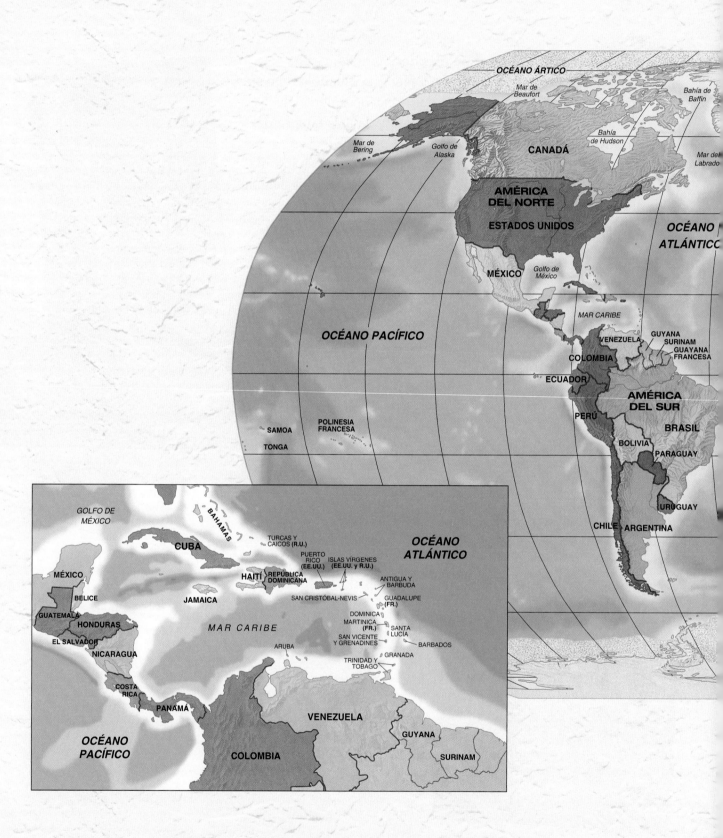

OCÉANO ÁRTICO

Mar de Beaufort

Bahía de Baffin

Mar de Bering

Golfo de Alaska

CANADÁ

Bahía de Hudson

Mar del Labrado

AMÉRICA DEL NORTE

ESTADOS UNIDOS

OCÉANO ATLÁNTICO

MÉXICO

Golfo de México

OCÉANO PACÍFICO

MAR CARIBE

VENEZUELA

GUYANA
SURINAM
GUAYANA FRANCESA

COLOMBIA

ECUADOR

AMÉRICA DEL SUR

PERÚ

BRASIL

BOLIVIA

PARAGUAY

SAMOA

POLINESIA FRANCESA

TONGA

URUGUAY

CHILE   ARGENTINA

GOLFO DE MÉXICO

BAHAMAS

CUBA

TURCAS Y CAICOS (R.U.)

OCÉANO ATLÁNTICO

PUERTO RICO (EE.UU.)

ISLAS VÍRGENES (EE.UU. y R.U.)

MÉXICO

HAITÍ   REPÚBLICA DOMINICANA

ANTIGUA Y BARBUDA

BELICE

JAMAICA

SAN CRISTÓBAL-NEVIS

GUADALUPE (FR.)

GUATEMALA

HONDURAS

MAR CARIBE

DOMINICA

MARTINICA (FR.)

SANTA LUCÍA

EL SALVADOR

NICARAGUA

ARUBA

SAN VICENTE Y GRENADINES

BARBADOS

GRANADA

COSTA RICA

PANAMÁ

TRINIDAD Y TOBAGO

OCÉANO PACÍFICO

VENEZUELA

COLOMBIA

GUYANA

SURINAM

OCÉANO ÁRTICO

Mar de Groenlandia

Mar de Noruega

Mar de Barents

Mar de Kara

Mar de Láptiev

RUSIA

ASIA

Mar de Ojotsk

Mar del Norte

EUROPA

KAZAJSTÁN

MONGOLIA

CHINA

COREA DEL NORTE

Mar del Japón

JAPÓN

Mar Negro

GEORGIA ARMENIA

UZBEKISTÁN

KIRGUIZITÁN

COREA DEL SUR

TURQUÍA

LÍBANO

SIRIA

TURKMENISTÁN

TAYIKISTÁN

OCÉANO PACÍFICO

Mar MEDITERRÁNEO

ISRAEL

IRAK

JORDANIA

AZERBAIJÁN

AFGANISTÁN

IRÁN

NEPAL

BHUTÁN

Mar de la China oriental

MELILLA

TÚNEZ

KUWAIT

BAHREIN

PAKISTÁN

TAIWÁN

UECOS

QATAR

EMIRATOS ÁRABES UNIDOS

INDIA

ARGELIA

LIBIA

EGIPTO

ARABIA SAUDITA

OMÁN

BANGLADESH

MYANMAR

LAOS

Mar de la China meridional

TANIA

MALÍ

NÍGER

CHAD

SUDÁN

ERITREA

YEMEN

Golfo de Bengala

TAILANDIA

FILIPINAS

MARSHALL

BURKINA FASO

NIGERIA

ÁFRICA

DJIBOUTI

VIETNAM

MICRONESIA

GHANA

BENIN

REPÚBLICA CENTROAFRICANA

ETIOPÍA

SRI LANKA

CAMBOYA

BRUNEI

PALAU

LIBERIA

TOGO

CAMERÚN

UGANDA

SOMALIA

MALDIVAS

MALAYSIA

KIRIBATI

OMÉ E PRÍNCIPE

GABÓN

REP. DEL CONGO

KENYA

SINGAPUR

NAURÚ

GUINEA ECUATORIAL

REP. DEM. DEL CONGO

RUANDA

BURUNDI

SEYCHELLES

OCÉANO ÍNDICO

INDONESIA

PAPÚA-NUEVA GUINEA

SALOMÓN

TUVALU

ANGOLA

TANZANIA

ISLAS COMORES

WALLIS Y FUTUNA

ZAMBIA

MALAWI

MOZAMBIQUE

MADAGASCAR

MAURICIO

Mar del Coral

VANUATU

ISLAS FIJI

CÉANO ÁNTICO

NAMIBIA

ZIMBABWE

REUNIÓN

AUSTRALIA

NUEVA CALEDONIA

BOTSWANA

SUDÁFRICA

SWAZILANDIA

LESOTHO

Mar de Tasmania

NUEVA ZELANDIA

NTÁRTIDA

NORUEGA

FINLANDIA

SUECIA

ESTONIA

IRLANDA

REINO UNIDO

DINAMARCA

LETONIA

RUSIA

LITUANIA

RUSIA

PAISES BAJOS

BÉLGICA

ALEMANIA

POLONIA

BELARÚS

LUXEMBURGO

OCÉANO ATLÁNTICO

REPÚBLICA CHECA

UCRANIA

FRANCIA

SUIZA

AUSTRIA

ESLOVAQUIA

HUNGRÍA

MOLDOVA

ANDORRA

ESLOVENIA

CROACIA

RUMANIA

GEORGIA

PORTUGAL

ESPAÑA

MÓNACO

BOSNIA HERZOGOVINA

YUGOSLAVIA (Fed. Rep.)

BULGARIA

Mar Negro

ITALIA

ALBANIA

MACEDONIA

TURQUÍA

MELILLA

Mar Mediterráneo

GRECIA

SIRIA

CEUTA

ÁFRICA

MALTA

CHIPRE

LÍBANO

El mundo hispanohablante

España

CAPITAL
Madrid

POBLACIÓN
40.217.000

NOTAS NOTABLES
Las verdes colinas de Galicia, los dorados campos de Castilla y los pueblos blancos de Andalucía tanto como las áreas industriales de Cataluña y el País Vasco pertenecen todos a la bella España. En diferentes épocas, tierra de íberos, cartagineses, romanos, celtas y moros, España es la cuna de la lengua española, lengua de naciones en los cinco continentes. Madrid, en pleno centro del país es un importante centro cultural de Europa.

México

CAPITAL
México, Distrito Federal (D.F.)

POBLACIÓN
104.908.000

NOTAS NOTABLES
Precioso México comparte la frontera con Estados Unidos. Esta magnífica nación de herencia azteca, maya y española es un país de contrastes: ciudades cosmopolitas como la Ciudad de México; centros industriales como Monterrey; pintorescos pueblos como Taxco y San Miguel de Allende; famosísimas playas como Acapulco y Cancún e impresionantes vestigios de civilizaciones precolombinas en Chichén Itzá y Tulum.

Estados Unidos

CAPITAL
Washington, DC

POBLACIÓN
290.343.000

NOTAS NOTABLES
La influencia española y mexicana ha sido notable en el sudoeste de Estados Unidos desde hace generaciones. Más reciente ha sido la difusión de las culturas hispanas a todas las áreas del país. Los que han llegado recientemente del Caribe, Centro y Sudamérica traen consigo su lengua, sus tradiciones, música y cocina, agregándolas a la riquísima diversidad de este país multicultural. Hoy se oye hablar español en Nueva York, Chicago, Denver y Minneapolis igual que en Miami, El Paso, Santa Fe y Los Ángeles.

Guatemala

CAPITAL
Guatemala

POBLACIÓN
13.909.000

NOTAS NOTABLES
Guatemala, país de verdor con una gran población indígena—descendientes de los mayas. Las ruinas de magníficas ciudades cubiertas de hierbas nos hablan de una civilización que duró unos dos mil años y cuya decadencia todavía no se explica. Guatemala es hermosa con sus volcanes, montañas, selvas y pintorescos pueblos y aldeas como Antigua, Panajachel y Chichicastenango.

El Salvador

CAPITAL
San Salvador

POBLACIÓN
6.470.000

NOTAS NOTABLES
El Salvador es la más pequeña y la más densamente poblada de las repúblicas centroamericanas. También es la única sin costa en el Atlántico. Dos cordilleras atraviesan el país con numerosos picos volcánicos.

Honduras

CAPITAL
Tegucigalpa

POBLACIÓN
6.670.000

NOTAS NOTABLES
Un país, tradicionalmente agrícola, un tercio de Honduras es fértil tierra de labrantío. Su población es tranquila y simpática con una amable sonrisa para el extranjero. Las ciudades más importantes son Tegucigalpa y San Pedro Sula. Como la vecina Guatemala, Honduras posee impresionantes ruinas precolombinas como las de Copán.

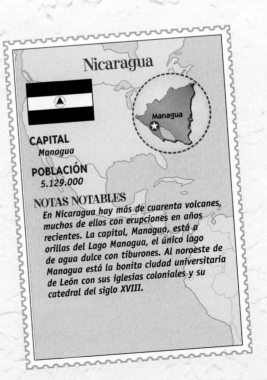

Nicaragua

CAPITAL
Managua

POBLACIÓN
5.129.000

NOTAS NOTABLES
En Nicaragua hay más de cuarenta volcanes, muchos de ellos con erupciones en años recientes. La capital, Managua, está a orillas del Lago Managua, el único lago de agua dulce con tiburones. Al noroeste de Managua está la bonita ciudad universitaria de León con sus iglesias coloniales y su catedral del siglo XVIII.

El mundo hispanohablante

Costa Rica

CAPITAL
San José

POBLACIÓN
3.896.000

NOTAS NOTABLES
Para muchos, Costa Rica es un lugar muy especial. Los «ticos» son serenos, atentos y amistosos. Costa Rica no tiene ejército y se enorgullece de tener más profesores que policías. Tiene soleadas playas en el Pacífico, selvas tropicales en la costa del Caribe, ciudades cosmopolitas como San José, montañas altas y bellos valles. Costa Rica es un paraíso para el turista y hogar para muchos expatriados norteamericanos.

Panamá

CAPITAL
Panamá

POBLACIÓN
2.961.000

NOTAS NOTABLES
Panamá es un país de variedades—variedad de razas, costumbres y bellezas naturales. Es un país de bosques tropicales, montañas, preciosas playas, excelente pesca, lagos pintorescos, ríos y dos océanos, y una maravilla de ingeniería—el Canal de Panamá. Panamá es también el mayor centro financiero de Latinoamérica. ¡Todo esto en sólo 77.432 kilómetros cuadrados!

Cuba

CAPITAL
La Habana

POBLACIÓN
11.263.000

NOTAS NOTABLES
La Habana, la capital de Cuba, es famosa por su bellísima arquitectura colonial. Esta exuberante isla, cerca de la Florida, es uno de los mayores productores de caña de azúcar en el mundo. El gobierno de Fidel Castro ha estado en poder desde el derrocamiento del dictador Fulgencio Batista en 1959.

La República Dominicana

CAPITAL
Santo Domingo

POBLACIÓN
8.716.000

NOTAS NOTABLES
La República Dominicana comparte la isla de La Española con Haití. La universidad más antigua de nuestro hemisferio es la Universidad de Santo Domingo, fundada en la ciudad de Santo Domingo. Los dominicanos son apasionados fanáticos del béisbol. Este relativamente pequeño país ha contribuido gran número de estrellas de las Grandes Ligas.

Puerto Rico

CAPITAL
San Juan

POBLACIÓN
3.886.000

NOTAS NOTABLES
Los puertorriqueños con gran afecto llaman su isla «La isla del encanto». Estado Libre Asociado de Estados Unidos, Puerto Rico es una isla de profusa vegetación tropical con playas en las costas del Atlántico y el Caribe, preciosas montañas en el interior, y bosques tropicales. Sólo en Puerto Rico vive el querido coquí—una ranita muy tímida que no deja que nadie la vea.

Venezuela

CAPITAL
Caracas

POBLACIÓN
24.655.000

NOTAS NOTABLES

Venezuela es el nombre que los exploradores españoles le dieron al país en 1499 cuando encontraron pueblos construidos sobre las aguas y donde los indígenas comerciaban en canoas. Estos canales y vías fluviales les recordaban a Venecia, Italia. Caracas es una gran ciudad cosmopolita de rascacielos rodeada de montañas y metida en un angosto valle de nueve millas de largo. El Salto del Ángel en el sur del país es el salto más alto del mundo a una altura de 3.212 pies con una caída ininterrumpida de 2.638 pies.

Colombia

CAPITAL
Bogotá

POBLACIÓN
41.662.000

NOTAS NOTABLES

Colombia cubre un territorio de montañas, selvas y llanuras de más de 440.000 millas cuadradas. En el centro del país, en un valle andino, está Bogotá a 8.640 pies sobre el nivel del mar. En la costa caribeña en el norte hay preciosas playas; en el sur se encuentran selvas y el puerto de Leticia que queda en el río Amazonas.

Ecuador

CAPITAL
Quito

POBLACIÓN
13.710.000

NOTAS NOTABLES

Ecuador deriva su nombre del ecuador, la línea ecuatorial que atraviesa el país. Pasando por el centro hay dos cordilleras andinas con magníficos volcanes. Entre las cordilleras está el valle central donde reside la mitad de la población. Y allí está la capital, Quito, bella ciudad colonial. Las islas Galápagos con su increíble fauna, pertenecen a Ecuador.

Perú

CAPITAL
Lima

POBLACIÓN
28.410.000

NOTAS NOTABLES

Perú, igual que Ecuador, se divide en tres áreas geográficas—una estrecha franja costal desértica en el Pacífico, el altiplano andino donde vive la mitad de la población y la selva amazónica al este. Lima está en la costa, y durante unos nueve meses del año está cubierta de una neblina llamada la garúa. Perú es famoso por su herencia incaica. Hay poco que se puede comparar con la vista de Machu Picchu que se le presenta al visitante. Es una ciudad inca, un impresionante complejo arquitectónico en las alturas de los Andes.

Bolivia

CAPITAL
La Paz

POBLACIÓN
8.568.000

NOTAS NOTABLES

Bolivia es uno de los dos países sudamericanos sin costa. Las montañas dominan su paisaje. La Paz es la ciudad de mayor altura en el mundo a unos 12.500 pies sobre el nivel del mar. En Bolivia también está el lago Titicaca rodeado de pintorescos pueblos de los indios aymara. No hay lago navegable en el mundo a mayor altura.

Chile

CAPITAL
Santiago

POBLACIÓN
15.665.000

NOTAS NOTABLES
Chile, largo y angosto, nunca con más de 111 millas de ancho, se extiende unos 2.666 millas de norte a sur a lo largo del Pacífico. Los imponentes Andes lo separan de Bolivia y Argentina. En el norte del país lo característico es el aridísimo desierto de Atacama; en el sur los inhóspitos glaciares y los fiordos de la Patagonia. Más de la tercera parte de la población reside en el área de Santiago.

Argentina

CAPITAL
Buenos Aires

POBLACIÓN
38.741.000

NOTAS NOTABLES
Muchos consideran a Argentina la más europea de las naciones sudamericanas. Buenos Aires es una bella ciudad de parques, boutiques, restaurantes y anchas avenidas. Argentina es famosa por su carne, el bife que viene del ganado que pace en las enormes estancias de la Pampa. Más al sur en la frontera con Chile está la preciosa área de los lagos con sus pintorescos pueblos cerca de Bariloche. Al extremo sur está la Patagonia con su rocoso terreno donde pacen las ovejas de los galeses.

Paraguay

CAPITAL
Asunción

POBLACIÓN
6.037.000

NOTAS NOTABLES
Paraguay, como Bolivia, no tiene costa. Asunción, ubicado sobre siete colinas de la orilla este del río Paraguay, es donde vive la quinta parte de la población. Casi en pleno centro de Sudamérica, esta pintoresca ciudad queda casi equidistante entre el Atlántico y los Andes. Al oeste del río Paraguay se encuentra el Chaco—un área de matorrales, seca, calurosa y azotada por los vientos.

Uruguay

CAPITAL
Montevideo

POBLACIÓN
3.413.000

NOTAS NOTABLES
Uruguay es el país más pequeño de Sudamérica. Casi todo el terreno se dedica al ganado, vacuno y ovejuno. Montevideo, ubicado donde el río de la Plata desemboca en el Atlántico, es una ciudad tranquila cuyos suburbios se parecen más a bonitos balnearios. Las playas del Atlántico uruguayo, especialmente Punta del Este, atrae a muchos brasileños y argentinos.

Ceuta y Melilla

POBLACIÓN
72.200

NOTAS NOTABLES
Ceuta y Melilla, en la costa norte de África, constituyen una comunidad autónoma de España. Ambas ciudades modernas son puertos libres y presentan una bella mezcla de culturas: cristiana, islámica, hebrea e hindú.

Guinea Ecuatorial

Malabo

CAPITAL
Malabo

POBLACIÓN
510.000

NOTAS NOTABLES
La República de Guinea Ecuatorial, en la costa oeste de África entre Gabón y Camerún, antes de su independencia era la Guinea Española. Ocupa 10.000 millas cuadradas en el continente y varias islas pequeñas. La capital, Malabo, está en la isla de Bioko. Su lengua oficial es el español.

Las Islas Filipinas

Manila

CAPITAL
Manila

POBLACIÓN
84.620.000

NOTAS NOTABLES
La República de las Filipinas es un archipiélago del Pacífico sur. La lengua oficial del país es el pilipino, que antes se llamaba tagalo, un idioma con muchos préstamos del español. La influencia española fue enorme en los siglos XVII, XVIII y XIX cuando las Filipinas eran una colonia española. Muchos filipinos tienen nombres españoles y muchos todavía hablan español.

España

OCÉANO ATLÁNTICO

FRANCIA

MAR CANTÁBRICO

Golfo de Vizcaya

ANDORRA

La Coruña

Santander

San Sebastián

Santiago de Compostela

Oviedo

Asturias

Cantabria

Bilbao

Roncesvalles

Galicia

CORDILLERA CANTÁBRICA

País Vasco

Pamplona

LOS PIRINEOS

León

Burgos

Navarra

Cataluña

Castilla y León

Rioja

Río Ebro

Zaragoza

Barcelona

Valladolid

Río Duero

Aragón

PORTUGAL

Salamanca

Segovia

Río Tajo

Menorca

Ávila

SIERRA DE GUADARRAMA

Madrid

Comunidad Valenciana

Islas baleares

Palma

Madrid

Valencia

Mallorca

ESPAÑA

Lisboa

Castilla-la Mancha

Ibiza

Río Guadiana

Formentera

Extremadura

Alicante

MAR MEDITERRÁNEO

Río Guadalquivir

Murcia

Murcia

Córdoba

Cartagena

Sevilla

Granada

Andalucía

SIERRA NEVADA

Jerez de la Frontera

Málaga

COSTA DEL SOL

Cádiz

Marbella

Estepona

Gibraltar (R.U.)

Estrecho de Gibraltar

Ceuta (Esp.)

Tánger

OCÉANO ATLÁNTICO

Melilla (Esp.)

ARGELIA

MARRUECOS

Islas Canarias

La Palma

Santa Cruz de Tenerife

Lanzarote

Gomera

Las Palmas

Fuerteventura

Tenerife

MARRUECOS

Hierro

Gran Canaria

ÁFRICA

OCÉANO ATLÁNTICO

SAHARA OCCIDENTAL

La América del Sur

MAR CARIBE

OCÉANO ATLÁNTICO

Barranquilla
Cartagena
Maracaibo
Caracas
Lago de Maracaibo
Río Orinoco
Medellín
VENEZUELA
GUYANA
Santafé de Bogotá
Río Magdalena
SURINAM
COLOMBIA
GUAYANA FRANCESA
Cali

Ecuador
Otavalo
Quito
ECUADOR
Río Amazonas
Islas Galápagos (Ecuador)
Guayaquil
Cuenca

PERÚ

BRASIL

El Callao
Lima
Cuzco
Lago Titicaca
BOLIVIA
La Paz
Cochabamba
Brasília
Santa Cruz
Sucre

CORDILLERA DE LOS ANDES

Trópico de Capricornio
PARAGUAY
Asunción

CHILE

Vicuña
Córdoba
Río Paraná
OCÉANO PACÍFICO
Valparaíso
Rosario
URUGUAY
Santiago
Buenos Aires
Montevideo
ARGENTINA
La Plata
Río de la Plata

PATAGONIA
Mar del Plata

Puerto Montt
OCÉANO ATLÁNTICO

Estrecho de Magallanes
Islas Malvinas (R.U.)
Tierra del Fuego
Punta Arenas

Cabo de Hornos

México, la América Central y el Caribe

OCÉANO PACÍFICO

ESTADOS UNIDOS

Los Ángeles
San Diego
Tijuana
Mexicali
Nogales
Phoenix
Tucson
Santa Fe
La Paz
Golfo de California
Ciudad Juárez
El Paso
Chihuahua
Nuevo Laredo
San Antonio
Dallas

MÉXICO

Puerto Vallarta
Guadalajara
San Luis Potosí
Guanajuato
Acapulco
México
San Miguel de Allende
Oaxaca
Puebla
Veracruz
San Cristóbal de las Casas
Mérida
Campeche

Golfo de México

Nueva Orleáns
Tampa
Miami

Guatemala
Antigua
San Salvador
EL SALVADOR
GUATEMALA
Managua
Tegucigalpa
HONDURAS
BELICE

La Habana
Matanzas
Cienfuegos
CUBA
Santiago de Cuba
Camagüey
Guantánamo

BAHAMAS

OCÉANO ATLÁNTICO

Washington, D.C.

NICARAGUA
Puntarenas
San José
COSTA RICA
Puerto Limón
Colón
Panamá
PANAMÁ

JAMAICA

MAR CARIBE

HAITÍ
REPÚBLICA DOMINICANA
Santo Domingo
Arecibo
PUERTO RICO (EE.UU.)
San Juan
Ponce

Barranquilla
Cartagena
Medellín

COLOMBIA

VENEZUELA

Caracas

OCÉANO ATLÁNTICO

Maine
Augusta
Concord
Massachusetts
Boston
Providence
Rhode Island
Connecticut
Nueva Jersey
Delaware
Maryland
New Hampshire
Vermont
Montpelier
Albany
Nueva York
Hartford
Trenton
Dover
Annapolis
Richmond
Raleigh
L. Ontario
Pensilvania
Harrisburg
Washington, DC
Virginia Occidental
Virginia
Carolina del Norte
L. Erie
Ohio
Columbus
Charleston
Columbia
Carolina del Sur
L. Huron
Michigan
Lansing
Indianápolis
Frankfort
Atlanta
Georgia
Tallahassee
Kentucky
Nashville
Alabama
Montgomery
L. Michigan
Illinois
Indiana
Tennessee
L. Superior
Wisconsin
Madison
Springfield
Misisipi
Jackson
Florida
Iowa
Des Moines
Misuri
Jefferson City
Arkansas
Little Rock
Luisiana
Baton Rouge
Minnesota
Saint Paul
Bismarck
Dakota del Norte
Pierre
Dakota del Sur
Nebraska
Lincoln
Topeka
Kansas
Oklahoma
Oklahoma City
Texas
Austin
Golfo de México
ESTADOS UNIDOS
Denver
Colorado
Santa Fe
Nuevo México
Wyoming
Cheyenne
Montana
Helena
Salt Lake City
Utah
Arizona
Phoenix
Idaho
Boise
Carson City
Nevada
Washington
Salem
Oregón
California
Sacramento
Olympia

CANADÁ

OCÉANO PACÍFICO

MÉXICO

RUSIA
CANADÁ
Alaska
Juneau
Golfo de Alaska
Mar de Bering
OCÉANO PACÍFICO

Hawai
Honolulú
OCÉANO PACÍFICO

El alfabeto

Cada lengua consta de una serie de letras. El nombre que se le da a la serie de letras de una lengua es «alfabeto» o «abecedario». La palabra «alfabeto» viene de las primeras letras del alfabeto griego—**alfa** y **beta**. «Abecedario» viene de las primeras letras latinas— **a, be, ce, de.**

El alfabeto español sigue el orden del alfabeto latino. Hasta 1994, el alfabeto español constaba de treinta letras. Actualmente comprende veinte y siete porque en 1994 la Real Academia de la Lengua Española decidió suprimir la **ch,** la **ll** y la **rr** de la lista. Antes estas se consideraban letras del alfabeto.

El alfabeto español

a — avión

be — bebé

ce — cesta

de — dedo

e — elefante

efe — foto

ge — gemelas

hache — hamaca

i — iglesia

jota — jabón

ka — kilo

ele — lago

eme — mono

ene — nariz

enye — ñame

o
oso

pe
pelo

cu
queso

ere
rana

ese
sala

te
té

u
uva

uve
vaca

doble ve
Washington, D.C.

equis
examen

igriega
yeso

zeta (seta)
zapato

El alfabeto en inglés se usa con más frecuencia que en español por varias razones. La ortografía inglesa es mucho más difícil que la ortografía española y por consiguiente es frecuentemente necesario deletrear una palabra usando las letras del alfabeto. Como el español es una lengua fonética al saber pronunciar una palabra se sabe escribirla porque casi siempre la palabra se escribe como se pronuncia (suena).

da-ma
ti-po
po-pu-lar

Además el sonido de una serie de letras del alfabeto en español no rinde la pronunciación de la palabra. Por ejemplo, el decir **hache-o-igriega-o** no rinde la pronunciación de **hoyo.** Por esta razón la gente suele deletrear usando la letra inicial de una palabra. Usarán:

- ciudades: MATANZAS—**M**adrid, **Á**vila, **T**oledo, **Á**vila, **N**iza, **Z**aragoza, **Á**vila, **S**egovia
- nombres de personas: STERN—**S**usana, **T**omás, **E**lena, **R**oberto, **N**ando
- nombres de cosas: CHICLE—**ch**ocolate, **i**dea, **c**lase, **e**nero

Destrezas y estrategias

"The What, Why, and How of Reading"

¿Qué es lo que es?	¿Por qué es importante?	¿Cómo hacerlo?
Avance El avance es la ojeada que se da a una selección antes de leerla.	El avance te deja empezar a ver lo que ya sabes y lo que tendrás que saber. Te ayuda a fijar un propósito para la lectura.	Mira el título, las ilustraciones, encabezamientos, leyendas y gráficas. Fíjate en como se organizan las ideas. Hazte preguntas sobre el texto.
Hojear El hojear es dar una ojeada rápida a la selección entera para tener una idea general de lo que se trata.	El hojear te informará de lo que trata la selección. Si la selección que hojeas no contiene la información que buscas, no tendrás que leerla en su totalidad.	Lee el título y rápidamente hojea toda la selección. Lee los encabezamientos y subtítulos y quizás parte del primer párrafo para darte una idea general del contenido de la selección.
Otear El otear es leer rápidamente una selección para encontrar información específica.	El otear te ayuda a localizar información enseguida. Te ahorra tiempo cuando tienes que mirar varias selecciones.	Mientras tus ojos pasan rápidamente sobre el texto, busca palabras clave o frases que te ayudarán a localizar la información que buscas.
Predecir El predecir es conjeturar o adivinar de manera pensada lo que va a pasar en la selección.	El predecir te da una razón para leer. Quieres saber si tu predicción y los eventos de la selección concuerdan, ¿no? Mientras leas, ajusta o cambia tu predicción si no conforma con lo que aprendes.	Parea lo que ya sabes de un autor o tema con lo que aprendiste en avance para adivinar lo que estará incluido en el texto.
Resumir El resumir es declarar las ideas principales de una selección en tus propias palabras en una secuencia lógica.	El resumir indica si has comprendido algo. Te enseña a pensar de nuevo sobre lo que has leído y a separar las ideas principales de la información de apoyo.	Hazte la pregunta,—¿De qué trata esta selección? Contesta las preguntas **quién, qué, dónde, cuándo, por qué y cómo.** Pon esa información en un orden lógico.

¿Qué es lo que es?	¿Por qué es importante?	¿Cómo hacerlo?
Aclarar El aclarar es mirar las partes difíciles de un texto para aclarar lo que sea confuso.	Los autores con frecuencia elaboran las ideas una encima de otra. Si no aclaras un pasaje confuso quizás no entenderás las ideas principales ni la información que le sigue.	Vuelve a leer cualquier parte confusa más detenidamente. Busca en el diccionario las palabras que no conoces. Haz preguntas sobre lo que no entiendes. A veces querrás seguir leyendo para ver si alguna información más adelante te ayuda.
Preguntar El preguntar es preguntarte a ti mismo(a) si la información en una selección es importante. El preguntar es también preguntarte continuamente si comprendes lo que has leído.	Cuando haces preguntas mientras lees, estás leyendo estratégicamente. Al contestar tus propias preguntas, te aseguras de que has captado lo esencial del texto.	Ten una conversación contínua contigo mismo(a) mientras leas. Hazte preguntas tales como: ¿Es importante esta idea?, ¿Por qué?, ¿Entiendo de lo que trata esto?, ¿Estará esta información en un examen más adelante?
Visualizar El visualizar es crear una imagen en tu mente de las ideas o descripciones del autor.	El visualizar es una de las mejores maneras de comprender y recordar información en textos de ficción, de no-ficción e informativos.	Lee con cuidado como un escritor describe a una persona, un lugar o una cosa. Entonces pregúntate, ¿a qué se parecería esto?, ¿Puedo ver cómo funcionarán los pasos en este proceso?
Monitorear la comprensión El monitorear tu comprensión quiere decir pensar en que si estás comprendiendo lo que lees.	El propósito de leer es comprender un texto. Cuando no comprendes la selección, en realidad no la estás leyendo.	Sigue haciéndote preguntas sobre las ideas principales, los personajes y eventos. Si no puedes contestar una pregunta, repasa el texto, lee más detenidamente o pídele ayuda a alguien.
Identificar la secuencia El identificar la secuencia es encontrar el orden lógico de ideas o eventos.	En una obra de ficción, los eventos normalmente ocurren en orden cronológico. Con las obras de no-ficción, el comprender el orden lógico de ideas en un escrito te ayuda a seguir el hilo del pensamiento del autor. Recordarás mejor las ideas si reconoces el orden lógico que emplea el autor.	Piensa en lo que el autor está tratando de hacer. ¿Contar una historia? ¿Explicar como funciona algo? ¿Presentar información? Busca pistas o palabras clave que te indicarán un orden cronológico, los pasos en un proceso u orden de importancia.

Destrezas y estrategias

¿Qué es lo que es?	¿Por qué es importante?	¿Cómo hacerlo?
Determinar la idea principal El determinar la idea principal del autor es encontrar la idea o concepto más importante de un párrafo o selección.	El encontrar las ideas principales te prepara para resumir. Cuando encuentras las ideas principales en una selección, también descubres el propósito que tiene el autor para escribirla.	Piensa en lo que sabes del autor y del tema. Busca como el autor ordena las ideas.
Responder El responder es decir lo que te gusta o lo que no te gusta; lo que encuentras sorprendente o interesante en una selección.	Si reaccionas a lo que lees de forma personal, disfrutarás más de una selección y la recordarás mejor.	Al leer, piensa en como te afectan los elementos o las ideas en una selección. ¿Cómo reaccionas ante los personajes de un cuento? ¿Qué es lo que te capta la atención?
Conectar El conectar quiere decir asociar lo que lees con eventos en tu propia vida o a otras selecciones que has leído.	Al conectar eventos, emociones y personajes con los de tu propia vida te sentirás una parte de la lectura y recordarás mejor lo que has leído.	Pregúntate: ¿Conozco alguien que tenga características semejantes? ¿Me he sentido así una vez? ¿Qué más he leído que se parece a esta selección?
Repasar El repasar es volver a leer lo que has leído para recordar lo que es importante y para ordenar las ideas para recordarlas más tarde.	El repasar es especialmente importante cuando tienes que acordarte de mucha información y muchas ideas nuevas.	El llenar un organizador gráfico, como una tabla o un diagrama, mientras lees te ayuda a ordenar la información. Estas ayudas de estudios te servirán más tarde para repasar y prepararte para un examen.
Interpretar El interpretar es usar tus conocimientos del mundo para decidir lo que significan los eventos y las ideas de una selección.	Cada lector construye el significado de una lectura según lo que él o ella comprende del mundo. El interactuar con el texto te ayuda a encontrar y comprender el significado de la lectura.	Piensa en lo que ya sabes de ti y del mundo. Pregúntate: ¿Qué es lo que el autor está tratando de decir aquí? ¿De qué ideas mayores podrían tratar estos eventos?
Inferir El inferir es usar tu razonamiento y experiencia para adivinar lo que el autor no hace patente; lo que no expresa de manera obvia.	Hacer inferencias es clave para encontrar sentido en una selección. El inferir te ayuda a profundizar en los personajes y te lleva al tema o mensaje de una selección.	Busca las claves que el autor te da. Toma nota de las descripciones, del diálogo, de los eventos y relaciones que podrán indicarte algo que el autor quiere que sepas.

¿Qué es lo que es?	¿Por qué es importante?	¿Cómo hacerlo?
Llegar a conclusiones El llegar a conclusiones es usar varios fragmentos de información para hacer una declaración general sobre personas, lugares, eventos e ideas.	El llegar a conclusiones te ayuda a encontrar las conexiones entre ideas y eventos. Es otra herramienta para ayudarte a tener una visión más amplia.	Toma nota de detalles sobre personajes, ideas y eventos. Entonces haz una declaración general sobre estos detalles. Por ejemplo, las acciones de un personaje quizás te hagan pensar que es bondadoso.
Analizar El analizar es mirar cada una de las partes de una selección para comprender la selección en total.	El analizar te ayuda a mirar un escrito con sentido crítico. Al analizar una selección encontrarás su tema o mensaje y descubrirás el propósito que tenía el autor para escribir.	Para analizar un cuento, piensa en lo que está diciendo el autor por medio de los personajes, del escenario y de la trama o del argumento. Para analizar obras de no-ficción, mira la organización e ideas principales. ¿Qué es lo que sugieren?
Sintetizar El sintetizar es combinar las ideas para crear algo nuevo. Puedes sintetizar para llegar a una nueva interpretación o para dar una nueva conclusión al cuento.	El sintetizar te ayuda a alcanzar un nivel más alto de pensamiento. Te ayuda a crear algo nuevo en vez de solo recordar lo que aprendiste de otro.	Piensa en las ideas o información que aprendiste en una selección. Pregúntate: ¿Comprendo algo más que las ideas principales aquí? ¿Puedo crear otra cosa de lo que ya sé?
Evaluar El evaluar es emitir un juicio o formar una opinión sobre algo que has leído. Puedes evaluar un personaje, la habilidad de un autor o el valor de la información en un texto.	El evaluar te ayuda a ser un lector juicioso. Puedes determinar si un autor está cualificado para hablar sobre un tema o si las observaciones del autor tienen sentido. El evaluar te ayuda a determinar la veracidad de la información.	Al leer, hazte preguntas como: ¿Es este personaje realista y verosímil? ¿Está el autor cualificado para escribir sobre este tema? ¿Es imparcial el autor? ¿Presenta el autor sus opiniones como hechos?

Capítulo

1

Lo indígena

Objetivos

En este capítulo vas a:

❖ estudiar algunos grupos precolombinos importantes

❖ estudiar lo que es el gobierno y sus diferentes formas

❖ aprender el pretérito de algunos verbos irregulares; estudiar regionalismos en la pronunciación y el uso de vocablos

❖ leer *¿Quién sabe?* de José Santos Chocano y un fragmento de *Walimai* de Isabel Allende

❖ comparar el tiempo pasado en inglés y en español

Vocabulario para la lectura

Estudia las definiciones de las siguientes palabras.

la alfarería el arte de crear vasijas de barro

la choza un tipo de cabaña cubierta de ramas o paja, un bohío

el culto el homenaje, el honor dado a los dioses

el mito la leyenda, una narración fabulosa de algo que ocurrió en un tiempo pasado remoto

el relevo la sustitución, el reemplazo, uno que toma el lugar o responsabilidad de otro

sanguinario feroz, inhumano

agrupar reunir, formar en grupos

asimilarse incorporarse

desempeñar llevar a cabo, cumplir, llenar o representar

vagar andar sin tener un destino fijo

Una choza en la selva panameña

Poder verbal

ACTIVIDAD 1 **¿Qué palabra necesito?** Completa.

1. Algunos grupos indígenas no lucharon y se ____ con los españoles.
2. En esa cultura, los sacerdotes ____ un papel muy importante.
3. Ellos dirigen el ____ a los diferentes dioses.
4. Todos los vecinos se ____ en un solo lugar para rendir culto a sus dioses.
5. Después, ellos regresan a sus ____ cubiertas de ramas.
6. Algunos son artesanos que practican la ____, creando preciosas vasijas de barro.
7. No sabemos si es verdad lo que dicen sobre el origen de los aborígenes o si es sólo un ____.
8. Pero sí sabemos que ellos tuvieron que ____ por todo el territorio antes de encontrar el lugar en donde establecerse.
9. Los guardias del templo esperan el ____ que vendrá a reemplazarlos.
10. Uno de los dioses es muy ____; insiste en sacrificios humanos.

ACTIVIDAD 2 **Palabras emparentadas** ¿Cuál es una palabra relacionada?

1. la mitología
2. la sangre
3. el grupo
4. el vagabundo
5. similar

Lectura 🎧

Poblaciones indígenas de Latinoamérica

Los incas

Estrategia de lectura

Hojeando Antes de leer detenidamente una selección es muy útil darle primero una ojeada. ¿Qué nos dice el título? ¿Y los subtítulos? Si hay fotos o dibujos, ¿de qué tratan? Todas estas claves nos ayudan a comprender mejor el texto que vamos a leer.

Según la leyenda, los primeros incas fueron creados por Inti, el dios Sol. Se llamaban Manco Cápac y Mama Ocllo. El dios Inti los colocó en el lago Titicaca. Les dio una vara de oro y les dijo que se establecieran en el lugar donde la vara, al enterrarla, desapareciera. En un valle fértil y bello, hundieron la vara y desapareció. En aquel lugar fundaron la ciudad de Cuzco, la capital del imperio incaico.

El imperio incaico se extendió por casi toda la costa occidental de la América del Sur—Ecuador, Perú, Bolivia, el norte de Chile y Argentina. El emperador de los incas se llamaba el Inca. El Inca siempre estaba al tanto de lo que sucedía en todo el imperio. Los incas tenían un sistema excelente de carreteras que unían a Cuzco con todo el imperio. Los chasquis eran mensajeros que corrían grandes distancias llevando órdenes y noticias. Como en una carrera de relevos o de postas, el chasqui pasaba la información a otro que luego seguía corriendo. Los chasquis llevaban quipus. Como los incas no tenían un sistema de escritura perfeccionado, inventaron un sistema de cordones y nudos de varios colores. Estos cordones y nudos, llamados quipus, transmitían datos e ideas. El idioma de los incas era el quechua, y hoy día los indígenas descendientes de los incas en Perú, Ecuador y Bolivia siguen hablando quechua.

La base de la estructura social de los incas era el ayllu. Las familias vivían en grupos de diez. Las dirigía un líder. Él supervisaba su trabajo y mantenía la disciplina. Estas unidades de diez familias luego se agrupaban en un ayllu. Las familias de un ayllu compartían la tierra, los animales y la comida.

El Inca era también la máxima autoridad religiosa. Era el representante en la tierra del Sol. La base de la religión incaica era el culto al Sol, o al Inti.

Chozas de adobe a orillas del lago Titicaca, Bolivia

Un quipu

Fiesta del Inti Raymi, Sacsayhuamán, Perú

Los aztecas

Hay muchas leyendas y mitos que explican el origen de los aztecas en el valle de Anáhuac, actualmente el Valle de México. Una dice que los aztecas vinieron del norte de México y en el año 1168 su dios principal, Huitzilopóchtli, les dijo que abandonaran el territorio donde vivían y que construyeran una nueva ciudad donde encontraran un águila sobre un cacto con una serpiente en la boca. Por años los aztecas estuvieron vagando por México y finalmente en el año 1200 llegaron al valle de Anáhuac donde vivían los toltecas, un grupo culto y poderoso. Los aztecas iban asimilando la cultura, religión y arte de sus vecinos. Y según la leyenda los aztecas fundaron su capital, Tenochtitlán, actualmente la Ciudad de México, en 1325 en una isla pequeña del lago de Texcoco en el Valle de Anáhuac porque allí encontraron un águila sobre un cacto devorando una serpiente. En ese lugar construyeron una ciudad maravillosa de muchas lagunas.

Torre de la Alcaldía, Mérida, México

Los aztecas vivían en pequeñas chozas techadas de pajas y hojas. Comían maíz, frijoles y chiles. Su bebida favorita era el chocolatl, de donde viene la palabra *chocolate*. En el tiempo libre se dedicaban a la alfarería y confeccionaban preciosos tejidos. Hacían diseños en algodón, maguey, piedra, etc.

La religión desempeñaba un papel importante en la vida de los aztecas. Adoraban a muchos dioses: el Sol, la Luna, la Tierra, la Lluvia. Pero la religión azteca era sanguinaria y las ceremonias siempre terminaban con sacrificios humanos. Los aztecas eran guerreros feroces y consultaban con su dios de Guerra antes de entrar en batalla.

Los aztecas dejaron contribuciones importantes en el campo del arte. El famoso calendario azteca es una obra de arte magnífica. Es uno de los objetos arqueológicos más famosos del mundo. Además de ser una obra artística, el calendario da testimonio del gran conocimiento que tenían los aztecas de la astronomía y las matemáticas.

Calendario azteca

Comprensión

A **Comprendiendo nueva información**
Al leer un texto histórico vas a encontrar palabras y conceptos nuevos cuyo significado se entiende por el contexto en que aparecen o porque el texto mismo los define. Identifica las siguientes personas o cosas que aparecen en el texto que acabas de leer.

1. el Inti
2. Cuzco
3. el Inca
4. los chasquis
5. los quipus
6. el ayllu
7. Anáhuac
8. Huitzilopóchtli
9. los toltecas
10. Tenochtitlán

Tenochtitlán

B **Reconociendo lo importante en un texto**
Recuerda que una de las estrategias que ayudan a comprender un texto es enfocar en los títulos interiores o subtítulos. ¿Cuáles son los subtítulos en este texto? Se refieren a dos de los grupos indígenas más importantes, los incas y los aztecas. En ambos casos las descripciones comienzan con leyendas. En tus propias palabras describe la leyenda del origen de los incas y la de la fundación de Tenochtitlán por los aztecas.

Una tejedora quechua, Cuzco

C **Palabras calientes** En la selección sobre los indígenas de Latinoamérica hay varias palabras calientes relacionadas con el tema. Son: **el imperio, la religión, la leyenda.** ¿Qué importancia tienen estas palabras con respecto a los incas y aztecas?

D **Conectando con la gramática** Haz una lista de todos los verbos en el tiempo pretérito que puedas encontrar en la lectura. El primer ejemplo ocurre en la primera oración: **fueron.**

Conocimientos para superar

Conexión con los estudios sociales

Para el estudio de la política y los gobiernos es importante comprender cierta terminología. Algunas palabras básicas son: la anarquía, la democracia, el partido político, el voto, la constitución, los derechos, los poderes, el parlamento, la dictadura. Busca las definiciones de estas palabras antes de comenzar la lectura.

El gobierno y la política

Según el gran historiador británico Arnold J. Toynbee ha habido veintiuna grandes civilizaciones a través de la historia. A estas habría que añadir un número mayor de sociedades primitivas. Las instituciones políticas con autoridad para hacer y hacer respetar las leyes, es decir, los gobiernos, han existido tanto en las sociedades primitivas como en las avanzadas. Las formas y procedimientos han variado, pero la evidencia de los sociólogos e historiadores nos indica que alguna forma de gobierno es indispensable para el funcionamiento de la vida común. Sin gobierno hay anarquía o caos.

Los gobiernos, como toda institución social, varían mucho. La geografía, el clima, la historia, las costumbres, los recursos y el nivel de desarrollo son factores que influyen en las diferencias. Por eso se ve que las formas de gobierno que tienen gran éxito en una sociedad, cuando se trasladan a otra, pueden resultar en un rotundo fracaso.

Arnold Joseph Toynbee

Votando en East Los Ángeles

Gobiernos democráticos (demócratas)

En los países democráticos, como Estados Unidos, muchos países europeos, latinoamericanos y asiáticos, el pueblo tiene el derecho al voto. Todo ciudadano mayor de edad tiene el derecho al voto. Es decir que pueden votar en las elecciones nacionales y locales. Cada partido político apoya a su candidato. En muchos países hay dos o más partidos políticos. Es posible que haya también candidatos independientes. El candidato que recibe la mayoría de los votos es elegido presidente, senador, congresista, gobernador, alcalde o lo que sea.

La Constitución

El presidente de Estados Unidos, por ejemplo, es el jefe ejecutivo del gobierno. La responsabilidad primordial del gobierno es la de proteger los derechos del pueblo. La Constitución es la ley fundamental escrita de la organización del Estado o de la nación. La más antigua de estas constituciones es la estadounidense, que data de 1787. Sirvió de modelo a muchas constituciones, incluyendo a las de muchas de las repúblicas latinoamericanas. La Constitución está organizada sistemáticamente en secciones, títulos y artículos. La Constitución de Estados Unidos dice:

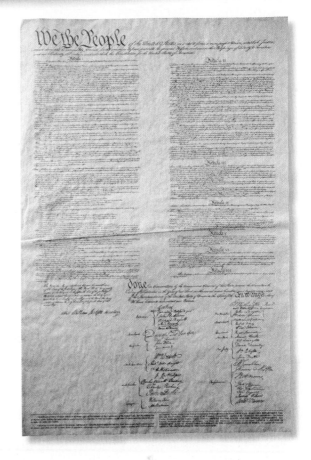

Artículo 1: Sección 1: *Todos los poderes legislativos otorgados por esta Constitución residirán en un Congreso de los Estados Unidos que se compondrá de un Senado y de una Cámara de Representantes.*

Así, en Estados Unidos rige el sistema bicameral—un Congreso formado por un Senado y una Cámara de Representantes.

La Constitución de cada estado indica quienes desempeñarán las funciones políticas más importantes, la forma para determinar la selección de las personas que tendrán esos cargos y los procedimientos para enmendar la misma constitución. El sistema parlamentario prevalece en muchos estados democráticos pero no todos los sistemas parlamentarios son los mismos. El parlamento puede ser bicameral, en el caso de Gran Bretaña y Francia, o unicameral—de una sola Cámara de Representantes (Diputados), en el caso de Costa Rica.

En Costa Rica tanto el presidente como los diputados son elegidos cada cuatro años como en Estados Unidos. En Francia, los ciudadanos eligen por sufragio universal al presidente cada cinco años y el presidente nombra a un primer ministro. Gran Bretaña no tiene presidente y los ciudadanos eligen por sufragio universal a los miembros del parlamento y el partido político mayoritario del parlamento escoge al primer ministro. En países que tienen el mismo sistema que Gran Bretaña existe la posibilidad de no tener un partido mayoritario y varios partidos tienen que unirse para formar una coalición. Luego los partidos de la coalición seleccionan al primer ministro. De vez en cuando la oposición se pone muy en contra de la política del primer ministro. En algunas circunstancias el primer ministro pide el voto de confianza de todos los miembros del parlamento. Y a veces recurre al pueblo con un plebiscito o referéndum. Los ciudadanos votan indicando si están a favor o en contra de la política del primer ministro. Si la mayoría está a favor del primer ministro, este sigue en su cargo; y si la mayoría está en contra, el primer ministro renuncia a su cargo y el parlamento tiene que escoger a otro para reemplazarlo.

Conocimientos para superar

Gobiernos autocráticos

No todos los países tienen gobiernos democráticos. En muchos hay gobiernos autocráticos o despóticos. Son dictaduras. El jefe de una dictadura es el dictador o a veces una junta militar. Bajo un régimen autocrático es común que los ciudadanos no tengan el derecho al voto ni la libertad de palabra. En algunos casos el dictador derroca a un gobierno democrático y revoca la constitución para instalarse en el poder. Si el pueblo no quiere tolerar al gobierno, habrá manifestaciones y sublevaciones. En este caso no es raro que el gobierno declare la ley marcial. A veces imponen un toque de queda, es decir que los ciudadanos no pueden salir a la calle después de una hora determinada.

General Francisco Franco

Comprensión

A **Poder verbal** **Pareo** Parea cada palabra con su definición.

1. tipo de asamblea legislativa
2. dominio que uno tiene para mandar
3. sistema de gobierno en el cual el pueblo tiene el derecho de participar
4. gobierno que se ejerce fuera de las leyes constitutivas de un país
5. falta de todo gobierno, confusión, desorden
6. derecho que tiene el pueblo de elegir a sus líderes
7. agrupación política de los que siguen la misma opinión o interés
8. ley escrita fundamental de un Estado

a. el poder
b. el parlamento
c. el voto
d. la anarquía
e. la democracia
f. la dictadura
g. el partido político
h. la constitución
i. los derechos

B **Buscando información** Contesta.

1. ¿Por qué es necesario tener alguna forma de gobierno?
2. ¿Cuáles son algunos factores que influyen en la organización del gobierno?
3. En una forma democrática de gobierno, ¿qué derecho tiene el pueblo?
4. ¿Quién selecciona a los candidatos?
5. ¿Qué es el presidente de Estados Unidos?
6. ¿Cuál es la responsabilidad primordial del gobierno?
7. ¿Qué es la Constitución?

8. ¿Puede un parlamento ser bicameral o unicameral?
9. ¿Son todos los sistemas parlamentarios los mismos?
10. En Gran Bretaña, ¿a quiénes eligen los ciudadanos?
11. ¿Quién escoge al primer ministro?
12. ¿Cuándo pide el primer ministro un voto de confianza o un plebiscito?
13. ¿Quién es el jefe de un gobierno autocrático?
14. ¿Qué tiene lugar si el pueblo no puede tolerar la política de un gobierno autocrático?
15. A veces, ¿qué declarará el gobierno? ¿Qué impondrá?

C Comparando Explica la diferencia.

1. un gobierno democrático y un gobierno autocrático
2. un sistema unicameral y un sistema bicameral
3. los sistemas parlamentarios de Costa Rica, Francia y Gran Bretaña

D Explicando y parafraseando En tus propias palabras explica lo que dice el *Artículo 1, Sección 1 de la Constitución de los Estados Unidos.*

E Usando lo ya aprendido A ver lo que sabes del gobierno. Contesta las siguientes preguntas.

1. ¿Cuáles son los dos partidos políticos principales de Estados Unidos?
2. ¿Quién es el presidente de Estados Unidos actualmente? ¿A qué partido político pertenece?
3. ¿Quién es el gobernador de tu estado?
4. ¿Cuántos senadores tiene cada estado?
5. ¿Quiénes son los senadores de tu estado?
6. ¿Cuántos congresistas hay en la Cámara de Representantes?
7. ¿Quién es tu congresista o representante?
8. ¿Quién es el alcalde o la alcaldesa de tu pueblo o ciudad?

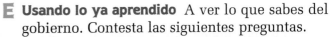

Capitolio, Wáshington, D.C.

Gramática y lenguaje

Verbos irregulares en el pretérito

1. Como sabes, para hablar de lo ocurrido en el pasado, nos valemos de un tiempo pasado del verbo. Uno de los tiempos del pasado es el pretérito cuyas formas regulares ya has estudiado. Varios verbos son irregulares en el pretérito, por ejemplo **hacer, querer** y **venir.** Los tres verbos presentan una **-i** en la raíz. Además, las terminaciones para las primera y tercera personas singular—**yo, él, ella, usted**—se diferencian de los verbos regulares.

HACER	hice	hiciste	hizo	hicimos	hicisteis	hicieron
QUERER	quise	quisiste	quiso	quisimos	quisisteis	quisieron
VENIR	vine	viniste	vino	vinimos	vinisteis	vinieron

2. Los verbos **estar, andar** y **tener** son irregulares en el pretérito. En cada uno hay una **-u** en la raíz.

ESTAR	estuve	estuviste	estuvo	estuvimos	estuvisteis	estuvieron
ANDAR	anduve	anduviste	anduvo	anduvimos	anduvisteis	anduvieron
TENER	tuve	tuviste	tuvo	tuvimos	tuvisteis	tuvieron

¡Ojo! Cuidado con el verbo **andar.** No es regular en el pretérito. Se dice **anduve,** no **andé.**

Ortografía Cuando escribes, tienes que acordarte que las formas del pretérito de **estar, andar** y **tener** se escriben con **v** y no con **b: estuve, estuviste, estuvo, estuvimos, estuvieron.**

3. Los verbos **poder, poner** y **saber** también son irregulares en el pretérito. Igual que hay una **u** en las raíces de **estar, andar** y **tener,** hay una **u** en las raíces de **poder, poner** y **saber.**

PODER	pude	pudiste	pudo	pudimos	pudisteis	pudieron
PONER	puse	pusiste	puso	pusimos	pusisteis	pusieron
SABER	supe	supiste	supo	supimos	supisteis	supieron

¡Ojo! El mayor problema que nos presenta el pretérito es la pronunciación de la segunda persona singular (**tú**). En el habla popular se le agrega una **s** indebidamente al final. Sin duda es por analogía con los otros tiempos del verbo que llevan una **s** al final de la segunda persona singular. No es **estuvistes,** sino **estuviste; supiste** y no **supistes.** Repite los siguientes ejemplos.

Tú estuviste.   Tú pudiste.

Tú anduviste.   Tú pusiste.

Tú tuviste.   Tú supiste.

ACTIVIDAD 1 **Elecciones** Completa con la forma apropiada del verbo indicado.

1. Oye, tú. ¿Por qué no ____ votar en las elecciones? (querer)
2. No es que yo no ____. Yo ____ todo lo posible para votar. (querer, hacer)
3. Nosotros ____ para buscarte y llevarte allí. (venir)
4. El problema es que ____ unos parientes de afuera. (venir)
5. Ellos ____ el viaje sólo para vernos. (hacer)
6. Y yo no ____ abandonarlos. (querer)

Todos vinieron a votar.

ACTIVIDAD 2 **Entretenimientos** Pregúntale a un(a) compañero(a) lo que él o ella y los amigos hicieron para entretenerse la semana pasada. Él o ella te hará las mismas preguntas.

ACTIVIDAD 3 **Ayer** Cambia **hoy** en **ayer** y los verbos del presente en el pretérito.

Hoy tenemos la oportunidad de ver un sitio arqueológico. Andamos por los antiguos caminos. Yo estoy muy contento de ver estas maravillosas ruinas. Todos estamos interesados en las palabras del guía. Él no tiene tiempo para enseñarnos todo porque tenemos que volver a la ciudad temprano.

Los turistas anduvieron por Teotihuacán.

¿B o v? Escribe las siguientes oraciones en el pretérito.

1. Ellos están en el campo.
2. Allí andan por las veredas.
3. Nosotros no tenemos tiempo para ir con ellos.
4. Estamos muy ocupados.
5. Y tú, ¿tienes tiempo para acompañarlos?

Anduvieron por el campo.

 El Club de español Completa con el pretérito.

El otro día yo __1__ (saber) que había elecciones en el Club de español. Yo __2__ (poner) mi nombre en la lista. Pero también __3__ (poner) sus nombres otros cuatro compañeros. Cuando los compañeros __4__ (saber) que yo era candidato __5__ (querer) retirar sus nombres, pero no lo __6__ (hacer). Mi amiga, Lucinda, __7__ (poder) haber ganado, pero ella nunca __8__ (poner) su nombre en la lista. ¡Lástima!

El verbo decir

Decir es un verbo que es irregular tanto en el presente como en el pretérito.

PRESENTE	digo	dices	dice	decimos	decís	dicen
PRETÉRITO	dije	dijiste	dijo	dijimos	dijisteis	dijeron

 6 **¿Quién lo dijo?** Cambia el presente en el pretérito.

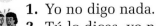
1. Yo no digo nada.
2. Tú lo dices, yo no.
3. ¿Por qué no se lo decimos?
4. Es que él nunca nos dice nada.
5. Los amigos se lo dicen a él, ¿verdad?

7 **Trabajando en grupos** Con frecuencia, especialmente en política, hay una gran diferencia entre lo que uno dice y lo que uno hace. Tú y tu grupo, preparen una lista de cosas que un candidato u otra persona dijo que iba a hacer y lo que en realidad hizo.

¿Qué le dice al alumno el profesor?

Regionalismos

Ya sabemos que nuestro idioma, el español, es la lengua de España, de los países latinoamericanos y de varias áreas de Estados Unidos. Es el idioma de muchas áreas geográficas y de muchos grupos étnicos. Por consiguiente es fácil comprender por qué hay en nuestro idioma lo que llamamos regionalismos. Un regionalismo puede consistir en una variación regional en la pronunciación o en el uso de una palabra. Un regionalismo en muchos casos es completamente normal y aceptable; de ninguna manera es un error.

Pronunciación

Facultad de Farmacia, Universidad de Madrid

La pronunciación varía mucho de una región a otra. Estas variaciones de pronunciación existen en todos los idiomas. Mientras más gente habla el idioma, más variaciones habrá. En España, por ejemplo, la **c** y la **z** se pronuncian como la *th* en inglés. En algunas partes de España la **d** final de una palabra como **universidad** se pronuncia como *th;* en otras partes se pronuncia como una **t** y en otras se suprime; es decir que no se pronuncia. La **j** y la **g** en España suelen ser más fuertes que en Latinoamérica. Es un sonido muy gutural en España.

Ya sabemos que en Latinoamérica el sonido **th** que se oye en muchas partes de España no existe. En todo Latinoamérica se usa el seseo. En el Caribe y en otras regiones, la **s** se aspira. Es decir que no se pronuncia. En Argentina y Uruguay, la **y** y la **ll** se pronuncian casi igual que la *j* en el nombre inglés *Joe.* Todas estas variaciones son ejemplos de regionalismos, y los que los tienen no los deben tratar de cambiar.

Coche en una carretera en España

Uso de vocablos

El uso de vocablos (palabras) tiene variaciones también. Vamos a empezar una vez más con España. En España se dice **el coche,** no **el carro.** En gran parte de Latinoamérica **el coche** es considerado arcaico. En España uno **saca un billete,** no **compra un boleto.** Un alumno **sigue un curso,** no **toma un curso.** Uno baja en **el ascensor,** no baja en **el elevador. El camarero** te atiende en el «restorán», no **el mesero.** La lista es bastante larga.

Como la América Latina es una región tan extensa, existen regionalismos en los distintos países latinoamericanos. Vamos a empezar con las palabras para automóvil. En Chile, Argentina, Uruguay y España se dice mayormente **coche.** En otros países latinoamericanos es un **carro,** pero en Cuba es una **máquina.** Si el nombre que se le da al automóvil cambia de país en país, igual ocurre con los nombres de las piezas del auto, los nombres de otros vehículos y de muchas otras cosas. ¡Vamos a ver! ¿Cuál es la palabra que tú usas?

> **la cajuela, el maletero, la maletera**
> **la goma, el neumático, la llanta, el caucho**
> **el carril, la banda, la vía, la pista, el canal, la mano**
> **el autobús, el bus, el ómnibus, el camión, la guagua, el micro,**
> **el colectivo, la góndola**

¿Y en tu casa?

> **la manta, la frisa, la frazada, la cobija**
> **el dormitorio, el cuarto (de dormir), la recámara**
> **el grifo, el caño, la llave, la pluma, el robinete**

Todas estas palabras varían según la región. En la región donde se usan, son correctas, son aceptables y no es necesario cambiarlas o dejar de usarlas por ser más instruido y culto. En la próxima lección estudiaremos algunas cosas que debemos evitar.

ACTIVIDAD 8 **Buscando información** Contesta.

1. ¿Qué es un regionalismo?
2. ¿Por qué hay muchos regionalismos en español?
3. ¿Se debe evitar los regionalismos? ¿Por qué sí o no?
4. ¿Cómo se pronuncia «civilización» en España? Y, ¿en Latinoamérica?
5. ¿Cómo es la pronunciación de una **g** o **j** en España?
6. ¿Dónde se aspira la **s**? En estas áreas, ¿cómo se pronuncia «¿Cómo está usted?»?
7. En Argentina y Uruguay, ¿cómo se pronunciaría «Yo me llamo...»?

ACTIVIDAD 9 **Trabajando en grupos** Todas estas palabras son aceptadas en una u otra región del mundo hispanohablante. Si conocen la palabra, expliquen como la usan y lo que significa.

1. la guagua
2. el zumo
3. el jugo de china
4. la naranja
5. la estufa
6. la bata
7. andar
8. platicar
9. la carpa
10. el cuate
11. cate
12. el chico
13. el chamaco
14. el cojín
15. la cola
16. la fila
17. la colonia
18. la alberca
19. la piscina
20. mecate

¿Quién sabe? de José Santos Chocano

◆ **Vocabulario para la lectura**

Estudia las siguientes definiciones.

la codicia avaricia, egoísmo

la fatiga cansancio, agotamiento

audaz intrépido, atrevido, descarado

fulgor brillo, brillantez, resplandor

enigmático misterioso, incomprensible, inexplicable

taciturno silencioso, callado, triste

ignorar no saber, desconocer

implorar rogar, suplicar, pedir

labrar cultivar, trabajar

¿Quién tiene más fatiga?

Y, ¿quién tendrá más codicia?

Poder verbal

1 **¿Cuál es otra palabra?** Expresa de otra manera.

1. El campesino *cultiva* la tierra.
2. Es difícil saber lo que está pensando porque siempre tiene una expresión *misteriosa*.
3. Nunca habla; es *muy callado*.
4. Yo le *suplico* que hable, que diga algo.
5. Pero parece que él *no sabe* lo que le digo, que no entiende.

2 **Sinónimos** Da otra palabra.

1. cansancio
2. avaricia
3. atrevido
4. brillo

Nota biográfica

José Santos Chocano (1875–1934) nació en Perú. Durante su vida tumultuosa viajó por muchos países de Latinoamérica y vivió varios años en Madrid. En sus poesías Chocano canta las hazañas de su gente y describe la naturaleza americana: los volcanes, la cordillera andina y las selvas misteriosas.

Chocano se sintió inca. Él quería ser indio y español a la vez. Esa fusión de lo indígena y lo español la sentía en sus venas. Una de sus abuelas descendía de un capitán español y la otra era de una familia inca. La voz del poeta era la de un mestizo que conocía a su gente y su tierra.

En una de sus poesías él dijo: «Soy el cantor de América, autóctono y salvaje.» Dijo también, «Walt Whitman tiene el Norte, pero yo tengo el Sur».

¿Quién sabe? 🎧

de José Santos Chocano

◆ · ◆ · ◆

1 —Indio que labras con fatiga
tierras que de otros dueños son:
¿Ignoras tú que deben tuyas
ser, por tu sangre y tu sudor?
5 ¿Ignoras tú que audaz codicia,
siglos atrás te las quitó?
¿Ignoras tú que eres el Amo?
—¡Quién sabe, señor!

—Indio de frente taciturna
10 y de pupilas sin fulgor.
¿Qué pensamiento es el que escondes
en tu enigmática expresión?
¿Qué es lo que buscas en tu vida?
¿Qué es lo que imploras a tu Dios?
15 ¿Qué es lo que sueña tu silencio?
—¡Quién sabe, señor!

Sillustani, Perú

En las afueras de Arequipa, Perú

Festival del Inti Raymi, Cuzco, Perú

Comprensión

A Conectando con la gramática En español cada pregunta va precedida de un signo de interrogación. En el poema que acabas de leer, cuenta e indica las preguntas que allí aparecen.

B Haciendo conexiones Tú ya conoces bastante sobre las civilizaciones indígenas y los conquistadores españoles. Teniendo todo eso en cuenta, explica por qué el poeta le dice al indio:

1. que las tierras deben ser suyas por su sudor y su sangre
2. que ya hace siglos que una audaz codicia le quitó sus tierras

C Parafraseando Di como el poeta expresa las siguientes ideas en el poema.

1. El indio parece melancólico.
2. Parece que no tiene alegría ni esperanza.
3. Tiene una mirada vaga y misteriosa.
4. Parece que está pensando en algo pero no se lo revela a nadie.

Walimai (fragmento) de Isabel Allende

Una cascada

◆ Vocabulario para la lectura

Estudia las siguientes definiciones.

el asomo indicio, seña, indicación

la cascada catarata, chorrera, salto de agua

la lapa roedor grande cuya carne es apreciada

el tabú prohibición de tocar, comer, decir alguna cosa

descabellado absurdo, insensato, ilógico

forastero extraño, persona de otro pueblo o región

Poder verbal

¡Qué palabra necesito? Completa.

1. Esa idea es totalmente ____; no tiene sentido.
2. Un ____ de ese grupo es la prohibición de mencionar el nombre de un muerto.
3. Ellos no son de aquí; son ____.
4. Eso nos sorprendió porque no había ningún ____ de un problema o peligro.
5. Sí, la ____ se parece a una rata grande, pero es deliciosa.
6. Esa ____ es impresionante. El agua cae cientos de metros desde arriba.

Nota biográfica

Isabel Allende nació en 1942 en Lima, Perú. Su padre era diplomático chileno. Después del golpe de estado de 1973 que derrocó a su tío, el Presidente Salvador Allende, ella salió de Chile. La autora se exilió en Caracas, Venezuela. Después se fue a Estados Unidos. Ahora vive en California.

Durante muchos años ejerció la profesión de periodista, tanto en Chile como en Venezuela. Además de escribir para los periódicos ella hizo televisión, escribió obras de teatro y cuentos infantiles. Sus novelas se conocen en todo el mundo y han sido traducidas en varios idiomas.

Preparándote para la lectura

Este fragmento del cuento *Walimai* nos presenta con una visión de la vida del indígena y la forma en que se relaciona con la naturaleza. Vemos como el indígena ve al mundo que lo rodea y como ve al hombre «pálido» que invade sus tierras.

Lectura

Walimai (fragmento) 🎧

◆·◆·◆

Estrategia de lectura
Identificando al hablante Cuando leas el cuento ten en mente al narrador, la persona que habla. ¿En qué persona es la narración, primera o tercera? ¿Es la persona que habla el protagonista o sólo un observador? ¿Tiene un punto de vista o sencillamente narra los hechos?

1   El nombre que me dio mi padre es Walimai, que en la
lengua de nuestros hermanos del norte quiere decir
viento. Puedo contártelo, porque ahora eres como mi
propia hija y tienes mi permiso para nombrarme, aunque
5 sólo cuando estemos en familia. Se debe tener mucho
cuidado con los nombres de las personas y de los seres
vivos, porque al pronunciarlos se toca su corazón y
entramos dentro de su fuerza vital. Así nos saludamos
como parientes de sangre. No entiendo la facilidad de los
10 extranjeros para llamarse unos a otros sin asomo de
temor, lo cual no sólo es una falta de respeto, también
puede ocasionar graves peligros. He notado que esas
personas hablan con la mayor liviandad°, sin tener en
cuenta que hablar es también ser. El gesto y la palabra
15 son el pensamiento del hombre. No se debe hablar en
vano, eso les he enseñado a mis hijos, pero mis consejos
no siempre se escuchan. Antiguamente los tabúes y las
tradiciones eran respetados. Mis abuelos y los abuelos de
mis abuelos recibieron de sus abuelos los conocimientos
20 necesarios. Nada cambiaba para ellos. Un hombre con una
buena enseñanza podía recordar cada una de las
enseñanzas recibidas y así sabía como actuar en todo
momento. Pero luego vinieron los extranjeros hablando
contra la sabiduría de los ancianos y empujándonos fuera
25 de nuestra tierra. Nos internamos cada vez más adentro de
la selva, pero ellos siempre nos alcanzan, a veces tardan
años, pero finalmente llegan de nuevo y entonces
nosotros debemos destruir los sembrados, echarnos a la
espalda los niños, atar los animales y partir. Así ha sido
30 desde que me acuerdo: dejar todo y echar a correr como
ratones y no como grandes guerreros y los dioses que
poblaron este territorio en la antigüedad. Algunos jóvenes
tienen curiosidad por los blancos y mientras nosotros
viajamos hacia lo profundo del bosque para seguir
35 viviendo como nuestros antepasados, otros emprenden el
camino contrario. Consideramos a los que se van como si
estuvieran muertos, porque muy pocos regresan y quienes
lo hacen han cambiado tanto que no podemos
reconocerlos como parientes.

liviandad frivolidad

40   Dicen que en los años anteriores a mi venida al mundo no nacieron suficientes hembras en nuestro pueblo y por eso mi padre tuvo que recorrer largos caminos para buscar esposa en otra tribu. Viajó por los bosques, siguiendo las indicaciones de otros que recorrieron esa
45   ruta con anterioridad por la misma razón, y que volvieron con mujeres forasteras. Después de mucho tiempo, cuando mi padre ya comenzaba a perder la esperanza de encontrar compañera, vio una muchacha al pie de una alta cascada, un río que caía del cielo. Sin acercarse demasiado, para
50   no espantarla, le habló en el tono que usan los cazadores para tranquilizar a su presa, y le explicó su necesidad de casarse. Ella le hizo señas para que se aproximara, lo observó sin disimulo y debe haberle complacido el aspecto del viajero porque decidió que la idea del matrimonio no
55   era del todo descabellada. Mi padre tuvo que trabajar para su suegro hasta pagarle el valor de la mujer. Después de cumplir con los ritos de la boda, los dos hicieron el viaje de regreso a nuestra aldea.

Saltos de Petrohue, Chile

      Yo crecí con mis hermanos bajo los árboles, sin ver
60   nunca el sol. A veces caía un árbol herido y quedaba un hueco en la cúpula profunda del bosque, entonces veíamos el ojo azul del cielo. Mis padres me contaron cuentos, me cantaron canciones y me enseñaron lo que deben saber los

hombres para sobrevivir sin ayuda, sólo con su arco y sus
65 flechas. De este modo fui libre. Nosotros, los Hijos de la
Luna, no podemos vivir sin libertad. Cuando nos encierran
entre paredes o barrotes nos volcamos hacia adentro, nos
ponemos ciegos y sordos y en pocos días el espíritu se nos
despega de los huesos del pecho y nos abandona. A veces
70 nos volvemos como animales miserables, pero casi siempre
preferimos morir. Por eso nuestras casas no tienen muros,
sólo un techo inclinado para detener el viento y desviar la
lluvia, bajo el cual colgamos nuestras hamacas muy juntas,
porque nos gusta escuchar los sueños de las mujeres y los
75 niños y sentir el aliento de los monos, los perros y las
lapas, que duermen bajo el mismo alero°. Los primeros
tiempos viví en la selva sin saber que existía mundo más
allá de los acantilados y los ríos. En algunas ocasiones
vinieron amigos visitantes de otras tribus y nos contaron
80 rumores de Boa Vista y de El platanal, de los extranjeros y
sus costumbres, pero creíamos que eran sólo cuentos para
hacer reír. Me hice hombre y llegó mi turno de conseguir
una esposa, pero decidí esperar porque prefería andar con
los solteros, éramos alegres y nos divertíamos. Sin
85 embargo, yo no podía dedicarme al juego y al descanso
como otros, porque mi familia es numerosa: hermanos,
primos sobrinos, varias bocas que alimentar, mucho trabajo
para un cazador.

alero parte interior del tejado

Un día llegó un grupo de hombres pálidos a nuestra aldea.
90 Cazaban con pólvora, desde lejos, sin destreza ni valor, eran
incapaces de trepar a un árbol o de clavar un pez con una
lanza en el agua, apenas podían moverse en la selva,
siempre enredados en sus mochilas, sus armas y hasta en
sus propios pies. No se vestían de aire, como nosotros, sino
95 que tenían ropas empapadas y hediondas°, eran sucios y no
conocían las reglas de la decencia, pero estaban empeñados
en hablarnos de sus conocimientos y de sus dioses. Los
comparamos con lo que nos habían contado sobre los
blancos y comprobamos la verdad de esos chismes. Pronto
100 nos enteramos que éstos no eran misioneros, soldados ni
recolectores de caucho, estaban locos, querían la tierra y
llevarse la madera, también buscaban piedras. Les
explicamos que la selva no se puede cargar a la espalda y
transportar como un pájaro muerto, pero no quisieron
105 escuchar razones. Se instalaron cerca de nuestra aldea.
Cada uno de ellos era como un viento de catástrofe, destruía
a su paso todo lo que tocaba, dejaba un rastro de
desperdicio, molestaba a los animales y a las personas.

hediondas sucias, malolientes

Comprensión

A **Analizando** Contesta.

1. El cuento toma la forma de una conversación entre dos personas. ¿Quiénes serán?
2. ¿Cuál es la razón que da Walimai para permitir que le nombre?
3. Solamente hay algunas personas con permiso para usar el nombre. ¿Quiénes son?
4. Obviamente hay una creencia acerca del uso del nombre de una persona. ¿Cuál es?
5. ¿Qué comenta Walimai sobre el habla de los extranjeros?
6. ¿Quiénes hablaban contra la sabiduría de los ancianos?

B **Describiendo** Describe.

1. como recibían los jóvenes la información e instrucción necesarias
2. lo que ocurría con aquellos jóvenes que tenían curiosidad por los blancos
3. lo que tenían que hacer los hombres cuando no nacían bastantes hembras en el pueblo
4. por qué el padre de Walimai tuvo que trabajar para su suegro
5. las únicas dos cosas que necesitaba el hombre para sobrevivir sin ayuda
6. lo que les pasa a los «Hijos de la Luna» si les quitan la libertad

C **Parafraseando** Di en tus propias palabras lo que significa…

1. … le habló en el tono que usan los cazadores para tranquilizar a su presa
2. … debe haberle complacido el aspecto del viajero
3. No se vestían de aire, como nosotros,
4. … comprobamos la verdad de esos chismes
5. Cada uno de ellos era como un viento de catástrofe,

D **Visualizando y describiendo** Ya tendrás en mente algunas imágenes de los personajes del cuento. Describe a cada uno en tus propias palabras.

Walimai
los padres de Walimai
los «hombres pálidos»

E **Interpretando sentimientos** Uno de los propósitos de la narrativa es crear un estado emocional en el lector. Puede ser el odio o el miedo, el bienestar o la tristeza. ¿Cómo reaccionaste tú? ¿Qué emociones sentiste al leer el cuento?

Escribir para persuadir

Uno de los propósitos para que se escriba es para hacer que el lector acepte nuestras ideas o punto de vista. Para que lo escrito sea eficaz, hay que presentar la información de manera lógica y consecuente. Hay que enfocar en aquello que apoya tu argumento y pasar por alto o contradecir todo lo que se opone.

El proceso de escribir

- **Identifica tu propósito** Antes de comenzar a preparar tu argumento, decide que es lo que quieres lograr. En este caso, será que los ciudadanos ejercen el voto.

- **Declara tu demanda principal** Es esto una declaración que aclara tu propósito en escribir.

- **Identifica los datos de apoyo** Hazte preguntas para determinar si tienes la información de apoyo que necesitas. Por ejemplo, ¿por qué es importante que los ciudadanos voten? ¿Qué puede ocurrir si no votan? ¿Qué ejemplo hay de resultados negativos porque la gente no votaba?

Ahora, ¡te toca a ti!

ACTIVIDAD 1 Escribe una composición sobre el tema: *La importancia del voto y del gobierno*

ACTIVIDAD 2 **Redacción y corrección** Lee de nuevo tu escrito para editarlo. Haz las correcciones necesarias.

Conexión con el inglés

Sujeto y verbo

Una diferencia obvia entre el verbo en inglés y el verbo en español es la necesidad de expresar el sujeto por separado en inglés, mientras que en español el sujeto queda expresado en el verbo mismo—el sujeto tácito.

Tuve que salir.	***I*** *had to go out.*
Hicimos la tarea.	***We*** *did our homework.*
¿Dónde lo pusiste?	*Where did **you** put it?*

Verbos irregulares

1. Muchos verbos tienen formas irregulares en el pasado sencillo y estas formas tan comunes pueden ser muy problemáticas hasta para los anglohablantes. Aquí tienes una lista de las más corrientes.

become	*became*	*break*	*broke*	*dig*	*dug*
come	*came*	*choose*	*chose*	*draw*	*drew*
drink	*drank*	*drive*	*drove*	*fly*	*flew*
eat	*ate*	*freeze*	*froze*	*throw*	*threw*
forgive	*forgave*	*lose*	*lost*	*see*	*saw*
give	*gave*	*rise*	*rose*	*find*	*found*
make	*made*	*arise*	*arose*		
ring	*rang*	*sell*	*sold*	*do*	*did*
begin	*began*	*speak*	*spoke*	*have*	*had*
sing	*sang*	*steal*	*stole*		
sink	*sank*	*swear*	*swore*	*cut*	*cut*
sit	*sat*	*wake*	*woke*	*put*	*put*
swim	*swam*	*win*	*won*	*quit*	*quit*
		write	*wrote*	*shut*	*shut*
bleed	*bled*				
creep	*crept*	*get*	*got*		
fall	*fell*	*forget*	*forgot*		
feed	*fed*	*take*	*took*		
flee	*fled*	*stand*	*stood*		
grow	*grew*	*understand*	*understood*		
hold	*held*				
lead	*led*	*bring*	*brought*		
lend	*lent*	*buy*	*bought*		
leave	*left*	*catch*	*caught*		
sleep	*slept*	*fight*	*fought*		
		seek	*sought*		
bite	*bit*	*teach*	*taught*		
do	*did*	*think*	*thought*		
fit	*fit*				
hide	*hid*				
slide	*slid*				

The young man bought his ticket on the train.

2. Nota que las formas de los verbos en el tiempo pasado sencillo, sean regulares o irregulares, no cambian según el sujeto.

I	*lived*	*ran*	*fell*	*understood*	*wrote*
you	*lived*	*ran*	*fell*	*understood*	*wrote*
he, she, it	*lived*	*ran*	*fell*	*understood*	*wrote*
we	*lived*	*ran*	*fell*	*understood*	*wrote*
you	*lived*	*ran*	*fell*	*understood*	*wrote*
they	*lived*	*ran*	*fell*	*understood*	*wrote*

3. Pero los verbos en inglés funcionan de una manera muy diferente que los verbos en español. Estudia los siguientes ejemplos del pasado.

ORACIÓN AFIRMATIVA	ORACIÓN NEGATIVA
He went yesterday.	*He didn't go yesterday.*
They sold the house.	*They didn't sell the house.*

PREGUNTAS CON SÍ O NO	RESPUESTAS CORTAS	RESPUESTAS LARGAS
Did he go yesterday?	*Yes, he did.*	*Yes, he went yesterday.*
	No, he didn't.	*No, he didn't go yesterday.*
Did they sell the house?	*Yes, they did.*	*Yes, they sold it.*
	No, they didn't.	*No, they didn't sell it.*

PREGUNTAS CON PALABRAS INTERROGATIVAS

When did he go?	*He went yesterday.*		
What did they sell?	*They sold the house.*		
pero			
Who went yesterday?	*He went yesterday.*	o	*He did.*
Who sold the house?	*They sold the house.*	o	*They did.*

Capítulo

2

Comida y vida

Objetivos

En este capítulo vas a:

✦ estudiar la influencia de la geografía en la vida latinoamericana

✦ aprender los elementos necesarios para mantener la salud

✦ estudiar el presente y el pretérito de verbos de cambio radical; estudiar regionalismos en la lengua; familiarizarte con unas influencias del inglés en el español; estudiar la pronunciación y la ortografía de la letra **x**

✦ aprender lo que es una fábula y leer *El cuervo y el zorro* de Félix de Samaniego

✦ familiarizarte con algunas influencias del español en inglés y el uso de algunos regionalismos

Lectura 🎧

La vida en Latinoamérica

A causa de la topografía y el clima de Latinoamérica, la naturaleza juega un papel muy importante en la vida diaria de sus habitantes. La mayoría de las grandes ciudades se encuentran en la costa porque las comunicaciones son más fáciles en las zonas litorales. Las grandes ciudades latinoamericanas ofrecen una vida comercial y cultural fascinante. Y en la costa no muy lejos de las ciudades hay magníficas playas a las cuales acuden los *jetsetters* en busca de diversiones y la buena vida. Mientras los porteños (los de Buenos Aires), caraqueños y limeños se aprovechan de todas las oportunidades de su ciudad y mientras los *jetsetters* en Acapulco, Viña del Mar y Punta del Este disfrutan de hoteles lujosos y días placenteros en un yate o playa, hay otros que sólo para subsistir tienen que trabajar duro contra grandes obstáculos naturales—como en la altiplanicie, por ejemplo.

Canar, Ecuador

Viña del Mar, Chile

La altiplanicie

La altiplanicie se extiende por una gran parte de la región occidental del continente sudamericano. Es una región árida y rocosa. Los pueblos pequeños de los aymara y quechua que habitan la altiplanicie se encuentran en valles rodeados de los indomables picos andinos. La inaccesibilidad del territorio y la tierra inapropiada para los cultivos y la cría de ganado hacen muy difícil la vida de los habitantes. Tienen la simpática llama como compañero fiel, bestia de carga y medio de transporte. Construyen sus casas con rocas, piedras

San Isidro, Venezuela

y tierra que encuentran en los alrededores. Y cuando llega la hora de comer, suelen preparar un plato a base de papas, uno de los pocos productos que crece fácilmente a esas alturas. El trabajo diario de la gente andina es más que trabajo. Es una lucha continua para subsistir en un ambiente solitario y riguroso.

Socabaya, Perú

Llamas en Ingapirca, Ecuador

La zona selvática

Los que viven en las zonas selváticas de los ríos Amazonas, Orinoco y Paraná también luchan a diario para dominar una naturaleza salvaje. Aquí en las selvas tropicales donde pocas veces llega el sol hasta el suelo por el techo de espesa vegetación que brota de la tierra, los habitantes viven en contacto constante con víboras y parásitos tropicales. Durante la estación lluviosa ellos se enfrentan al fango de la jungla mientras sus compatriotas del altiplano luchan contra el frío y la aridez. Los habitantes de la jungla no construyen sus casas con piedra sino con la madera de los árboles de la selva. Las cubren con techos de paja. En muchos casos la casa no tiene paredes para así permitir que se ventile. Se construyen las casas sobre pilotes porque en ciertas estaciones la marea es tan alta que las aguas del río inundarían la casa si no estuviera elevada. Para subir y bajar de la casa hay una escalera. Y no muy lejos de la escalera está la canoa (o canoas) de la familia. La canoa es el medio de transporte más importante de la selva. Y si es difícil conseguir comida en las montañas, no lo es en la selva donde abundan las frutas, el arroz y los peces del río.

La cuenca amazónica, cerca de Iquitos, Perú

Casa lacustre a orillas del río Orinoco, Venezuela

Las llanuras

La tierra de las llanuras de Venezuela y Colombia y las pampas de Argentina y de Uruguay son propicias para la agricultura y la ganadería. Pero estas extensiones interminables de tierra son monótonas y le dan a uno una sensación de soledad y tristeza. La falta de árboles deja al hombre a la intemperie sin protección contra el sol y la lluvia.

Las pampas, Argentina

Fenómenos naturales

Hay también fenómenos naturales que preocupan al latinoamericano—no sólo al habitante de las zonas rurales sino al habitante de las ciudades también. Ya hemos aprendido algo de los terremotos. Hay también muchos volcanes. Algunos que son muy impresionantes son el volcán Irazú, cerca de San José, Costa Rica; el Monte Momotombo, cerca de Managua; el Popocatépetl, el Iztaccíhuatl y el Huizilopóchtili cerca de la Ciudad de México; el Osorno, cerca de Puerto Montt, Chile y el Chimborazo cerca de Ambato, Ecuador. Cada año miles de turistas visitan estos majestuosos volcanes. El volcán Osorno entró en erupción en 1995. Siempre existe para los residentes de estas ciudades la posibilidad de una erupción inesperada. Desde el centro mismo de la bonita ciudad de Antigua, Guatemala, se pueden ver tres volcanes que rodean la ciudad y miran hacia ella como dioses supremos. Es fácil comprender por qué muchos de los descendientes de las comunidades precolombinas que viven en estos ambientes rezan a las fuerzas de la Madre Naturaleza.

Cuando tomamos en cuenta la importancia de las fuerzas de la naturaleza en el destino del habitante latinoamericano, podemos comprender por qué las grandes figuras literarias como el ensayista Domingo Faustino Sarmiento, los novelistas Rómulo Gallegos y Jorge Icaza y los poetas Andrés Bello y José Santos Chocano, entre otros, tienden a incluir detalladas descripciones de la naturaleza, la flora y la fauna en sus grandes obras literarias.

El volcán Osorno, Chile

Comprensión

A **Poder verbal** En un diccionario, busca la definición de las siguientes palabras.
1. la fauna
2. la flora
3. la intemperie

B **Buscando información** Contesta.
1. ¿Qué ofrecen las grandes ciudades latinoamericanas?
2. ¿Qué hay en la costa?
3. ¿Por dónde se extiende la altiplanicie?
4. ¿Cómo es esta región?
5. ¿Cuáles son algunos factores que hacen difícil la vida en la altiplanicie?
6. ¿Qué es la llama?
7. ¿Cuál es un producto importante de la altiplanicie?
8. ¿Cómo es la vegetación de las selvas tropicales?
9. ¿Cómo van de un lugar a otro los habitantes de la selva?
10. ¿Es difícil conseguir comida en la selva?
11. ¿Para qué son propicias las tierras llanas de partes de Venezuela, Colombia, Argentina y Uruguay?
12. ¿Cuáles son dos fenómenos naturales bastante frecuentes que le preocupan al latinoamericano?

¿Son amigos la llama y el burro?

C **Comparando** Compara una casa típica de la selva tropical con la de la altiplanicie.

D **Discutiendo** Vamos a dividir la clase en dos grupos. Un grupo va a imaginar que vive en el altiplano y otro grupo va a imaginar que vive en la selva. Cada grupo presentará las ventajas y las desventajas de la región en que vive. Cada grupo va a discutir y comparar:
• el tiempo
• el clima
• la topografía
• su casa
• su indumentaria (ropa)
• su comida
• sus medios de transporte

Conocimientos para superar

Conexión con la salud

Nuestra salud es muy importante. Y es necesario saber preservarla porque si no gozamos de buena salud, no podemos gozar de la vida.

Desde hace siglos la gente se ha preocupado por la salud. En la antigüedad los egipcios tomaban baños frecuentes. Los hebreos tenían su día de descanso cada semana, lo cual era una medida que cuidaba de la salud igual que de la religión. Los antiguos griegos enfatizaban el ejercicio y los deportes así como el aseo y la dieta.

Higiene personal

Hoy en día se está hablando mucho del aseo personal. El aseo personal o la limpieza del cuerpo es esencial para mantener la salud. Debemos bañarnos o ducharnos con frecuencia y lavarnos las manos antes de cada comida. Y después de cada comida debemos lavarnos los dientes, cepillándolos con cuidado y completamente. Los dentistas nos aconsejan usar el hilo dental para evitar las caries.

Atravesando el río

Alimentos

Para mantener la salud tenemos que comer bien. En el pasado eran frecuentes las enfermedades causadas por deficiencias alimentarias. Hoy en día son menos comunes pero todavía hay gente que carece de uno o más alimentos esenciales.

El número de calorías que requiere una persona depende de su metabolismo y del nivel de su actividad física. La edad, el sexo, la estatura y las condiciones climatológicas también son factores. Los adolescentes, por ejemplo, necesitan más calorías que los ancianos

Jugando tenis

porque suelen ser más activos. Los jóvenes necesitan muchas proteínas porque las proteínas son muy importantes durante el período de crecimiento. Las carnes y los huevos son buenas fuentes de proteína. Otros elementos importantes son los siguientes:

Los carbohidratos (azúcares) Los carbohidratos son la fuente de energía más eficaz para el cuerpo humano.

Los lípidos (grasas) Los lípidos son otra fuente importante de energía. Pero hay que controlar el consumo de lípidos porque en muchos individuos pueden elevar el nivel de colesterol.

Los minerales Los minerales son esenciales para el cuerpo humano. Los huesos y los dientes necesitan calcio. El hierro es esencial para la sangre.

Las vitaminas Las vitaminas son indispensables para el buen funcionamiento del organismo. Funcionan como catalizadores que permiten numerosas reacciones biológicas. Por ejemplo, los huesos necesitan vitamina D para usar el calcio. Las vitaminas que necesita el cuerpo son:

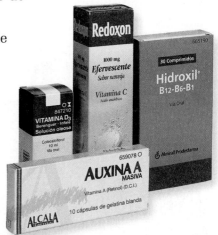

VITAMINA	FUNCIONAMIENTO	FUENTE
A	el crecimiento, la vista, la piel	legumbres verdes y amarillas, hígado, leche, frutas amarillas
B	el crecimiento, el sistema nervioso, el consumo de carbohidratos, la producción de glóbulos rojos	carne, huevos, leche, cereales, verduras
C	el crecimiento, los huesos y los dientes, la cicatrización	frutas cítricas, tomates, lechuga
D	el consumo de calcio y fósforo para los huesos y dientes	leche, huevos, pescado
E	la formación de membranas celulares	aceites vegetales, huevos, cereales

Conocimientos para superar

Régimen

Lo más recomendable para mantenerse en buena salud es seguir un régimen alimenticio equilibrado y variado durante todo el año. Para mantenerse en buena forma física se debe hacer ejercicio casi todos los días. El ejercicio físico ayuda a mantenerse en forma y conservar la salud. La bicicleta, el *jogging,* los ejercicios aeróbicos y la natación pueden contribuir a mejorar mucho la salud mental tanto como la salud en general.

Jogging en San Miguel de Allende, México

Comprensión

A **Poder verbal** En la lectura, busca una palabra relacionada con cada una de las siguientes.

1. la célula
2. crecer
3. la cicatriz
4. ver
5. funcionar
6. consumir
7. producir

B **Explicando** Explica lo que hacía la gente en las civilizaciones antiguas para gozar de buena salud.

C **Dando direcciones** Explica como nos aconseja el dentista cepillarnos o lavarnos los dientes.

Conocimientos para superar

D Buscando hechos Contesta.

1. ¿De qué depende el número de calorías que requiere una persona?
2. ¿Por qué necesitan más calorías los adolescentes que los ancianos?
3. ¿Cuándo son importantes las proteínas?
4. ¿Qué alimentos son fuentes de proteína?

De pesca

E Explicando En una sola oración di o escribe por qué son importantes los siguientes.

1. los carbohidratos
2. los lípidos
3. los minerales
4. las vitaminas

F Haciendo una lista Trabajando en grupos de cuatro, preparen una lista de los alimentos que van a comer en los próximos días. Indiquen las vitaminas que contiene cada uno.

G Comparando Prepara una lista de todos los comestibles que a ti te gustan mucho. Luego, sepáralos en dos grupos—los que son buenos para la salud y los que no tienen mucho valor nutritivo.

Verbos de cambio radical en el presente

1. Nota que los verbos **pedir, servir, repetir, freír, seguir** y **vestirse** tienen un cambio radical en el presente. La **-e** del infinitivo cambia en **-i** en todas las formas excepto las de **nosotros** y **vosotros**.

	PEDIR	SERVIR	SEGUIR	VESTIRSE
yo	pido	sirvo	sigo	me visto
tú	pides	sirves	sigues	te vistes
él, ella, Ud.	pide	sirve	sigue	se viste
nosotros(as)	pedimos	servimos	seguimos	nos vestimos
vosotros(as)	pedís	servís	seguís	os vestís
ellos, ellas, Uds.	piden	sirven	siguen	se visten

2. Estudia también las formas del verbo **decir**.

digo	decimos
dices	decís
dice	dicen

3. ¡Ojo! Cuidado de no pronunciar y escribir mal las siguientes formas.

CORRECTO	INCORRECTO
pedimos	**pidemos**
servimos	**sirvimos**
decimos	**dicemos**

4. ¡Ojo! **Ortografía** Cuidado con la ortografía del verbo **elegir**.

elijo	**elegimos**
eliges	**elegís**
elige	**eligen**

En este restaurante en San Diego, California sirven comida mexicana.

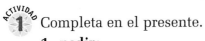 Completa en el presente.

1. **pedir**
   Ella ____ pescado.
   Sus amigos ____ carne.
2. **servir**
   Nosotros ____ la ensalada antes del plato principal.
   Ellos ____ la ensalada después del plato principal.
3. **servir**
   Ustedes ____ muy bien.
   Yo no ____ muy bien.
4. **vestirse**
   Ustedes ____ de manera muy formal.
   Yo ____ en ropa deportiva.
5. **seguir**
   ¿Tú ____ las instrucciones?
   Sí, yo las ____.
6. **elegir**
   Tomás, yo te ____ presidente de la clase y tú me ____ vice-presidente. ¿De acuerdo?

Verbos de cambio radical en el pretérito

1. Los verbos **pedir, repetir, freír, servir** y **vestirse** cambian la **-e** del infinitivo en **-i** en las formas de **él, ellos** en el pretérito.

	PEDIR	REPETIR	VESTIRSE
yo	pedí	repetí	me vestí
tú	pediste	repetiste	te vestiste
él, ella, Ud.	pidió	repitió	se vistió
nosotros(as)	pedimos	repetimos	nos vestimos
vosotros(as)	pedisteis	repetisteis	os vestisteis
ellos, ellas, Uds.	pidieron	repitieron	se vistieron

2. Los verbos **preferir, divertirse, sentir** y **dormir** tienen un cambio radical en el pretérito también. La **e** del infinitivo cambia en **-i** con **él, ellos** y la **o** de **dormir (morir)** cambia en **-u**.

	PREFERIR	DIVERTIRSE	DORMIR
yo	preferí	me divertí	dormí
tú	preferiste	te divertiste	dormiste
él, ella, Ud.	prefirió	se divirtió	durmió
nosotros(as)	preferimos	nos divertimos	dormimos
vosotros(as)	preferisteis	os divertisteis	dormisteis
ellos, ellas, Uds.	prefirieron	se divirtieron	durmieron

ACTIVIDAD 2 **Anoche** Completa en el pretérito.

1. Yo _____ tacos. (pedir)
2. El mesero me _____ enchiladas. (servir)
3. Mi amiga me dijo: El mesero no te _____ lo que _____.
   (servir, pedir)
4. Mi amiga y yo _____ en el restaurante. (divertirse)
5. Después de la comida yo fui a casa y _____ enseguida.
   (dormirse)
6. Pero mi amiga no _____. (dormir) Ella fue a casa también
   pero _____ y fue a ver una película. (vestirse)

Michoacán, México

Regionalismos

Ya hemos aprendido que en la lengua española hay muchas
variaciones en el uso de ciertos vocablos. Estas variaciones se
llaman «regionalismos». Los nombres que se les da a los
comestibles varían mucho de una parte del mundo latino o
hispano a otra. Al leer esta lista de comestibles, determina cual es
la palabra que tú emplearías. ¿Hay algunas palabras que no has
oído nunca? Puede ser, pero todas estas palabras son regionalismos
aceptados.

- judías verdes, habichuelas tiernas, chauchas, vainitas, ejotes, porotos verdes
- calabaza, alcoyota, zapallo
- frijoles, fréjoles, habichuelas, alubias
- puerco, cerdo, marrano, chancho, lechón, cochinillo
- mantequilla, manteca, mantecado
- jugo de naranja, jugo de china, zumo de naranja
- remolacha, betabel, betarraga
- alcachofa, alcaucil, cotufa
- maíz, elote, choclo, millo
- guachinango, huachinango, chillo, pargo

Aquí hay otras que tienen menos variaciones:
- toronja, pomelo
- melocotón, durazno
- espinacas, acelgas
- guisantes, chícharos
- col, repollo
- cacahuate, cacahuete, maní

En Ecuador es el choclo. En otras partes es el maíz, el elote o el millo.

3 **Platos regionales** Como los países hispanohablantes se extienden desde Europa hasta el Cono sur del continente sudamericano, hay en el mundo hispano variaciones climatológicas enormes. Por consiguiente hay productos muy diferentes porque lo que se puede cultivar o criar en la región influye en lo que come la gente de la región. ¿Has probado alguno de los siguientes platillos? Añade platos que faltan que a ti te gustan y descríbelos.

Mole poblano

- tacos o chiles rellenos
- tostones o fufú
- mole o guacamole
- pastel de choclo o churrasco
- erizos o ceviche
- mofongo o empanadas
- ropa vieja o piononos
- paella o anticuchos
- asopao o fabada
- chupe de mariscos o arepas
- locro o empanadas salteñas
- chupe de mariscos o una parrillada
- gallopinto o una mariscada
- sancocho o masitas
- churros o media lunas

4 **Un menú** Trabajando en grupos pequeños, preparen el menú para una buena comida étnica que a los miembros de tu grupo cultural les gustaría mucho.

Una arepa

Churros y chocolate

Influencias del inglés

A veces cometemos errores que surgen de la influencia del inglés. Es algo normal porque vivimos donde se oye mucho inglés también. Pero debemos evitar palabras que son en realidad palabras inglesas «españolizadas». Debemos evitarlas porque nadie en España, México, Puerto Rico o cualquier otra parte de Latinoamérica las comprendería. A los vocablos o formas que debemos evitar se les llama «vulgarismos» o «vicios». Recuerda que hay una diferencia entre vulgarismos y regionalismos.

Aquí tienes una lista de algunas influencias inglesas que se oyen con frecuencia.

INFLUENCIA INGLESA	EL ESPAÑOL
Tienes que baquear.	**Tienes que ir para atrás.**
¿Dónde está tu troca (troque)?	**¿Dónde está tu camión?**
Necesito gasolín.	**Necesito gasolina.**
¿Tienes un daime?	**¿Tienes diez centavos?**

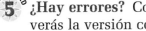 **5** **¿Hay errores?** Corrige los siguientes vulgarismos. A la derecha verás la versión correcta. Cúbrela mientras hagas el ejercicio.

1. Esta troca no anda.	1. Este camión no anda.
2. ¿Me ayudas a pushar la troca?	2. ¿Me ayudas a empujar el camión?
3. ¿Ónde está la pompa de gasolín?	3. ¿Dónde está la bomba de gasolina?
4. Lo van a inspectar.	4. Lo van a inspeccionar.
5. Voy a escuela alta.	5. Voy a la escuela secundaria (superior).
6. Favor de sainar aquí.	6. Favor de firmar aquí.
7. Aquí no hay chanza (chance).	7. Aquí no hay oportunidad.
8. Me gusta el Crismas.	8. Me gusta la Navidad.
9. Está en el arme.	9. Está en el ejército.
10. ¿Quieres más greve?	10. ¿Quieres más salsa?
11. Como lonche en la escuela.	11. Como el almuerzo en la escuela.
12. Voy a la grocería.	12. Voy al colmado (a la bodega, a la tienda de abarrotes, a la pulpería, a la tienda de ultramarinos).

Pronunciación y ortografía

La consonante x

Cuando la **x** va seguida de una consonante, se pronuncia **s**.

    extremo   explicar   exclamar

La consonante **x** cuando se encuentra entre dos vocales se pronuncia **g-s**.

    exacto   (eg-sacto)
    éxito   (eg-sito)
    examen   (eg-samen)
    conexión   (co-neg-si-ón)

Pero a veces, aún entre vocales la **x** se pronuncia como **s**. Por eso, hay que tener cuidado de escribir bien cada palabra con **x** para no cometer un error de ortografía.

    exacto   (es-acto)

 6 **Dictado** Prepárate para un dictado.

1. El extranjero exclama que baja en la próxima parada.
2. Él explica que va a tener mucho éxito en el próximo examen.
3. Él exige que expliques la conexión.

Montecristi, Ecuador

El cuervo y el zorro   de Félix de Samaniego

◆ **Vocabulario para la lectura** 🎧

Estudia las siguientes definiciones.

las alabanzas elogios, complementos laudatorios

el adulador el que le admira a alguien al extremo

el fénix lo que es único en su especie

las lisonjas lo que se dice a otro para satisfacer su amor propio

donoso gracioso, gallardo

halagüeño que da muestras de admiración

hinchado vanidoso

repleto muy lleno, sobre todo una persona llena de comida

Poder verbal

 Vanidad Prepara una lista de palabras que tienen que ver con la vanidad o el amor propio.

 ¿Qué palabra necesito? Completa.

1. Tiene apariencia de un galán. Es muy ____.
2. Le ha dicho tantas cosas ____ para mostrarle su admiración.
3. Ha llegado al ____. No hay nada ni nadie que lo supere.
4. Es más que admirador. Es ____.
5. A todos nos gusta recibir ____ o sea comentarios laudatorios.

 Palabras emparentadas Da una palabra relacionada.

1. donaire
2. hinchar
3. alabar
4. adular
5. lisonjear

Introducción

Fábula: *Relato, cuento o apólogo generalmente en verso que oculta una enseñanza moral bajo el velo de la ficción.*

Esta es la definición de fábula que se encuentra en el diccionario. Y en la literatura española hay dos fabulistas muy conocidos: Félix de Samaniego (1745–1801) y Tomás de Iriarte (1750–1791).

Vamos a leer una fábula de Samaniego. Samaniego estudió la obra de los maestros universales del género, los fabulistas Fedro, Esopo y La Fontaine. En sus *Fábulas morales,* escritas para los alumnos del seminario de Vergara, Samaniego ridiculiza los defectos humanos.

Al leer la fábula *El cuervo y el zorro,* se verá lo que hará uno para tener algo para comer. Al leer la fábula, decide el defecto que está ridiculizando el autor.

Prepárandote para la lectura

Ceres es la diosa romana de la agricultura y de la civilización. De ella viene la palabra *cereal.*

Estrategia de leer

Usando imágenes Antes de empezar a leer, mira el dibujo que acompaña la fábula. Mientras leas, piensa en todo lo que está haciendo el zorro para tentar al cuervo.

El cuervo y el zorro

◆·◆·◆

1   En la rama de un árbol
    bien ufano[1] y contento
    con un queso en el pico
    estaba el señor cuervo.

5   Del olor atraído
    un zorro muy maestro,
    le dijo estas palabras,
    a poco más o menos:

....
[1]**ufano** muy ensimismado

«Tenga Usted buenos días,
10 Señor cuervo, mi dueño;
vaya que estáis donoso,
mono, lindo en extremo;
y digo lo que siento;
que si a tu bella traza[2]
15 corresponde el gorjeo[3],
juro a la diosa Ceres,
siendo testigo el cielo,
que tú serás el fénix
de sus vastos imperios».
20 Al oír un discurso
tan dulce y halagüeño
de vanidad llevado,
quiso cantar el cuervo.
Abrió su negro pico,
25 dejó caer el queso;
el muy astuto zorro,
después de haberlo preso,
le dijo: «Señor, bobo,
pues sin otro alimento,
30 quedáis con alabanzas
tan hinchado y repleto,
digerid las lisonjas
mientras yo como el queso».

Quien oye a aduladores,
35 nunca espere otro premio.

....
[2]**traza** apariencia
[3]**gorjeo** son que
        se hace al cantar

Comprensión

A **Buscando información** Contesta.

1. ¿Qué le dice el zorro al cuervo para lisonjearlo y tentarlo a abrir la boca?
2. ¿Por qué quiere que el cuervo abra la boca?

B **Analizando** Contesta.

1. ¿Cuál es la moraleja (lección moral) de esta fábula?
2. ¿Cuál es el defecto humano que Samaniego está ridiculizando?

C **Conexión con la gramática** En esta fábula, hay verbos en la forma de **vosotros** que se usa en España. Escríbelos.

Composición

Escrito personal

A veces quieres escribir una carta personal o mandar un correo electrónico a un(a) amigo(a). Por lo general quieres decirle algo. Puede ser algo importante o algo de poca importancia pero interesante.

Antes de escribir

Toma unos momentos para pensar en lo que quieres decirle a tu amigo(a). Anota algunas ideas. Luego empieza a escribir de manera bastante libre y rápida. Luego lee lo que has escrito. Es posible que lo puedas mandar tal como es. O es posible que quieras hacer algunas alteraciones antes de mandarla. Si así es el caso puedes preparar un segundo borrador.

Ahora, ¡te toca a ti!

En el restaurante Fuiste a un restaurante y fue un horror. El mesero les dio a ti y a tus amigos un servicio malo. No sirvió lo que tú y tus amigos pidieron. A nadie le gustó la comida. Escríbele una carta a un(a) amigo(a) describiéndole la experiencia. La puedes escribir de manera cómica o seria.

¡Qué horror!

Un régimen Estás siguiendo un régimen de ejercicio. Te gusta mucho. Escríbele a un(a) amigo(a) diciéndole todo lo que estás haciendo, por qué te gusta y los resultados.

Conexión con el inglés

Influencias del español

Cada lengua se apropia elementos de otras lenguas.
Aquí tienes unas palabras de uso corriente en inglés
que son españolas. ¿Las reconoces?

adiós	corral	piñata
adobe	coyote	plaza
alfalfa	fiesta	pronto
arroyo	mariachi	rodeo
bronco	meseta	sarape
burro	mesquite	sierra
café	palomino	siesta
cantina	patio	sombrero

A burro in front of an adobe house in Mompas, Colombia

huaraches

sarape

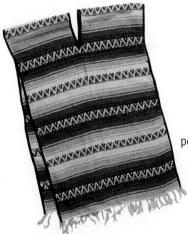

poncho

Regionalismos

En el mundo anglohablante tampoco se emplea
la misma palabra en cada región. Aquí tienes
algunos ejemplos.

bag, sack   *truck, lorry*
soda, pop   *elevator, lift*
candy, sweet   *apartment, flat*
thruway, parkway, turnpike   *in line, on line*
traffic circle, roundabout, rotary *in the hospital, in hospital*
metro, subway, underground   *on Monday, on the Monday*

Capítulo

3

¿Carta o computadora?

Objetivos

En este capítulo vas a:

❖ leer una carta famosa escrita por Hernán Cortés al rey de España durante la conquista de México; familiarizarte con algunos elementos del lenguaje antiguo

❖ aprender el lenguaje informático relacionado con la computadora

❖ estudiar la formación de algunos usos del imperfecto; analizar oraciones sencillas y oraciones compuestas; repasar los problemas ortográficos con **b** y **v**

❖ aprender lo que son romances y corridos; leer el romance *Abenámar* y el corrido *En Durango comenzó*; leer el romance *Canción de jinete* de Federico García Lorca; leer *El recado* de Elena Poniatowska y *El mensajero de San Martín* de autor anónimo

❖ contrastar el imperfecto en español y en inglés igual que las oraciones sencillas y compuestas

Carta de Cortés
Vocabulario para la lectura

Lee las definiciones de las siguientes palabras para aprender su significado y enriquecer tu vocabulario.

el caracol

la calzada camino empedrado (de piedras) y ancho

el caracol molusco; concha de este molusco

la comarca territorio con una unidad geográfica y unos límites precisos; comprende un buen número de pueblos o aldeas

la lanza espada

cercado terreno o lugar rodeado de una cerca

descalzo sin zapatos; contrario de «calzado»

menguar disminuir, bajar

la lanza

Poder verbal

ACTIVIDAD 1 **¿Qué palabra necesito?** Completa.

1. Esta ____ consiste de varios pueblos y aldeas.
2. Llegamos por esta misma ____ que cruza la ciudad.
3. A ella le gustan las joyas de ____ que hacen allí.
4. El nivel del agua va a bajar. La marea ____.
5. Él nunca lleva zapatos. Siempre anda ____.
6. La ____ era un arma importante en la antigüedad.
7. Aún hoy muchas casas están ____ para que no pueda entrar gente fácilmente.

Abuelito y su nieto andan descalzos.

Introducción

Ya hace muchos siglos que la gente quiere mantenerse en contacto. La comunicación no es nada nuevo.

Hasta recientemente no se enviaba un correo electrónico. La gente escribía. Escribía cartas. Y la carta que vas a leer fue escrita en 1520 por el conquistador de México, Hernán Cortés. Él escribió toda una serie de cartas que mandó al rey Carlos I para informarle de lo que transcurría en las Américas durante la conquista.

Cortés escribe en una prosa sencilla y tersa, libre de afectaciones y nos deja con observaciones vívidas de lo que vio al llegar a México. Fue el primer soldado que descubrió la grandeza de una civilización indígena.

Cortés era soldado y su fin era la conquista; pero mientras iba dominando por la persuasión, la intriga, la mentira y la brutalidad sabía apreciar el valor de la civilización azteca. Describe lo que ve pasando por ciudades, aldeas y mercados. No es por pereza literaria que Cortés se confiesa incapaz de comunicar al rey las maravillas que ve. Según él, no hay palabras adecuadas para describir lo que ve.

Hernán Cortés

El rey Carlos I

Moctezuma

Después de haber conquistado o ganado la amistad de los indígenas que encontraron en su expedición de Veracruz, Cortés y sus soldados avanzaron hasta la capital de los aztecas, Tenochtitlán, hoy la Ciudad de México. Una delegación de nobles enviada por Moctezuma mismo fue a dar la bienvenida a Cortés y sus hombres antes de conducirlos a la capital. Los aztecas creían que según una leyenda suya Cortés era el dios Quetzalcóatl que había prometido regresar.

Lectura

Carta de Cortés

◆ · ◆ · ◆

Otro día después que llegué a esta ciudad, me partí° y, a media legua° andada, entré por una calzada que va por medio de esta dicha laguna dos leguas, hasta llegar a la gran ciudad de Tenochtitlán, que está fundada en medio de la dicha laguna. Esta calzada es tan ancha como dos lanzas y muy bien obrada; pueden ir por toda ella ocho de caballo a la par. En estas dos leguas de la una parte y de la otra de la dicha calzada están tres ciudades. Una de ellas, que se llama Mexicaltzingo, está fundada, la mayor parte de ella, dentro de la dicha laguna; las otras dos, que se llaman, la una Mixiuacán y la otra Huitzilopocho, están en la costa de ella, y muchas casas de ellas están dentro del agua.

La primera ciudad de éstas tendrá tres mil vecinos, la segunda más de seis mil, y la tercera otro cuatro o cinco mil vecinos; y en todas hay muy buenos edificios de casas y torres, en especial las casas de los señores y personas principales, y las casas de sus mezquitas u oratorios donde ellos tienen sus ídolos. En estas ciudades hay mucho trato de sal, que hacen del agua de la dicha laguna y de la superficie que está en la tierra que baña la laguna; la cuecen en cierta manera y hacen panes de la dicha sal, que venden para los naturales° y para fuera de la comarca.

Estrategia de lectura
Leyendo lenguaje antiguo Algunas estrategias que puedes utilizar al leer algo escrito en lenguaje antiguo son: usa las notas laterales; rompe las oraciones largas en segmentos más cortos; cambia el orden de las palabras para que las oraciones te suenen más familiares.

me partí salí
legua medida antigua

Teotihuacán

naturales los que son de allí

El Zócalo, Ciudad de México

Así seguí la dicha calzada y, a media legua antes de llegar al cuerpo° de la ciudad de Tenochtitlán, a la entrada de otra calzada que viene a dar de la tierra firme a esta otra, está un muy fuerte baluarte con dos torres, cercado de muro de dos estados°, con su pretil almenado° por toda la cerca que toma con ambas calzadas, y no tiene más de dos puertas, una por donde entran y otra por donde salen.

al cuerpo a la zona central

estados medida antigua
pretil almenado barrera a los lados de un puente

La entrada de Cortés en México

vigas piezas de construcción
luengas largas
vuestra alteza el rey

Aquí me salieron a ver y a hablar hasta mil hombres principales, ciudadanos de la dicha ciudad, todos vestidos de la misma manera y hábito y, según su costumbre, bien rico. Cuando habían llegado para hablarme, cada uno por sí, en llegando a mí, hacía una ceremonia que entre ellos se usa mucho; ponía cada uno la mano en la tierra y la besaba. Así estuve esperando casi una hora hasta que cada uno hiciese su ceremonia.

Ya junto a la ciudad está una puente de madera de diez pasos de anchura, y por allí está abierta la calzada para que tenga lugar el agua de entrar y salir, porque crece y mengua, y también para fortaleza de la ciudad porque quitan y ponen unas vigas° muy luengas° y anchas, de que la dicha puente está hecha, todas las veces que quieren. De éstas hay muchas por toda la ciudad como adelante, en la relación que haré de las cosas de ella, vuestra alteza° verá.

Templos a los dioses de la guerra, Tenochtitlán

Pasada esta puente, nos salió a recibir aquel señor Moctezuma con hasta doscientos señores, todos descalzos y vestidos de otra librea o manera de ropa, asimismo bien rica a su uso y más que la ropa de los otros. Venían en dos procesiones, muy arrimados a las paredes de la calle, que es tan ancha, hermosa y derecha que de un cabo se parece el otro; tiene dos tercios de legua y de la una parte y de la otra muy buenas y grandes casas, así de aposentamientos como de mezquitas. Moctezuma venía por medio de la calle con dos señores, el uno a la mano derecha, y el otro a la izquierda, de los cuales uno era aquel señor grande que dije que me había salido a hablar en las andas°; el otro era el hermano de Moctezuma, señor de aquella ciudad de Iztapalapa, de donde yo había partido aquel día. Todos los tres estaban vestidos de la misma manera, excepto Moctezuma que iba calzado, y los otros dos señores descalzos. Cada uno le llevaba del brazo y, como nos juntamos, yo me apeé y le fui a abrazar solo. Aquellos dos señores que con él iban me detuvieron con las manos para que no le tocase; y ellos y él hicieron asimismo ceremonia de besar la tierra. Hecha esta ceremonia, mandó a su hermano, que venía con él, que se quedase conmigo y que me llevase por el brazo, y él con el otro se iba delante de mí un poquito trecho°. Después de haberme hablado él, vinieron

andas tablero con barras para llevar personas o cosas, especialmente en procesiones

trecho distancia

Moctezuma y Cortés

Para más información sobre Tenochtitlán, visita el sitio Web de Glencoe: spanish.glencoe.com.

Teotihuacán

asimismo a hablarme todos los otros señores que iban en las dos procesiones en orden, uno en pos de otro, y luego se tornaban a su procesión. Al tiempo que yo llegué a hablar al dicho Moctezuma, me quité un collar que llevaba de margaritas y diamantes de vidrio y se lo eché al cuello; y, después de haber andado la calle adelante, vino un servidor suyo con dos collares de camarones, envueltos en un paño, que eran hechos de huesos de caracoles colorados que ellos tienen en mucho°; y de cada collar colgaban ocho camarones de oro, de mucha perfección, tan largos casi como un jeme°. Como se los trajeron, se volvió a mí y me los echó al cuello; luego tornó a seguir por la calle en la forma ya dicha, hasta llegar a una casa muy grande y hermosa que él tenía para aposentarnos, bien aderezada. Allí me tomó por la mano y me llevó a una gran sala que estaba frontera de un patio por donde entramos. Allí me hizo sentar en un estrado° muy rico, que para él lo tenía mandado hacer, y me dijo que le esperase allí, y él se fue.

Después de poco, ya que toda la gente de mi compañía estaba aposentada, volvió con muchas y diversas joyas de oro y plata y plumajes, y con hasta cinco o seis mil piezas de ropa de algodón muy ricas, y tejida y labrada de diversas maneras. Después de habérmela dado, se sentó en otro estrado, que luego le hicieron allí junto con el otro donde yo estaba.

tienen en mucho estiman
jeme medida antigua

estrado sitio elevado de honor

Comprensión

A **Buscando información** Contesta.

1. ¿Sobre qué está fundada Tenochtitlán?
2. ¿Por cuántas ciudades pasan Cortés y sus hombres?
3. ¿Cuántos habitantes tienen?
4. ¿Qué hay en todas estas ciudades?
5. ¿Para qué usan los habitantes el agua de la laguna?
6. ¿Qué hay a la entrada de Tenochtitlán?
7. ¿Quiénes salieron a ver y a hablar con Cortés?
8. ¿Qué hay junto a la ciudad?
9. Al pasar este puente, ¿quién salió a recibir a Cortés y sus hombres?
10. ¿Quiénes acompañaban a Moctezuma?
11. ¿Cómo lo llevaban?
12. ¿Qué hicieron cuando Cortés trató de tocar a Moctezuma?
13. ¿Qué cambiaron Moctezuma y Cortés?
14. ¿Qué más le dio Moctezuma a Cortés?

B **Describiendo** Describe.

1. la indumentaria (la ropa) de los que salieron a ver y a hablar con Cortés
2. la ceremonia que hacía cada uno
3. la ropa de los que vinieron con Moctezuma a recibir a Cortés
4. la casa en que Moctezuma aposentó a Cortés

Xochimilco

C **Lenguaje antiguo** Lee esta oración larga de Cortés.

«Moctezuma venía por medio de la calle con dos señores, el uno a la mano derecha, y el otro a la izquierda, de los cuales uno era aquel señor grande que dije que me había salido a hablar en las andas; el otro era el hermano de Moctezuma, señor de aquella ciudad de Iztapalapa, de donde yo había partido aquel día.»

Esta larguísima oración tiene mucha información. Trabaja con un(a) compañero(a) de clase y juntos divídanla en partes para que sea más fácil leerla.

D **Formando opiniones y llegando a conclusiones**

Leíste que Cortés en sus cartas describió con asombro las maravillas que encontró al llegar a territorio azteca. Le impresionó tanto la civilización azteca que le dijo al rey que no podía poner en palabras lo que veía.

Quetzalcóatl

Aprendiste también que los aztecas recibieron a Cortés y a sus hombres a brazos abiertos. A Cortés le dieron joyas y lo aposentaron en un castillo lujoso. Creían que Cortés era su dios Quetzalcóatl que había prometido regresar algún día.

Cortés sabía que quería conquistar y someter a los aztecas. Sin embargo, aceptó y se aprovechó de la cordialidad de los aztecas y luego siguió a sujetar y a matar de la manera más brutal a miles y miles de indígenas.

¿Qué opinas del comportamiento y de las acciones de Cortés? ¿Cómo se las puede explicar o es imposible explicarlas? ¿Qué piensas de él como figura histórica?

Cortés y Moctezuma

Conocimientos para superar

Conexión con la tecnología

Jerga informática

Una de las funciones primordiales de la computadora es la de procesar datos. La computadora procesa los datos de acuerdo con las instrucciones almacenadas en ella. Se les llama *software* a las instrucciones que le indican a la computadora lo que tiene que hacer. Y a la computadora y todo el equipo conectado con ella se les llama *hardware*. El conjunto de instrucciones para llevar a cabo una tarea específica es el «programa» de *software*.

La terminal es un dispositivo entrada y salida. Para la entrada hay normalmente un teclado y para la salida de datos hay una pantalla de video y una impresora.

La computadora puede almacenar datos en forma permanente o temporal. Envía los datos a un disco o a un CD.

Un cibercafé, Oruro, Bolivia

El usuario de la computadora tiene que introducir su contraseña, palabra de paso, o código *(pin)* que le identifica como usuario autorizado. El menú, que sale en la pantalla de la computadora, es una lista de opciones disponibles para el usuario.

La salida es cualquier información generada en la computadora y presentada en la pantalla, transferida a un disco o a una línea de comunicación. El módem o modulador adapta una terminal a una línea telefónica. Y la salida puede ser también en forma impresa.

El procesamiento de textos reemplaza las operaciones de una máquina de escribir. Los documentos almacenados en la computadora pueden ser llamados e imprimidos en cualquier momento.

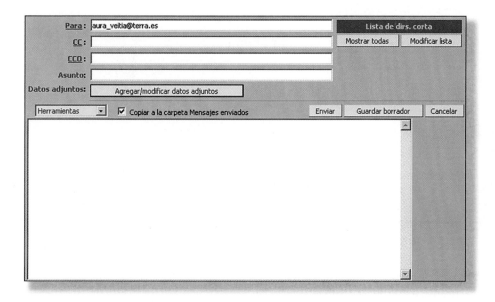

He aquí otros términos importantes de uso frecuente.

iniciar o **boot** encender la computadora

entrar datos ingresar datos

borrar remover un ítem de datos

guardar conservar los datos

recuperar extraer datos almacenados anteriormente

visualizar examinar datos en la pantalla

salir abandonar un programa, apagar la computadora

el icono una representación pictórica de un objeto

el archivo una colección de datos tratados en una sola entidad

la carpeta lo que sirve para guardar archivos

Conocimientos para superar

¿Qué es el Internet?

El Internet es una red pública[1] de computadoras interconectadas. Sirve para intercambiar una gran variedad de información—educativa, estatal, empresarial, etc. Hoy día, hasta en los lugares más remotos, se encuentra el Internet. Desde su origen como proyecto del Departamento de Defensa Estadounidense en los años 70, la influencia del Internet ha crecido bastante. Ahora tiene millones de usuarios y este número sigue en aumento.

Si estás conectado(a) al Internet por cable o por satélite[2], tus comunicaciones son casi instantáneas. Los satélites llevan información hasta veinte veces más rápido que el módem. Y las conexiones DSL[3] llevan los mensajes de cincuenta a ciento cincuenta veces más rápido que el módem. Cada día los avances tecnológicos resultan en comunicaciones más fáciles y más rápidas.

¿Qué más?

Ya sabemos que el Internet nos permite comunicarnos por medio del correo electrónico[4] pero ¿qué más podemos hacer con ello? Cuando navegamos por el Internet, es posible conectar con una gran variedad de información: de historia y economía a salud y arte. El Internet es sumamente beneficioso para los alumnos. Ha eliminado barreras a la información que anteriormente era inaccesible por razones de distancia geográfica. Ahora si tú quieres informarte sobre las culturas de África o el descubrimiento de nuevas tecnologías en Europa, sólo tienes que buscar en el Internet.

Además, se ofrecen las noticias en lo que se llama «tiempo real». Te permite conseguir las noticias mientras están ocurriendo en cualquier parte del mundo. Imagínate el impacto educativo de poder informarte—en cualquier momento—sobre las actualidades más recientes.

Las jóvenes están usando el Internet, Ciudad de México

....

[1] **red pública** serie de computadoras interconectadas con fines de intercambiar información

[2] **satélite** tipo de conexión con el Internet que es más rápido que un módem pero menos rápido que el DSL

[3] **DSL** Digital Subscriber Line, permite la conexión más rápida con el Internet

[4] **correo electrónico** modo electrónico e instantáneo de comunicación

 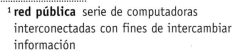

Conocimientos para superar

¡Ojo! Como tantas otras nuevas tecnologías, el Internet también tiene sus riesgos. Cualquier persona puede contribuir información al Internet. Cuando haces tus investigaciones no puedes acertar (saber) si los datos son ciertos o falsos. Siempre es recomendable verificar—con tu profesor(a) o con tus padres—la información que quieres incluir en tus tareas. El Internet te puede ser muy útil si lo utilizas correctamente.

Ponerte en la Web

Tú puedes hacer más que navegar por el Internet. Si quieres, puedes ser también parte de ello y allí dejar tu propia huella. Tú también puedes compartir tus conocimientos y gustos con todo el mundo.

La información del Internet está organizada en páginas Web. El Internet es como un estante en una biblioteca y una página Web es como un libro en el estante. A diferencia del pasado, ahora es mucho más fácil y divertido crear páginas. Hay una diversidad de programas técnicos que han simplificado el proceso de crear una página. Estos últimos programas también son mucho más avanzados y permiten animación, texto interactivo y otros elementos interesantes.

Comprensión

A **Poder verbal** **Definiciones** Da la palabra cuya definición sigue.
1. el conjunto de teclas
2. máquina que imprime
3. conjunto de instrucciones para la computadora
4. la computadora y todo el equipo conectado con ella
5. lista de opciones disponibles para el usuario de la computadora
6. dispositivo que adapta una terminal a una línea telefónica

Estepona, España

B Poder verbal ¿Qué hago? Indica lo que vas a hacer.

1. Quieres empezar a trabajar en tu computadora.
2. Tienes que usar de nuevo algunos datos que entraste en la computadora anteriormente.
3. No necesitas lo que has entrado.
4. Quieres conservar lo que has entrado.
5. Vas a abandonar el programa y apagar la computadora.

C Poder verbal Más definiciones Da una definición.

1. Internet
2. navegar (por) el Internet
3. una página Web
4. el correo electrónico

D Buscando información Contesta.

1. ¿Cuál es la diferencia entre el *hardware* y el *software?*
2. Por lo general, ¿de qué consta una terminal?
3. ¿Por cuánto tiempo puede la computadora almacenar datos?
4. ¿Qué tiene que hacer el usuario de la computadora antes de poder usarla? ¿Por qué?
5. ¿Qué es el menú?
6. ¿Cómo salen datos de la computadora?
7. ¿Cuál es la diferencia entre el archivo y la carpeta?
8. ¿Dónde tuvo su origen el Internet?
9. ¿Qué tipo de conexión con el Internet es el más rápido?
10. ¿Es fiable toda la información que sale en el Internet? ¿Por qué?
11. ¿Quiénes pueden ponerse en la Web?
12. ¿Cuáles son algunos ejemplos de la información que ofrece el Internet?

E Expresando opiniones Da tu opinión.

El uso del correo electrónico se ha extendido tanto que unos lamentan la desaparición de la comunicación escrita (cartas, etc.). ¿Estás de acuerdo con esta controversia? ¿Cómo prefieres comunicarte con otros? ¿Por qué?

F Un debate Discute.

En varios países del mundo, los gobiernos están considerando implementar reglas sobre el uso del Internet. Tú y tus compañeros de clase van a preparar un debate sobre la reglamentación del Internet. ¿Debe estar controlado por el Estado o no?

El grupo debe dividirse en dos: los que están a favor y los que están en contra. Cada grupo tiene que defender sus opiniones.

G Expresión electrónica Imagínate que tú y tus compañeros quieren hacer su propia página Web educativa. ¿De qué tratará su página? Escriban un párrafo corto sobre todos los detalles esenciales (nombre de su página, imágenes que quieren, tema, la importancia que tiene para los usuarios, etc.)

Un cibercafé, Pisco, Perú

Gramática y lenguaje

El imperfecto

1. Se usa el imperfecto para expresar una acción habitual o repetida en el pasado.

> **Él siempre me hablaba por teléfono.**
> **Me llamaba casi todos los días.**

2. Se usa también para expresar una emoción o un estado de ánimo en el pasado.

> **El niño tenía miedo.**
> **No estábamos contentos.**

3. El imperfecto se usa para describir en el pasado.

> **El señor estaba en la calle Sol.** (colocación)
> **Tenía unos 25 años.** (edad)
> **Era alto y delgado.** (apariencia)
> **Estaba muy cansado.** (condición física)
> **Estaba triste.** (estado de ánimo)
> **Tenía ganas de dormir.** (actitudes y deseos)
> **Quería volver a casa.** (actitudes y deseos)
> **Eran las diez de la noche.** (hora)
> **Hacía frío y nevaba.** (tiempo)

El guardia estaba muy solito, ¿no?

4. Estudia las formas de los verbos regulares en el imperfecto.

	PRIMERA CONJUGACIÓN	SEGUNDA Y TERCERA CONJUGACIONES	
yo	hablaba	comía	vivía
tú	hablabas	comías	vivías
él, ella, Ud.	hablaba	comía	vivía
nosotros(as)	hablábamos	comíamos	vivíamos
vosotros(as)	hablabais	comíais	vivíais
ellos, ellas, Uds.	hablaban	comían	vivían

Nota que las terminaciones de los verbos de las segunda y tercera conjugaciones son las mismas.

5. Los únicos verbos irregulares en el imperfecto son **ser, ir** y **ver**.

	SER	IR	VER
yo	era	iba	veía
tú	eras	ibas	veías
él, ella, Ud.	era	iba	veía
nosotros(as)	éramos	íbamos	veíamos
vosotros(as)	erais	ibais	veíais
ellos, ellas, Uds.	eran	iban	veían

Vacaciones de verano Contesta.

1. ¿Siempre pasabas algunos días de verano en una playa o piscina (alberca)?
2. ¿Nadabas mucho?
3. ¿Ibas con tus amigos?
4. A veces, ¿esquiaban ustedes en el agua?
5. ¿Buceaban?
6. ¿Tomaban ustedes un refresco cuando tenían sed?
7. ¿Qué pedían en el café?

Nerja, España

ACTIVIDAD 2 **¿A qué escuela?** Completa.

José: Julia, ¿a qué escuela __1__ (tú) (asistir) cuando __2__ (tener) seis años?

Julia: Yo __3__ (asistir) a la escuela Asenjo.

José: No lo creo. Tú y yo __4__ (asistir) a la misma escuela y no nos __5__ (conocer).

ACTIVIDAD 3 **José y Julia** Contesta según la conversación.

1. ¿A qué escuela asistía Julia?
2. ¿Cuántos años tenía cuando asistía a esa escuela?
3. ¿Lo creía José?
4. ¿A qué escuela asistía él?
5. ¿Asistían a la misma escuela?
6. ¿Se conocían en la escuela?
7. ¿No sabía José que ellos asistían a la misma escuela cuando tenían la misma edad?

Patio de recreo en una escuela primaria, Barcelona, España

ACTIVIDAD 4 **Don Quijote y Sancho Panza** Contesta según se indica.

1. ¿De dónde era Sancho Panza? (de la Mancha)
2. ¿Cómo era don Quijote? (alto y flaco)
3. ¿Cómo estaba el pobre don Quijote? (loco)
4. ¿Qué quería conquistar? (los males del mundo)
5. ¿Cómo era el caballo de don Quijote? (viejo y débil)
6. ¿Cómo se llamaba su caballo? (Rocinante)
7. Y su escudero, ¿cómo se llamaba? (Sancho Panza)
8. ¿Cómo era Sancho? (bajo y gordo; y muy panzudo)
9. ¿Qué tenía él siempre? (hambre)
10. ¿Adónde quería ir? (a casa)

Más del imperfecto

1. **¡Ojo!** Hay que tener cuidado con la pronunciación y por consiguiente con la ortografía con la forma de **nosotros** en el imperfecto. Hay muchos que cambiamos la **m** en **n**.

CORRECTO	INCORRECTO
cantábamos	cantábanos
íbamos	íbanos
salíamos	salíanos
éramos	éranos

2. **¡Ojo!** El cambio radical que existe en el presente y/o el pretérito no existe en el imperfecto. Ningún verbo tiene cambio radical en el imperfecto.

CORRECTO	INCORRECTO
queríamos	quieríamos
teníamos	tieníamos
decía	dicía
decías	dicías
dormía	durmía
dormíamos	durmíamos, durmíanos
pedía	pidía
pedían	pidían
podía	pudía
podías	pudías

3. Ten mucho cuidado con los verbos **caer** y **traer** en el imperfecto. Aquí tienes las formas correctas.

CAER		TRAER	
caía	caíamos	traía	traíamos
caías	caíais	traías	traíais
caía	caían	traía	traían

Hay muchos que cometen errores con estos verbos.

CORRECTO	INCORRECTO
caía	cayía, caiba
caías	cayías, caibas
traía	trayía, trajía, traiba
traías	trayías, trajías, traibas

Ellos siempre pedían una raspadilla cuando iban a la playa.

4. **¡Ojo!** El imperfecto de la expresión impersonal **hay** es **había**. **Había** no cambia nunca. Va seguido de una forma singular o plural. Hay muchos entre nosotros que queremos decir **habían** cuando va seguido de una forma plural. ¡Mucho ojo! No es correcto.

CORRECTO	INCORRECTO
Había dos.	Habían dos.
Había muchos alumnos.	Habían muchos alumnos.

ACTIVIDAD 5 **Formas** Escribe las siguientes formas del imperfecto.

1. nosotros / hablar	**8.** ellos / dormir
2. nosotros / venir	**9.** tú / poder
3. nosotros / ser	**10.** nosotros / poder
4. yo / poder	**11.** ellos / traer
5. tú / pedir	**12.** tú / traer
6. ellos / preferir	**13.** yo / caer
7. yo / decir	**14.** ella / caer

ACTIVIDAD 6 **Todo incorrecto** Vas a ser redactor(a). Corrige los errores.

1. Él me lo dicía.
2. Quiería yo pero no pudía.
3. Ella trayía mucha carga y se caiba.
4. Cantábanos y bailábanos muy bien.
5. Nos acostábanos tarde y nos levantábanos temprano.

ACTIVIDAD 7 **En el pasado** Escribe las siguientes oraciones en el pasado.

1. No hay mucho tráfico en la autopista.
2. Hay muchos recados en su despacho.
3. Hay a lo menos cinco.
4. Hay seis hijos en la familia.
5. Hay una computadora en cada aula.

Entre Coquimbo y
La Serena, Chile

Oraciones

1. **Oración completa** Una oración completa tiene que tener un sujeto (tácito o expreso) y un predicado. Una oración completa expresa un sentido completo. Un grupo de palabras que no cumplen estos requisitos son frases u oraciones incompletas.

   ORACIONES COMPLETAS
   > **Cortés escribió la carta.**
   > **La mandó al rey.**

   ORACIONES INCOMPLETAS
   > **La carta al rey.**
   > **En la computadora.**

2. Una oración declarativa informa sobre algo.

   > **La computadora almacena muchos datos.**
   > **Preparo todos mis escritos en la computadora.**

La joven hace sus estudios en la computadora, Sandia Pueblo, Nuevo México

Una oración interrogativa hace una pregunta.

> **¿Almacena muchos datos la computadora?**
> **¿Dónde preparas tus escritos?**
> **¿Cómo los preparas?**

Oraciones compuestas

A veces una oración consta de más de una idea o sentido completo. En este caso se le llama «una oración compuesta». A cada oración completa dentro de la oración compuesta se le llama «una cláusula principal».

Ella va a comprar una computadora nueva y la va a poner en su oficina.

¿Ellos van a la playa o se quedan en casa?

La palabra que enlaza las dos cláusulas principales es una conjunción. ¿Cuáles son las conjunciones en las oraciones de arriba?

 8 Oraciones Indica si es una oración completa, incompleta o compuesta.

1. Lo sé.
2. No funciona.
3. La computadora.
4. Está estropeada y no funciona.
5. ¿Cuándo va?
6. Mañana a las ocho.
7. ¿Dónde?
8. Ellos quieren reparar la computadora pero no tienen bastante dinero.

9 ¿Tácito o expreso?
1. Escribe tres oraciones. Cada una tendrá un sujeto expreso.
2. Escribe tres oraciones. Cada una tendrá un sujeto tácito.

10 Más oraciones
1. Escribe dos oraciones declarativas.
2. Escribe dos oraciones interrogativas.
3. Escribe cuatro oraciones compuestas.
4. Subraya cada cláusula principal en tus oraciones compuestas.
5. Rodea la conjunción que enlaza las cláusulas principales.

Los amigos ven la televisión, comen y se divierten durante la fiesta.

Gramática y lenguaje

Pronunciación y ortografía

La b y la v

B DE BURRO

V DE VACA

Hay que recordar siempre que la **b** y la **v** se pronuncian igual pero no se escriben igual. Por consiguiente hay que verificar siempre la ortografía de estos dos sonidos.

ba	be	bi	bo	bu
bajo	bebía	había	borrar	busto
iba	haber	bienvenida	bola	bulto
bajaba	bebé	biblioteca	bote	
basta	bebe	biberón		
balón				
baile				

va	ve	vi	vo	vu
va	veía	vivía	volvía	vuelvo
vale	verificar	vívido	vivo	
vasto	nave	envía	activo	
nieva	vende	vino	voy	
valle		víbora		
		vicio		

11 **Dictado** Completa cada oración y prepárate para un dictado.

1. El __e__é i__ a a__ajo.
2. Los __aqueros __ailan en el __alle __erde.
3. Nie__a en el __alle donde __i__en.
4. No __e__en __ino.
5. El __ota la pelota en el __ote.
6. Un __ote no es ni un __arco ni una na__e.
7. Ha__ía __acas, __urros, o__ejas, a__ejas y a__ispas.
8. A __er lo que __an a __e__er.

12 **Palabras homófonas** Recuerda que las palabras homófonas se pronuncian de la misma manera pero se escriben de forma diferente y tienen significados muy distintos. Escribe una oración usando cada una de las siguientes palabras.

1. basta
2. vasta
3. tuvo
4. tubo
5. votar
6. botar

Abenámar de autor anónimo

En Durango comenzó de autor anónimo

♦ **Vocabulario para la lectura**

Estudia las definiciones de las siguientes palabras.

la dote bienes (regalos) que aporta la mujer al matrimonio

cautivo capturado, aprisionado

agradecer dar las gracias, expresar gratitud

relucir resplandecer mucho, brillar

el cautivo

Poder verbal

 1 **Palabras emparentadas** Da una palabra relacionada.

1. el cautiverio
2. el relucimiento
3. el agradecimiento
4. dotar

 2 **¿Qué palabra necesito?** Completa.

1. Él me ha hecho cosas buenas y le quiero ____.
2. ¿Puedes imaginar como van a ____ estos diamantes?
3. En la actualidad muy pocas esposas aportan ____ al matrimonio. La ____ es del pasado.
4. Nadie quiere estar ____. A todos nos gusta la libertad.

Introducción 🎧

Romances Durante la Edad Media en España, la gente se informaba de lo que pasaba por medio de los juglares que iban de castillo a castillo y transmitían las noticias en forma de verso. Recitaban cantares de gesta. Estos casi siempre trataban de hazañas guerreras. El romance, o lo que se llama *ballad* en inglés, se deriva de los antiguos cantares de gesta.

Algunos romances «juglarescos» fueron compuestos por los juglares a partir del siglo XIV. Muchos de ellos narraban acontecimientos que acababan de ocurrir y estimulaban la imaginación de quienes los escuchaban. Ciertos romances juglarescos llamados «moriscos» tratan de la vida árabe en España. Otros llamados «fronterizos» tratan de las relaciones guerreras entre caballeros cristianos y moros. El romance que sigue, *Abenámar,* es un romance fronterizo. En este romance el rey Juan II, el padre de Isabel la Católica, le habla al moro Abenámar. Abenámar le muestra al rey los edificios importantes de la ciudad de Granada. Esta ciudad ya había sido sitiada por los españoles. Luego, el rey le habla a la ciudad de Granada como si fuera una señora con quien él quisiera casarse. Es interesante notar la respuesta de Granada y el significado de su respuesta.

Corridos El corrido es una composición popular mexicana. Se deriva, y sigue la tradición, del antiguo romance español que los conquistadores trajeron a América. El corrido tiene un carácter muy descriptivo. Hay muchos tipos de corridos. Algunos hablan de hechos y eventos locales—otros de personajes legendarios y de momentos históricos. Los más famosos cuentan relatos de la Revolución mexicana. El corrido que sigue, *En Durango comenzó,* trata de Pancho Villa, una figura importante de la Revolución mexicana.

Fondo histórico

Los dos poemas que siguen tratan de acontecimientos históricos—uno en España y el otro en México; uno en el siglo XV y el otro en el siglo XX. Pero antes, un poco de historia.

España En 711, los moros invadieron España. Vinieron del norte de África y no salieron hasta 1492, cuando el último rey moro, Boabdil, fue expulsado de Granada. Durante la conquista de España, los árabes construyeron mezquitas y palacios bellísimos, sobre todo en Andalucía: en Sevilla, Córdoba y Granada. La influencia cultural árabe en la península ibérica es enorme. En la lengua española hay muchas palabras que comienzan en **al; el alcázar,** por ejemplo, es un palacio. Estas palabras son todas de origen árabe: **alcázar, almohada, alhambra.**

Patio de los leones, la Alhambra

Córdoba

Porfirio Díaz

México En México, a principios del siglo XX, precisamente en 1910, estalló una revolución. Esta revolución fue una reacción contra la dictadura de Porfirio Díaz que duró treinta y tres años. Desde 1906 los obreros organizaban huelgas. En 1910, diversos grupos se pusieron bajo el mando de Francisco I. Madero y se levantaron contra Porfirio Díaz. El 25 de mayo de 1911 el dictador renunció al poder y huyó del país. Madero fue elegido presidente fácilmente, pero no logró satisfacer los deseos de las distintas facciones. En el mismo año de 1911, Emiliano Zapata se levantó con un grupo dc campesinos en Morelos, gritando «¡Tierra y libertad!». Madero murió asesinado y Victoriano Huerta tomó el poder.

Venustiano Carranza, el gobernador del estado de Coahuila, no reconoció al nuevo gobierno. Consiguió el apoyo de viejos líderes como Francisco (Pancho) Villa, Emiliano Zapata y Álvaro Obregón. En julio de 1914, Huerta dejó el poder. Pancho Villa y Emiliano Zapata entraron en la Ciudad de México con el deseo de establecer un gobierno favorable a los obreros y campesinos. Carranza consiguió el apoyo de Obregón, quien derrotó a Villa y obtuvo la presidencia del país. El amigo de ayer llegó a ser el enemigo de hoy.

Emiliano Zapata fue asesinado durante la revolución por el coronel Jesús Guajardo. Pancho Villa murió asesinado en 1923, después de la revolución.

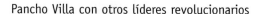

Pancho Villa con otros líderes revolucionarios

Abenámar

◆·◆·◆

1   ¡Abenámar, Abenámar,
    moro de la morería[1],
    el día que tú naciste
    grandes señales había!
5   Estaba la mar en calma,
    la luna estaba crecida[2]:
    moro que en tal signo nace,
    no debe decir mentira.—
    Allí respondiera el moro,
10 bien oiréis lo que decía:
    —Yo te lo diré, señor,
    aunque me cueste la vida,
    porque soy hijo de un moro
    y una cristiana cautiva;
15 siendo yo niño y muchacho
    mi madre me lo decía:
    que mentira no dijese,
    que era grande villanía[3]:
    por tanto pregunta, rey,
20 que la verdad te diría.
    —Yo te agradezco, Abenámar,
    aquesa[4] tu cortesía.
    ¿Qué castillos son aquéllos?
    ¡Altos son y relucían!
25 —El Alhambra[5] era, señor,

    y la otra la Mezquita[5];
    los otros los Alixares[5],
    labrados a maravilla.
    El moro que los labraba
30 cien doblas[6] ganaba al día,
    y el día que no los labra
    otras tantas se perdía;
    desque[7] los tuvo labrados,
    el rey le quitó la vida,
35 porque no labre otros tales
    el rey del Andalucía.
    El otro es Generalife,
    huerta que par no tenía;
    el otro Torres Bermejas,
40 castillo de gran valía.—
    Allí habló el rey don Juan
    bien oiréis lo que decía:
    —Si tú quisieses, Granada,
    contigo me casaría;
45 daréte en arras[8] y dote
    a Córdoba y a Sevilla.
    —Casada soy, rey don Juan,
    casada soy, que no viuda;
    el moro que a mí me tiene,
50 muy grande bien me quería.

....

[1] **morería** barrio donde vivían los moros
[2] **crecida** llena
[3] **villanía** cosa ni honrada ni honesta
[4] **aquesa** aquella
[5] **Alhambra, Mezquita, Alixares** magníficos
    edificios moros
[6] **doblas** monedas antiguas
[7] **desque** desde que
[8] **arras** monedas que le da el esposo a su esposa

El Generalife, Granada

Durango, México

En Durango comenzó

1   En Durango comenzó
su carrera de bandido
En cada golpe que daba
Se hacía el desaparecido

5   Cuando llegó a La Laguna
Robó la estación de Horizonte
Del entonces lo seguían
Por los pueblos y los montes

    Un día ya en el nordoeste
10   Entre Tirso y la Boquilla
Se encontraban acampadas
Las fuerzas de Pancho Villa

    Gritaba Francisco Villa
El miedo no lo conozco
15   Que viva Pancho Madero
Y que muera Pascual Orozco

    Gritaba Francisco Villa
En su caballo tordillo[1]
En la bolsa traigo plata
20   Y en la cintura casquillo[2].

[1] **tordillo** caballo de pelo blanco y negro
[2] **casquillo** cartucho vacío

Comprensión

A Poder verbal   **Definiciones** Identifica.
1. los juglares
2. el romance
3. romance fronterizo
4. el corrido

B Fondo histórico   **Buscando información** Contesta.
1. ¿Cuándo invadieron los moros España?
2. ¿Cuándo salieron?
3. ¿Quién fue el último rey moro?
4. ¿Qué construyeron los moros en España?
5. ¿En qué año estalló la Revolución mexicana?
6. ¿Contra qué reaccionaron los revolucionarios?
7. ¿Qué pasó en 1911?
8. ¿Qué significa, «El amigo de ayer llegó a ser el enemigo de hoy.»?

C *Abenámar* **Describiendo** Identifica.

1. el día que nació Abenámar
2. los padres del moro
3. los consejos de su madre
4. lo que Abenámar le muestra al rey
5. lo que haría el rey para «casarse» con Granada
6. la respuesta de Granada

D *Abenámar* **Analizando** Analiza el significado de la respuesta negativa que le dio la ciudad de Granada al rey Juan II.

E *En Durango comenzó* **Parafraseando** Recuerda que parafrasear significa expresar de otra manera. ¿Cómo se expresa lo siguiente en el corrido?

1. Él sabía eludir a las autoridades del gobierno.
2. Las autoridades no lo pudieron encontrar.
3. Pancho no tiene miedo de nada ni tampoco teme a nadie.
4. No tiene nada con qué luchar.

F **Resumiendo** Puedes escoger. Escribe un resumen de *Abenámar* o *En Durango comenzó*.

Revolucionarios mexicanos

Canción de jinete de Federico García Lorca

◆ Nota biográfica

Federico García Lorca

Federico García Lorca (1898–1936) nació en Granada y allí lo mataron al comenzar la Guerra Civil. Los que lo conocían dicen que la primera impresión que daba era la de un niño. Era una persona dinámica y graciosa. Le gustaba reír y su alegría era contagiosa. Pero bajo esta exuberancia jovial había una gran ternura. Federico sentía el sufrimiento humano y la angustiosa soledad del ser humano en un mundo mecanizado.

A pesar de haber muerto en plena juventud, García Lorca dejó una producción caudalosa—poesía, teatro, ensayos, arte, música. En su poesía *Canción de jinete* aparecen elementos frecuentes en sus versos: la luna, el jinete, la muerte y el misterio. Nunca sabremos la causa de su muerte. Todo queda vago y misterioso. Pero se cree que fue la Guardia Civil quien lo mató. En la poesía que sigue parece que el autor presumía su trágico fin aunque la había escrito en 1927, nueve años antes de su muerte. De todos modos, nos comunica un evento trágico.

Guardias Civiles

Canción de jinete

❖·❖·❖

1   Córdoba.
   Lejana y sola.

   Jaca negra, luna grande,
   y aceitunas en mi alforja.
5   Aunque sepa los caminos
   yo nunca llegaré a Córdoba.

   Por el llano, por el viento,
   jaca negra, luna roja.
   La muerte me está mirando
10   desde las torres de Córdoba.

   ¡Ay qué camino tan largo!
   ¡Ay mi jaca valerosa!
   ¡Ay que la muerte me espera,
   antes de llegar a Córdoba!

15   Córdoba.
   Lejana y sola.

Estrategia de lectura

Leyendo en voz alta Una estrategia importantísima al leer poesía es leerla en voz alta o escucharla en tu mente mientras la lees silenciosamente. Es una estrategia imprescindible al leer una poesía tan intensamente musical y sensual como esta de García Lorca.

Córdoba

Un señor con su burro y perrito
en un camino de Andalucía

Comprensión

A Visualizando Describe.
Describe lo que ves al leer esta poesía.

B Tono Explica.
Explica como te sientes al leer esta poesía.

C Interpretando Contesta.
1. ¿Qué emoción evoca en ti el pensar en una jaca negra galopeando por un llano ventoso durante una noche oscura bajo una luna grande (llena)?
2. Para ti, ¿qué simboliza la luna llena?
3. ¿Quién habla en la poesía? ¿Adónde va? ¿Dónde está? ¿Cómo es? ¿Qué simboliza?
4. ¿Cuándo llegará a Córdoba? ¿Por qué?
5. Llama a su jaca «valerosa». ¿Quién es realmente el valiente? ¿Por qué?

El recado de Elena Poniatowska

◆ Vocabulario para la lectura

Estudia las definiciones de las siguientes palabras.

el foco la bombilla eléctrica

el peldaño cada uno de los elementos de una escalera que
    hay que bajar y subir

el recado el mensaje

el rostro la cara, la figura

apresurado de prisa

provisional no definitivo

arrancar sacar de raíz, sacar con fuerza

intuir percibir algo por intuición o sea sin tener que razonarlo

En esta lectura encontrarás algunos mexicanismos.

el camión el autobús, la guagua

la banqueta la acera

la colonia barrio de una ciudad

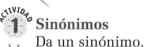

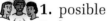 **Sinónimos**
Da un sinónimo.

1. posible
2. la cara
3. la bombilla
4. el camión
5. la acera
6. el barrio, la zona,
   la vecindad
7. el mensaje

El Zócalo, Ciudad de México

ACTIVIDAD
2 **¿Qué palabra necesito?** Completa.

1. Ella tiene una expresión alegre en su ____.
2. El niño ____ algunas plantas del jardín.
3. La lámpara necesita ____.
4. En México los peatones andan por la ____, en otros lugares andan por la ____.
5. Nadie tiene tiempo. Todos están ____.
6. Si no está le voy a dejar ____.
7. San Ángel es una ____ bonita de México y Salamanca es un ____ bonito de Madrid.
8. No es nada definido; es un plan ____.

Zona Rosa, Ciudad de México

Nota biográfica

Elena Poniatowska se considera uno de los mejores escritores de México. Ella nació en París en 1933 y empezó su carrera como periodista a los veinte años. Se destacó en el género de la entrevista. Ella recibió el Premio Nacional de Periodismo en 1978. Fue la primera mujer en obtener tan alta distinción en el campo de periodismo.

Su obra abarca varios géneros—el ensayo, el cuento y la novela. La autora tiene un interés profundo en los problemas de su patria—sus problemas sociales y políticos. La figura central en sus escritos es la mujer mexicana ante el tradicionalismo machista—la mujer mexicana moderna que tiene dudas acerca de su propia certeza y éxito. Muchos de sus escritos incluyen elementos autobiográficos.

Lectura

El recado
◆·◆·◆

Estrategia de lectura
Leyendo detenidamente Ya has aprendido que debes leer una poesía detenidamente porque cada verso o línea tiene un mensaje. Es así también en algunas obras de prosa. *El recado* es un buen ejemplo. Lee cada oración despacio, detenidamente por corta que sea. Cada oración te dice algo importante.

1   Vine, Martín, y no estás. Me he sentado en el peldaño de tu casa, recargada en tu puerta y pienso que en algún lugar de la ciudad, por una onda que cruza el aire, debes intuir que aquí estoy. Es este tu pedacito de jardín; tu

5   mimosa se inclina hacia afuera y los niños al pasar le arrancan las ramas más accesibles... En la tierra, sembradas alrededor del muro, muy rectilíneas y serias veo unas flores que tienen hojas como espadas. Son azul marino, parecen soldados. Son muy graves, muy honestas.

10 Tú también eres un soldado. Marchas por la vida, uno, dos, uno, dos... Todo tu jardín es sólido, es como tú, tiene una reciedumbre° que inspira confianza.

      Aquí estoy contra el muro de tu casa, así como estoy a veces contra el muro de tu espalda. El sol da también

15 contra el vidrio de tus ventanas y poco a poco se debilita porque ya es tarde. El cielo enrojecido ha calentado tu madreselva° y su olor se vuelve aún más penetrante. Es el atardecer. El día va a decaer. Tu vecina pasa. No sé si me habrá visto. Va a regar su pedazo de jardín. Recuerdo que

20 ella te trae una sopa de pasta cuando estás enfermo y que su hija te pone inyecciones... Pienso en ti muy despacito, como si te dibujara dentro de mí y quedaras allí grabado. Quisiera tener la certeza de que te voy a ver mañana y pasado mañana y siempre en una cadena ininterrumpida

25 de días; que podré mirarte lentamente aunque ya me sé cada rinconcito de tu rostro; que nada entre nosotros ha sido provisional o un accidente.

reciedumbre vigor

madreselva planta de flores olorosas

Estoy inclinada ante una hoja de papel y te escribo todo
esto y pienso que ahora, en alguna cuadra donde camines
30 apresurado, decidido como sueles hacerlo, en alguna de
esas calles por donde te imagino siempre: Donceles y
Cinco de Febrero o Venustiano Carranza, en alguna de esas
banquetas grises y monocordes rotas sólo por el remolino
de gente° que va a tomar el camión, has de saber dentro
35 de ti que te espero. Vine nada más a decirte que te quiero
y como no estás te lo escribo. Ya casi no puedo escribir
porque ya se fue el sol y no sé bien a bien lo que te
pongo. Afuera pasan más niños, corriendo. Y una señora
con una olla advierte irritada: «No me sacudas la mano
40 porque voy a tirar la leche...» Y dejo este lápiz, Martín, y
dejo la hoja rayada y dejo que mis brazos cuelguen
inútilmente a lo largo de mi cuerpo y te espero. Pienso
que te hubiera querido abrazar. A veces quisiera ser más
vieja porque la juventud lleva en sí, la imperiosa, la
45 implacable necesidad de relacionarlo todo al amor.

Ladra un perro; ladra agresivamente. Creo que es hora
de irme. Dentro de poco vendrá la vecina a prender la
luz de tu casa; ella tiene llave y encenderá el foco de la
recámara que da hacia afuera porque en esta colonia
50 asaltan mucho, roban mucho. A los pobres les roban
mucho; los pobres se roban entre sí... Sabes, desde mi
infancia me he sentado así a esperar, siempre fui dócil,
porque te esperaba. Te esperaba a ti. Sé que todas las
mujeres aguardan. Aguardan la vida futura, todas esas
55 imágenes forjadas en la soledad, todo ese bosque que
camina hacia ellas; toda esa inmensa promesa que es el
hombre; una granada° que de pronto se abre y muestra sus
granos rojos, lustrosos; una granada como una boca pulposa
de mil gajos°. Más tarde esas horas vividas en la
60 imaginación, hechas horas reales, tendrán que cobrar peso y
tamaño y crudeza. Todos estamos—oh mi amor—tan llenos
de retratos interiores, tan llenos de paisajes no vividos.

Ha caído la noche y ya casi no veo lo que estoy
borroneando° en la hoja rayada. Ya no percibo las letras.
65 Allí donde no le entiendas en los espacios blancos, en los
huecos, pon: «Te quiero»... No sé si voy a echar esta hoja
debajo de la puerta, no sé.

Me has dado un tal respeto de ti mismo... Quizá ahora
que me vaya, sólo pase a pedirle a la vecina que te dé el
70 recado; que te diga que vine.

remolino de gente
muchedumbre

granada una fruta de sabor
agridulce

gajos porciones interiores de
una fruta

borroneando escribiendo
rápido sin cuidado; se dice
también «borrajeando»

Comprensión

A Interpretando y analizando Contesta.

1. ¿Quién es la narradora en este cuento? ¿Es la narradora la protagonista? ¿Quién será ella?

2. Como sabes, el argumento es la acción de un cuento—lo que ocurre en el cuento. ¿Tiene argumento este cuento? Si contestas que sí, ¿cuál es el argumento? Si contestas que no, ¿por qué crees que no tiene argumento?

3. ¿Cómo es Martín? ¿Puedes dar una descripción de él? ¿Dónde estará? ¿Qué será? ¿Cómo estará?

4. ¿Cuál es la relación entre Martín y la narradora? ¿Se conocen? ¿Se han visto?

5. La narradora dice que Martín debe intuir que ella está en casa de él. ¿Qué opinas? ¿Tendría un hombre (macho) tal intuición?

6. ¿Hubiera podido escribir este cuento un hombre? Defiende tus opiniones.

7. Explica lo que quisiera decir la narradora al decir: «A veces quisiera ser más vieja porque la juventud lleva en sí, la imperiosa, la implacable necesidad de relacionarlo todo al amor».

8. A Poniatowska le interesan mucho las condiciones y los problemas de los pobres. ¿Qué dice ella sobre los pobres en este cuento?

9. ¿Qué opinas? ¿Qué hizo la narradora? ¿Echó la hoja debajo de la puerta o sólo le dijo a la vecina que le dijera a Martín que ella había venido a verlo?

10. Escribe la carta de la narradora a Martín. ¿Cuál es el recado?

Aquí pasa la señora. ¿Adónde va?

El mensajero de San Martín de autor anónimo

◆ **Vocabulario para la lectura**

Estudia las definiciones de las siguientes palabras.

el brasero recipiente en el que se quema carbón para caldear habitaciones

el despacho la oficina

la imprudencia falta de buen juicio; sin moderación; indiscreción

un puñado cantidad que cabe en el puño, en la mano

brusco repentino

apoderarse de hacerse dueño de una cosa por la fuerza

apretar (ie) oprimir, estrechar con fuerza

encargar poner una cosa al cuidado de otro; darle la responsabilidad a alguien de hacer algo

huir escapar

meditar pensar atenta y profundamente

sujetar dominar o someter a alguien

el brasero

Poder verbal

ACTIVIDAD 1 **¿Qué palabra necesito?** Completa.

1. No sabía lo que hacía porque lo hizo de una manera ____.
2. Tengo que ir al ____ del abogado.
3. No cometas ninguna ____. Piénsalo bien antes de decidir lo que quieres hacer.
4. Nuestros antepasados tenían un ____ en la cocina para calentar los pies.
5. Ninguna receta lleva ____ de sal. Es demasiado. El plato saldría muy salado.
6. Él me va a ____ de algo que él no quiere hacer.
7. El caballo tenía mucho miedo y quería ____. Lo tuvieron que ____.
8. Me ____ la mano de tal manera que me dolió.

Introducción

Había la necesidad de mandar comunicaciones mucho antes de las invenciones de sistemas de telecomunicaciones. Frecuentemente era un mensajero el que tenía que viajar, aún a pie, para transportar una comunicación. Y así fue el caso del joven Miguel quien se encargó de servir de mensajero al general San Martín.

Fondo histórico

El general José de San Martín luchó por la independencia de Sudamérica. El gobierno revolucionario de Buenos Aires confió el mando del ejército argentino al general San Martín quien ya había luchado en las guerras contra Napoleón en España. San Martín sabía que era imposible invadir Perú sin tomar la ruta que pasa por Chile. En 1817 cruzó la cordillera con su Ejército de los Andes y derrotó a los españoles en la batalla de Chacabuco en 1817. Esta derrota española permitió al Ejército de los Andes entrar triunfante a Santiago de Chile. Es el ambiente histórico en el cual se desarrolla la acción del cuento que sigue.

El general José de San Martín

Lectura

El mensajero de San Martín
❖ · ❖ · ❖

1   El general don José de San Martín leía unas cartas en su despacho. Terminada la lectura, se volvió para llamar a un muchacho de unos dieciséis años que esperaba de pie junto a la puerta.

5   —Voy a encargarte una misión difícil y honrosa. Te conozco bien; tu padre y tres hermanos tuyos están en mi ejército y sé que deseas servir a la patria. ¿Estás resuelto a servirme?

—Sí, mi general, sí—contestó el muchacho.

10   —Debes saber que en caso de ser descubierto te fusilarán—continuó el general.

—Ya lo sé, mi general.

—Muy bien. Quiero enviarte a Chile con una carta que no debe caer en manos del enemigo. ¿Has

15   entendido, Miguel?

—Perfectamente, mi general—respondió el muchacho. Dos días después, Miguel pasaba la cordillera de los Andes en compañía de unos arrieros°.

Llegó a Santiago de Chile; halló al abogado

20   Rodríguez, le entregó la carta y recibió la respuesta, que guardó en su cinturón secreto.

—Mucho cuidado con esta carta—le dijo también el patriota chileno.

—Eres realmente muy joven; pero debes ser inteligente

25   y buen patriota.

Miguel volvió a ponerse en camino lleno de orgullo. Había hecho el viaje sin dificultades, pero tuvo que pasar por un pueblo cerca del cual se hallaba una fuerza realista al mando del coronel Ordóñez.

¿Un mensajero?

arrieros los que guardan animales

El lago Pehoé, Chile

Santiago de Chile

30   Alrededor se extendía el hermoso paisaje chileno.
Miguel se sintió impresionado por aquel cuadro mágico;
mas° algo inesperado vino a distraer su atención.

mas pero

        Dos soldados, a quienes pareció sospechoso ese
muchacho que viajaba solo y en dirección a las sierras, se
35   dirigieron hacia él a galope. En la sorpresa del primer
momento, Miguel cometió la imprudencia de huir.

        —¡Hola!—gritó uno de los soldados sujetándole el
caballo por las riendas. —¿Quién eres y adónde vas?

        Miguel contestó humildemente que era chileno, que se
40   llamaba Juan Gómez y que iba a la hacienda de sus
padres.

        Lo llevaron sin embargo a una tienda de campaña donde
se hallaba, en compañía de varios oficiales, el coronel
Ordóñez.

45   —Te acusan de ser agente del general San Martín—dijo
el coronel. —¿Qué contestas a eso?

        Miguel habría preferido decir la verdad, pero negó la
acusación.

        —Oye, muchacho, —añadió el coronel—más vale que
50   confieses francamente, así quizá puedas evitarte el
castigo, porque eres muy joven. ¿Llevas alguna carta?

        —No—contestó Miguel, pero cambió de color y el
coronel lo notó.

        Dos soldados se apoderaron del muchacho, y mientras el
55   uno lo sujetaba, el otro no tardó en hallar el cinturón con
la carta.

        —Bien lo decía yo—observó Ordóñez, disponiéndose a
abrirla. Pero en ese instante Miguel, con un movimiento
brusco, saltó como un tigre, le arrebató° la carta de las
60   manos y la arrojó en un brasero allí encendido.

arrebató quitó con fuerza

Hay que convenir en que eres muy valiente—dijo Ordóñez. —Aquél que te ha mandado sabe elegir su gente. Ahora bien, puesto que eres resuelto, quisiera salvarte y lo haré si me dices lo que contenía la carta.

65 —No sé, señor.

—¿No sabes? Mira que tengo medios de despertar tu memoria.

—No sé, señor. La persona que me dio la carta no me dijo nada.

70 El coronel meditó un momento.

—Bien—dijo—te creo. ¿Podrías decirme al menos de quién era y a quién iba dirigida?

—No puedo, señor.

—¿Y por qué no?

75 —Porque he jurado.

El coronel admiró en secreto al niño pero no lo demostró. Abriendo un cajón de la mesa, tomó un puñado de monedas de oro.

—¿Has tenido alguna vez una moneda de oro?—

80 preguntó a Miguel.

—No, señor—contestó el muchacho.

—Bueno, pues, yo te daré diez. ¿Entiendes? Diez de éstas, si me dices lo que quiero saber. Y eso, con sólo decirme dos nombres. Puedes

85 decírmelo en voz baja—continuó el coronel.

—No quiero, señor.

—A ver—ordenó—unos cuantos azotes° bien dados a este muchacho.

En presencia de Ordóñez, de sus oficiales y

90 de muchos soldados, dos de éstos lo golpearon sin piedad. El muchacho apretó los dientes para no gritar. Sus sentidos comenzaron a turbarse y luego perdió el conocimiento.

95 —Basta—dijo Ordóñez—enciérrenlo por esta noche. Mañana confesará.

Entre los que presenciaron los golpes se encontraba un soldado chileno que, como todos sus compatriotas, simpatizaba con la

100 causa de la libertad. Tenía dos hermanos, agentes de San Martín, y él mismo esperaba la ocasión favorable para abandonar el ejército real. El valor del muchacho lo llenó de admiración.

azotes golpes fuertes

Fuerte Bulnes, Chile

105　　A medianoche el silencio más profundo reinaba en el
campamento. Los fuegos estaban apagados y sólo los
centinelas° velaban con el arma en el brazo.

centinelas guardias

　　Miguel estaba en una choza, donde lo habían dejado
bajo cerrojo, sin preocuparse más de él.

110　　Entonces, en el silencio de la noche, oyó un ruido como
el de un cerrojo corrido con precaución. La puerta se
abrió despacio y apareció la figura de un hombre. Miguel
se levantó sorprendido.

　　—¡Quieto!—murmuró una voz. —¿Tienes valor para
115　escapar?

　　De repente Miguel no sintió dolores, cansancio, ni
debilidad; estaba ya bien, ágil y resuelto a todo. Siguió al
soldado y los dos andaban como sombras por el
campamento dormido, hacia un corral donde se hallaban
120　los caballos del servicio. El pobre animal de Miguel
permanecía ensillado aún y atado a un poste.

Un corral, Villa Tehuelches, Chile

　　—Éste es el único punto por donde puedes escapar,—
dijo el soldado —el único lugar donde no hay centinelas.
¡Pronto, a caballo y buena suerte!

125　　El joven héroe obedeció, despidiéndose de su generoso
salvador con un apretón de manos y un ¡Dios se lo pague!
Luego, espoleó° su caballo sin perder un minuto y huyó
en dirección a las montañas.

espoleó picó al caballo con las
espuelas

　　Huyó para mostrar a San Martín, con las heridas de los
130　golpes que habían roto sus espaldas, cómo había sabido
guardar un secreto y servir a la patria.

Comprensión

A **Buscando información** Contesta.

1. ¿Qué misión le encargó San Martín al joven Miguel?

2. ¿Adónde fue Miguel?

3. ¿Dónde guardó la respuesta a la carta que le dio el abogado?

4. Al llegar los dos soldados enemigos, Miguel hizo algo erróneo. ¿Qué hizo?

5. ¿Adónde llevaron a Miguel y de qué le acusaron?

6. ¿Qué le hicieron a Miguel para que confesara?

7. ¿Qué hizo Miguel cuando uno de los soldados halló su cinturón secreto?

8. ¿Qué le ofrecieron a Miguel para que hablara?

9. ¿Quién ayudó a Miguel?

10. ¿Cómo huyó Miguel?

B **Describiendo** Describe como el autor presenta la severidad con la que golpearon al pobre Miguel.

C **Resumiendo** Escribe un resumen de todo lo que hizo el joven Miguel para demostrar su heroísmo.

La tumba de San Martín, Buenos Aires

D **Personalizando** Acabas de leer sobre el heroísmo de un joven chileno. A tu juicio, ¿qué es una persona heroica? Escribe tu percepción personal del heroísmo.

E **El clímax** El clímax de un cuento es el punto de mayor interés o suspenso en el cuento. Para ti, ¿cuál es el clímax de este cuento?

Escribiendo un *e-mail*

Uno de los aspectos más populares y útiles de Internet es la capacidad de mandar y recibir correos electrónicos. Con un clic simple, puedes mandar un mensaje a quienquiera que sea en cualquier parte del mundo.

Usando el *e-mail*

Hoy en día, para muchos el *e-mail* ha sustituido al teléfono y a la carta como el medio preferido de comunicación. Un *e-mail* llega casi instantáneamente y es un medio conveniente de transmitir información compleja. Puedes adjuntar un documento a tu mensaje o mandar fotos a tu familia, o incluir una canción favorita cuando escribes a un amigo.

Para mandar o recibir un *e-mail*, hay que tener una dirección de *e-mail* que suele tener cuatro partes: el nombre del usuario; el símbolo @ que significa *at* y que separa el nombre del usuario del resto de la dirección; el nombre de la compañía u organización que provee el servicio de Internet y un sufijo que indica el tipo de proveedor. Por ejemplo:

.com	una empresa con fines de lucro
.edu	una institución educativa
.gov	un cuerpo gubernamental
.mil	un sitio militar
.net	una red o proveedor de servicio de Internet
.org	una organización sin fines de lucro

«Netiqueta»

Cuando mandas un *e-mail* debes seguir ciertas reglas o codos de conducta llamados «netiqueta».

- Debes escribir el *subject line* o sea, el sujeto o tópico de tu *e-mail* de una manera precisa y concisa para que el/la recipiente tenga una idea clara del sujeto de tu mensaje.

- Al responder a un mensaje largo, no es necesario incluir un resumen completo del mensaje en tu respuesta. Cita sólo lo suficiente para informarle al recipiente que estás al tanto del sujeto al cual respondes.

- Tu mensaje debe ser corto y al punto—es decir, ir al caso.

- Debes usar mayúsculas apropiadas. Entrar tu mensaje con sólo letras mayúsculas se considera *SHOUTING*.

- No debes mandar un e-mail hóstil o contrario. El mandar tal e-mail se considera *FLAMING*.

- Es muy importante deletrear correctamente. No debes cometer errores ortográficos.

- No te olvides de poner tu dirección e-mail al pie de tu mensaje.

- Trata de evitar el uso de humor o sarcasmo.

- Ten en mente que el buen comportamiento es también importante en el Internet.

Ahora, ¡te toca a ti!

 Escribe un *e-mail* a un(a) amigo(a). No olvides de seguir las normas de «netiqueta».

 Si quieren, los miembros de tu clase pueden consultar *The International Registry of Schools Online* (http://web66unm.edu/schools.html) para escoger una escuela dentro o fuera de Estados Unidos con la cual quisieran comunicarse (ponerse en contacto).

Un poco más

 Otro medio de comunicación en el Internet lleva el nombre de *instant messaging.* Ocurre al momento o sea en *real time* como si te estuvieras comunicando con alguien por teléfono; pero estás escribiendo en vez de hablar. Los siguientes símbolos de *instant messaging* darán expresión y vida a tus mensajes.

:-)	sonrisa
;-)	guiño
:-(	ceño fruncido o triste
:-D	risa
:-o	¡sorpresa!
:*)	payaso
:-/	confuso

Existen unos acrónimos que puedes usar en tu *e-mail* si quieres abreviar ciertas expresiones. Aquí tienes algunos ejemplos en inglés.

BTW	*By the way*
FAQ	*Frequently asked questions*
FYI	*For your information*
GMTA	*Great minds think alike*
IMHO	*In my humble opinion*
LOL	*Laugh out loud*
ROFL	*Rolling on the floor laughing*
TYVM	*Thank you very much*

¿Conoces algunos acrónimos en español?

Conexión con el inglés

El imperfecto

El imperfecto no se usa en inglés como en español. Muchos libros escolares para el aprendizaje del español en segundo idioma indican que el imperfecto en inglés se traduce por *was, were,* o *used to.* Esta explicación no es ni completa ni precisa. En la gran mayoría de los libros de gramática inglesa no aparece el término «imperfecto». Verás con más frecuencia el término «pasado progresivo».

Estudiaremos el uso de este tiempo en el Capítulo 4 donde contrastamos el uso del imperfecto y el pretérito en español con el pasado sencillo y el pasado progresivo en inglés.

Oraciones sencillas

En inglés, igual que en español, una oración completa es un grupo de palabras que tiene sujeto y predicado y que expresa una idea o un sentido completo.

Una oración sencilla, llamada *a simple sentence* en inglés, tiene un sujeto completo y un predicado completo. El sujeto completo indica de quien o de que la oración se trata. El predicado completo dice lo que hace o lo que tiene el sujeto.

A veces indica como es el sujeto.

ORACIÓN SENCILLA
SIMPLE SENTENCE

SUJETO COMPLETO	PREDICADO COMPLETO
COMPLETE SUBJECT	COMPLETE PREDICATE
The Lions	*played their first game last year.*
This hometown team	*had lots of enthusiasm.*
The players	*were fabulous.*
Everyone	*enjoyed their games.*

The coach spoke and the players listened.

Oraciones compuestas

Una oración compuesta, llamada *compound sentence* en inglés, tiene dos o más oraciones sencillas *(simple sentences)*. Cada oración sencilla se llama una cláusula principal *(main clause)*. Una cláusula principal tiene un sujeto y un predicado y es independiente.

ORACIÓN COMPUESTA
COMPOUND SENTENCE

CLÁUSULA PRINCIPAL		CLÁUSULA PRINCIPAL
MAIN CLAUSE		MAIN CLAUSE
He went to work,	*but*	*his brother stayed home.*
I prepared dinner,	*and*	*my friends cleaned up.*
They had to try very hard,	*or*	*they would have lost.*

I prepared dinner, and my friends cleaned up.

Igual que en español la palabra que enlaza las dos cláusulas principales es una conjunción—llamada *conjunction* en inglés.

Capítulo

4

De tiendas

Objetivos

En este capítulo vas a:

✧ aprender como se efectúan las compras en España y en Latinoamérica—en zonas urbanas y rurales

✧ familiarizarte con el vocabulario necesario para expresarte bien en forma oral y escrita sobre el comercio y la contabilidad

✧ estudiar la diferencia entre el pretérito y el imperfecto y como narrar una serie de eventos en el pasado; analizar oraciones complejas; repasar los problemas ortográficos con **c, s, z**

✧ leer *Angelita, o el gozo de vivir* de Mercedes Ballesteros

✧ comparar los usos del pretérito e imperfecto en español con el pasado sencillo en inglés

Historia y cultura

Lectura

De compras en España y Latinoamérica

Mercados municipales

Cuando las señoras españolas y latinoamericanas hacen sus compras tempranito por la mañana tienen muchas opciones. Muchas de ellas se dirigen con su capacho o carrito hacia un gran mercado municipal, tal como el mercado de La Boquería llamado también «Mercat de Sant Josep» en Barcelona o el mercado de la Merced en la Ciudad de México. La mayoría de estos mercados están ubicados en un área central de la ciudad. Dentro de ellos hay filas y filas de tenderetes o puestos. En cada sección de tenderetes se venden productos diferentes—frutas y legumbres, carnes, pollos, pescados y mariscos, especies y condimentos, etc.

La Boquería, Barcelona

A muchas señoras les gusta hacer sus compras en el mercado porque saben que todos los productos son fresquísimos y casi siempre conocen a los que trabajan detrás de sus tenderetes o puestos favoritos. Antes de comprar o hacer negocio, pueden entablar una conversación:

—¿Y cómo está doña Felisa, hoy?
—Muy bien, don Pablo. ¿Y usted? ¿Todo bien?
—¡Excelente! Y como ve la señora, hoy tengo unos tomates riquísimos, bien rojos y muy jugosos.
—¿A cuánto están los tomates hoy?
—A la señora le salen a 15 el kilo.

Y así continúa hasta que la señora haya ido de puesto en puesto comprando todo lo que necesita llenando su capacho o carrito un poquito más en cada puesto.

A veces dentro del mercado mismo y en sus alrededores hay puestos donde venden comida buena y barata. A algunos de estos «restaurantes» se les llama «loncherías» y todas tienen menús corridos. Pero, ¡cuidado! Se cierran temprano, mucho antes de la hora de la cena.

Santiago, Chile

Mercados al aire libre

En las ciudades y pueblos de
Latinoamérica en donde hay mucha
influencia indígena hay mercado uno o
dos días a la semana. La mayoría de estos
mercados están al aire libre y la actividad
de compra y venta empieza muy
temprano por la mañana y para la una de
la tarde todo está cerrado. Igual que en
los mercados municipales hay puestos o
tenderetes pero muchos vendedores se
sientan en el suelo mismo y exhiben sus
productos tendidos sobre una manta.
Además de vender comestibles hay
puestos de objetos de artesanía tales
como platos y tejidos y otras mercancías
y provisiones necesarias para el
mantenimiento del hogar. Y en los alrededores
del mercado hay una gran actividad callejera donde
hacen sus negocios los vendedores ambulantes.

Mercado, Pisac, Perú

De tiendas

En cada ciudad y pueblo hay también tiendas pequeñas donde
venden comestibles o productos alimentarios. Estas tiendas tienen
nombres diferentes según la región. Se llaman «bodegas», «colmados»,
«pulperías», «tiendas de abarrotes» o sólo «abarrotes». En España se
les llama a veces «tiendas de ultramarino» porque suelen vender
productos importados. Estas tiendas siguen siendo populares pero
actualmente están sufriendo un poco debido a la concurrencia
(competencia) de los supermercados que pueden ofrecer precios más
bajos porque son más grandes y tienen la capacidad de comprar en
mayores cantidades.

Una bodega antigua en un
museo de Punta Arenas, Chile

En la caja del supermercado, Ciudad de México

Supermercados

No hay duda que los supermercados están gozando de mayor popularidad. Los compradores o clientes empujan sus carritos de un pasillo a otro abasteciéndose de todo lo que necesitan en un solo establecimiento. Al terminar con sus compras se ponen en fila delante de la caja donde el cajero pasa cada producto sobre una pantalla cuyo lector óptico registra el precio en la caja que es más una computadora que una caja antigua. Y en el supermercado ofrecen bolsas (fundas) de plástico pero ¡cuidado!—a veces es necesario pagarlas.

Hipermercado

No se puede hablar de las compras sin mencionar un fenómeno bastante reciente—el hipermercado. Los hipermercados se encuentran por lo general en las afueras de las ciudades y se parecen a un gran almacén. En un solo edificio venden de todo—comestibles, libros, juguetes, televisores, computadoras, neumáticos (llantas)—todo. Y, ¿qué hay alrededor del hipermercado? Un gran parking (parqueo, aparcamiento, estacionamiento) porque casi todos los que acuden a un hipermercado a hacer sus compras vienen en carro.

En el supermercado, Estepona, España

Carritos en el parking de un hipermercado, Estepona, España

Comprensión

A Poder verbal Definiciones Busca la palabra cuya definición sigue.

1. puesto de venta callejero en un mercado
2. sal y pimienta, etc.
3. comerciar; vender y comprar
4. las regiones cercanas
5. contrario de «caro»
6. domicilio; donde vive la familia
7. el que vende
8. el que compra
9. de la calle
10. que va de un lugar a otro sin tener asiento fijo

B Poder verbal Sinónimos
Da un sinónimo.

1. alimento
2. alternativa
3. cola
4. exponer, mostrar
5. las afueras
6. concurrencia

De compras, Arequipa, Perú

Un mercado, Puerto Montt, Chile

C Poder verbal Definiciones Casi todas las palabras de los siguientes grupos significan la misma cosa. Dales una definición.

1. el colmado, la bodega, la pulpería, la (tienda de) abarrotes, ultramarinos
2. comestibles, alimentos, víveres, provisiones, abastecimientos
3. el parking, el parqueo, el aparcamiento, el estacionamiento, la playa (de estacionamiento)

D Poder verbal El costo o el precio Lee.

Cuando uno va de compras por víveres, por ejemplo, el precio del producto varía con frecuencia, casi a diario. Por consiguiente, para saber o enterarse del precio, uno puede preguntar, **¿A cuánto están los melones? ¿A cómo es la langosta?** Se podría preguntar también, **¿Cuánto son los tomates?** pero por lo general **¿Cuánto es (son)?** se usa más con una mercancía que tenga un precio más fijo que no varía de día en día. Se usa también, **¿Cuánto cuesta(n)?** o **¿Cuál es el precio de... ?** con mercancías.

Mercado de la Merced, Ciudad de México

Mercado municipal de San Miguel, Madrid

E Preguntas Usa las siguientes expresiones en una pregunta personal.

1. ¿Cuánto es?
2. ¿A cuánto está(n)?
3. ¿A cómo es (son)?
4. ¿Cuánto cuesta(n)?
5. ¿Cuál es el precio de... ?

F Identificando Describe.

1. un mercado municipal
2. un mercado indígena
3. una bodega
4. un supermercado
5. un hipermercado
6. un vendedor ambulante
7. un tenderete

G Haciendo comparaciones

1. En tus propias palabras compara un mercado municipal con un mercado indígena al aire libre.
2. En tus propias palabras compara un supermercado con un hipermercado.

H Analizando Explica.

¿Por qué están gozando de mayor popularidad en España y en Latinoamérica los supermercados?

Para más información sobre mercados en el mundo hispano, visita el sitio Web de Glencoe Spanish: spanish.glencoe.com.

I Prediciendo consecuencias Prediciendo consecuencias es una capacidad o destreza de lectura importante. Según lo que acabas de leer, ¿cuál será el futuro de las tiendas pequeñas que venden comestibles? ¿Por qué? Defiende tus opiniones.

J Conectando con culturas diferentes

1. Explica como los miembros de tu familia hacen sus compras. Compáralo con costumbres en España o Latinoamérica. ¿Hay diferencias? ¿Hay semejanzas también?
2. En esta lectura habrás notado que hay más de una manera de decir la misma cosa en español. Frecuentemente las palabras cambian de una región a otra. En esta lectura busca palabras que no sueles usar y las que sueles usar.

El mercado de Otavalo, Ecuador

Hipermercado Ekono, Arica, Chile

Sección 2
Conocimientos para superar

Conexión con el comercio y la contabilidad

¿Qué es el comercio?

El propósito del comercio es el de producir y vender con beneficio (con fines de lucro) productos (bienes) o servicios. Los que venden los productos o servicios son «vendedores» o «representantes de venta». Los que los compran son compradores a quienes se les llama también «consumidores». El mercado es el terreno en el cual se efectúan la venta y la compra.

Una gran sociedad anónima, Caracas, Venezuela

Tipos de venta

Hay vendedores que venden en grandes cantidades o sea al por mayor. Los que venden al por mayor son «mayoristas». Y hay vendedores que venden en pequeñas cantidades—los dueños de una tienda, por ejemplo, cuyos clientes son los consumidores mismos. Ellos venden al por menor o al detal y se les llama «detallistas».

Tipos de empresas

Hay muchos tipos de empresas comerciales. Hay grandes corporaciones o sociedades anónimas tales como G.E. o Boeing. Una sociedad anónima se caracteriza por su habilidad de recaudar fondos con la venta de acciones o la emisión de bonos o títulos. Una acción es una unidad de propiedad en la empresa. Le permite a su poseedor o tenedor, llamado accionista, compartir en las ganancias o beneficios de la empresa. Un bono o título es un préstamo que se le hace a la empresa. La empresa se ve obligada a pagarle al tenedor del bono o título interés durante determinado período de tiempo y al vencer el tiempo del préstamo pagar el valor total del bono.

Una sociedad colectiva, llamada también una asociación, se forma con dos o más socios que participan juntos en los beneficios.

Una empresa de propiedad individual pertenece a un individuo, a una sola persona. Esa persona tiene derecho de recibir todos los beneficios de la empresa pero también tiene la responsabilidad de cubrir cualquier pérdida.

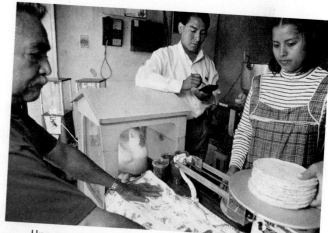

Una empresa tortillera de propiedad individual, México

Competencia o concurrencia

Una característica del comercio es la competencia. Siempre existe la competencia a menos que la empresa sea la única que vende el producto—un monopolio. Cuando existe la competencia el consumidor siempre busca el mejor precio. Si hay muchas empresas que venden el mismo producto y que comercian en el mismo mercado, el mercado es muy competitivo.

Dirección de la empresa

Los dueños o propietarios de una corporación o sociedad anónima son los accionistas. Es evidente que estos dueños no pueden dirigir directamente las operaciones de las empresas. Por consiguiente los accionistas votan por miembros de una junta directiva (de directores). Los directores eligen a uno de su grupo como presidente de la junta. La junta y su presidente nombran a los oficiales de la empresa. Una corporación tiene que tener a lo menos un presidente, un secretario y un tesorero. Muchas corporaciones grandes tienen varios presidentes y docenas de vicepresidentes.

Reunión de directores del IADB, Lima, Perú

La toma de decisiones

Al tomar decisiones los ejecutivos siempre toman en cuenta la rentabilidad de la corporación porque tienen que satisfacer los deseos de sus accionistas. El valor de las acciones que se comercian en la Bolsa de Valores sube o baja según los resultados de la empresa.

Bolsa de Valores

La contabilidad

Se puede decir que la contabilidad es el lenguaje del comercio. La contabilidad es el arte de medir, describir e interpretar la actividad económica. El propósito primordial de la contabilidad es la provisión de información financiera para la toma de decisiones económicas, sea por individuos o empresas.

Conocimientos para superar

Los contables y estados contables

Los contables preparan informes financieros de diferentes tipos. Los informes se llaman estados financieros. Dos de los informes básicos son el estado de resultados y la hoja de balance.

El estado de resultados

El estado de resultados indica la rentabilidad de la empresa. Compara los ingresos, el dinero que entra, con los gastos, el dinero que sale. Cuando los ingresos son mayores que los gastos, la empresa tiene un ingreso neto y es rentable. Cuando los gastos (los egresos) son mayores que los ingresos la empresa tiene una pérdida neta. Si hay pérdidas tremendas es posible que la empresa tenga que declarar la quiebra.

La hoja de balance

La hoja de balance presenta la suma (el monto) de los recursos y las deudas de la empresa en un momento dado. En el lenguaje de la contabilidad, a los recursos se les llama activos y a las deudas se les llama pasivos. La diferencia entre los activos y los pasivos representa la inversión de los propietarios en la empresa, o sea el capital contable.

Activos

Hay varios tipos de activos.

Activos fijos Los activos fijos son activos que tienen una vida larga, tales como la planta física, el equipo, los bienes raíces.

Activos circulantes o corrientes Los activos circulantes o corrientes son activos que en poco tiempo se convertirán en efectivo. Ejemplos son cuentas por cobrar, pagar y anticipados.

La tierra y la planta son activos fijos tangibles.

Activos tangibles Los activos tangibles son los que se pueden «tocar»: la tierra, los edificios, la maquinaria, los vehículos.

Los activos tangibles se dividen entre los que se deprecian o sea aquellos cuya vida productiva tiene límite—los edificios y la maquinaria, por ejemplo—y lo que no se deprecia porque tiene una existencia sin límite—la tierra, por ejemplo.

Activos intangibles Los activos intangibles son inversiones en bonos o acciones, patentes de invención y marcas registradas.

Una marca registrada es un activo intangible.

La maquinaria es un activo fijo.

Conocimientos para superar

Otros términos contables

La **cuenta** es un registro individual para cada ítem que aparece (sale) en los estados financieros. Hay una cuenta para cada activo, pasivo, gasto e ingreso.

El **diario** o el **jornal** registra cada transacción, sea gasto o ingreso, el día que se efectúa. Así, se crea un registro cronológico de los eventos financieros.

El **libro mayor** es un libro o un formato para la computadora donde aparecen juntas una serie de cuentas relacionadas.

La auditoría

Para comprender el estado de salud financiero de una empresa es necesario poder interpretar sus estados financieros. Para determinar la fiabilidad de sus estados financieros, las empresas se valen de una **auditoría** independiente. Una auditoría es una minuciosa investigación de cada detalle que aparece en los estados financieros. Cuando los contables (contadores) públicos certificados (titulados) (CPA) terminan la auditoría, preparan un informe en el cual dan sus opiniones sobre los estados financieros.

Comprensión

A Poder verbal Un diccionario comercial Da la palabra cuya definición sigue.

1. los que compran y se sirven de un producto
2. otra palabra que significa «productos»
3. una compañía
4. una corporación grande
5. los que venden en grandes cantidades
6. los que venden en pequeñas cantidades
7. donde se efectúan la venta y la compra
8. los que venden al por menor
9. una unidad de propiedad en una empresa emitida en la Bolsa de Valores
10. un tipo de préstamo corporativo
11. los dueños o propietarios de una sociedad colectiva o asociación
12. lo que existe cuando más de una empresa comercia en el mismo mercado

Los artistas venden sus cuadros, Recoleta, Buenos Aires

Conocimientos para superar

B Poder verbal **Un diccionario contable**
Da la palabra cuya definición sigue.

1. cualquier tipo de informe financiero
2. el dinero que recibe una empresa
3. el dinero que sale de la empresa
4. calidad de producir beneficio
5. fracaso, fallo financiero; bancarrota
6. recursos
7. deudas
8. tener a menos, valer menos
9. el registro individual para cada ítem de un estado financiero
10. investigación para determinar la fiabilidad de un estado financiero

Dinero en efectivo, moneda brasileña

C Poder verbal **Palabras emparentadas**
Da una palabra relacionada.

1. vender
2. comprar
3. tener
4. ganar
5. prestar
6. perder
7. quebrar
8. competir
9. resultar
10. finanzas
11. gastar
12. fijar

D Poder verbal **¿Qué palabra necesito?** Completa.

1. Los compradores son los ____.
2. Los que venden en grandes cantidades son ____.
3. Los que venden en pequeñas cantidades son ____.
4. Los detallistas venden ____.
5. Las mercancías son ____, no servicios.
6. Hay ____ comerciales grandes y pequeñas.
7. Una sociedad colectiva tiene dos o más ____.
8. Los administradores o los ____ de la empresa toman muchas decisiones.
9. Una ____ es una unidad de propiedad en una empresa.
10. Los contables preparan muchos tipos de ____ financieros.
11. Los ____ son deudas.
12. Una empresa que realiza un beneficio es ____.

E Buscando hechos Contesta.

1. ¿Cuál es el propósito del comercio?
2. ¿Cómo se caracteriza una sociedad anónima?
3. ¿Qué tiene que pagar la empresa al tenedor de un título o bono cuando vence el bono?
4. ¿Qué es la competencia y cuándo existe?
5. ¿Quiénes dirigen una corporación grande?
6. ¿Dónde se comercian las acciones de una sociedad anónima o corporación grande?
7. ¿Qué indica que una empresa es rentable?
8. ¿Cuándo tiene que declarar la quiebra una empresa?

F Haciendo comparaciones Explica la diferencia.

1. la venta al por mayor y la venta al detal
2. la competencia y el monopolio
3. una sociedad anónima y una sociedad colectiva
4. una acción y un bono o título
5. ingresos y egresos
6. activos y pasivos
7. activos fijos y activos circulantes o corrientes
8. activos tangibles y activos intangibles

G Resumiendo Al resumir lo que has leído tienes que explicar las ideas principales de la lectura en tus propias palabras en un orden lógico. Poder resumir algo indica que has comprendido lo que has leído. Explica.

1. lo que es el comercio
2. lo que es el mercado
3. lo que es la contabilidad

H Usando lo aprendido Según lo que has leído sobre el comercio y la contabilidad, ¿crees que una carrera en uno de estos campos te interesaría o no? Explica por qué. Si no puedes contestar de manera definitiva, describe lo que te gustaría y/o lo que no te gustaría.

I Manos a la obra

1. Si te interesa el comercio o si has tomado un curso en comercio, dibuja una pirámide que muestre la jerarquía en la gestión de una gran empresa tal como una sociedad anónima.
2. Si te interesa la contabilidad o si has tomado un curso de contabilidad, prepara:
   a. un estado de resultados
   b. una hoja de balance

En una oficina de contabilidad

El pretérito y el imperfecto

1. El uso del pretérito o del imperfecto depende en muchos casos sobre lo que el narrador quiere decir. Depende si está refiriéndose a una acción terminada en un momento definido en el pasado o si está describiendo una acción continua o repetida en el pasado.

2. Vas a usar el pretérito para expresar una acción o un evento (acontecimiento) que empezó y terminó en un tiempo pasado específico.

> **Ella fue al mercado ayer.**
> **Conversó (charló, platicó) con los vendedores.**
> **Ella compró medio kilo de tomates y seis tajadas (rebanadas) de jamón.**
> **Yo fui anteayer y no compré nada.**

Mercado al aire libre, Ciudad de México

3. Vas a usar el imperfecto para hablar de una acción pasada habitual, continua o repetida. El momento en que empezó o terminó la acción no tiene importancia.

> **Doña Felisa iba al mercado con frecuencia.**
> **Cada vez que iba compraba lo que necesitaba.**
> **Y siempre saludaba a la gente que conocía.**

4. Compara las siguientes oraciones.

> ACCIÓN REPETIDA, HABITUAL
> **Ellos siempre vendían al por mayor.**
> **La empresa era muy rentable. Obtenían ganancias muy a menudo.**
> **Los accionistas estaban satisfechos de sus resultados.**

> ACCIÓN TERMINADA EN TIEMPO DEFINIDO
> **Él vendió su carro anteayer.**
> **Y ayer fue a comprarse uno nuevo.**

5. Vas a usar casi siempre el imperfecto para expresar procesos mentales en el pasado. Verbos que expresan tales procesos son:

creer	pensar
desear	preferir
querer	poder
tener ganas	saber

Él sabía lo que nosotros queríamos hacer.

¿Tú lo creías?

Yo quería salir porque pensaba que él prefería estar solo.

 ¿Cuándo? Escribe de nuevo cada oración cambiando **el otro día** en **a menudo.**

1. Él vino aquí el otro día.
2. Yo lo vi el otro día.
3. Carlos me lo repitió el otro día.
4. Recibimos una carta de él el otro día.
5. Él me llamó el otro día.

Los directores se reunían todas las semanas. ¿Les interesaba lo que discutían?

¿Cuándo? Escribe de nuevo cada oración cambiando **repetidamente** en **hace dos días.**

1. Él nos visitaba repetidamente.
2. Ella me ayudaba repetidamente.
3. Yo iba allá repetidamente.
4. Ellos me lo decían repetidamente.
5. Tú comías allí repetidamente.

3 ¿Imperfecto o pretérito? Escribe de nuevo cada oración usando el imperfecto o el pretérito.

1. Ellos miraron la televisión anoche. (cada noche)
2. Juan estuvo aquí ayer. (el otro día también)
3. Fuimos allá el año pasado. (muy a menudo)
4. Comían en aquel restaurante todos los sábados. (el sábado pasado)
5. Yo lo veía de vez en cuando. (con frecuencia)
6. Anoche discutimos el mismo problema. (siempre)
7. El profesor lo repetía muchas veces. (una vez)
8. El director desapareció en 1940. (de vez en cuando)
9. Su padre siempre estaba enfermo. (por tres años)
10. Durante el último viaje, él pagó con cheques de viajero. (durante todos sus viajes)

4 Oraciones nuevas Escribe una oración original en el pasado usando cada una de las siguientes expresiones de tiempo.

1. ayer
2. el otro día
3. todos los días
4. el año pasado
5. cada semana
6. hace dos años
7. muy a menudo
8. repetidamente
9. el sábado
10. los sábados
11. en el siglo XV
12. frecuentemente

5 Yo Explica.

1. todo lo que querías hacer ayer
2. todo lo que hiciste ayer
3. lo que sabías hacer cuando tenías sólo diez años

En verano el vendedor ambulante trabajaba todos los días, Quito, Ecuador.

Narrando una serie de eventos

1. No es raro que una sola oración tenga más de un verbo que expresa un evento pasado. Los verbos pueden estar en el mismo tiempo o en tiempos diferentes. En la oración que sigue los dos verbos están en el pretérito porque ambos expresan un evento terminado en un tiempo pasado definido.

> **Luisa llegó ayer y yo la vi enseguida.**

2. En la oración que sigue, los tres verbos están en el imperfecto porque cada uno describe una acción pasada habitual o repetida. El momento en que empezó o terminó no tiene importancia.

> **Durante todos los fines de semana él iba a la playa a divertirse pero yo me quedaba en casa y trabajaba.**

3. En la oración que sigue un verbo está en el imperfecto y el otro está en el pretérito. El verbo en el imperfecto describe lo que pasaba, lo que transcurría. El que está en el pretérito indica la acción, o sea, lo que intervino e interrumpió lo que transcurría.

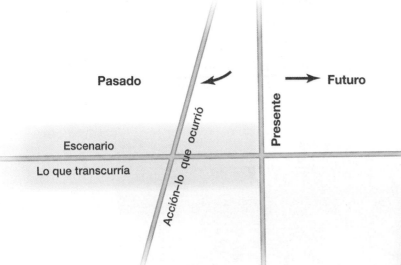

> **Yo estudiaba cuando sonó el teléfono.**

La joven hacía sus tareas cuando sonó el teléfono. Y ella lo contestó.

ACTIVIDAD 6 **¿Qué pasaba?** Completa con la forma apropiada del pasado del verbo.

1. Unos amigos ____ mientras los otros ____ el sol. (nadar, tomar)
2. María ____ con su madre cuando yo ____. (hablar, entrar)
3. Ellos lo ____ cuando nosotros ____. (discutir, interrumpir)
4. Mi madre ____ la comida mientras mi padre ____ la mesa. (preparar, poner)
5. Yo ____ cuando ____ el teléfono. (dormir, sonar)
6. Ellos ____ cuando yo ____ por teléfono. (comer, llamar)
7. Mis padres ____ la televisión mientras yo ____. (mirar, estudiar)
8. Ellos ____ de las elecciones cuando yo ____ los resultados. (hablar, anunciar)
9. Cuando ellos ____ al aeropuerto, ____ buen tiempo. (llegar, hacer)
10. Unos ____ mientras otros ____. (bailar, cantar)

ACTIVIDAD 7 **Una interrupción** Escribe a lo menos seis oraciones en las cuales indicas lo que transcurría cuando algo intervino y lo interrumpió.

ACTIVIDAD 8 **Se hacía al mismo tiempo.** Escribe seis oraciones en las cuales describes lo que tú hacías mientras otro miembro de tu familia hacía otra cosa.

Corredores (de bolsa) trabajando en ING Barings, Ciudad de México

Oraciones complejas

1. Una cláusula principal tiene un sujeto y un verbo (predicado) y expresa una idea completa. Es independiente.

> **Ellos son socios en una empresa.**

2. A veces una oración tiene una cláusula principal y una cláusula subordinada. Una cláusula subordinada es un grupo de palabras que tiene un sujeto y un verbo (predicado) pero no expresa una idea completa. Por consiguiente, no puede existir sola. Tiene que combinarse (enlazarse) con una cláusula principal.

> **Si hay competencia**

3. Una oración compleja, llamada *a complex sentence* en inglés, tiene (lleva) una cláusula principal y una o más cláusulas subordinadas.

 Cada oración que sigue es una oración compleja. La cláusula subordinada va introducida de una conjunción coordinada.

CLÁUSULA PRINCIPAL	CLÁUSULA SUBORDINADA
Ellos venden menos ahora	debido a que hay más competencia.
	porque hay más competencia.
	ya que hay más competencia.
Ellos podrán vender más	si hay menos competencia.
	con tal de que haya menos competencia.
	a menos que haya más competencia.

ACTIVIDAD 9 **Conjunciones** Escoge la conjunción que mejor completa la oración.

1. Ellos tomaron tal decisión _____ saben que tienen que satisfacer a los accionistas.
   a. por lo tanto   **b.** antes que   **c.** porque

2. No pueden anunciar quién será el presidente _____ voten.
   a. porque   **b.** siempre que   **c.** antes de que

3. Ellos realizan un beneficio _____ tienen mucha competencia.
   a. para que   **b.** por consiguiente   **c.** aunque

4. Él lo va a hacer _____ habrá mucha gente en contra de su decisión.
   a. a pesar de que   **b.** para que   **c.** debido a que

5. Déjale un recado, _____ no está.
   a. en caso   **b.** para que   **c.** debido a que

ACTIVIDAD 10 **Más oraciones** Escribe una oración compleja usando cada una de las siguientes conjunciones.

1. porque
2. aunque
3. a pesar de que
4. aun cuando
5. desde que
6. como
7. por consiguiente
8. ya que

Gramática y lenguaje

Pronunciación y ortografía

c, s, z

Recuerda que la **c** en combinación con **e** e **i** se pronuncia como una **s**.

ce	se	ci	si
cerro	sereno	cierra	sierra
almacén	sendero	ciento	siento
docena	seso	opción	sesión
cerebro	severo	decisión	decisión
balance	seta	haciendo	siendo
cemento		precio	prisión
		proporción	inversión
		asociación	
		dirección	

El centro comercial se cierra a las siete.

La **z** (zeta, ceta) se pronuncia como una **s** delante de las vocales **a, o,** y **u.** Recuerda que **za, ce, ci, zo, zu** se pronuncian *th* en muchas partes de España.

za	sa	zo	so
plaza	pasa	zona	socio
empieza	pesa	zorra	ingreso
zapato	artesano	zonzo	sordo
rizar	gaseosa		liso
goza	empresa		
cereza	minuciosa		
zaguán			

zu	su
zumo	consumo
zurce	resultado
zurdo	suma
	suceso

ACTIVIDAD 11 ¿Cómo se escribe? Completa.

1. Tiene una ri__a contagiosa.
2. Tiene el pelo li__o; no ri__ado.
3. La pa__a pe__a menos que la __ere__a.
4. El arte__ano ha__e los __apatos y las __andalias.
5. __e__ilia __ur__e los cal__etines.
6. No hay __orras en esta __ona.
7. El __ordo no oye y el __urdo usa la mano i__quierda, no la derecha.
8. Los __o__ios toman una de__i__ión sobre las inver__iones y las inven__iones.
9. En España con__umen mucho __umo de naranja.
10. El __erro es menos alto que la __ierra.
11. __e __ierra la empre__a.
12. El __u__eso empe__ó en la pla__a.

La señora es zurda. Zurce los calcetines con la mano izquierda.

Angelita, o el gozo de vivir de Mercedes Ballesteros

♦ **Vocabulario para la lectura**

Estudia las definiciones de las siguientes palabras.

el ebanista el carpintero

el fontanero el plomero

el fregadero el lavaplatos

las palizas serie de golpes

los ratos los momentos

indumentario relativo al vestido, a la ropa

manso benigno, apacible, dulce, sereno

mimado tratado con excesiva condescendencia, cariño o halago

particular privado

rechoncho grueso y de poca altura

aguantar sostener; tolerar algo molesto o desagradable

desahogarse hacer confidencias una persona a otra

empalmar unirse o corresponderse dos ferrocarriles, carreteras, etc.

enojarse molestarse, enfadarse

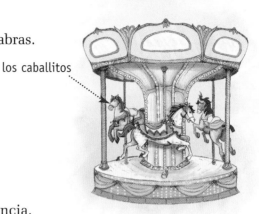

los caballitos

el tiovivo

Poder verbal

ACTIVIDAD 1 ¿Qué palabra necesito? Completa.

1. Hay muchos ____ que subir en esta escalera.
2. El ____ con sus ____ de colores vivos da muchas vueltas.
3. Si tienes unos ____ libres podremos ir a la feria.
4. Pon los platos en el ____. Los voy a lavar más tarde.
5. Es un niño mal educado. No es nada ____ y siempre da ____ a los otros.
6. No asiste a la escuela. Un maestro le da lecciones ____.
7. Y además es muy ____. Sus padres lo tratan como si fuera un bebé.
8. No puedo tolerar su comportamiento. No lo ____.
9. El ____ va a reparar el fregadero.
10. El bulevar ____ con la carretera en la zona periférica.

el peldaño

ACTIVIDAD 2 Definiciones Da la palabra cuya definición sigue.

1. hacer muchas confidencias a alguien
2. contrario de alto y delgado
3. contrario de «público»
4. el carpintero
5. relativo al vestido
6. ponerse enfadado, bravo
7. tolerar con dificultad
8. dulce y calmo

Nota biográfica

Mercedes Ballesteros nació en Madrid en 1913. Ella se ha distinguido como dramaturga, novelista, cuentista y ensayista pero la mayoría de sus obras son narrativas o ensayos humorísticos.

Ballesteros es muy observadora y tiene mucha habilidad en trozar sus personajes, muchos de los cuales son niños. Sus personajes suelen ser individuos marginales y la autora los presenta con mucha sensibilidad.

Preparándote para la lectura

La lectura que sigue tiene lugar en Madrid, la capital de España. La familia en el cuento va a ir a una verbena. En España, las verbenas se celebran en la víspera de un santo o de una virgen popular. Las verbenas tradicionales son como ferias con tiovivos y bailes y celebraciones callejeras. En Madrid se celebra cada verano una verbena en cada barrio. La más famosa es la verbena de la Paloma que tiene lugar en los barrios más humildes de la ciudad.

Decoraciones para la verbena de la Paloma, Madrid

Lectura

Angelita 🎵

◆·◆·◆

Estrategia de lectura
Anticipando el desenlace Al leer *Angelita* fíjate en las descripciones que la autora les da a sus personajes y al ambiente en que viven. ¿Cómo encuentras sus descripciones? Al seguir leyendo, trata de determinar cuál será el desenlace del cuento. ¿Tendrá un fin triste o alegre?

1 ¡Cómo nos gustaba, a mi hermano y a mí, interrumpir el estudio de la trigonometría para oír cantar a Angelita por el patio de atrás! Todas sus canciones eran por lo general patrióticas, con mucho legionario y mucho soldadito

5 español.

Era Angelita niñera° en el piso° de arriba. Había venido de su pueblo de la provincia de Guadalajara a rastras° de una tía suya, pantalonera, que tuvo empeño° en que la sobrina se dedicara a «artista». Pero sus aspiraciones se

10 quedaron en agua de borrajas° porque la tal Angelita, aunque era graciosa de cara y no cantaba mal, resultaba algo canijilla° de porte. En aquella época muchas mozas que bien pudieron haber rematado en criadas de servir, subían a las tablas sólo por el hecho de poseer lo que los

15 gacetilleros° llamaban «formas esculturales». Pero Angelita, de escultural, nada. Por más que su tía le cosiera vestidos de mucho perifollo° no lograba otra cosa que aquel despiadado: «la mona aunque se vista de seda... », comentario de la cocinera de la casa que la

20 pobre muchacha escuchó sin enojarse. Porque Angelita era mansa de genio y estaba hecha a aguantar lo que le echaran. Y bien que lo demostraba dejándose potrear° por el niño que estaba a su cuidado, al cual le habían prohibido «ponerle la mano encima». Hijo único, muy

25 mimado, imponía su despotismo a los padres, a la tía solterona, al pobre de don Ambrosio, que le daba clases particulares y, sobre todo, como digo, a la infeliz de la niñera. El tal Enriquito, que así se llamaba, no acudía al colegio porque se recelaba° que podrían contagiarle todas

30 las enfermedades y no salía de casa sino envuelto en bufandas y camisetas.

Un día le tiró a Angelita un juguete a la cabeza y le hizo un buen chirlo°, que le dejó señal.

—Hazte cargo de que es una criatura que no sabe lo

35 que hace.

Pero el angelito, que ya andaba por los nueve años, con tanta Emulsión Scott° y con tanta sobrealimentación tenía las fuerzas de un osezno°.

niñera la que cuida de un(a) niño(a)
piso apartamento, departamento
a rastras arrastrando
tuvo empeño insistió en que
se... borrajas no se realizaron

canijilla débil, enfermiza

gacetilleros redactores, editores de periódicos
perifollo adornos

potrear molestar, mortificar

se recelaba temía

chirlo herida

Emulsión Scott medicina que da fuerza
osezno cachorro de oso

—Buena tonta eres tú, que te dejas dar de patadas por
40 el crío —le decía la cocinera.

—Una, ¿qué vas a hacer?

Sabía que si marchaba de la casa la que iba a pegarle
era su tía, y si se volvía al pueblo las palizas se las daría
su padre, así que tanto le daba.

45 Se desahogaba cantando:

—«¡Soldado de Nápoles, / que vas a la guerra!»

Naturalmente que en la casa le estaba prohibido cantar,
pero en los ratos que se quedaba sola hacía partícipes de
su arte a toda la vecindad.

50 Cada domingo, día de asueto° de las criadas, rondaban°
la casa sus novios. Había quintos°, obreros de la
construcción—entonces llamados albañiles—, aprendices
de fontaneros, de ebanistas, etc. Todos ellos
endomingados°: los unos con su quepis° militar, otros
55 con boina, alguno de gorilla. Una tarde entró a formar
parte del «cortege criadil°» un tal Faustino, mozo de más
años que sus congéneres y de mejor aliño° indumentario.
Se notaba que había subido el peldaño social que separa
al obrero del empleado, en que usaba sombrero, un
60 sombrero de esos que se llamaron «fregoli».

El tal Faustino era bajo, rechoncho, con gran cabeza
como de emperador romano y un andar petulante de
mayoral de reses bravas. Tanta apostura° a Angelita la
dejó deslumbrada. No era artesano, ni labriego, ni
65 albañil—que era el tipo de sociedad masculina
frecuentado por ella hasta la fecha—, era «muy señorito».
Su trabajo consistía en llevar cuentas en algunos
comercios. ¡Y aquella perla varonil iba a quedar prendado°
de los encantos de Angelita, precisamente de la más
70 deslucida° de todo el gremio eril° de los contornos!

Los preparativos de la boda la traían de coronilla°. Mi
hermano y yo vimos por el patio de atrás como mostraba
a las vecinas la colcha de damasco color jacinto que era la
joya más preciada de su ajuar°. Para la boda le cosió su
75 tía un vestido lujosísimo, lleno de encajes y abalorios°,
en el que se notaban nostalgias del frustrado destino de
«artista».

Pasaron varios años sin que volviésemos a ver a
Angelita ni supiéramos nada de ella.

80 Una tarde de domingo bajábamos la cuesta de San
Vicente camino de la verbena. Delante nosotros iba una
pareja con un niño de la mano: un niño de unos cinco
años, algo canijillo y cabezón°.

asueto descanso
rondaban salían los jóvenes
quintos soldados

endomingados vestidos para el
 domingo
quepis gorra con visera (militar)
criadil de criadas
aliño adorno, arreglo, aseo

apostura gracia, garbo

prendado impresionado

deslucida menos atractiva
gremio eril grupo de criadas
de coronilla muy ocupada

ajuar conjunto de lo que
 aporta la mujer al matrimonio
abalorios bolitas

cabezón que tiene grande la
 cabeza

El chico, desde que vio de lejos las centelleantes
85 bombillas de la verbena, quiso echar a correr tirando de
los padres, que apretaron el paso. Ella se volvió un
momento y le vimos la cara. «¡Pero si es Angelita!» Los
abordamos°. Al pronto no nos reconoció.

—Somos los niños de abajo.

90 Tuvimos un rato de charla°. El tenía el habla campanuda
y redicha°.

—Son los niños del piso de abajo de en casa de mis
señores —informó Angelita.

—Aquí mi señora me los tiene nombrados.

95 Ella nos pareció más bajita y feúcha que cuando la
conocimos. Tenía el cuerpo deformado por el embarazo.

Nos preguntaron por la familia y por los estudios y ella,
muy ufana°, nos contó algo de su vida.

—Pepito, dale un beso a estos niños.

100 Pepito se escondió detrás de su madre.

—Es muy vergonzoso.

Le elogiamos al chico con la natural desmaña° de los
niños para ponderar las gracias de otro niño.

—Se nos cría muy bien —comentó el padre.

105 —Está hecho una alhaja°.

La mencionada alhaja daba tirones de la mano de su
madre rabiando y pataleando° porque no le llevaban de
una vez a la verbena.

Nos despedimos. Ellos siguieron cuesta abajo, tan llenos
110 de gozo que daba gloria° verlos. ¿Por qué? ¿Por qué eran
tan felices? ¿Qué tenían para que Angelita nos comentara:
«La verdad es que no me puedo quejar, mejor no pueden
irnos las cosas»? ¡Pero si no tenían nada!

La jornada° de él era de lo más aburrida, de lo más
115 monótona y gris. Echar cuentas de la mañana a la noche,
primero en una fábrica de refrescos, lejísimo de su casa,
allá por Ventas°, para lo que tenía que empalmar un metro
y un tranvía, siempre abarrotados°. Y luego, por la tarde,
más cuentas en una tienda de gorros de la Plaza Mayor.
120 Volver a casa ya de noche donde le esperaría una cena
frugal, el olor a guisos desde que abría la puerta del piso
que compartía con sus cuñados, y las palabras de siempre:
«Entretenme al crío mientras avío° la cena». Y el niño
cabezón treparía° a sus rodillas y lo miraría. Y el hombre
125 miraría a su hijo notando que se le parecía y que el día de
mañana sería un hombre como él y eso le daba gozo. Un
hombre como él tomando su tranvía y su metro, y echando

abordamos nos acercamos

charla plática
campanuda y redicha afectada
y pedante

ufana orgullosa

desmaña torpeza

alhaja joya

pataleando agitando las piernas

gloria gusto

jornada día laborable

Ventas barrio de Madrid
abarrotados llenos de gente

avío preparo
treparía subiría

sus cuentas, y subiendo la escalera cada noche para llegar a una casa que olía a sopa.

130 La mujer se movería torpemente, pero a veces se quedaría ensimismada, de bruces° en el fregadero, pensando en el hijo que iba a tener. «Si es niña le pondremos Angelita, como yo.» Y pensaría en Angelita niña, moza, espigada° a sus quince años, parecida a ella

135 que no valía nada, y le daría gozo.

Bajaban el niño a los caballitos y los padres lo miraban sin quitarle ojo: una, dos, tres, cuatro vueltas... El niñito cabezón, de piernecillas flacas, bajo de color y con el pelo cortado a lo paje. Tan feúcho, pero a ellos les parecía un

140 arcángel.

¡Cuánta luz, cuánta luz, Dios mío, despedían esos tres seres insignificantes en la verbena! ¡Y eran sus vidas tan pequeñitas y tan poca cosa!

Ni que decir tiene que todo esto lo pienso ahora, al

145 rememorar aquellas pequeñas vidas entrevistas al final de mi niñez. Han pasado muchos años, he conocido personas alegres y tristes, pobres y opulentas; pero nadie, nadie como aquella insignificante pareja me ha hecho percibir, ni antes ni después, el suave perfume del gozo de vivir.

de bruces boca abajo

espigada alta y delgada

Plaza de toros, Ventas, Madrid

Comprensión

A Poder verbal ¿Qué palabra necesito?

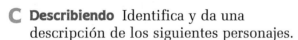

Completa.

1. Ballesteros es ____. Escribió novelas.
2. Es ____ también. Escribió obras dramáticas.
3. Es ____ también porque escribió cuentos.
4. Y es ____ porque escribió muchos ensayos humorísticos.
5. Muchos de sus personajes son ____. Es decir que viven a la margen de la sociedad.
6. Una verbena es un tipo de ____.

B Buscando hechos Contesta.

1. ¿Quién es la narradora?
2. ¿Dónde vivía? ¿Con quién?
3. ¿Cómo conocía a Angelita?
4. ¿Qué era Angelita?

C Describiendo Identifica y da una descripción de los siguientes personajes.

1. Angelita
2. Enriquito
3. Faustino
4. Pepito

Un niño adorable

D El tono del autor

El tono de una novela o cuento es la actitud que tiene el/la autor(a) al desarrollar el tema de su obra. Cuando escuchamos una conversación podemos determinar la actitud de las personas que hablan según el tono de su voz. El tono de su voz indica si está siendo sarcástico, serio o cómico. En un escrito la selección y utilización de las palabras y frases del autor reflejan su actitud.

Analizando el tono

A tu parecer, ¿cuál es la actitud de la autora para con sus personajes? ¿Es sarcástica, cómica, crítica, condescendiente? ¿Tiene ella empatía para con sus personajes? ¿Con todos o sólo con algunos? Defiende tus opiniones.

E El estilo

El estilo de la autora al presentar el comportamiento de Enriquito es bastante terso. ¿Qué ejemplos de su comportamiento nos da la autora? ¿Nos hace apreciar o despreciar al niño? ¿Por qué?

F El ambiente

El ambiente de un cuento o de una novela comprende el tiempo, las circunstancias y la atmósfera en que transcurre la acción. ¿En qué ambiente se desarrolla la acción de Angelita? ¿Qué incluye la autora en su narración para dibujarnos el ambiente?

G Interpretando y llegando a conclusiones

Al leer este cuento, ¿crees que la apariencia física tenga mucho que ver con la felicidad o el amor en la vida de una persona?

La felicidad, ¿es un fenómeno absoluto o relativo? Defiende tus opiniones.

¿Estás de acuerdo con la conclusión de la autora? Una vez más, defiende tus opiniones.

H Conectando con el comercio

Contesta.

1. ¿Cuáles son los oficios que menciona la autora en esta obra?
2. ¿Qué trabajo hace Faustino? ¿Cuáles son algunos de sus deberes o responsabilidades?
3. ¿Cómo es su trabajo? ¿Cómo lo describe la autora?

I Analizando

En unas pocas palabras, explica el mensaje importantísimo de la autora en este cuento. ¿Cuántos podemos identificarnos con lo que está expresando la autora? Y ella infiere un mensaje muy importante. ¿Cuál es?

Una familia feliz

Composición

El borrador

Al escribir un escrito importante es aconsejable preparar primero un borrador. Al leer tu borrador puedes revisar y redactarlo, haciendo cualquier cambio necesario o deseado antes de preparar tu versión final.

Los símbolos

Existe una lista de símbolos llamada «lista de símbolos para correcciones de pruebas»; *proofreading* en inglés. He aquí la lista. Puedes usarla al redactar tus borradores.

SÍMBOLO	EJEMPLO	SIGNIFICADO
⊙	la dra Chávez	insertar un punto
∧ ∧	Lima Perú	insertar una coma o una coma y punto
« »	Él dijo, «Ya voy».	insertar comillas
=	mid April	insertar un guión (casi siempre en inglés)
∧	muchos asistieron la verbena	insertar una letra o una palabra
⌣e	¿Qué venda él?	corregir un error de ortografía
⌒/	Hay un jardín al rededor de la casa.	encerrar el espacio
(SP)	Visitaron NY.	escribir la palabra entera
∾	No lo peude comprar ahora.	transponer letras o palabras
(cap)	Lo pasé bien en madrid.	cambiar una letra minúscula en mayúscula
/	La Clase empezó a tiempo.	cambiar una letra mayúscula en minúscula
¶	¶Los socios siguieron discutiendo el plan.	empezar un nuevo párrafo
ᵛ	¿Qué dijo en inglés? Johns friend.	insertar una apóstrofe (en inglés)
#	Lo hizo derepente.	insertar un espacio
℈	Ella lo hizo a propósito.	suprimir letras o palabras

Ahora, ¡te toca a ti!

1 Aquí tienes un borrador no redactado. Tiene errores. Búscalos.

> Cuente con Todo nuestro apoyo
>
> El Banco bilbao Vizcaya le ofrece toda un serie de soulciones para que Usted consiga los mejores resultados ensu negocio.
>
> Productos financieros equipos tecnológicos y serviciosespecialisados para comercio, con el eficaz complemente de nuestra experiencia en el servicio a la pequeña mediana empresa.
>
> toda una línea de apollo paraque su negocio funcione.

Lee el borrador de nuevo con los símbolos de redacción.

> Cuente con ⁄todo nuestro apoyo⊙
>
> El Banco b̲i̲lbao Vizcaya le ofrece toda un͎a͎ serie de so͡u͡lciones p̄āra que U̸sted consiga los mejores resultados en|su negocio.
>
> ⊞ Productos financieros͎ equipos tecnológicos y
>
> ⊞ serviciosespecializ̧ados para comercio, con el eficaz complement̂e̥ de nuestra experiencia en el servicio a la
>
> y| pequeña͎ mediana empres̲a̲. ⊞
>
> toda una línea de apo|llo paraꞯue su negocio funcione.

2 Trabaja con un(a) compañero(a). Cada uno escribirá un párrafo con errores. Luego, cambien papeles y tu compañero(a) tendrá que corregir lo que tú escribiste y viceversa.

La joven está preparando su primer borrador.

El pasado sencillo

1. En términos generales el pretérito es el pasado simple (sencillo) llamado el *simple past* en inglés. Igual que en español, se usa el pasado sencillo para indicar una acción que empezó y terminó en un tiempo pasado definido.

> *We went to market yesterday.*
> *I shopped for food.*
> *We bought meat and vegetables.*
> *I had something to eat at the market.*
> *When we left the market my father drove home.*

Contrariamente al español se usa el pasado simple en inglés para expresar acciones repetidas o continuas también.

> *We went to market every Friday.*
> *We always shopped for food.*
> *We bought meat and vegetables almost every week.*

2. Un verbo auxiliar que se usa con el imperfecto es *would*.

> *When we were kids we would get up early every Saturday morning and we would (we'd) pack the car and we'd go fishing. We would return home at about six o'clock.*

El uso de *would* indica una acción pasada repetida o habitual. Cuando empezó o terminó no tiene importancia.

3. Una traducción del imperfecto en inglés se sirve de los auxiliares *was, were* pero el nombre que se le da al verbo con *was* o *were* es el pasado progresivo, *past progressive* en inglés. Se usa para describir lo que pasaba, lo que transcurría. No tiene nada que ver con frecuencia ni repetición; es descriptiva.

> *She was working as an accountant.*
> *Her husband was studying to be a lawyer.*
> *They were both working many hours a week.*

I always shopped in this market when I lived in Peru.

When I was younger, I would always go fishing with my grandpa.

Dos acciones en la misma oración

1. Como en español, muchas oraciones en inglés tienen dos o más verbos. Los verbos pueden estar en el mismo tiempo o en tiempos diferentes. Estudia los siguientes ejemplos.

   > *I walked to school yesterday and she took the car.*
   > (dos acciones terminadas en un tiempo pasado definido)

   > *I was walking to work and/while he was waiting for the bus.*
   > (descripción de dos acciones en progreso en el pasado)

   > *I was walking to work when it started to rain.*
   > *He was talking on the phone when I entered.*
   > (Los verbos están en tiempos diferentes porque uno [el pasado progresivo] describe lo que pasaba, lo que transcurría cuando otro evento [en el pasado simple o sencillo] intervino y lo interrumpió.)

2. Contrariamente al español, los verbos que expresan procesos mentales en el pasado están en el pasado simple (sencillo).

   > *I thought so.*
   > *I wanted to.*
   > *They preferred not to.*
   > *We all knew the answer.*
   > *I believed him.*

Los media

Televisión

Al hablar de los media latinos dentro de Estados Unidos empezaremos con la palabra *media*. *Media* es un sustantivo masculino plural que se refiere al conjunto de los medios de comunicación.

Hace sólo una generación casi no existían los media latinos. Sólo había algunos periódicos locales y unas emisoras de radio de no muy alto rango. Debido al gran aumento en la población latina, actualmente más del 13 por ciento de la población total, la situación está cambiando dramáticamente.

Sólo el medio televisivo Univisión tiene más de 50 emisoras y 43 socios o compañías afiliadas. Telemundo emite en 118 mercados con sus 15 emisoras y 32 socios y unos 450 socios o afiliados de cable. Hay emisiones para todos los gustos—noticieros locales e internacionales, pronósticos meteorológicos, debates y entrevistas, telenovelas, filmes, juegos de chanza, emisiones deportivas, juegos infantiles, etc. Las opciones son muchas y variadas.

Antonio Valverde, ancla de Univisión

Nuria del Saz, ancla ciega del Canal Sur

Hoy en día, a muchas compañías les interesa informar al mercado latino de sus productos y, para hacerlo, tienen que invertir en anuncios publicitarios. Y no hay mejor publicidad que la de la televisión para llegar al segmento del mercado deseado. Por consiguiente, hay muchos fondos disponibles para la televisión. Se estima que el 88 por ciento de los fondos publicitarios disponibles se invierten en la televisión y la radio.

Radio

A pesar de la popularidad de la televisión, la radio sigue siendo un medio de comunicación importante. No hay ningún estado que no tenga a lo menos una emisora latina y hay muchos que tienen un gran número. Se asume que la mayoría de los radioyentes son latinos y es obvio que este es el caso. Sin embargo, hay muchos que no son hispanohablantes porque no todas las emisiones de radio son habladas. Se emiten muchos programas de música—de música clásica y popular. ¿A quién no le gusta escuchar salsa, merengue o lo que sea? Por consiguiente, hay muchos anglohablantes que son aficionados a programas de radio latinos.

Una emisión de radio

Prensa

Actualmente hay una gran proliferación de periódicos publicados en español. Hasta recientemente había algunos que se publicaban una o dos veces a la semana. Hoy en día, la mayoría de estos periódicos son diarios y, además, muchos periódicos que se publican en inglés tienen una sección o suplemento en español. En los periódicos salen noticias regionales, nacionales e internacionales, editoriales, avisos clasificados, esquelas u obituarios, eventos sociales y deportivos. No es solamente en regiones como Florida, Texas, el sudoeste, California y Nueva York, regiones con una gran población latina, donde se ven muchos periódicos en español. Washington D.C., por ejemplo, en contraste con Nueva York o Los Ángeles, no se considera una ciudad con una gran población hispana. Sin embargo, goza de unos 24 periódicos diarios o semanales en lengua española. Igual que la televisión y la radio, la prensa depende de los fondos que se reciben de los anuncios publicitarios. Debido al gran aumento en el mercado latino, muchas compañías consideran beneficioso poner anuncios sobre sus productos en los periódicos latinos.

En una peluquería

Revistas

Al entrar en la mayoría de los quioscos o librerías
se puede ver una variedad de revistas en español.
Las revistas se dirigen a muchos campos e intereses
diferentes. Algunos ejemplos son: la jardinería, el hogar, la
dieta y la cocina, el bricolaje, los deportes, la salud,
la belleza, la moda. Hay revistas para los mercados
femenino y masculino, para menores y mayores.

Publicidad

La publicidad en sí es otro medio de comunicación y
además de encontrar anuncios en español en la
televisión, en la radio y en la prensa, hoy en día se ven
también en panfletos y en carteles en supermercados y
tiendas de departamentos. En las grandes ciudades se
exhiben anuncios en español en los autobuses y metros.

Además de la televisión, la radio, la prensa y la
publicidad, todos sabemos que hay un montón de sitios
Internet y páginas Web en español. Esta proliferación de
los media en español hace hincapié en la importancia
de nuestro mercado latino y pone en evidencia
(manifiesta) el carácter bilingüe de nuestro país. ◆

Camión de Telemundo, Hialeah, Florida

Entérate Estados Unidos

Datos interesantes sobre los latinos en Estados Unidos

▪ En 1970 el gobierno de Estados Unidos inventó el término "hispanos" para dar un solo nombre a esta diversa población. Muchos "hispanos" prefieren el término "latinos" porque indica el origen de Latinoamérica.

▪ Estados Unidos es el 5° país de habla hispana en el mundo, y los latinos son la minoría más numerosa de este país.

▪ De mayor a menor, estos son los grupos que viven en Estados Unidos: mexicanos, puertorriqueños, cubanos, dominicanos, salvadoreños, colombianos; el resto son hispanos de orígenes diversos.

▪ Muchos mexicanos del suroeste tienen un origen diferente al resto de los hispanos, porque ellos ya vivían ahí cuando Estados Unidos conquistó[1] estos territorios.

▪ Los valores[2] culturales más importantes para los hispanos son preservar la lengua española y la unión de la familia.

[1]conquistó: *conquered*
[2]valores: *values*

California, su pasado español

Los colonizadores[1] españoles dejaron su marca más obvia en los numerosos nombres españoles de los diferentes lugares. En la arquitectura también es notable su presencia. Las misiones californianas son un ejemplo del estilo español. Los indígenas construyeron estos bellos edificios de adobe. Hay 21 misiones en todo el estado y hoy día son una gran atracción turística.

Santa Bárbara, fundada en 1786.

[1]colonizadores: *settlers*

Las tiendas latinas

Hay "bodegas" en todos los barrios latinos; son tiendas de comestibles donde la atención personal es muy importante. Como para los latinos es extremadamente importante "verse bien"[1], es una buena idea tener un salón de belleza en sus barrios. Las tiendas donde venden hierbas[2], medicamentos naturales, incienso y velas[3] especiales se llaman botánicas.

[1]"verse bien": *"looking good"*   [2]hierbas: *herbs*   [3]velas: *candles*

SUCESOS

César Chávez

César Chávez es un líder muy respetado entre los chicanos y los trabajadores extranjeros. Latinos en su mayoría, los que recogen[1] las frutas en Estados Unidos hoy reciben un mejor salario gracias al trabajo de Chávez. Un momento importante en su carrera fue en 1970, cuando los rancheros aceptaron pagar más y mejorar las condiciones de trabajo para estas personas. César Chávez murió en 1993.

Sábados Gigantes es uno de los programas más famosos y populares de la televisión hispana. Desde hace 40 años, el chileno "Don Francisco" conduce el programa, un récord que pasó al Libro Guinness de los Récords.

[1]recogen: *pick*

Chef Douglas Rodríguez

El "Mango Gang"

Más y más estadounidenses conocen la diferencia entre una "tortilla" en un restaurante mexicano y en un restaurante español. Pero… ¿quién conoce al "Mango Gang"? Ellos hicieron popular la "Nuevo Latino Cuisine". En Miami, el chef cubanoamericano, Douglas Rodríguez, y sus colegas Norman Van Aken, Robin Haas, Allen Susser y Mark Militello re-inventaron la cocina tradicional latina. Ellos usan frijoles negros y arroz, mangos, aguacates[1], pescado caribeño y los preparan de una manera diferente.

[1]aguacates: *avocados*

La parada puertorriqueña

Calendario de fiestas

5 de mayo En el suroeste, y poco a poco[1] en otras partes de Estados Unidos, se celebra el patrimonio cultural mexicano. En México, la fiesta conmemora la victoria de los mexicanos sobre los invasores franceses.

12 de octubre En 1492 llegaron los españoles a América y hoy se celebra el "Día de la Raza[2]" en esta fecha. Esta fiesta conmemora el patrimonio cultural de todos los latinos en Estados Unidos. Además, el mes de octubre es el "Mes de la Hispanidad".

1º de noviembre "El Día de los Muertos[3]" era una fiesta exclusivamente de los mexicanos al sur de la frontera. Hoy día, más y más mexicanamericanos celebran esta fiesta en Estados Unidos porque les gusta recordar[4] a sus familiares en forma festiva.

6 de junio El segundo domingo del mes de junio se celebra "El día nacional de los puertorriqueños" en la Ciudad de Nueva York. Las estrellas del cine, del deporte y también el alcalde[5] y otras autoridades van a la parada en la Quinta Avenida, donde hay carrozas[6] y mucha música y baile.

[1]poco a poco: *little by little*	[4]recordar: *to remember*
[2]raza: *race*	[5]alcalde: *mayor*
[3]muertos: *dead*	[6]carrozas: *floats*

mcocina

Primero, las tortillas y ahora ¡las pupusas!

Esta comida típica salvadoreña se come con la mano y es muy popular entre los latinos de todas partes. Es como una tortilla gorda rellena[1] con carne, queso, frijoles o una combinación de todos estos ingredientes. *(Atención: No es bueno llamar "tortillas" a las pupusas frente a un salvadoreño.)*

Pupusas de frijol con queso
Ingredientes

(Para la masa[2])
2 tazas de harina de maíz
1 taza de agua tibia[3]
1 poco de sal

(Para el relleno)
1 lata de frijoles molidos[4]
250g de queso rallado[5]

Preparación
Mezclar la harina, el agua y la sal para hacer la masa. Formar 12 bolitas medianas. Ahuecar[6] el centro y rellenar con los frijoles y el queso. Luego, aplastar[7] y formar una tortilla gruesa ($^1/_2$ pulgada). Freír en aceite caliente y servir con salsa de tomates frescos.

[1]rellena: *filled*	[5]rallado: *grated*
[2]masa: *dough*	[6]ahuecar: *hollow*
[3]tibia: *lukewarm*	[7]aplastar: *flatten*
[4]molidos: *ground*	

Pupusas de frijol con queso

Un latino ganador

Nilo Cruz, el primer Premio Pulitzer latino de teatro

El escritor Nilo Cruz recibió el Premio Pulitzer en el año 2003 por su obra de teatro[1] "Anna in the Tropics". Nilo Cruz nació en Cuba, pero vivió en Miami desde los 10 años. Él estudió en la Universidad de Brown y hoy día es profesor en la Universidad de Yale. "¡Esto es increíble!", dijo al recibir el premio. Sí, es increíble porque Nilo Cruz fue el primer latino ganador[2] de este premio prestigioso.

[1]obra de teatro: *play*   [2]ganador: *winner*

EN EL SET

Blades   Cruz   Pérez   Welch

No solamente el público latino reconoce los nombres de Selma Hayek, Antonio Banderas, Rosie Pérez, Raúl Julia, Rubén Blades, Penélope Cruz y muchos más; también los conoce el público en general en Estados Unidos y en todo el mundo. En el pasado[1], actores como Anthony Quinn, Raquel Welch y José Ferrer también fueron famosos, pero su patrimonio cultural no era el foco de atención. Ahora el éxito de los actores latinos depende de su talento y también de su identidad porque hoy día existe un mercado – hispano y anglosajón – que demanda el sabor latino, una de las expresiones legítimas y modernas del multiculturalismo en Estados Unidos.

[1]en el pasado: *in the past*

Cómo viajar a Latinoamérica sin salir de Estados Unidos

¿Quieres conocer Latinoamérica pero no tienes dinero para viajar? Aquí hay otras alternativas:

■ En Miami tienes **La Pequeña Habana,** el centro de la comunidad cubana en Estados Unidos. Es una zona de 25 calles con muchos restaurantes, botánicas, tiendas de autos y de música. Su calle más famosa es la Calle Ocho. Gracias a sus residentes, este barrio está lleno de vida.

■ En Chicago tienes **Pilsen y La Villita.** Después del Este de Los Ángeles en California, ésta es la comunidad mexicana más grande de Estados Unidos. En la Calle 18 hay restaurantes, panaderías, tiendas de comestibles y agencias sociales. Desde 1987 el Museo de Arte Mexicano ofrece programas de arte y cultura.

De compras en el barrio

■ En Nueva York tienes **El Barrio** donde antes vivían principalmente puertorriqueños, pero desde 1990 también viven allí muchos mexicanos. Es interesante visitar la famosa Marqueta (un mercado) y el Museo del Barrio.

■ En Washington Heights, en la ciudad de Nueva York, residen 3/4 de los dominicanos que viven en Estados Unidos. Por eso, a este barrio lo llaman afectuosamente "**Quisqueya**[1] **Heights**". Caminar por sus calles es como caminar por Santo Domingo. La gente, la música, los restaurantes y las tiendas le dan un tono tropical a este barrio de Manhattan.

[1]Quisqueya: *indigenous name for the island where Haiti and Dominican Republic are located today*

Marc Anthony

Paulina Rubio

música

La explosión latina

Esta no es una moda transitoria; tampoco es simplemente el aumento de la población latina. Es la creciente[1] influencia de distintos elementos latinos en la cultura de Estados Unidos. Esto es evidente en la comida, en la moda, en todas las artes y especialmente en la música popular. Los latinos adoptaron rápidamente el estilo pop y hoy día artistas como Shakira, Marc Anthony, Juanes, Cristina Aguilera y Paulina Rubio son conocidos por el público en general. Otra consecuencia de esta explosión es la presencia de los ritmos latinos en la música anglosajona.

[1]creciente: *growing*

Julia Álvarez, una escritora dominicana-americana

"Yo soy una dominicana 'guión[1]' americana", dice esta conocida escritora. "Para mí las cosas más interesantes pasan dentro de ese 'guión'; ahí es donde está la colisión y la combinación de dos mundos." Julia Álvarez nació en Nueva York, pero vivió en la República Dominicana hasta los 10 años de edad. Ella estudió en Nueva York y actualmente es profesora de inglés en Middlebury College. Sus novelas más famosas son: *How the García Girls Lost Their Accent* y *In the Time of the Butterflies*.

[1]guión: *hyphen*

En la tele

George López, un gran comediante

Este nativo de Los Ángeles creció en el valle de San Fernando, en Mission Hills. Él es el co-autor, escritor, productor y actor del programa cómico "George López". A los latinos, a los críticos y también al público en general

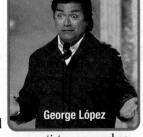

George López

les gusta mucho este programa. George es un artista con muchas habilidades porque también trabaja en el teatro, en el cine y en la radio. Además, ayuda a muchas organizaciones y fundaciones de caridad[1]. Por ejemplo, participa en el programa "Alto a la violencia" del Departamento de Policía de Los Ángeles (LAPD).

Jennifer López: actriz, cantante y ahora ¡productora!

La latina más famosa y mejor pagada de Hollywood decidió trabajar como productora de programas televisivos. "En mi casa yo veía todas las novelas y los programas en español", dice la actriz y cantante. "Quiero narrar la historia de los latinos que viven aquí y

Jennifer López

tienen 'el sueño americano'[2]." Jennifer, como otros artistas, a veces basa su trabajo en sus experiencias personales.

[1]caridad: *charity*
[2]sueño americano: *American Dream*

Capítulo

5

Pasatiempos culturales

Objetivos

En este capítulo vas a:

◆ estudiar la gran variedad de estilos y géneros musicales latinos

◆ estudiar la historia del teatro en España y Latinoamérica

◆ estudiar el futuro de los verbos regulares; estudiar las diferentes maneras en que se puede expresar el futuro; estudiar el futuro de probabilidad; aprender la diferencia entre el comparativo y el superlativo; aprender las partes del discurso y repasar la ortografía de palabras con **j** y **g**

◆ leer la obra teatral *Mi adorado Juan* del dramaturgo español Miguel Mihura; leer la poesía *Danza negra* del poeta puertorriqueño Luis Palos Mates y *A Santos Vega,* el poema gauchesco sobre un payador del poeta argentino Bartolomé Mitre

◆ contrastar el futuro en inglés y en español y el uso del comparativo y superlativo

Historia y cultura

Vocabulario para la lectura

Estudia las definiciones de las siguientes palabras.

el compás ritmo o cadencia de una pieza musical

chismoso relativo a información o noticia no confirmada; que se murmura, puede ser verdadera o falsa

espontáneo voluntario, del momento, que procede de un impulso

frenético muy exaltado, furioso

marino del mar

renombrado muy conocido, famoso

sarcástico que implica un deseo o inclinación a insultar, humillar u ofender

dar testimonio de probar, averiguar, indicar veracidad

Andrés Segovia, un guitarrista renombrado

Poder verbal

ACTIVIDAD 1 **¿Qué palabra necesito?** Completa.

1. Él es un tipo ____. Repite lo que se murmura sin verificar su veracidad.
2. Fue una cosa muy ____. Nadie lo había planeado.
3. ¡Qué ____! ¡Tanto movimiento y exaltación!
4. Los animales ____ son del mar.
5. Ellos bailaron al ____ de la orquesta.
6. Ella goza de fama mundial. Es muy ____.

ACTIVIDAD 2 **Parafraseando** Expresa de otra manera.
1. Es difícil cantar *al ritmo* de los tambores.
2. Es una danza *impulsiva,* no ensayada.
3. Cuidado de no ser demasiado *humillante o aún ofensivo.*
4. Esta información *averigua* sus orígenes.
5. Algunas conchas *del mar* servían de instrumentos musicales.
6. Es un cantante *muy conocido.*

SPANISH Online

Para más información sobre música en el mundo hispano, visita el sitio Web de Glencoe Spanish: spanish.glencoe.com.

Lectura

Música y danzas latinas

El mundo hispanohablante ofrece una gran variedad de estilos y géneros musicales. No es nada sorprendente dado que el mundo hispano es un mundo heterogéneo de muchas culturas, etnias y razas.

El flamenco andaluz

Poco se sabe sobre las raíces históricas del flamenco pero es cierto que es de origen oriental, árabe y gitano. Goza de gran popularidad en Andalucía, región de mucha influencia mora y gitana en el sur de España. Las canciones apasionantes del flamenco salen del alma. Los cantes se dividen en dos grupos — el cante chico y el cante jondo. Los cantos del cante chico son más ligeros y alegres. Los del cante jondo tratan del amor, de la muerte y de todo el drama humano. El tono es optimista o pesimista, alegre o triste, como la vida misma.

El baile flamenco es tan apasionante como el canto. Se caracteriza por el zapateado—un rítmico golpear de los pies (o tacones de los zapatos) contra el tablado, o mejor dicho «tablao» en el habla andalú (andaluza). El baile va acompañado de la guitarra, palmadas, castañuelas y los espontáneos «olés» de los espectadores.

Bailadoras de flamenco, Sacromonte, Granada

Un zapateado

Un tablao flamenco

Historia y cultura

El Caribe

El musicólogo Fernando Ortiz describió la música de Cuba como «un amor entre el tambor africano y la guitarra española» y esta fusión africana y española es muy evidente en el famoso son cubano. En su forma más pura se toca por un sexteto: una guitarra; una tres (una guitarra de tres pares de cuerdas dobles); un contrabajo; un bongo; y dos cantantes tocando maracas y claves.

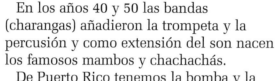

Maracas

Bongos

Claves

Castillo del Morro, La Habana, Cuba

En los años 40 y 50 las bandas (charangas) añadieron la trompeta y la percusión y como extensión del son nacen los famosos mambos y chachachás.

De Puerto Rico tenemos la bomba y la plena. Es frecuente que la gente habla de la bomba y la plena como si fueran una sola forma musical pero hay que distinguir entre las dos. Según los etnomusicólogos la bomba es de origen africano, contribución de los yoruba que vivían en Loíza Aldea. Parece que la plena es de origen indígena y nace de una fusión de ritmos taínos y españoles. Viene de Ponce, en la costa sur de la isla.

Bailando el son, Santiago de Cuba

Loíza Aldea, Puerto Rico

Tambor

Güiro

Tito Puente

La bomba se compone de un tambor y un cantante que se envuelven en un diálogo rítmico apasionado. Poco a poco entra en el espectáculo un toque competitivo mientras los movimientos del bailador y el compás del tambor se ponen cada vez más frenéticos. Los dos continúan cada uno tratando de superar al otro, hasta que uno no puede más.

La plena, tan apasionada como dramática, tiene su origen en las canciones espontáneas que cantaba la gente (frecuentemente en dúos) para relatar eventos del día—sobre todo políticos o chismosos. La mayoría de estas canciones tenían un tono bastante sarcástico y atrevido. Iban acompañadas de un güiro, el cuatro (una guitarra de diez cuerdas) y panderos.

La presentación de plenas y bombas en la misma función da testimonio de la gran diversidad y rica herencia cultural de Puerto Rico.

No se puede dejar el Caribe sin hablar de la salsa. La salsa se desarrolló en los cabarets de Nueva York entre los inmigrantes cubanos y puertorriqueños que querían experimentar y saborear de nuevo los sonidos y ritmos de sus islas queridas.

La salsa, tocada con bongos, tambores, maracas, claves y timbales, comprende una mezcla de muchos sonidos y ritmos afroantillanos. Y el «abuelo» de la salsa es el muy renombrado Tito Puente.

Una clase de salsa

México

Hay quienes dicen que el mexicano lleva la música en sí y hay pocos que llevarán la contraria. En el mundo entero no hay nada más bonito ni más melodioso que las rancheras y los famosos boleros románticos de México. ¿Quién no ha oído ni cantado *Cielito lindo* y *Bésame mucho?*

La tradición musical mexicana tiene sus raíces en las civilizaciones indígenas. Antes de la llegada de los españoles, la música y la danza formaban una parte importante e íntegra de los ritos ceremoniales de la población indígena. Las canciones se acompañaban de instrumentos de percusión, conchas marinas, huesos, flautas de caña y tambores. Los indígenas tenían mucho talento para la música y aprendían rápida y notablemente la música y los instrumentos introducidos por los europeos.

Fue durante el gobierno de Maximiliano, el Archiduque de Austria, que comenzaron a popularizarse los mariachis, sobre todo en el estado de Jalisco. Se dice que su nombre procede de la palabra francesa «mariage» porque los mariachis tocaban en las celebraciones de las bodas. Generalmente la orquesta mariachi tiene dos violines, una guitarra, un guitarrón, un arpa y una trompeta. Hoy la música de los mariachis ha sido difundida por el mundo entero.

En México los valses y las mazurcas, un baile polaco, gozaban de mucha popularidad. La Revolución mexicana que comenzó en 1910 afectó la música mexicana y a algunos valses se les dio letra revolucionaria. También florecieron durante la revolución los corridos que habían gozado de popularidad a fines de la época colonial. Los corridos acompañados de guitarras y arpas relataban historias de héroes y villanos, tragedias, traiciones y amores. Durante la revolución estas piezas musicales sirvieron de himnos de guerra. ¿Quién no ha oído ni cantado la famosísima *La cucaracha*, una de las canciones más conocidas de la revolución? ¡Viva la música mexicana en todas sus formas!

Mariachis, Plaza Garibaldi, Ciudad de México

Mariachis, Douglas Middle School, Arizona

Guadalajara, Jalisco

Bailando el tango,
La Boca, Buenos Aires

Argentina

El tipo de tango que más fama tiene y ha tenido en el mundo es el tango rioplatense, o sea, el tango argentino. El tango empezó como una danza pero hoy es danza y canción. Sus primeras interpretaciones aparecieron a principios del siglo XIX. Tiene sus orígenes en las calles rioplatenses. Se practicaba en las esquinas de los barrios pobres al compás de organillos. En aquel entonces, sólo los hombres bailaban el tango.

Originalmente, esta danza tenía mala reputación porque los que la bailaban vivían en su gran mayoría al margen de la ley. Pero poco a poco, el tango se iba convirtiendo en un baile más popular. Se practicaba dentro de las familias, durante una boda, por ejemplo. Fue en esas celebraciones familiares que la mujer pasó a formar parte de la pareja. Al organillo se le añadió el bandoneón, como instrumento de acompañamiento. El bandoneón era un instrumento popular entre los inmigrantes italianos que en aquella época iban a la Argentina en busca de una vida mejor. Estos inmigrantes eran pobres y durante sus horas libres no les costaba nada

Bailando el tango,
Club El Patio, Nueva York, 1931

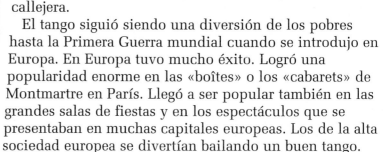

Plaza Dorrego, San Telmo, Buenos Aires

tocar su viejo bandoneón y bailar un tango en una fiesta callejera.

El tango siguió siendo una diversión de los pobres hasta la Primera Guerra mundial cuando se introdujo en Europa. En Europa tuvo mucho éxito. Logró una popularidad enorme en las «boîtes» o los «cabarets» de Montmartre en París. Llegó a ser popular también en las grandes salas de fiestas y en los espectáculos que se presentaban en muchas capitales europeas. Los de la alta sociedad europea se divertían bailando un buen tango.

Con el éxito del tango en las salas de fiestas y en los espectáculos, el cantor pasó a tener cada vez más importancia. La letra fue revitalizada. La figura de Carlos Gardel, el famoso tanguista, se convirtió en el símbolo de una danza y de un canto. En la orquesta del tango tienen importancia el bandoneón y los violines. Aún los grandes compositores, como el ruso Igor Stravinski y el inglés William Walton, han empleado el tango en su obra.

La música es un arte, la danza es un arte y todas las culturas latinas sobresalen en las dos.

IDENTIDAD NACIONAL

Recordemos "AL MOROCHO"
ADHESION
El Cambalache
del Abasto

El famoso tanguista Carlos Gardel

Comprensión

A Poder verbal Instrumentos musicales Escribe una lista de todos los instrumentos musicales que encuentras en esta lectura. ¿Hay algunos que desconoces? ¿Cuáles? Búscalos en línea *(online)*.

Bandoneón

B Poder verbal Definiciones Parea.

1. oriental
2. árabe
3. alegre
4. palmadas
5. espectador
6. fusión
7. sexteto
8. distinguir
9. envolverse
10. llevar la contraria
11. difundido
12. polaco
13. relatar
14. diversión

a. golpes con las palmas de las manos
b. grupo de seis
c. miembro del público
d. no consentir, no acceder
e. extendido
f. del este
g. de Polonia
h. involucrarse
i. moro
j. pasatiempo
k. feliz, contento
l. contar
m. unión, mezcla
n. hacer una distinción

Violín

C Buscando información Flamenco Contesta.

1. ¿Cómo son las canciones flamencas?
2. ¿Cuál es el origen del flamenco?
3. ¿Dónde es sumamente popular?
4. ¿Cuál es la diferencia entre «el cante chico» y «el cante jondo»?
5. ¿Cómo se caracteriza el baile flamenco?
6. ¿Qué es el zapateado?
7. ¿Qué acompaña al baile flamenco?

Acordeón

Un espectáculo de flamenco en Santander, España

D **Verificando** **El Caribe**

Indica si la información es correcta o no.

1. La fusión africana y española es muy evidente en el baile y canto cubano, el son.

2. En su forma más pura el son se toca por un octeto.

3. La banda que toca el mambo o el chachachá es más pequeña que la banda tradicional del son.

4. La bomba y la plena son una sola forma musical puertorriqueña.

5. La plena nace de una fusión de ritmos taínos, los indígenas de Puerto Rico y elementos de ritmos españoles.

6. La bomba es también una fusión de elementos taínos y españoles.

7. La salsa tiene su origen en los cabarets de La Habana y San Juan.

Buena Vista Social Club de Cuba

E **Resumiendo y describiendo** **El Caribe** Identifica y describe.

1. el son
2. la plena
3. la bomba
4. la salsa

Músicos en una calle de La Habana

F **Interpretando** **El Caribe**

Explica lo que significa: «La presentación de plenas y bombas en la misma función da testimonio de la gran diversidad y rica herencia cultural de Puerto Rico».

G Buscando información   México

Identifica.

1. el nombre que se les da a muchas canciones románticas mexicanas
2. la música de los indígenas de México
3. los mariachis
4. los valses
5. los corridos
6. los títulos de unas canciones mexicanas muy conocidas

H Verificando   El tango argentino

Indica si la siguiente información es correcta o no.

1. El tango famoso es el tango argentino.
2. El tango es sólo un baile.
3. El canto siempre era una parte importante del tango.
4. El tango tuvo su origen entre la gente acomodada (rica) de Buenos Aires.
5. El tango tuvo su origen en Europa.
6. A principios de este siglo, muchos italianos emigraron a Argentina.
7. Al principio, sólo los hombres bailaban el tango.
8. El tango siempre gozaba de buena reputación.
9. El tango argentino llegó a Europa durante la Primera Guerra mundial.

Una serenata, California, 1939

Carnaval en Puerto Rico

I Haciendo investigaciones
Hay danzas y cantos de Estados Unidos como el jazz, reggae, rock, blues, break que tienen una historia interesante. Escoge uno que a ti te interesa y prepara un informe corto sobre su historia.

Conexión con el teatro

¡Cuánta gente se presenta cada día delante de la taquilla de un teatro para comprar una entrada para poder disfrutar de unas dos horas placenteras gozando de una representación (obra, espectáculo) teatral!

Lo que es el teatro

El teatro es el género literario escrito con la intención de ser representado en escena. Al autor se le llama «autor dramático» o «dramaturgo». Una obra dramática contiene mucho diálogo y los actores desempeñan el papel de los personajes. Hoy tenemos a nuestra disposición muchas opciones para ver una obra teatral—el cine, la televisión, el video o, aún mejor, en vivo en el teatro mismo.

Un gran número de personas participan en la presentación de una obra teatral: diseñadores de vestuario, maquillistas, decoradores de escena. El productor o realizador es el que se encarga de las finanzas de la producción. Hoy en día cuesta mucho lanzar una producción teatral y como consecuencia las entradas cuestan caro. El productor escoge a un director quien tiene la responsabilidad de presentar la obra artística, efectiva y exitosamente. Es el director quien escoge a los actores y actrices.

Una obra o pieza teatral se divide en actos. Los actos se dividen en escenas. En muchos casos la acción que se desarrolla en la escena imita la vida y son los actores quienes tienen que darles vida a los personajes que se enfrentan a estas situaciones y problemas verosímiles. Los actores siguen un guión que es el diálogo. Siguen también las acotaciones o direcciones de escena que ayudan a los actores igual que al director en su interpretación de la intención y del propósito del dramaturgo. Cuando están en escena los actores tienen que usar muchos medios de comunicación no verbales tales como gestos, ademanes y expresiones faciales para revelar al público las personalidades de los personajes de la obra.

Palace Theater, New York

Los siete locos, Teatro Cervantes, Buenos Aires

Historia del teatro hispano

España

El teatro español, como el de toda la Europa cristiana, tiene su origen en la religión. Las primeras manifestaciones teatrales nacen de las ceremonias litúrgicas de la Iglesia. A la liturgia se añadían otros temas religiosos, muchos de ellos bíblicos como el nacimiento de Jesús, la Navidad, y la Resurrección, la Pascua. Los únicos actores eran los clérigos y la única lengua era el latín. El teatro era el templo; es decir, las obras teatrales se representaban en las iglesias.

La apariencia de los pastores en las obras sobre la Navidad permitía la introducción de elementos cómicos y algunos vocablos en la lengua vulgar, la del pueblo. Poco a poco los laicos iban sustituyendo a los clérigos como actores añadiendo más elementos seculares a las representaciones. Pero las obras seguían representándose en las iglesias hasta que se hicieron tan populares que las antiguas iglesias no podían continuar acomodando la afluencia de espectadores. Hubo que utilizar los claustros contiguos y los cementerios.

Una vez que las obras se representaban fuera del templo los actores laicos tomaban más libertades. En el siglo XIII el español reemplazó al latín como la lengua del teatro. Sin embargo, hay que señalar que el teatro de índole religiosa siguió floreciendo durante toda la Edad Media mientras se iban añadiendo argumentos nuevos que se relacionaban más con la vida como festividades locales, el Carnaval, etc.

Procesión religiosa, Toledo, España

Monasterio de Montserrat, Cataluña, España

Hasta fines del siglo XV las representaciones no exigían decorado y algunas se daban en los salones y patios de las casas de los nobles y magnates. A mediados del siglo XVI varias compañías de actores, aunque rudimentarias, andaban por España con un repertorio de farsas y comedias.

He aquí una descripción de los primeros «teatros» de Emilio Cotarelo, el muy conocido historiador del teatro español. «Como las representaciones se

Trovadores y escribas de la Edad Media, El Escorial

daban de día y con luz natural, los teatros no tenían más tejado que un estrecho voladizo[1] alrededor de las paredes que resguardaba[2] de la lluvia y el sol a los que ocupaban los bancos, las gradas, los aposentos[3] cuando eran exteriores y la cazuela, que era un aposento mucho mayor, en el fondo del teatro destinado a las mujeres, que asistían separadas de los hombres. El resto del patio estaba ocupado por los espectadores de a pie, los mosqueteros, a quienes se amparaba algo con un telón de anjeo[4], que se corría cuando picaba el sol. Si llovía mucho, lo más frecuente era suspender el espectáculo.»

Durante mucho tiempo el adorno del escenario era muy sencillo. Unas cortinas servían de paredes y una mesa y unas sillas formaban todo el mobiliario. Pero el escenario progresó mucho y ya en la época del famoso dramaturgo Lope de Vega (1562–1635) había telones pintados y las paredes y el suelo se cubrían con tapices y alfombras. Se colocaban unos bufetes y escritorios.

En cuanto a la estructura, la obra se dividía en tres jornadas o actos. Entre la primera y segunda jornada se presentaba un entremés— una pieza muy corta, jocosa[5] y popular.

Latinoamérica

Las crónicas indican que aún los conquistadores presentaban autos (obras religiosas) y entremeses mientras celebraban fiestas. La mayoría de las piezas que se representaban eran peninsulares, o sea, de España. Existía también el teatro misionero cuya meta fue la catequización de los indígenas.

Los indígenas ya tenían su propio incipiente[6] arte dramático en forma de «mitotes» o fiestas

Ceremonias mayas

---

¹ **voladizo** proyección estructural
² **resguardaba** protegía
³ **aposentos** palcos

⁴ **anjeo** lona
⁵ **jocosa** divertida, cómica
⁶ **incipiente** que empieza

Conocimientos para superar

florales. Tenían también fiestas rituales, cantes, danzas, pantomimas e improvisaciones cómicas que imitaban movimientos de animales y humanos. Los misioneros daban sentido teológico a esos espectáculos indígenas adaptándolos a las formas teatrales de índole religiosa del teatro peninsular de la Edad Media. Presentaban las obras en español y en lenguas autóctonas.

Los cronistas del siglo XVI nos dan muchas noticias sobre este teatro. Igual que en España las piezas se representaban en las iglesias. A veces acudía tanta gente que el tablado[7] se desplomaba. El espectáculo terminaba con frecuencia con el bautizo de masas de indígenas.

Las representaciones teatrales influyeron hasta la arquitectura mexicana de las «capillas abiertas». Estas capillas eran una especie de teatro al aire libre con capacidad para un público inmenso. El público llenaba el atrio de la iglesia y salía a las calles. Como casi siempre había una iglesia en la plaza central, la plaza también se convertía en un teatro.

Plaza de San Francisco, Quito, Ecuador

Retrato de Pierre Corneille

El Siglo de Oro

Durante el Siglo de Oro (fines del siglo XVI y principios del XVII) el teatro floreció en España. Había grandes dramaturgos como Lope de Vega, Calderón de la Barca y Tirso de Molina. A veces los grandes talentos de España visitaban las colonias y Tirso de Molina fue uno de ellos.

Otro gran dramaturgo del Siglo de Oro es Juan Ruiz de Alarcón (1580–1639). Él nació en México. Visitó España cuando tenía unos veinte años y a los treinta y tres años volvió a España donde se estableció definitivamente. Hay quienes dicen que su obra es esencialmente española pero hay críticos que ven en su obra influencias americanas.

Una de las obras más notables de Alarcón es *La verdad sospechosa.* Su protagonista tiene el vicio de mentir pero su carácter cómico le hace simpático. Esta obra de Alarcón fue imitada, en parte traducida, por el famoso dramaturgo francés Corneille quien le dio el título *Le Menteur (El Mentiroso).* Esta obra inauguró la comedia francesa llamada «comedia de carácter».

....
[7] **tablado** tipo de escenario

Conocimientos para superar

Comprensión

A **Poder verbal** **Definiciones** Aquí tienes algunas palabras, la mayoría de ellas de índole religiosa. Parea la palabra con su definición.

1. litúrgico
2. laico
3. el clérigo
4. el claustro
5. la catequización
6. la crónica

a. el que es independiente de la autoridad de un organismo religioso
b. parte de un templo formada de galerías abiertas; un tipo de patio
c. el que ha recibido las órdenes sagradas
d. instrucción en la religión católica romana
e. relativo a los ritos y ceremonias religiosas
f. recopilación de hechos históricos

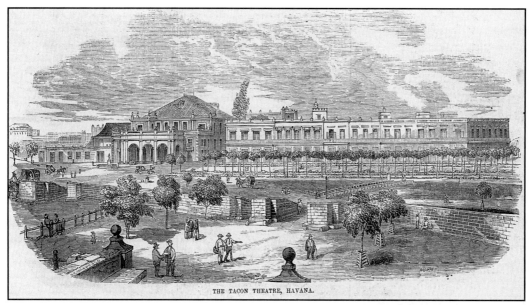

THE TACON THEATRE, HAVANA.

Teatro Tacón, La Habana, 1853

B **Poder verbal** **Un diccionario teatral** Da la palabra cuya definición sigue.

1. el que escribe obras teatrales, dramas
2. texto que tiene lo que dicen los actores en una película u obra teatral
3. conjunto de los trajes que llevan los actores y actrices
4. el productor de una obra teatral
5. el que dirige una obra teatral, incluyendo a los actores
6. conversación o plática entre dos o más individuos
7. direcciones de escena
8. en una representación el conjunto de lienzos, etc., en la escena

Conocimientos para superar

C Poder verbal **¿Qué palabra necesito?** Completa.

1. Muchas piezas teatrales se dividen en tres ____ y cada uno de estos se divide en ____.
2. La acción de una obra teatral se desarrolla o tiene lugar en la ____.
3. Los actores ____ el papel de los ____ de la obra teatral.
4. Las ____ ayudan al director y a los actores a comprender la intención del autor dramático.
5. Los gestos, ademanes y expresiones faciales son ejemplos de ____.

Miembros de la compañía colombiana *Teatro Petra*

D Poder verbal **Significados semejantes y diferentes**
Hay palabras que pueden tener el mismo significado o un significado muy similar. Aquí tienes unos ejemplos.

1. una obra dramática, una obra teatral, una pieza (de teatro), una representación, una función, un espectáculo
2. el escenario, la escena (de teatro), las tablas, el tablado
3. el decorado, las decoraciones, el escenario

Y a veces una sola palabra puede tener más de un significado. Aquí tienes unos ejemplos:

escena

1. Los actores entran en escena. La escena es la parte del teatro donde actúan los actores.
2. Cada acto de la obra teatral se divide en escenas.
3. A veces «el escenario» significa también «la escena». Y, a veces se refiere al decorado.

Ensayo de una comedia musical

E Haciendo comparaciones Compara.
1. un dramaturgo y un novelista
2. un director y un productor
3. un personaje y un actor o una actriz
4. el decorado y el vestuario
5. un acto y una escena
6. el guión y las acotaciones

F Buscando información Contesta.
1. ¿Dónde tiene su origen el teatro español?
2. ¿De qué temas trataba el teatro incipiente?
3. ¿Quiénes eran los actores?
4. ¿En qué lengua se presentaban las obras?
5. ¿Dónde se presentaban?
6. Poco a poco, ¿qué hacían los laicos?
7. ¿Por qué empezaron a salir del templo (de la iglesia) las representaciones teatrales?
8. ¿Cuándo reemplazó el español al latín?
9. ¿Hasta cuándo no exigían decorado las representaciones teatrales?
10. ¿Qué había en España en el siglo XVI?

G Describiendo Da una descripción de los primeros «teatros».

H **Buscando información**   **Latinoamérica**   Contesta.

1. ¿Qué hacían los conquistadores cuando celebraban fiestas?
2. ¿Cuál fue la meta o el propósito del teatro misionero?
3. ¿Qué tenían los indígenas?
4. ¿Qué formas teatrales tenían?
5. ¿A qué adaptaban los misioneros estos espectáculos indígenas?
6. ¿En qué lengua se presentaban estas obras?
7. ¿Dónde se representaban las obras teatrales?
8. ¿Qué pasaba de vez en cuando? ¿Por qué?
9. A veces, ¿con qué terminaba la representación teatral?
10. ¿Qué son las «capillas abiertas»?

I **Personalizando**   Contesta.
¿Hay unas cosas que te han sorprendido sobre la evolución del teatro? ¿Cuáles?

Teatro Juárez, Guanajuato, México

J **Analizando**   Contesta.
¿Por qué dirían algunos críticos que la obra de Juan Ruiz de Alarcón es esencialmente española y según otros hay influencias americanas?

K **Dando notas biográficas**
Resume todo lo que sabes sobre Juan Ruiz de Alarcón.

Gramática y lenguaje

El futuro

1. Se usa el tiempo futuro para indicar acciones futuras. El infinitivo del verbo sirve de raíz para la formación del futuro de los verbos regulares. Estudia las siguientes formas.

INFINITIVO RAÍZ	ESTUDIAR estudiar-	LEER leer-	ESCRIBIR escribir-	TERMINACIONES
yo	estudiaré	leeré	escribiré	-é
tú	estudiarás	leerás	escribirás	-ás
él, ella, Ud.	estudiará	leerá	escribirá	-á
nosotros(as)	estudiaremos	leeremos	escribiremos	-emos
vosotros(as)	estudiaréis	leeréis	escribiréis	-éis
ellos, ellas, Uds.	estudiarán	leerán	escribirán	-án

Mañana iremos al teatro.
Veremos una obra en tres actos.
Yo me divertiré mucho.

Monje de la Edad Media

2. Hay otras maneras en que se puede expresar el futuro.

- Es muy corriente usar la construcción **ir a + el infinitivo.**

   Mañana vamos a ir al teatro.
   Vamos a ver una obra en tres actos.
   Voy a divertirme mucho.

- Se usa también el presente para expresar una acción futura.

   Voy mañana.
   Ella sale la semana que viene.
   Su vuelo llega mañana a las dos.

3. Se puede usar el futuro para expresar incertidumbre. Se llama «el futuro de probabilidad».

   ¿Qué hora será? (¿Qué hora puede ser? No sé.)
   ¿Cuántos años tendrá su hijo? ¿Diez? ¿Doce?
   ¿Qué querrá decir? ¡Adivina!

ACTIVIDAD 1 **¡Hoy, no!** Escribe cada oración en el tiempo futuro.

1. Mañana voy al teatro.
2. Mis amigos van también.
3. Vamos a ver *Evita*.
4. Vamos a llegar a tiempo.
5. Levanta el telón a las diecinueve treinta.
6. El espectáculo dura dos horas y media.
7. Después del teatro vamos a comer en un restaurante.
8. Todo el mundo va a dar sus opiniones sobre el espectáculo.

ACTIVIDAD 2 **El futuro** Escribe una oración en el futuro.

1. yo/terminar
2. ellos/ver
3. yo/escribir
4. tú/llegar
5. ustedes/volver
6. él/pedir
7. ellas/trabajar
8. yo/ir

Gran Vía, Madrid

ACTIVIDAD 3 **De varias maneras** Escribe cuatro oraciones usando el tiempo futuro. Luego escríbelas de dos maneras diferentes.

Teatro Nacional, Ciudad de Guatemala

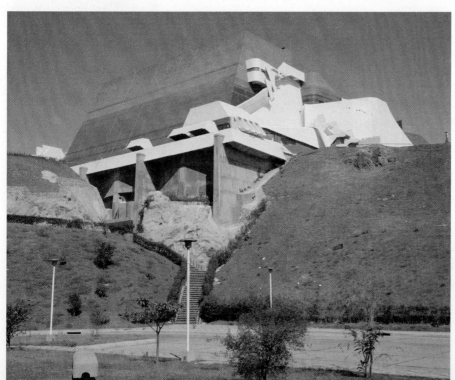

Comparativo y superlativo

1. La comparación de desigualdad o sea de superioridad o inferioridad se expresa por medio de **más... que** y **menos... que**:

> **Este teatro es más grande que el otro.**
> **Esta pieza es más larga que la otra.**
> **A mi parecer los dramas de Amescua son menos interesantes que los de Lope de Vega.**

2. El superlativo expresa el nivel más alto de superioridad o el más bajo de inferioridad. Se forma poniendo el artículo definido (**el, la, los, las**) delante de **más** o **menos**.

> **Este teatro es el (teatro) más grande de la ciudad.**
> **Estas plazas son las (plazas) menos caras del teatro.**

Nota que el superlativo va seguido de **de**.

3. Hay algunos adjetivos que tienen comparativos y superlativos irregulares.

bueno	**mejor**	**el/la mejor**	
malo	**peor**	**el/la peor**	
pequeño	**más pequeño**	**el/la más pequeño(a)**	(tamaño)
pequeño	**menor**	**el/la menor**	(edad)
grande	**más grande**	**el/la más grande**	(tamaño)
grande	**mayor**	**el/la mayor**	(edad, cantidad)

> **Él es un buen alumno.**
> **Pero su hermana es mejor (alumna).**
> **Y yo soy el/la mejor de todos.**

> **Ella es más pequeña que su hermana. (menos alta)**
> **Ella es menor que su hermana. (tiene menos años)**

 **¿Más o menos?** Completa.

1. Este libro es bueno. Es ____ el otro pero no es ____ todos.
2. Esta novela es mala. Es aún ____ la otra pero no es ____ todas.
3. Doña Carmen es vieja. Es ____ su prima pero no es ____ la familia.
4. Carlitos es joven. Es ____ su hermano pero no es ____ la familia.

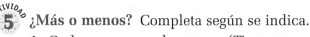 **¿Más o menos?** Completa según se indica.

1. Carlos es ____ su hermano. *(Tiene menos años.)*
2. Paquito es ____ la familia. *(Tiene menos años.)*
3. Estos libros son ____ todos. *(Tienen más valor.)*
4. Esta novela es ____ la otra. *(Tiene menos valor.)*
5. María y Elena son ____ la clase. *(Tienen más años.)*
6. Estas bibliotecas son ____ las otras. *(Tienen más valor.)*
7. Este cuadro es ____ del museo. *(Tiene menos valor.)*

Él es menor que ella.

Partes del discurso

Ya has estudiado varias partes de la oración, llamadas también «partes del discurso», tales como el nombre (sustantivo), el verbo (el predicado), etc. Aquí tienes todas las partes del discurso y sus funciones.

PARTE

FUNCIÓN

- el nombre o sustantivo — indica una persona, lugar, cosa o idea

> **José Ybarra es actor y vive en una casa grande en Los Ángeles, California.**

- pronombre — sustituye al nombre

> **Él vio la obra y me la describió.**

- verbo — expresa una acción o un estado

> **Él es dramaturgo y escribe obras fantásticas.**

- conjunción — enlaza palabras, frases u oraciones

> **Francamente, no sé si es realizador o director.**
> **Yo vi *Evita* pero no he visto *El hombre de la Mancha*.**

- adjetivo — describe un nombre; lo modifica

> **En el Teatro Nacional están presentando una obra nueva de Ballesteros.**

- adverbio — modifica a un verbo o adjetivo

> **Salió rápidamente.**
> **Es una obra realmente novedosa.**
> **Ella es muy inteligente.**

Teatro Real, Madrid

Lion King, Nueva York

Una zarzuela, Madrid

ACTIVIDAD 6 Partes de la oración

Identifica la parte del discurso.

1. Él *fue* ayer.
2. *Él* fue ayer.
3. Él fue *ayer*.
4. La actriz desempeñó su *papel* de manera extraordinaria.
5. La actriz desempeñó su papel de manera *extraordinaria*.
6. La actriz *desempeñó* su papel de manera extraordinaria.
7. La actriz desempeñó su papel *extraordinariamente*.
8. El *público* se levantó y aplaudió.
9. Ella cantó *muy bien*.
10. Ella tiene una *voz* fantástica.
11. Ella tiene una voz *fantástica*.
12. Canta *divinamente*.
13. *Yo* salí.
14. Yo salí *pero* ella se quedó.

Gramática y lenguaje

Pronunciación y ortografía

La g y la j

La **g** y la **j** se pronuncian igual en combinación con **e** e **i** pero no se escriben igual.

Antes de repasar la ortografía de las siguientes palabras, pronuncia los siguientes sonidos cuidadosamente.

ja, ge, je, gi, ji, jo, ju

ga, gue, gui, go, gu

ga, ge, gue, gi, gui, go, gu

ja, ga, je, ge, gue, ji, gi, gui, go, jo, gu, ju

ge	je	gi	ji
gente	personaje	escogí	jinete
género	Jesús	litúrgico	jitomate
escoge	ejemplo	religioso	
gesto	lenguaje	teológico	
origen	mujer	original	
indígena	viaje	gitano	
margen	callejera		

El joven guitarrista Gerónimo Maya

ja	jo	ju
tejado	jornada	jugo
jamás	jocosa	julio
pareja	viejo	junio
viaja	introdujo	Julieta

ga	gue	gui	go	gu
encarga	siguen	guión	diálogo	gusano
gana	pagué	guisante	sigo	agujo
galán	guerra	guiso	clérigo	
			dramaturgo	
			tango	

ACTIVIDAD 7 **Dictado** Lee y copia. Prepárate para un dictado.

1. El guión no escoge los gestos del personaje del gitano.
2. Julieta introdujo esta vieja canción jocosa.
3. La pareja vieja no viaja jamás en julio.
4. El galán sigue igual con su diálogo genial.
5. La indígena no puso ni guisantes ni jitomates en su guiso.
6. Es un ejemplo del lenguaje callejero del gitano marginado.

Literatura

Mi adorado Juan de Miguel Mihura

◆ Vocabulario para la lectura

Estudia las definiciones de las siguientes palabras.

un capricho idea o propósito repentino y sin motivación aparente, una manía

un holgazán persona perezosa sin ambición

el oficio profesión, empleo

fastidiar enfadar, molestar, enojar

padecer sufrir

Poder verbal

1 Sinónimos Expresa de otra manera.

1. Él es *muy perezoso.*

2. Su *trabajo* es de poca importancia.

3. Y además él tiene *muchas manías.*

4. Él *enfada* mucho a su madre.

Nota biográfica

Miguel Mihura nació en Madrid en 1906. Hijo de un actor, Mihura conoció el teatro desde muy joven. De niño le encantaba ver ensayar a su padre.

Durante su vida Mihura escribió dieciséis comedias, la mayoría de ellas después de 1950. Además de ser dramaturgo, escribió cuentos, artículos para varios periódicos y guiones de más de treinta películas. Muchas de sus obras son satíricas. Un tema favorito de Mihura es su deseo de liberar al hombre del estrés y de los problemas diarios de la vida en las sociedades modernas. Mihura murió en 1977.

Su comedia *Mi adorado Juan* ganó el Premio Nacional de Teatro para la temporada teatral de 1955–1956 en Madrid. La comedia está dividida en dos cuadros o escenas. Aquí tenemos un trozo del primer acto en que el padre de la protagonista, Irene, quiere saber más sobre el amigo de su hija, el adorado Juan.

Teatro Arriaga, Bilbao, España

Lectura

Mi adorado Juan ♫
◆·◆·◆

1	IRENE	Hola, buenas tardes.
	PALACIOS	¡Ah! ¿Estás ya de vuelta?
	IRENE	Sí, papá... Acabo de volver. ¿Querías algo?
	PALACIOS	Te prohibí que salieras.
5	IRENE	Creí que era una broma...
	PALACIOS	¡Yo no gasto bromas, Irene!
	IRENE	¡Qué lástima! ¡Con lo bien que se pasa! *(Y saluda a Emilio.)* ¿Qué tal, Emilio?...
	MANRÍQUEZ	Ya ves...
10	PALACIOS	¡Quiero hablar contigo seriamente!
	IRENE	¿Más aun?
	PALACIOS	Más aun.
	IRENE	¿Siempre de lo mismo?
	PALACIOS	Siempre de lo mismo.
15	IRENE	Estoy a tu disposición, papá. *(Y se sienta cómodamente en una butaca.)*
	MANRÍQUEZ	¿Me marcho, profesor?
	PALACIOS	No. Le ruego que se quede.
	MANRÍQUEZ	Como usted quiera, profesor.
20		*(El doctor Palacios se sienta en el sillón de su mesa, Irene en una butaca y Manríquez en otra. Hay una pausa.)*
	IRENE	Estoy preparada, papá. Puedes empezar cuando desees.
25	PALACIOS	Pues bien, Irene... Desde hace una temporada, en lugar de portarte como lo que eres, una señorita inteligente, juiciosa y formal, hija de un científico famoso, te estás portando como una peluquera de señoras.
30	MANRÍQUEZ	Exactamente.
	IRENE	¿Ah, sí? ¡Qué ilusión!
	PALACIOS	¿Por qué ilusión?
	IRENE	Me encanta parecer una peluquerita de señoras... ¡Son tan simpáticas y tan alegres! ¡Tienen tantos temas distintos de conversación... !
35		
	PALACIOS	¿Quieres callar?
	IRENE	Sí, papá.
	PALACIOS	Desde que tu pobre madre faltó°, tú has hecho sus veces y has llevado la casa y siempre he estado orgulloso de ti... Por mi parte jamás te he negado nada... Ningún capricho... Ningún
40		

Estrategia de lectura

Leyendo una obra teatral Un drama, como cualquier otra obra literaria, tiene ambiente, personajes y argumento. La única diferencia es que el drama se escribe con la intención de ser representado. Hay algunas estrategias que te pueden ayudar a leer un drama.

Escuchando Recuerda que tienes que seguir el diálogo para comprender la acción y la personalidad de los personajes. Por consiguiente, al leer imagina que los personajes están hablando. Escúchalos. ¿Qué emociones están demostrando? Lee algunas líneas en voz alta.

Visualizando Al leer el drama, imagina que lo estás viendo (en vivo) en la escena o en la pantalla.

Interpretando Un drama trata de personajes. Trata de conocer y comprender a los personajes. Pregúntate por qué se comportan en la manera en que se comportan y por qué dicen lo que dicen.

faltó murió

PASATIEMPOS CULTURALES ciento sesenta y tres ◆ 163

		deseo... Pero esto sí, Irene. Te prohíbo nuevamente, y esta vez muy en serio, que vuelvas a verte con ese hombre.
45	IRENE	Pero, ¿quieres explicarme por qué?
	PALACIOS	Porque ni siquiera sé quién es, ni lo que hace.
	IRENE	No importa. Yo tampoco. Pero ya lo sabremos algún día.
	PALACIOS	¡No sabes aún de lo que vive!
50	IRENE	Él vive de cualquier manera... No tiene ambiciones ni necesidades... Su manjar° preferido es el queso y duerme mucho... Y como está casi siempre en el café, apenas necesita dinero para vivir...
55	MANRÍQUEZ	Entonces es un holgazán.
	PALACIOS	Claro que sí.
	IRENE	Nada de holgazán, papaíto... A él le gusta trabajar para los demás, pero sin sacar provecho de ello... sin que se le note que trabaja... Él dice que trabajar mucho, como comer mucho, es una falta de educación. ¡Son cosas de Juan!
60		
	PALACIOS	¡Pero no tiene oficio!
	IRENE	¿Cómo que no? Es el número uno de su promoción°.
65	PALACIOS	¿De qué promoción?
	IRENE	¡Cualquiera lo sabe! A él no le gusta hablar nunca de promociones... Eso me lo dijo un amigo suyo, en secreto.
	PALACIOS	¡Pero con un hombre así serás desgraciada!
70	IRENE	Si estoy con él no me importa ser desgraciada... Estoy segura que ser desgraciada con él, debe ser la mayor felicidad.
	PALACIOS	Me has dicho varias veces que iba a venir a hablarme y no ha venido, ¿por qué?
75	IRENE	Es que se le olvida... Pero ya vendrá.
	PALACIOS	Si se quiere casar contigo, ¿cómo se le puede olvidar una cosa así?
	IRENE	Le fastidian las ceremonias y la formalidad.
	PALACIOS	¿Y cómo pretendes casarte con un hombre al que le fastidian el trabajo y la formalidad? ¡Vamos, contesta!
80		
	IRENE	¿Quieres de verdad que te conteste?
	PALACIOS	Sí, claro... Te lo exijo.
	IRENE	Pues justamente porque vivo contigo y con Manríquez y estoy de formalidad hasta la punta del pelo... Justamente porque toda mi vida he sido formal, seria y respetuosa y he frenado° con mi educación todos mis sentimientos... Y ahora
85		

manjar comida

promoción grupo

frenado restringido

quiero sentir y padecer y reír y hablar con la

90   libertad de esa peluquerita de señoras a que tú
      antes te referías... Juan no es formal, no es, si
      quieres, trabajador; no tiene una profesión
      determinada; no se encierra en un laboratorio
      para hacer estudios profundos sobre biología; no

95   es ambicioso, y el dinero y la fama le importan   **le importan un pimiento** no
      un pimiento°... Pero yo le adoro... Y quiero que   le importan nada
      tú se lo digas, papá, que hables con él, que le
      convenzas para que se case conmigo, porque la
      verdad es que no tiene ningún interés en

100   casarse...

PALACIOS   ¿Pero ahora resulta que no quiere casarse
            contigo?

IRENE   No, papá... ¡Pero si ahí está lo malo! Él dice que
105   no ha pensado en casarse en su vida, que no
            quiere echarse obligaciones y que se encuentra
            muy a gusto en el bar jugando al dominó con
            sus amigos...

MANRÍQUEZ   Pero, ¿es que también juega al dominó?

IRENE   Es campeón de su barrio.

110 PALACIOS ¡Pues qué maravilla de novio, hijita!

IRENE   Por eso, papá, tú tienes que ayudarme, para que
            si quiere seguir jugando al dominó, lo haga aquí,
            en nuestra casa, conmigo y contigo, después de
            cenar, y si Manríquez quiere, que haga el
115   cuarto...

MANRÍQUEZ   Eso es una impertinencia, Irene.

IRENE   Perdóname... No he querido ofenderte.

PALACIOS   Entonces tú estás loca, ¿verdad?

IRENE   Sí, papá, estoy loca por él... ¿Qué quieres que le
120   haga?

PALACIOS   Pues, muy bien. Quiero arreglar este asunto
            inmediatamente. ¿Dónde estará ahora ese
            sujeto?

IRENE   No lo sé. Hemos ido juntos dando un paseo...
125   Después me dejó y se fue... Cualquiera sabe
            dónde está.

PALACIOS   Pero después de veros, ¿no habéis quedado en
            nada?

IRENE   Él nunca queda en nada, papá.

130 PALACIOS ¿No le puedes llamar por teléfono a ninguna
            parte?

IRENE   Sé el teléfono de una vecina de su casa que le
            da los recados... A lo mejor está allí.
            (Y al decir esto ya ha empezado a marcar un
135   *número en el teléfono que hay sobre la mesa.)*

Comprensión

A Buscando información Contesta.

1. ¿Cómo es Irene?
2. ¿Con quién está hablando ella?
3. ¿Cómo está su padre?
4. ¿De qué le quiere hablar?
5. ¿Cuál es la profesión del padre de Irene?
6. ¿Quién es el amigo de su padre?
7. Según el padre de Irene, ¿cómo es ella?
8. Pero, ¿cómo se está portando ahora?
9. ¿Está muerta la madre de Irene?
10. ¿Por qué ha estado orgulloso de Irene su padre?
11. Pero, ¿qué le prohíbe?

B Verificando Corrige las oraciones falsas.

1. El padre de Irene ha conocido a su amigo.
2. El amigo sabe lo que hace.
3. Irene también sabe lo que hace su amigo.
4. El amigo pasa mucho tiempo en su oficina.
5. Al amigo le gusta trabajar para sí mismo.
6. El amigo quiere que todo el mundo sepa que trabaja.
7. El amigo dice que trabajar mucho es señal de educación.

C Buscando información Contesta.

1. ¿Por qué quiere Irene que su padre le diga a Juan que se case con ella?
2. En vez de casarse y tener obligaciones, ¿qué prefiere hacer Juan?
3. ¿Dónde quiere Irene que él juegue al dominó?
4. ¿Cómo quiere arreglar el asunto inmediatamente el padre de Irene?
5. ¿Sabe Irene dónde está su amigo?
6. ¿Dónde le puede llamar por teléfono?

D Analizando Después de haber leído este trozo de la comedia de Mihura, describe como ves a Irene. Para ti, ¿cómo será su personalidad?

E Imaginando Prepara una conversación telefónica entre Irene y la vecina de su amigo. ¿Qué le dice? ¿Qué le pregunta?

Danza negra de Luis Pales Matos

◆ Nota biográfica

Luis Pales Matos es un poeta puertorriqueño cuya fama se ha extendido por el mundo entero. Autodidacto, nació en Guayama. Desempeñó varios empleos para ganarse la vida pero su vocación era la poesía. Empezó a componer versos a los catorce años y su primer libro fue publicado cuando tenía sólo diecisiete años. Sus padres eran poetas también y así simpatizaron mucho con las inclinaciones de su hijo.

La obra de Pales Matos comprende muchos temas: el amor, recuerdos de la niñez, el misterio de nuestro destino y motivos negroides.

La poesía que sigue, *Danza negra,* es una de sus más conocidas. Fue publicada en 1926. Es una poesía dinámica llena de sensaciones visuales y auditivas.

Guayama, Puerto Rico

Danza negra

◆ · ◆ · ◆

1   Calabó y bambú.
Bambú y calabó.
El Gran Cocoroco dice: tu-cu-tú.
La Gran Cocoroca dice: to-co-tó.
5   Es el sol de hierro que arde en Tombuctú.
Es la danza negra de Fernando Poo.
El cerdo en el fango gruñe: pru-pru-prú.
El sapo en la charca sueña: cro-cro-cró.
Calabó y bambú.
10   Bambú y calabó.
Rompen los junjunes en furiosa u.
Los gongos trepidan con profunda o.
Es la raza negra que ondulando va
en el ritmo gordo del mariyandá.
15   Llegan los botucos a la fiesta ya.
Danza que te danza la negra se da.
Calabó y bambú.
Bambú y calabó.
El Gran Cocoroco dice: tu-cu-tú.
20   La Gran Cocoroca dice: to-co-tó.
Pasan tierras rojas, islas de betún:
Haití, Martinica, Congo, Camerún;
las papiamentosas antillas del ron
y las patualesas islas del volcán,
25   que en el grave son
del canto se dan.
Calabó y bambú.
Bambú y calabó.
Es el sol de hierro que arde en Tombuctú.
30   Es la danza negra de Fernando Poo.
El alma africana que vibrando está
en el ritmo gordo del mariyandá.
Calabó y bambú.
Bambú y calabó.
35   El Gran Cocoroco dice: tu-cu-tú.
La Gran Cocoroca dice: to-co-tó.

Explicaciones

Calabó y bambú son la madera y cañas que usan los negros a construir sus chozas.

Cocoroco es el nombre de un jefe importante de algunos grupos negros.

Tombuctú y Fernando Poo son lugares en Guinea en África Occidental. El poeta está soñando con lo exótico.

Los junjunes son instrumentos musicales. «En furiosa u» simboliza lo frenético de la danza. La danza misma comienza en esta estrofa.

El gongo es un instrumento de percusión que se golpea con una maza.

El mariyandá es un baile de los africanos.

Los botucos son jefes menores de algunos grupos negros.

El betún es una hipérbole para describir el color de los habitantes de las regiones que siguen.

Papiamentosas es una invención de Pales Matos. Viene de «papiamento», dialecto de los negros de Curazao.

Patualesas es otra invención del poeta que se deriva de la palabra francesa «patois», lengua que se habla en Haití, Martinica y Guadalupe.

El volcán se refiere a *Mont Pelée* en Martinica.

La danza es un rito religioso y el poeta enfatiza el sentido religioso en el verso «El alma africana que vibrando está».

Comprensión

A Visualizando Describe.

Describe todo lo que ves y oyes al leer esta poesía tan llena de sensaciones visuales y auditivas.

B Interpretando y visualizando Explica.

1. Al leer el verso «Rompen los junjunes en furiosa u», ¿qué sientes o qué ves? ¿Cuál será el efecto que está tratando de crear el poeta con el repetido uso de la vocal «u»?

2. Al leer el verso «Danza que te danza la negra se da», ¿qué sientes o qué ves? ¿Cuál será el efecto que está tratando de crear el poeta con la repetición del verbo «danza»?

A *Santos Vega, payador argentino* de Bartolomé Mitre

◆ Introducción

El gaucho de las pampas argentinas es el símbolo del hombre libre, el que se burla de las normas o convenciones sociales. El gaucho apareció en el siglo XVIII por las necesidades de la explotación de la ganadería. Hacía falta un personaje diestro en el manejo del lazo y de las boleadoras. Los gauchos reinaban sobre las vastas extensiones de la Pampa. No conocían ni leyes ni frontera. Tenían un espíritu independiente y un carácter revolucionario, pero a veces los gauchos también tenían que divertirse.

El payador era el cantor gaucho. Por lo general cantaba en contrapunto con otro improvisando sobre temas variados. Dice el famoso autor argentino Domingo Faustino Sarmiento de los payadores o cantores: «El cantor anda de pago (distrito) en pago, cantando sus héroes de la pampa perseguidos por la justicia.... El cantor no tiene residencia fija, su morada está donde la noche lo sorprende; su fortuna en sus versos y en su voz.»

Payadores

Santos Vega fue un payador popular de los años 1820. Algunos de sus versos llegaron a formar parte del folklore argentino. Después de su muerte se convirtió en el ídolo de todos los cantores gauchos. «Según tradición, Santos Vega murió de pesar por haber sido vencido por un joven desconocido en el canto que los gauchos llaman «contrapunto», o sea, de réplicas impovisadas en verso al son de la guitarra que pulsa cada uno de los cantores. Cuando la inspiración del improvisador faltó a su mente, su vida se apagó. La tradición popular agrega que aquel cantor desconocido era el diablo, pues sólo él podía haber vencido a Santos Vega.» Es esta una anotación hecha por Bartolomé Mitre, el autor de la poesía que sigue *A Santos Vega, payador argentino.*

Bartolomé Mitre (1821–1906) fue un hombre muy talentoso. Se destacó en muchos campos: hombre de letras, soldado, arqueólogo, historiador y estadista.

Bartolomé Mitre

A Santos Vega,
payador argentino
◆ · ◆ · ◆

1 A Santos Vega, tus cantares
   no te han dado excelsa gloria,
   mas viven en la memoria
   de la turba[1] popular;
5 y sin tinta ni papel
   que los salve del olvido,
   de padre a hijo han venido
   por la tradición oral.

   Bardo[2] inculto de la pampa,
10 como el pájaro canoro[3]
   tu canto rudo y sonoro[4]
   diste a la brisa fugaz[5];
   y tus versos se repiten
   en el bosque y en el llano,
15 por el gaucho americano,
   por el indio montaraz[6].

   ¿Qué te importa, si en el mundo
   tu fama no se pregona[7],
   con la rústica corona
20 del poeta popular?
   Y es más difícil que en bronce,
   en el mármol o granito,
   haber sus obras escrito
   en la memoria tenaz[8].

25 ¿Qué te importa? ¡si has vivido
   cantando cual[9] la cigarra,
   al son de humilde guitarra
   bajo el ombú[10] colosal!
   ¡Si tus ojos se han nublado
30 entre mil aclamaciones,
   si tus cielos[11] y canciones
   por tradición vivirán!

Estrategia de lectura
Dándote cuenta de regionalismos
A veces encontrarás una lectura que por una razón u otra tenga muchas palabras desconocidas. Es posible que esta poesía sea un ejemplo. Antes de leerla, dales una ojeada a todas las anotaciones laterales. Muchas, pero no todas, son regionalismos.

Un ombú

Una cigarra

....

[1] **turba** muchedumbre de gente
[2] **bardo** cantor
[3] **canoro** que canta bien
[4] **sonoro** de sonido armonioso
[5] **fugaz** que desaparece rápido

[6] **montaraz** de las montañas
[7] **pregona** alaba en público
[8] **tenaz** persistente
[9] **cual** como
[10] **ombú** árbol nacional de Argentina
[11] **cielos** canciones folklóricas

Cantando de pago[12] en pago,
y venciendo payadores,
35 entre todos los cantores
fuiste aclamado el mejor;
pero al fin caíste vencido
en un duelo de armonías,
después de payar dos días;
40 y moriste de dolor.

Como el antiguo guerrero
caído sobre su escudo,
sobre tu instrumento mudo
entregaste tu alma a Dios;
45 y es fama que al mismo tiempo
que tu vida se apagaba
la bordona[13] reventaba
produciendo triste son.

No te hicieron tus paisanos
50 un entierro majestuoso,
ni sepulcro esplendoroso
tu cadáver recibió;
pero un Pago[14] te condujo
a caballo hasta la fosa,
55 y muchedumbre llorosa
su última ofrenda te dio.

De noche bajo de un árbol
dice que brilla una llama,
y es tu ánima que se inflama,
60 ¡Santos Vega el Payador!
¡Ah! ¡levanta de la tumba!
muestra tu tostada frente,
canta un cielo derrepente[15]
o una décima de amor.

Gaucho del siglo XIX

....

[12] **pago** distrito

[13] **bordona** cuerda de sonido más grave
de la guitarra

[14] **pago** gente de muchos distritos

[15] **cielo derrepente** canción improvisada

Comprensión

A Resumiendo Da un resumen de la información en la Introducción en la página 170. Incluye los datos principales.

B Verificando Indica si la información es correcta o no. Corrige la que no es correcta.

1. El payador era un bailarín.
2. Los gauchos tenían un carácter tranquilo y pasivo.
3. El payador argentino no tenía una residencia fija.
4. La fortuna del payador era sus versos y su voz.
5. Santos Vega existía sólo en la leyenda, no en la realidad.
6. Hay una leyenda sobre la muerte de Santos Vega.
7. El diablo lo mató.

C Adivinando Ya sabes lo que es un payador. Luego, ¿qué significará el verbo «payar»? ¿Y el sustantivo «payada»?

Una familia de gauchos

D Analizando Contesta.

1. ¿Ha alcanzado gran fama Santos Vega?
2. ¿Quiénes no van a olvidar sus cantares?
3. ¿Leen sus versos los padres a sus hijos?
4. ¿Quiénes repiten sus versos?
5. ¿Están escritos en mármol o granito sus versos? ¿Dónde están escritos?
6. ¿Dónde cantaba Santos Vega?
7. ¿Cómo describe el poeta la muerte de Santos Vega?
8. ¿Cómo compara la muerte de Vega a la de un antiguo guerrero?
9. ¿Qué pasaba mientras Santos Vega expiraba?
10. ¿Qué tipo de entierro le dieron a Santos Vega sus paisanos?
11. ¿Qué quieren los paisanos de Santos Vega? ¿Qué quieren que él haga?

La pampa argentina

Composición

Una crítica

La crítica es un tipo de artículo o ensayo que critica o juzga una obra artística y literaria, tal como una crítica teatral. El escritor de una crítica presenta un resumen o una evaluación detallada de la obra.

Se puede organizar una crítica de varias maneras pero muchas veces el autor la presentará con un resumen bastante detallado de la obra, sobre todo del argumento. A veces dará sus opiniones sobre el argumento indicando si le gustó o no y el efecto que le produjo, si lo encontró divertido, cómico, serio, alegre, triste, interesante o aburrido.

Luego analizará a los personajes de la obra. En el caso de una crítica teatral presentará los nombres de los actores y actrices que desempeñaron los papeles más importantes. Analizará la personalidad de cada personaje y dará sus opiniones sobre la actuación. Juzgará si los actores han representado bien a los personajes y si han podido «captar» su personalidad. Describirá la calidad de la voz de los actores, sobre todo si la obra incluye canciones, y sus ademanes o gestos y otros medios de comunicación no verbales.

El autor seguirá frecuentemente con una descripción del decorado y del vestuario. Además de describirlos, informará a sus lectores si los consideraba oportunos y adecuados para la obra. Y siempre dará sus razones para defender lo que está diciendo.

A veces incluirá en su crítica al director de la obra dando su opinión sobre la eficacia de su trabajo—su selección de actores, decorado, vestuario, etc. Indicará si a su juicio el director ha hecho todo lo posible para presentar la obra artística y efectivamente.

Para llevar su crítica a una conclusión, la terminará con su opinión general de la obra—si le ha gustado o no y si les recomienda a sus lectores ir a verla.

Teatro Colón, Buenos Aires

Centro de Bellas Artes, San Juan

Ahora, ¡te toca a ti!

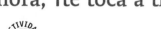 Ahora, tú vas a escribir un ensayo crítico. Puedes escoger:

- un filme que viste en la televisión
- un show o programa que viste en la televisión
- un filme que viste en el cine
- un espectáculo que viste en un teatro
- un espectáculo presentado en una «asamblea» de tu escuela

Si prefieres, puedes imaginar que has tenido la oportunidad de ver una representación de *Mi adorado Juan.* Piensa en los personajes que ya conoces e imagina lo que viste en la escena—los actores, el decorado, el vestuario.

Al escribir tu crítica, puedes seguir la organización sugerida. Si quieres, puedes cambiar la organización pero no olvides que tu crítica tiene que tener una cohesión para que tus lectores (tu público) puedan seguirla sin problema. No te olvides de defender tus opiniones con razones.

Conexión con el inglés

El futuro

1. El futuro en inglés se expresa con *will*.

> *The show will open (start) tomorrow.*
> *We will see you at the theater.*

2. Nota que casi siempre *will* se combina con el pronombre de sujeto haciendo una contracción.

> *I'll go and they'll go, too. We'll all go.*

3. *Will not* es frecuentemente *won't*.

> *We will not be there.*   *We won't be there.*
> *He will not say anything.*   *He won't say anything.*

4. En inglés, igual que en español, se puede expresar el futuro con *to go* más el infinitivo o el presente progresivo; y a veces el presente sencillo.

> *I am going to leave tomorrow.*
> *I'm leaving tomorrow.*
> *I leave tomorrow.*

They'll see their friends at the theater.

5. En la lengua hablada en vez de *going to,* oirás casi siempre *gonna*.

> *I'm "gonna" go.*   *I'm "gonna" stay.*

6. Las antiguas reglas de gramática dictan el uso de *shall* en vez de *will* despúes de *I* o *we*. La verdad es que *shall* no es de uso corriente en el inglés de Estados Unidos, llamado *American English*. Se usa más en Inglaterra o sea en *British English,* el inglés británico.

> *I will let you know.*   *I shall let you know.*
> *We will, too.*   *We shall, too.*

You will do just fine. I'm sure.

7. Observa que la palabra *will* se usa también para rendirle más cortesía a una petición.

> *Will you please pass me the salt?*
> en vez de
> *Please pass me the salt.*

8. La palabra *will* se usa también para expresar certeza.

> *She will do well. (The speaker is sure.)*
> *They will be there. I assure you.*

El comparativo y el superlativo

1. El comparativo y el superlativo se usan en inglés igual que en español para comparar dos entidades desde el punto de vista de superioridad o inferioridad.

2. Se usa *more . . . than* o *less . . . than* con cualquier adjetivo o adverbio largo.

> *This play was more interesting than the other one.*
> *This reading is less difficult than the last one.*

Se usa *the most . . .* o *the least . . .* para expresar el superlativo.

> *This is the most interesting city in the world.*
> *This is the least difficult reading of all.*

Nota que el comparativo va seguido de *in* o *of*.

3. Para formar el comparativo de un adjetivo o adverbio corto, se le agrega el sufijo *-er*. Para formar el superlativo se le agrega *-est*.

> *This play is longer than the other one.*
> *This play is the longest of all.*

> *He works harder than anyone.*
> *He works the hardest of all.*

4. Notarás que hay adjetivos y adverbios cuyas formas comparativas (y superlativas) pueden formarse de las dos maneras.

commoner	*more common*	*commonest*	*most common*
handsomer	*more handsome*	*handsomest*	*most handsome*
lonelier	*more lonely*	*loneliest*	*most lonely*

5. Hay muy pocas formas irregulares del comparativo o superlativo.

ADJECTIVE	ADVERB		
good	*well*	*better*	*(the) best*
bad	*badly*	*worse*	*(the) worst*
little	*little*	*less*	*(the) least*
much/many	*much*	*more*	*(the) most*

Aprende este refrán popular.

> *Good, better, best.*
> *Never let it rest.*
> *'Til your good is better*
> *And your better best.*

¡Ojo! Problemas ortográficos

- Si el adjetivo termina en -*e*, se le agrega solamente -*r* o -*st*.

nice	*nicer*	*nicest*
fine	*finer*	*finest*

- Si termina en -*y*, la -*y* se convierte en -*i*.

pretty	*prettier*	*prettiest*
happy	*happier*	*happiest*

   EXCEPCIÓN: *shy   shyer   shyest*

- A un adjetivo corto de consonante—vocal—consonante se le dobla la consonante final.

big	*bigger*	*biggest*
fat	*fatter*	*fattest*

   EXCEPCIÓN: No se dobla nunca la -*w* ni la -*y*.

slow	*slower*	*slowest*
coy	*coyer*	*coyest*

Cartagena, Colombia, is one of the prettiest places I've ever visited.

6. Las formas del comparativo en inglés, igual que en español, van seguidas del pronombre de sujeto.

INGLÉS

He is taller than
{
I
he, she
we
you
they
}

ESPAÑOL

Él es más alto que
{
yo
tú
él, ella, Ud.
nosotros (as)
vosotros (as)
ellos, ellas, Uds.
}

¡Ojo! Muchos anglohablantes dicen erróneamente *He is taller than me* o *He is taller than her*. Para ayudarte a no cometer este error, recuerda completar la cláusula que sigue silenciosamente.

> *He is taller than I (am).*
> *He is taller than she (is).*

Nadie diría nunca:

> *He is taller than me am.*
> *He is taller than her is.*

I think Ana is nicer than Amelia.

Capítulo
6

España

Objetivos

En este capítulo vas a:

❖ estudiar la historia pasada y actual de España

❖ aprender el vocabulario necesario para discutir la industria hotelera y la importancia del turismo

❖ estudiar el tiempo futuro de los verbos irregulares y los complementos de pronombre directos e indirectos en la misma oración; analizar casos problemáticos de la concordancia verbal; repasar los problemas ortográficos de las palabras con **h**

❖ leer unos trozos de *El ingenioso hidalgo don Quijote de la Mancha* de Miguel de Cervantes Saavedra

❖ contrastar el futuro en español y en inglés; estudiar casos particulares de concordancia verbal en inglés

Vocabulario para la lectura

Estudia las definiciones de las siguientes palabras.

la cohesión adherencia; unión de una cosa con otra

un déspota soberano que gobierna sin ser sujeto a leyes; persona que abusa de su poder y autoridad

la dinastía familia en cuyos miembros se perpetúa el poder político

el engaño el hacer creer algo que no es verdad; el fraude

el feudalismo orden político a fines de la Edad Media que implicaba la dependencia del campesino a un señor

Obreros en huelga, San Isidro, Perú

la huelga suspensión colectiva del trabajo para obtener beneficios o derechos

un levantamiento sublevación, rebelión, motín

la monarquía absoluta forma de gobierno en la cual el rey tiene el poder supremo

el sindicato organización para defender intereses profesionales comunes, generalmente de obreros

las tinieblas oscuridad; *(figurativo)* ignorancia

intransigente obstinado, intolerable

irreconciliable incapaz de reconciliar algo, de encontrar una solución

mercantil comercial

repentino súbito, pronto, inesperado

totalitario relativo a un régimen político no democrático; autoritario

abdicar renunciar el trono

abolir cancelar, anular, suprimir

amenazar dar a entender con actos o palabras el deseo de hacer algún mal a otro

compartir distribuir en partes; poseer en común

decaer perder fuerza gradualmente

empeorar ponerse peor, deteriorar

naufragar hundirse o perderse una embarcación (barco) en el agua; sufrir tal accidente

otorgar dar, ofrecer

patrocinar favorecer o proteger una causa o candidatura; ayudar una causa frecuentemente pagando los gastos; favorecer

sucumbir rendirse, someterse

suprimir omitir, pasar por alto; hacer que desaparezca

Poder verbal

ACTIVIDAD 1 · Palabras emparentadas Da una palabra relacionada.

1. levantar
2. patrocinio
3. decadencia
4. engañar
5. amenaza
6. mercancía
7. abdicación
8. abolición
9. náufrago
10. peor

Felipe V, el primer rey
borbón de España

ACTIVIDAD 2 · Parafraseando Expresa de otra manera.

1. Él está en *la oscuridad.* No sabe lo que está pasando.
2. Es cierto que habrá *una rebelión.*
3. Él no va a *someterse.*
4. Él no puede *anular* estas leyes.
5. Él le va a *apoyar con fondos para* la expedición.
6. Él es tan *obstinado* que no cambiará de opinión nunca.
7. Fue un acto muy *inesperado.*
8. El rey no va a *renunciar el trono.*

ACTIVIDAD 3 · ¿Qué palabra necesito? Completa.

1. Para un _____, no hay leyes.
2. Ha habido buenos y malos reyes de la _____ borbónica.
3. Los obreros han formado un _____ y si no reciben la atención de los gerentes van a declararse en _____.
4. Hay mucha _____ entre ellos. Se entienden y se comportan bien.
5. Ella nunca quiere darle nada a nadie. No le gusta _____.
6. Bajo un dictador o una junta militar hay un gobierno _____.
7. Yo creo que lo van a _____ para que tenga miedo pero no le van a hacer ningún daño.
8. Ellos tienen ideas _____. Nunca llegarán a un acuerdo.

ACTIVIDAD 4 · Una oración original Usa cada palabra en una oración original.

1. la monarquía absoluta
2. el déspota
3. sucumbir
4. empeorar
5. naufragar
6. un levantamiento
7. intransigente
8. totalitario

El rey Juan Carlos
y la reina Sofía

Lectura

La historia de España

Época antigua

La historia de España es muy diferente de la historia de las otras naciones de Europa. Los habitantes de la España de hoy son el fruto de una mezcla de pueblos y razas que invadieron el país durante su larga historia.

Los Pirineos en la región fronteriza

Los iberos

Los iberos, un pueblo guerrero, fueron los primeros pobladores de España. Se sabe muy poco de sus orígenes pero hay quienes dicen que vinieron de África y atravesaron el estrecho de Gibraltar hacia 3000 a.C. Algunos creen que eran los antepasados de los vascos de hoy que viven en los Pirineos en el norte de España y el sur de Francia, un grupo cuyo origen y cuya lengua quedan un misterio.

Los celtas

A partir de 1100 a.C. se inició la inmigración de pueblos celtas del norte y del centro de Europa que se instalaron en el norte de España. Un pueblo de gente rubia, se nota su influencia aún hoy, sobre todo en Galicia. Los gallegos comparten muchas características físicas y culturales con los irlandeses que también son de origen celta. Los celtas y los iberos se unieron y formaron el pueblo celtíbero—que fue en realidad un grupo de tribus desorganizadas y belicosas.

SPANISH Online

Para más información sobre la historia de España, visita el sitio Web de Glencoe Spanish: spanish.glencoe.com.

Los fenicios

Los fenicios empezaron a establecer relaciones comerciales en España hacia el siglo XI a.C. Fundaron la ciudad más antigua del país, Cádiz, y establecieron puertos a lo largo de la costa del Mediterráneo. Los fenicios eran comerciantes pacíficos y nunca hubo guerra entre ellos y los celtíberos.

Cádiz, Andalucía

Orense, Galicia

Los griegos

Los griegos, como los fenicios, se dedicaban al comercio y llegaron a España en el siglo VII a.C. cuando un barco griego naufragó cerca de Málaga. Los griegos fundaron escuelas y establecieron puertos mercantiles en la costa del Mediterráneo.

Los cartagineses

Hacia 225 a.C. un poderoso ejército cartaginés llegó a España de Cartago en el norte de África. Los cartagineses fundaron la ciudad de Cartagena (Cartago Nuevo) y en poco tiempo conquistaron todo el país. Forzaron a los celtíberos a servir en el ejército cartaginés o trabajar como gente esclavizada en las minas.

Muy conocida es la historia de Aníbal quien con su ejército de soldados cartagineses y celtíberos cruzó los Pirineos y los Alpes con una caravana de elefantes para ir a conquistar a Roma. Aníbal estuvo a punto de ocupar Roma pero no pudo. Mientras Aníbal seguía luchando en Italia los romanos invadían España. Doce años más tarde expulsaron a los cartagineses de España e incendiaron Cartago en 218 a.C.

Los romanos

Los romanos pudieron conquistar Galia en sólo siete años pero tardaron casi dos siglos en someter a los valientes celtíberos. En 74 d.C. los romanos dieron la ciudadanía romana a todos los habitantes de España. Así los celtíberos se mezclaron con los romanos y adoptaron la lengua, las leyes y las costumbres romanas. España se romanizó.

Aníbal cruzando los Alpes

Ruinas romanas, Cartago, Tunicia

ESPAÑA

ciento ochenta y cinco 185

Sección 1
Historia y cultura

Los visigodos

España había gozado de cuatro siglos de paz bajo los romanos cuando los pueblos bárbaros del norte se aprovecharon de la decadencia del imperio romano e invadieron el país en el año 400. Los pueblos bárbaros estaban compuestos de varias tribus germánicas y fueron los visigodos que invadieron España y establecieron una dinastía en la península. En el siglo VI d.C. los visigodos se convirtieron al cristianismo e inauguraron el feudalismo en España. Los hispanorromanos se mezclaron con los visigodos quienes no crearon una civilización nueva. Los visigodos adoptaron las instituciones romanas.

Teatro romano, Mérida

Acueducto romano, Segovia

Los árabes

En el año 711 los árabes o los moros entraron en España del norte de África. Sucumbieron a los visigodos y permanecieron en la península por ocho siglos. A veces guerreaban con los españoles pero con frecuencia vivían en paz con ellos. La influencia árabe o musulmana en España es enorme. Es esta influencia árabe la que hace la civilización española muy diferente de la de los otros países europeos. Córdoba, la capital de los moros, llegó a ser la ciudad más rica y más cultural de toda la Europa occidental. Mientras el resto del continente vivía en las tinieblas de la Edad Media, la biblioteca de Córdoba tenía más de 250.000 tomos. Los árabes trabajaban con los judíos e hicieron importantes descubrimientos en la medicina, las matemáticas y otras ciencias. La historia de la dominación árabe en España se caracteriza por la tolerancia que existía entre todos sus habitantes—cristianos, árabes y judíos.

La Alhambra, Granada

La Mezquita, Córdoba

La Reconquista

Cuando llegaron los moros a España muchos cristianos huyeron hacia el norte donde se reunieron en las montañas de Asturias. Nombraron rey a don Pelayo, el primer rey de la dinastía española. En 718 los españoles ganaron su primera batalla contra los moros en Covadonga. Así empezó la Reconquista—la guerra contra los musulmanes—que duraría ocho siglos aunque las batallas no fueron constantes. Durante este período los reyes cristianos iban recuperando terreno de los árabes formando reinos independientes y desunidos, lo que resultó en una falta de cohesión y unidad política que sigue existiendo aún hoy.

La «unidad política» de España se realizó con el casamiento de los Reyes Católicos, Isabel, la reina de Castilla, y Fernando, el rey de Aragón, en 1469. En 1492 los ejércitos de los Reyes Católicos entraron victoriosamente en la ciudad de Granada poniendo fin a la Reconquista. El último califa árabe, Boabdil, salió de Granada llorando la pérdida de su Alhambra.

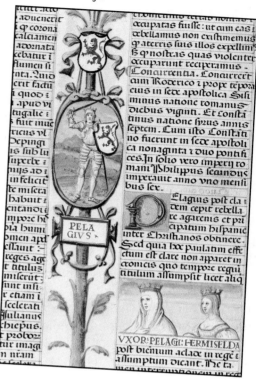

El rey don Pelayo

Mirador de Lindaraja, La Alhambra

La judería, Sevilla

Fernando e Isabel

El reinado de Fernando e Isabel

De 1483 a 1497 los Reyes Católicos iban tomando dominio de todos los pequeños reinados del país. Poco a poco pusieron fin al sistema feudal y establecieron una monarquía absoluta. Los Reyes Católicos querían no sólo la unidad territorial y política, querían también la unidad religiosa. La gran mayoría de los españoles era cristiana y ellos no tenían el espíritu de tolerancia que existía en la España musulmana. Los judíos habían estado en España desde antes de la era cristiana pero la mayoría llegó en el siglo XI. Los Reyes Católicos querían castigar a todos los que no practicaban la religión católica y en 1481 establecieron el Tribunal de la Inquisición. En 1492 ordenaron la expulsión de España de todos los judíos no conversos. Su expulsión fue un desastre para España porque ellos habían contribuido mucho a la prosperidad del país. A principios del siglo XVI expulsaron también a los árabes que quedaron en España—los moriscos.

Bajo los Reyes Católicos empezaron la exploración y colonización de las Américas. Patrocinado por la reina Isabel, Cristóbal Colón salió con tres carabelas de Palos de Noguera en busca de una nueva ruta a las Indias. En vez de llegar a las Indias, el doce de octubre de 1492, puso pie en la isla de San Salvador en las Bahamas. Colón hizo dos expediciones más y ocupó las nuevas tierras en nombre de los Reyes Católicos.

Colón con los Reyes Católicos

Francisco Pizarro

Carlos V de Austria y I de España

La hija de los Reyes Católicos, Juana la Loca, se casó con Felipe el Hermoso de la familia real de los Habsburgos (Austria) en 1506. Según la leyenda Juana se volvió loca debido a la muerte repentina de su esposo. Su hijo Carlos V de Austria y I de España heredó la corona española con todas sus posesiones por ser nieto de los Reyes Católicos. Como hijo de Felipe heredó también una gran parte de Europa. Por eso se decía que «en los dominios de España, nunca se pone el sol».

Carlos V siguió la política imperialista y religiosa de sus abuelos. Como no podía comprender la revolución religiosa, la Reforma, él luchó contra los protestantes de Alemania, y contra el rey de Francia, Francisco I, y el rey Enrique VIII de Inglaterra.

Durante el reinado de Carlos V Hernán Cortés conquistó a los aztecas en México y Francisco Pizarro conquistó a los incas en Perú. Los conquistadores mandaron de las Américas grandes cantidades de oro y plata. Pero el oro que llegaba a España se gastaba en las guerras religiosas de Carlos V por toda Europa. Con tanta guerra España se empobrecía. En 1555 Carlos V abdicó en favor de su hijo Felipe II. Felipe II heredó las posesiones españolas incluyendo Flandes, Holanda y partes de Italia pero las posesiones del Imperio habsburgo pasaron a su hermano Fernando.

Hernán Cortés

Felipe II

Felipe II es uno de los reyes más discutidos de la historia de España. Algunos lo consideran muy prudente y otros lo consideran un déspota fanático. En su mayoría él siguió la política de su padre. El pueblo holandés era en su mayoría protestante y quería su independencia. Para mantener su poder y la dominación religiosa él tuvo que ir a la guerra. Y continuó las guerras de su padre contra Francia.

Felipe II y la reina Isabel de Inglaterra eran enemigos mortales. Ella persiguió a los católicos ingleses y protegió a los piratas ingleses que saqueaban las naves españolas en las Américas. Por eso, Felipe preparó la «Armada Invencible» de 130 barcos y más de 30.000 hombres para atacar a los ingleses. A causa de unas tempestades y la superioridad de las naves inglesas, la Armada sufrió una derrota decisiva en 1588.

El gran imperio de Carlos V y Felipe II en el siglo XVI decayó y España se convirtió en un país de segundo orden. Los últimos tres reyes habsburgos, Felipe III, Felipe IV y Carlos II, reinaron durante todo el siglo XVII. Ellos dieron mucho poder a sus aristócratas favoritos y en vez de gobernar se dedicaban a la caza, al teatro y a las fiestas. El último, Carlos II el hechizado[1], era un enfermo mental que murió sin sucesión.

Felipe II

La Armada Invencible

Felipe V

Después de la muerte de Carlos II sin heredero[2] hubo una lucha diplomática entre las familias reales de Europa para la corona de España. Ganó Luis XIV de Francia cuyo nieto fue coronado rey de España con el nombre de Felipe V. Así la corona española pasó de los Habsburgos a los Borbones. Austria declaró la guerra contra Francia y Cataluña. Valencia y las Baleares decidieron oponerse a Felipe V y aceptar a Carlos, el archiduque de Austria, como rey. La guerra, llamada «la Guerra de la Sucesión», duró de 1702 a 1713. Al fin se firmó la paz de Utrecht. Felipe V fue reconocido rey de España pero los españoles perdieron más posesiones en Italia y Gibraltar.

....

[1] **hechizado** embrujado

[2] **heredero** persona que hereda (recibe) los bienes de un difunto

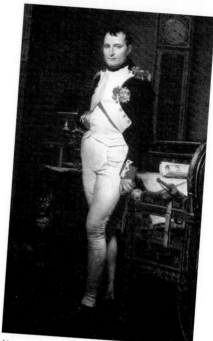

Los Borbones

Bajo el mando de los tres primeros Borbones, Felipe V, Fernando VI y Carlos III (1700–1788), la decadencia española continuó. Los nobles y la Iglesia poseían la mayor parte de las tierras en España. Había muy pocos propietarios pequeños. Algunos ministros empezaron a dictar leyes para una distribución más justa de la tierra. Y a fines del siglo XVIII las ideas liberales de la Revolución francesa se hicieron muy populares.

Napoleón

Carlos IV (1788 a 1808) fue un rey débil y perezoso que puso el gobierno en las manos de su ministro Manuel Godoy. Con una serie de intrigas y engaños Napoleón invadió España y tomó «prisioneros» a Carlos IV y a su hijo Fernando VII. Los «prisioneros» vivían lujosamente en Francia mientras Napoleón invadía España y proclamó a su hermano José rey de España. Él reinó de 1808 a 1814.

Napoleón

La Guerra de la Independencia

Algunos españoles de las clases altas apoyaban a Napoleón. Se llamaban «afrancesados». Pero el pueblo español se levantó contra las tropas de Napoleón. Hombres y mujeres con navajas, palos y aceite hirviendo lucharon en las calles. Fue la primera guerra de guerrilleros.

La única ciudad que no cayó en manos de los franceses fue Cádiz en el sur. En 1810 un nuevo parlamento conocido como las Cortes de Cádiz fue elegido y proclamó en 1812 la primera constitución española. En 1814 bajo el mando del duque de Wellington, el pueblo español expulsó a las fuerzas de Napoleón. Después de la guerra, en vez de castigar al traidor Fernando VII, el pueblo lo recibió como rey absoluto. Él se negó a reconocer la constitución y los españoles vivieron bajo su tiranía hasta su muerte en 1833.

La llegada de Napoleón a Madrid

Las guerras carlistas

Después de la muerte de Fernando VII había dos facciones políticas en España—los liberales y los absolutistas. Los liberales querían que la hija de Fernando, Isabel, que sólo tenía tres años, fuera reina. Los absolutistas llamados también «carlistas» o «tradicionalistas» querían que Carlos fuera rey. Subió al trono Isabel II (1833 a 1868) pero los carlistas provocaron una serie de crueles guerras civiles. Estas guerras civiles, llamadas «las Guerras Carlistas», fueron los precursores de la horrible Guerra Civil de 1936.

Isabel II hasta Alfonso XIII

Durante todo el reinado de Isabel II había mucha inestabilidad política. En 45 años había 6 constituciones, 41 gobiernos y 15 levantamientos llamados «pronunciamientos».

Entraban en España las ideas liberales europeas de siglo XVIII. Resultó la revolución de 1868 y la expulsión de la reina, Isabel II. Amadeo de Saboya, hijo del rey de Italia, sirvió como rey constitucional. Pero después de dos años tuvo que abdicar por no poder dominar la división política de los españoles.

Las Cortes proclamaron la primera República en 1873 que duró sólo veintidós meses. En menos de dos años hubo cuatro presidentes,

Las Cortes, Madrid

todos liberales y bienintencionados, pero ninguno era capaz de poner fin a la anarquía política que reinaba en el país.

Después de este breve experimento republicano la monarquía fue restaurada bajo los Borbones Alfonso XII (1874–1885) y Alfonso XIII (1886–1931). Una constitución conservadora fue proclamada en 1876 estableciendo la monarquía constitucional hereditaria y el sistema parlamentario con un Senado y un Congreso de Diputados. Se formaron dos partidos políticos, el Conservador y el Liberal. Pero seguían las intrigas y los abusos de políticos poderosos que no permitían funcionar una democracia.

Alfonso XII murió unos meses antes del nacimiento de su hijo Alfonso XIII. La madre del infante, María Cristina, fue regente hasta 1902, año en que Alfonso XIII empezó a gobernar. Éste mostró poco respeto por las Cortes y de 1902 a 1923 hubo treinta y tres gobiernos.

Un gran problema para Alfonso XIII era la guerra en Marruecos—una guerra muy costosa en dinero y en vidas humanas. Muchos españoles protestaban violentamente contra esta guerra. En 1914 estalló la Primera Guerra mundial y España proclamó su neutralidad.

El rey Alfonso XIII

Antes y durante la Guerra Civil

Desde la restauración de la monarquía en 1874 los conflictos sociales se hacían más y más violentos. El país se dividió en dos grupos irreconciliables: burgueses y trabajadores. El conflicto se convirtió en una lucha de clases.

Los trabajadores estaban organizados en dos grandes sindicatos nacionales. Había muchas huelgas. Patrones y obreros se odiaban y eran intransigentes. Los obreros pedían la revolución total y la eliminación de la clase burguesa. El gobierno de Madrid no podía solucionar el problema y morían a tiros obreros y patrones.

Además de la lucha de clases, la situación política empeoró. Con el consentimiento del rey, Miguel Primo de Rivera estableció una dictadura militar que duró de 1923 a 1930. Él suprimió la rebelión en Marruecos, abolió la libertad de prensa y otras garantías constitucionales. El Senado y el Congreso fueron abolidos.

El Palacio Real, Madrid

Hacia los últimos años de la dictadura los españoles, incluyendo el ejército, estaban en contra de la dictadura. Primo de Rivera dimitió[3] en 1930. Se celebraron elecciones municipales para escoger entre la monarquía y la República. El pueblo votó contra la monarquía y Alfonso XIII tuvo que salir del país. El 14 de abril de 1931 se proclamó la Segunda República que sólo duró de 1931 a 1936. Fueron cinco años de vida violenta y difícil. En 1931 se promulgó[4] la constitución republicana—una de las más progresistas y liberales de Europa. Otorgó muchos derechos a los ciudadanos. La República fundó veinte mil escuelas públicas.

Pero las luchas sociales siguieron. Los grupos de la derecha—el ejército, el clero y los ricos—no querían un régimen renovador. La mutua intolerancia entre las clases y los distintos grupos resultó en una constante tensión política y social—había huelgas, quemas de iglesias, manifestaciones en las calles.

España se había dividido en dos bandos irreconciliables. El bando izquierdista, el Frente Popular, comprendía socialistas, republicanos y comunistas. El bando derechista, la Falange, fue un partido fundado por el hijo del dictador José Antonio Primo de Rivera. En las

La gente huye durante la Guerra Civil.

elecciones de febrero de 1936 triunfó el Frente Popular pero con sólo un margen escaso que no permitió a los republicanos formar un gobierno fuerte.

Una vez más entró el ejército con un pronunciamiento dirigido por el general Francisco Franco el 12 de julio de 1936. El conflicto se convirtió muy pronto en una guerra civil y revolución social. El ejército, el clero y las clases altas apoyaron a Franco. Con la República estaban los obreros, los campesinos y parte de la clase media, sobre todo los intelectuales liberales. Quedó también una masa neutral. La guerra duró casi tres años hasta el primero de abril de 1939. Hubo un millón de muertos y otro millón de españoles tuvieron que emigrar hacia el final de la guerra. La destrucción fue enorme y los españoles quedaron divididos en dos bandos: vencedores y vencidos.

[3] **dimitió** renunció
[4] **promulgó** publicó ceremoniosa y/o oficialmente

La dictadura de Franco

El general Francisco Franco, el caudillo, estableció un régimen totalitario. En vez de tratar de unir a los españoles, él emprendió una campaña de represión contra los vencidos. España fue totalmente aislada y los españoles sufrieron hambre y frustración. En los años 50 el nivel de vida de los españoles subió bastante, gracias en parte al turismo. Pero la censura, el exilio y la represión continuaron hasta la muerte de Franco el 20 de noviembre de 1975.

Después de Franco

Franco había declarado antes de su muerte que España sería una vez más una monarquía. Muchos españoles estaban sospechosos. Pero el rey Juan Carlos I de Borbón, el nieto de Alfonso XIII, abrió la puerta a la democracia y, en julio de 1976, nombró presidente del gobierno a Adolfo Suárez. En 1977 se convocaron las primeras elecciones. Votó más de 80 por ciento del electorado. Ganó la UCD (Unión de Centro Democrático) con Adolfo Suárez como presidente. En 1978 la población española aprobó por una mayoría del 88 por ciento la nueva Constitución, que define a España como una Monarquía Parlamentaria: esto significó que el gobierno español precisa de los poderes del rey, del presidente y de las Cortes. En 1982, se celebraron nuevas elecciones generales. El PSOE (Partido Socialista Obrero Español) obtuvo la mayoría absoluta. Felipe González fue el nuevo presidente del gobierno español.

El presidente actual es José Luis Rodríguez Zapatero del partido socialista. La España de hoy es un país democrático y moderno. España pertenece a la Comunidad Económica Europea y a la OTAN. La modernidad se refleja en la vida cotidiana de los españoles. Las ciudades cosmopolitas de Madrid y Barcelona se consideran entre las más culturales de Europa.

General Franco saluda a sus tropas.

Barcelona

Palma de Mallorca

Las comunidades autónomas

Antes España se dividía en regiones pero desde 1979 se les llama oficialmente «comunidades autónomas». En total hay diecisiete comunidades autónomas que se pueden comparar más o menos con los estados de Estados Unidos. Cada comunidad tiene su propio presidente, congreso de diputados y elecciones.

A pesar de todos los cambios políticos y sociales no se han solucionado todos los problemas. Siguen existiendo los problemas de las nacionalidades sobre todo en Euskadi (el País Vasco), Cataluña y Galicia. En los últimos años el fervor nacionalista y autónomo no ha disminuido. Existen partidos nacionalistas que siguen exigiendo la independencia y a veces sus actos violentos sobre todo los de la ETA (Euskadi Ta Askatasuna) amenazan la estabilidad del país.

Comprensión

A **Época antigua** Identifica.

1. los iberos
2. los celtas
3. los fenicios
4. los griegos
5. los cartagineses
6. los romanos
7. los visigodos
8. los moros

B **La Reconquista** **Verificando** Indica si la información es correcta o no. Si no lo es, corrígela.

1. Cuando llegaron los moros muchos cristianos huyeron hacia el sur en las sierras de Andalucía.
2. En 718 los españoles ganaron su primera batalla de la Reconquista en Barcelona.
3. La Reconquista duró ochenta años.
4. Fernando e Isabel se casaron en 1469 uniendo a España.
5. La Reconquista se terminó con la toma de Granada por los Reyes Católicos en 1492.

C **El reinado de Fernando e Isabel** Explica.

1. lo que establecieron los Reyes Católicos
2. lo que querían ellos
3. lo que hicieron con los judíos
4. lo que hicieron con los árabes no conversos
5. lo de Cristóbal Colón

Colón sale en su primer viaje.

Galería del Teatro romano, Mérida

D **De Carlos V a Felipe V** **Buscando información** Contesta.

1. ¿Qué le pasó a Juana, la hija de los Reyes Católicos?
2. ¿Quién heredó la corona de España?
3. ¿Por qué heredó Carlos tanto territorio además de España?
4. ¿Qué política siguió Carlos V?
5. ¿Qué pasaba en las Américas durante el reinado de Carlos V?
6. ¿Por qué abdicó Carlos V?
7. ¿Cuál fue la política de Felipe II?
8. ¿Qué fue la «Armada Invencible»?
9. ¿Cómo reinaron los últimos tres reyes habsburgos?
10. ¿Qué hubo después de la muerte de Carlos II?
11. ¿Cómo pasó la corona española de los Habsburgos a los Borbones?

E Los Borbones hasta Alfonso XIII Identifica.

1. Carlos IV
2. Napoleón
3. la Guerra de la Independencia
4. Fernando VII
5. las guerras carlistas
6. Isabel II
7. Amadeo de Saboya
8. las Cortes
9. la constitución de 1876
10. Alfonso XIII

F Antes de y durante la Guerra Civil **Explicando** Explica.

1. los grupos en que se dividieron los españoles;
   ¿por qué?
2. los deseos de cada grupo
3. lo que hizo el dictador Primo de Rivera
4. la Segunda República
5. la constitución de 1931
6. lo que había durante los años de la Segunda República
7. el Frente Popular
8. la Falange
9. los que apoyaron a Franco y los que apoyaron a
   la República
10. los resultados de la Guerra Civil

G Hasta hoy **Buscando información** Contesta.

1. ¿Qué estableció Francisco Franco después de la Guerra Civil?
2. ¿Qué emprendió él?
3. ¿Qué hubo en España bajo él?
4. ¿Por qué empezó a mejorar el nivel de vida de los españoles en los años 50?
5. ¿Cuándo murió Franco?
6. ¿Qué había declarado Franco antes de su muerte?
7. ¿Quién subió al trono y qué hizo?
8. ¿Qué forma de gobierno tiene España hoy?
9. ¿Cómo es la España de hoy?
10. ¿Qué son las «comunidades autónomas»?
11. ¿Qué sigue amenazando la paz en España?

El país vasco

Conocimientos para superar

Conexión con el turismo

La hostelería, llamada también «la hotelería», siempre ha sido la base del turismo y ya has aprendido la importancia que puede tener el turismo. Fue el turismo que contribuyó al mejoramiento del nivel de vida en la España de los 50. Y el turismo sigue siendo un factor importante en la economía de muchos países. La hotelería tiene el cargo de recibir a cientos de miles de gente de negocios y turistas extranjeros cada año y así recaudar importantes montos de divisas.

Hotel Plaza, Madrid

La industria hotelera

Hay muchos tipos y categorías de hoteles—de los más lujosos a los más humildes. Antes de los años 80 había típicamente cuatro clases de hoteles: hoteles de lujo; hoteles de paso o tránsito ubicados cerca de aeropuertos o autopistas; hoteles turísticos situados en las ciudades o en el campo, en la playa o en las montañas y moteles (más frecuentes en Estados Unidos). En España y Latinoamérica ha habido siempre hostales, pensiones y albergues juveniles. En España hay paradores del gobierno. Estos paradores suelen ser elegantes y están ubicados en castillos históricos o en lugares de gran belleza natural. Puerto Rico también tiene paradores del gobierno.

Hoy en día además de las categorías de hoteles ya citados hay parques para camping y caravanas que responden a las necesidades de los turistas de medios económicos más modestos, sobre todo de las familias. Están de moda también los *bed and breakfast* o «cama y desayuno». Son un poco parecidos a las pensiones de España y Latinoamérica.

Un parador español, León

Un hotel grande es en realidad una ciudad en miniatura porque el hotel tiene que proveer muchos servicios. He aquí unas de las principales ocupaciones en la industria hotelera.

director

director de alojamiento se responsabiliza por la recepción, reservaciones, facturación, cuidado y mantenimiento de las habitaciones (de los cuartos) (de las recámaras)

gerente nocturno

jefe de recepción

recepcionista

telefonista

mozos o maleteros, porteros

ama de llaves se responsabiliza por la apariencia del establecimiento dirigiendo el trabajo de los/las camareros(as) y el servicio de lencería

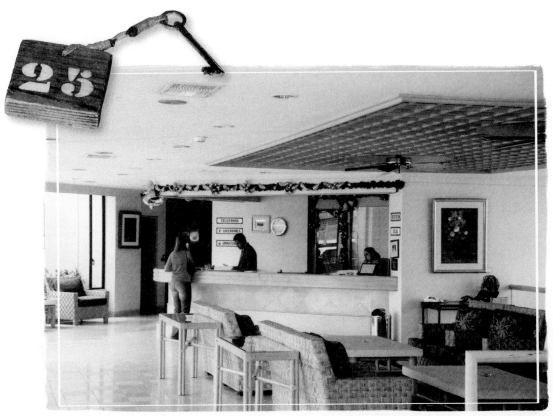

La recepción de un hotel, Manta, Ecuador

Muchos hoteles tienen comedor y tienen que ofrecer servicios alimenticios en muchos puntos de venta diferentes tales como el restaurante, los salones para banquetes, la cafetería, el bar y servicio de cuartos. Para hacer funcionar los servicios alimenticios el hotel necesita jefes de cocina, jefe de almacén, cocineros, meseros y lavaplatos.

La contabilidad hotelera

El negocio del hotelero se basa en la venta a crédito de una variedad de servicios. Mientras más puntos de venta hay, más compleja es la contabilidad. Se trata no sólo de los cuartos, sino también del teléfono, comedor, bar, servicio de cuartos, garaje, lavandería, peluquería, piscina o alberca, gimnasio y club de salud. La lista es larguísima. Y toda factura tiene que ser detallada porque al entregársela al cliente, él o ella, siendo un(a) consumidor(a) sabio(a), la revisará detenidamente.

Piscina (alberca) de un hotel, Manta, Ecuador

Comprensión

A **Poder verbal** **Muchas palabras, un significado**

Es interesante notar que en español encontrarás muchas palabras que significan «hotel». Hay unas diferencias pequeñas entre cada una pero al fin y al cabo todas expresan «hotel». Son: una venta, un albergue, una posada, una fonda, un parador. Existen también la casa de huéspedes, el hostal y la pensión.

Un hostal, Huanchaco, Perú

B **Poder verbal** **Profesiones y oficios**
Prepara una lista de todos los oficios o profesiones que encontraste en esta lectura.

Un motel, Nuevo México

Conocimientos para superar

C **Buscando información** Contesta.

1. ¿Por qué es importante el turismo?
2. ¿Cuál es la base del turismo?
3. ¿Qué son los paradores del gobierno en España?
4. ¿A qué responden los parques para camping y caravanas?
5. ¿Con qué se puede comparar un hotel grande?
6. ¿Qué hace el director de alojamiento?
7. ¿Qué hace el gerente nocturno?
8. ¿Qué hace el ama de llaves?
9. ¿Por qué tienen que ofrecer servicios alimenticios los hoteles?
10. ¿En qué se basa el negocio del hotelero?
11. ¿Cuáles son algunos puntos de venta en un hotel?
12. ¿Por qué es compleja la contabilidad hotelera?

D **Personalizando** **Una carrera**

¿Quisieras trabajar en un hotel? Explica por qué dices que sí o que no. Si quisieras trabajar en un hotel, ¿qué trabajo te gustaría o te interesaría?

El futuro de los verbos irregulares

1. Los verbos siguientes tienen una raíz irregular en el futuro.

tener	tendré	saber	sabré	decir	diré
salir	saldré	poder	podré	hacer	haré
venir	vendré			querer	querré
poner	pondré				

2. Observa las formas conjugadas.

INFINITIVO	TENER	SABER	DECIR
yo	tendré	sabré	diré
tú	tendrás	sabrás	dirás
él, ella, Ud.	tendrá	sabrá	dirá
nosotros(as)	tendremos	sabremos	diremos
vosotros(as)	tendréis	sabréis	diréis
ellos, ellas, Uds.	tendrán	sabrán	dirán

3. Voseo

- La terminación más corriente para la forma de **vos** es **-ás**, la misma terminación que se usa con **tú**.

vos	cantarás	comerás	vivirás
	tendrás	podrás	harás

- En partes de Colombia oirás **-és.**

vos	hablarés	volverés

- Y en partes de Chile oirás **-ís.**

vos	hablarís	comerís

El maletero ayudará a los huéspedes que están llegando al hotel.

ACTIVIDAD 1 **En el futuro** Completa.

1. Él me lo ____. (decir)
2. Yo ____ lo que quiero. (hacer)
3. Ellos ____ saber los resultados. (querer)
4. El paquete no ____ en el buzón. (caber)
5. Nosotros ____ terminarlo a tiempo. (poder)
6. Carmen ____ los detalles. (saber)
7. Yo lo ____ en la mesa. (poner)
8. Ellos ____ mañana por la mañana. (salir)
9. Tú ____ que hacerlo. (tener)
10. Yo sé que la joya ____ mucho. (valer)
11. ¿A qué hora ____ ustedes? (venir)

ACTIVIDAD 2 **Oraciones nuevas** Escribe en el futuro.

1. Ellos hacen un viaje.
2. Carlitos no quiere salir.
3. Yo tengo bastante tiempo.
4. ¿Cuánto vale la joya?
5. Nosotros salimos a las ocho en punto.
6. Tú dices la verdad.
7. Ustedes vienen en avión, ¿no?
8. Yo sé los resultados.
9. ¿Por qué no puedes jugar?
10. Todos no caben en el mismo carro.

ACTIVIDAD 3 **Antes no, pero en el futuro sí** Contesta según el modelo.

> **¿Supiste los resultados?** →
> **No, pero la próxima vez sabré los resultados.**

1. ¿Hiciste el viaje en avión?
2. ¿Pusieron los billetes en la bolsa?
3. ¿Tuvieron ustedes suficientes fondos?
4. ¿Quiso Juan subir en el funicular?
5. ¿Vinieron ustedes acompañados?
6. ¿Pudieron terminar a tiempo los ingenieros?
7. ¿Saliste temprano?
8. ¿Supieron ellos la hora exacta de la llegada?

Arequipa, Perú

Complementos: me lo, te lo, nos lo

Muchas oraciones tienen un complemento directo e indirecto en la misma oración. Cuando los dos complementos son pronombres, el complemento indirecto (**me, te, nos**) precede al pronombre de complemento directo (**lo, la, los, las**). Los dos pronombres se colocan delante del verbo conjugado.

El mesero **nos** traerá **el menú**. El mesero **nos lo** traerá.

Él **te** dirá **los detalles**. Él **te los** dirá.

Ella **me** hará **la reservación**. Ella **me la** hará.

El recepcionista **te** dará **las llaves**. Él **te las** dará.

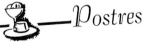

Restaurante El Paseo

Sopas

	1.25
Sopa de Pollo	2.10
Caldo Gallego	1.25
Frijoles Negros	

Huevos

Tortilla de Queso	2.95
Tortilla de Camarones	5.50
	3.95
Tortilla de Chorizo	
Tortilla de Petit-Pois ó de Papa	2.95
ó de Plátano	3.25
Tortilla de Jamón	3.50
Tortilla Combinación (2)	
Dos Huevos Fritos ó Revueltos con	2.25
Jamón o Bacon y Papas	
Dos Huevos Fritos o Revueltos	1.75
con Papas	1.75
Dos Huevos con Tostadas	

Ensaladas

	1.50
Ensalada de Lechuga y Tomate	1.75
Ensalada de Aguacata (en temporada)	2.95
Ensalada Mixta (por persona)	4.25
Ensalada de Espárragos	

Postres

FLAN "EL PUB"	1.75

ESPECIALIDADES DE LA CASA	
	1.25
FLAN	1.25
NATILLA	1.25
PUDIN DIPLOMATICO	

Servidos con Dulce en Conservas	
PASTEL DE MANZANA	1.25
(A la Moda 50¢ Extra)	
HELADOS	1.25
Fresa, Vainilla, Chocolate	

En un centro comercial, Miraflores, Perú

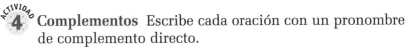

4 Complementos Escribe cada oración con un pronombre de complemento directo.

1. María me mostró las fotografías.
2. Ella nos explicó la teoría.
3. Ellos te mandaron el paquete.
4. Ella nos dio la cuenta.
5. Él me devolvió el dinero.
6. ¿Él no te dio los boletos?
7. El profesor nos enseñó la lección.
8. El señor me vendió el carro.
9. Mi madre me compró la falda.
10. ¿Quién te dio las flores?

5 De compras Contesta según el modelo.

**¿Quién te compró la blusa? →
Mamá me la compró.**

1. ¿Quién te compró los zapatos?
2. ¿Quién te compró la pollera?
3. ¿Quién te compró el suéter?
4. ¿Quién te compró las medias?
5. ¿Quién te compró los jeans?

Casos particulares de concordancia verbal

1. Un nombre colectivo siempre va seguido de la forma singular del verbo.

> **Mucha gente va (irá, fue) a este hotel.**
> **La multitud se dirigió hacia la plaza.**

2. Cuando **de** y un sustantivo plural (de alumnos, por ejemplo) acompaña un sustantivo colectivo, el verbo que lo sigue puede ser singular o plural.

> **La mayoría de los turistas llegó ayer.**
> **La mayoría de los turistas llegaron ayer.**

La Plaza Mayor, Madrid

3. Los sustantivos **la parte, la mayoría, la mitad, el resto, el tercio** y otros similares son singulares pero frecuentemente van acompañados de un verbo plural.

> **Había un naufragio. Iban en el buque sesenta personas y la mitad perecieron (pereció).**
> **El resto del grupo son argentinos (es argentino).**

4. Cuando el predicado que sigue el verbo **ser** es plural, se usa la forma plural de **ser.**

> **La mayoría son indígenas.**
> **Esta gente son profesores de idiomas.**

5. Cuando la conjunción **o** enlaza dos sustantivos, el verbo que sigue puede ser singular o plural.

> **No sé si el padre o la hija vendrá.**
> **No sé si el padre o la hija vendrán.**
> **El hotel o la pensión te cuesta 200 pesos.**
> **El hotel o la pensión te cuestan 200 pesos.**

6 Oraciones nuevas Escribe oraciones originales con las siguientes expresiones.

1. la mayor parte
2. la muchedumbre
3. mucha gente
4. una docena de huevos
5. la mayoría de los clientes
6. la mitad de la población
7. el hijo o el padre
8. Carmen o Teresa

Un hostal, San Isidro, Lima, Perú

Pronunciación y ortografía

La **h**

Recuerda que la **h** no se pronuncia pero hay que escribirla.

hotel	**hola**	**hombre**
hostal	**hacia**	**hambre**
hora	**historia**	**huevo**
ahora	**hilo**	
hay	**húngaro**	
había	**holandés**	

¡Ojo! Hay que saber también cuando la palabra se escribe sin **h.**

oso	**ola**	**onda**
uva	**uso**	**único**

7 Dictado Lee, copia y prepárate para un dictado.

1. Hay una huelga hotelera.
2. el hilo de la idea
3. el huérfano en el orfanato
4. el huso horario
5. el único uso habitual
6. el hueso del oso
7. el hueso del ave
8. una unión húngara y holandesa

El ingenioso hidalgo don Quijote de la Mancha de Miguel de Cervantes Saavedra

◆ **Vocabulario para la lectura**

Estudia las definiciones de las siguientes palabras.

el arma blanca arma ofensiva de hoja de acero, como una espada

la caballeriza sitio destinado a caballos

la insolencia el tratar a otro de forma descortés o sin respeto

el madrugador el que se levanta temprano por la mañana

pacífico calmo, tranquilo

acrecentar aumentar

castigar penar, sancionar

ensillar poner la silla a un caballo

perder el juicio volverse loco

procurar hacer esfuerzos, tratar de, intentar

Ella es madrugadora.

 **Poder verbal**

 Contesta.

1. ¿Eres madrugador(a)?
2. ¿Es una pistola un arma blanca?
3. A los caballos perezosos, ¿les gusta regresar a la caballeriza?
4. ¿Cómo te sientes si alguien te trata con insolencia? ¿Cómo respondes?
5. ¿Eres más bien pacífico(a) o agresivo(a)?
6. ¿Es justo castigar a los maleantes?

2 ¿**Qué palabra necesito?** Completa.

1. Su fortuna no va a bajar. Va a ____.
2. Él ____ hacer mucho; y por lo general tiene éxito.
3. La ____ no es ningún atributo. Es un defecto ofensivo.
4. Hay que ____ el caballo antes de subirlo.
5. El pobre don Quijote se volvió loco—loco de remate. Perdió el ____.

Nota biográfica

Ya sabemos que la literatura, igual que la pintura, es un arte. Uno es visual y el otro es verbal. Y cuando hablamos de literatura en lengua castellana no hay duda de que la obra más conocida y más leída de todas las letras hispanas es la novela *El ingenioso hidalgo don Quijote de la Mancha* de Miguel de Cervantes Saavedra.

La biografía de Cervantes es importante para el estudio de *El Quijote* porque el conocimiento de su biografía ilumina y explica mucho de lo que está en su obra. Los dos personajes principales son don Quijote, un caballero andante que es un idealista que muchos consideran loco por su afán de derrotar los males del mundo, y Sancho Panza, su escudero. El bajo y gordo Sancho es un realista puro que siempre trata de desviar a don Quijote de sus aventuras e ilusiones. Con muy poca frecuencia tiene éxito.

Miguel de Cervantes Saavedra

Se ha dicho muchas veces que la figura de don Quijote es símbolo de la personalidad humana de Cervantes mismo. Cervantes es a la vez manco, maltrecho y pobre después de muchas hazañas heroicas. El caballero loco de la Mancha, don Quijote, es como una imagen burlesca de su creador.

Estatua de don Quijote y Sancho Panza, Plaza de España, Madrid

Cervantes nació en Alcalá de Henares, la gran ciudad universitaria, en 1547. Su padre era un modesto hidalgo. Como la mayoría de los españoles de rango inferior de la nobleza de aquella época, ejercía una profesión, la de cirujano. Se sabe que la familia se mudaba con frecuencia, probablemente por obligaciones profesionales de su padre. Vivieron en Valladolid, Sevilla y Madrid. Se sabe muy poco sobre la educación formal de Cervantes. Pero se cree que después de sus andanzas juveniles por ciudades populosas llevando una vida de escasos recursos económicos, Cervantes aprendió a apreciar su libertad y disfrutar de la vida andariega. Adquirió un conocimiento directo de la vida en diversas capas sociales.

Cuando cumplió veinte años decidió ir a Italia donde sirvió al cardenal Acquaviva. Poco después entró en el ejército. Luchó en la famosa batalla de Lepanto en 1571 donde recibió dos heridas, una de ellas en la mano izquierda de donde viene su apodo el «manco de Lepanto». Más tarde tomó parte en las expediciones contra Tunicia y la Goleta. En 1575 iba a volver a España. Se embarcó con cartas de recomendación de sus superiores. Volvía a España con la ilusión de recibir recompensa por sus servicios pero la galera en que viajaba fue presa por unos piratas y Cervantes pasó cinco años en cautiverio en Argel. En 1580 fue rescatado por unos frailes y por fin volvió a España.

Al volver a España se dio cuenta de que no iba a recibir ningún premio por sus servicios. Se instaló en Madrid y se hizo escritor. En 1584 se casó y parece que tampoco en el matrimonio encontró felicidad. Vivió de empleos humildes y pasó tiempo en Sevilla y en otros lugares de Andalucía. En sus viajes conoció a gente de toda condición. Conoció la vida de la España andariega, la vida del campo y la de la ciudad. Con las impresiones que recibió, tejió su obra.

El Quijote apareció en 1605. Su éxito fue inmediato e inmenso. Sin embargo, no produjo ningún dinero para el autor y Cervantes siguió quejándose de la pobreza hasta que murió en 1616.

Introducción

El Quijote tiene fama de ser la segunda más leída obra literaria del mundo después de la Biblia. Es un libro que puedes leer a cualquier edad. A los jóvenes les hace reír y a los viejos les hace llorar. Se puede interpretar de varias maneras el idealismo o «locura» de don Quijote. A ver si tú te pones a reír o a llorar—o reír y llorar.

Cervantes delante de su casa

Lectura

El ingenioso hidalgo don Quijote de la Mancha

◆·◆·◆

Estrategia de lectura
Leyenda una obra antigua Vas a leer una obra antigua pero no debe ser muy difícil. El vocabulario es bastante sencillo y las palabras antiguas no muy corrientes están glosadas. Dales una ojeada a estas palabras glosadas.

Como en muchas obras antiguas encontrarás oraciones largas. Será más fácil comprenderlas si las divides en partes más cortas.

Notarás que muchas palabras que se deletreaban con **f** en los siglos XVI y XVII se escriben hoy con **h.** Ejemplos son: **fechos—hechos; fazañas—hazañas.** En aquel entonces se agregaban los pronombres al verbo. Hoy van separados. Ejemplos son: **llenósele—se le llenó; limpiólas—las limpió.**

1 **Primera Parte**
Capítulo primero

Que trata de la condición y ejercicio del famoso hidalgo don Quijote de la Mancha

5   En un lugar de la Mancha, de cuyo nombre no quiero acordarme, no ha mucho tiempo que vivía un hidalgo de los de lanza en astillero, adarga° antigua, rocín° flaco y galgo° corredor. Una olla de algo más vaca que carnero, salpicón por las noches, duelos y
10 quebrantos° los sábados, lentejas los viernes, algún palomino de añadidura los domingos, consumían las tres partes de su haciendo. El resto della concluían sayo° de velarte, calzas de velludo° para las fiestas, con sus pantuflos de lo mesmo, y los días de entre semana se
15 honraba con su vellorí° de lo más fino. Tenía en su casa una ama que pasaba de los cuarenta, y una sobrina que no llegaba a los veinte, y un mozo de campo y plaza, que así ensillaba el rocín como tomaba la podadera°. Frisaba la

adarga escudo, lanza
rocín caballo
galgo perro esbelto que corre rápido
duelos y quebrantos un plato típico de la época en la región de la Mancha
sayo casca de guerra
velludo de mucho pelo
vellorí paño muy fino
podadera herramienta para cortar árboles y arbustos

La Mancha

edad de nuestro hidalgo en los cincuenta años: era de
20 complexión recia, seco de camas, enjuto° de rostro, gran
madrugador y amigo de la caza. Quieren decir que tenía el
sobrenombre de Quijada o Quesada, que en esto hay alguna
diferencia en los autores que deste caso escriben; aunque
por conjeturas verosímiles se deja entender que se llamaba
25 Quejada. Pero esto importa poco a nuestro cuento: basta
que la narración dél no se salga un punto de la verdad.

    Es, pues, de saber que este sobredicho hidalgo los ratos
que estaba ocioso° (que eran los más del año), se daba a
leer libros de caballerías con tanta afición y gusto que
30 olvidó casi del todo punto el ejercicio de la caza, y aun la
administración de su hacienda; y llegó a tanto su
curiosidad y desatino en esto, que vendió muchas hanegas
de tierra de sembradura para comprar libros de caballerías
en que leer, y así, llevó a su casa todos cuantos pudo hacer
35 dellos y de todos, ningunos le parecían tan bien como los
que compuso el famoso Feliciano de Silva,
porque la claridad de su prosa, y aquellas
entricadas razones suyas le parecían de
perlas y más cuando llegaba a leer
40 aquellos requiebros° y cartas de desafíos°
donde en muchas partes hallaba escrito:
«La razón de la sinrazón que a mi razón
se hace, de tal manera mi razón
enflaquece, que con razón me quejo de la
45 vuestra fermosura.» Y también cuando
lea: «Los altos cielos que de vuestra
divinidad divinamente con las estrellas os
fortifican y os hacen merecedora del
merecimiento que merece la vuestra
50 grandeza.»
    Con estas razones perdía el pobre
caballero el juicio y desvelábase por
entenderlas y desentrañales el sentido
que no se le sacara ni las entendiera el
55 mesmo Aristóteles si resucitara para sólo
ello.

· · ·

enjuto delgado, flaco

ocioso desocupado, inactivo

requiebros alabanzas
desafíos contiendas,
  confrontaciones

Don Quijote leyendo una novela

En resolución, él se enfrascó tanto en su lectura que se le pasaban las noches leyendo de claro en claro, y los días de turbio en turbio; y así, del poco dormir y del mucho
60 leer, se le secó el cerebro de manera que vino a perder el juicio. Llenósele la fantasía de todo aquello que leía en los libros, así de encantamientos como de pendencias, batallas, desafíos, heridas, requiebros, amores, tormentos y disparates imposibles: y asentósele de tal modo en la
65 imaginación que era verdad todo aquella máquina de soñadas invenciones que leía, que para él no había otra historia más cierta en el mundo.

• • •

En efeto, rematado° ya su juicio, vino a dar en el más extraño pensamiento que jamás dio loco en el mundo, y fue
70 que le pareció conveniente y necesario, así para el aumento de su honra como para el servicio de su república, hacerse caballero andante y irse por todo el mundo con sus armas y caballo a buscar las aventuras y a ejercitarse en todo aquello que él había leído que los caballeros andantes se ejercitaban,
75 deshaciendo todo género de agravios, y poniéndose en ocasiones y peligros donde, acabándolos, cobrase eterno nombre y fama. Imaginábase el pobre ya coronado por el valor de su brazo, por lo menos, del Imperio de Trapisonda; y así con estos tan agradables pensamientos, llevado del
80 extraño gusto que en ellos sentía, se dio priesa° a poner en efeto lo que deseaba. Y lo primero que hizo fue limpiar unas armas que habían sido de sus bisabuelos, que, tomadas de orín y llenas de moho, luengos° siglos había que estaban puestas y olvidadas en un rincón. Limpiólas y aderezólas lo
85 mejor que pudo; pero vio que tenían una gran falta, y era que no tenían celada° de encaje, sino morrión simple; mas a esto suplió su industria, porque de cartones, hizo un modo de media celada, que encajada en el morrión°, hacía una apariencia de celada entera. Es verdad que para probar si era
90 fuerte y podía estar al riesgo de una cuchillada, sacó su espada y le dio dos golpes, y con el primero, y en un punto, deshizo lo que había hecho en una semana y no dejó de parecerle mal la facilidad con que la había hecho pedazos, y por asegurarse deste peligro, la tornó a hacer de nuevo,
95 poniéndole unas barras de hierro por de dentro, de tal manera, que él quedó satisfecho de su fortaleza y sin querer nueva experiencia della, la diputó° y tuvo por celada finísima de encaje. Fue luego a ver a su rocín, y aunque tenía más cuartos que un real°, y más tachas que el caballo de Gonela,
100 que «tantum pellis et ossa fuit», le pereció que ni el Bucéfalo de Alejandro, ni Babieca del Cid, con él se igualaban.

rematado sin remedio, por completo

priesa prisa

luengos largos

celada pieza de armadura que cubría la cabeza

morrión casco de soldado

diputó señaló

real moneda antigua

Cuatro días se le pasaron en imaginar qué nombre le
pondría; porque (según se decía él a sí mesmo) no era
razón que caballo de caballero tan famoso, y
105 tan bueno él por sí, estuviese sin nombre
conocido; y ansí procuraba acomodarse de
manera que declarase quién había sido antes
que fuese de caballero andante y lo que era
entonces; pues estaba muy puesto en razón
110 que, mudando su señor estado, mudase él
también el nombre y le cobrase famoso y de
estruendo, como convenía a la mayor orden y
al nuevo ejercicio que ya profesaba; y así,
después de muchos nombres que formó, borró
115 y quitó, añadió, deshizo y tornó a hacer en su
memoria e imaginación, al fin le vio a llamar
Rocinante, nombre, a su parecer, alto sonoro y
significativo de lo que había sido cuando fue
rocín, antes de lo que ahora era, que era antes
120 y primero de todos los rocines del mundo.

Puesto nombre y tan a su gusto, a su
caballo, quiso ponérselo a sí mismo, y este
pensamiento duró otros ocho días y al cabo se
vino a llamar don Quijote; de donde, como
125 queda dicho tomaron ocasión los autores desta tan
verdadera historia, que sin duda se debía llamar Quijada y
no Quesada, como otros quisieron decir. Pero acordándose
de que el valeroso Amadís no se había contentado con sólo
llamarse Amadís a secas, sino que añadió el nombre de su
130 reino y patria, para hacerla famosa, y se llamó Amadís de
Gaula, así quiso, como buen caballero añadir a suyo el
nombre de la suya, y llamarse don Quijote de la Mancha,
con que, a su parecer, declaraba muy al vivo su linaje y
patria, y la honraba con tomar el sobrenombre della.
135 Limpias, pues, sus armas, hecho del morrión celada, puesto
nombre a su rocín, y confirmándose a sí mismo, se dio a
entender que no le faltaba otra cosa sino buscar una dama
de quien enamorarse; porque el caballero andante sin
amores era árbol sin hojas y sin fruto, y cuerpo sin alma.

• • •

140 *Don Quijote piensa mucho en quien pudiera nombrar dama*
de sus pensamientos. Decide que será cierta Aldonza Lorenzo
de quien él había estado enamorado sin que ella lo supiera.
Le da el nombre de Dulcinia del Toboso.

Dulcinea del Toboso de
Charles Robert Leslie

Capítulo II

145 **Que trata de la primera salida que de su tierra hizo el ingenioso don Quijote**

Hechas, pues, estas prevenciones no quiso aguardar más tiempo a poner en efeto su pensamiento, apretándole a ello la falta que él pensaba que hacía en el mundo su tardanza,
150 según eran los agravios que pensaba deshacer, tuertos° que enderezar, sinrazones que enmendar, y abusos que mejorar, y deudas que satisfacer. Y así, sin dar parte a persona alguna de su intención y sin que nadie le viese, una mañana antes del día (que era uno de los calurosos del mes de julio), se
155 armó de todas sus armas, subió sobre Rocinante puesta su mal compuesta celada, embrazó su adarga, tomó su lanza y por la puerta falsa de un corral salió al campo, con grandísimo contento y alborozo° de ver con cuánta facilidad había dado principio a su buen deseo. Mas apenas se vio en
160 el campo, cuando le asaltó un pensamiento terrible, y tal, que por poco le hiciere dejar la comenzada empresa y fue que le vino a la memoria que no era caballero armado y que conforme a la ley de caballería, ni podía ni debía tomar armas con ningún caballero; y puesto que lo fuera, había
165 de llevar armas blancas, como novel caballero, sin empresa en el escudo hasta que por su esfuerzo lo ganase. Estos pensamientos le hicieron titubear en sus propósitos; mas pudiendo más su locura que otra razón alguna, propuso de hacerse armar caballero del primero que topase°, a
170 imitación de otros muchos, que así lo hicieron, según él había leído en los libros que tal le tenían.

• • •

Don Quijote sigue hablando para ser convencido de lo famoso que será. Exclama que es dichoso el siglo en el cual saldrán a luz sus hazañas.

175 Casi todo aquel día caminó sin acontecerle cosa que de contar fuere, de lo cual se desesperaba, porque quisiera topar luego con quien hacer experiencia de su fuerte brazo. Autores hay que dicen que la primera aventura que le vino fue la del Puerto Lápice, otros dicen que la de los molinos
180 de viento. Pero lo que yo he podido averiguar en este caso, y lo que he hallado escrito en los anales de la Mancha, es que él anduvo todo aquel día, y al anochecer su rocín y él se hallaron cansados y muertos de hambre; y que mirando a todas partes por si descubrían algún castillo o alguna
185 majada de pastores donde recogerse, y adonde pudiese remediar su mucha hambre y necesidad, vio, no lejos del

tuertos agravios, injusticias

alborozo extraordinario placer; júbilo, regocijo

topase chocase, encontrarse casualmente

camino por donde iba, una venta que
fue como si viera una estrella, que no a
los portales, sino a los alcázares de su
190   redención le encaminaba. Diose priesa a
caminar, y llegó a ella a tiempo que
anochecía.

Estaban acaso a la puerta dos mujeres
mozas, las cuales iban a Sevilla con
195   unos arrieros que en la venta aquella
noche acertaron a hacer jornada; y
como a nuestro aventurero todo cuanto
pensaba veía o imaginaba le parecía ser
hecho y pasar al modo de lo que había
200   leído, luego vio que la venta se le
representó un castillo con sus cuatro
torres y chapiteles de luciente plata, sin faltarle su puente
levadizo° y honda cava, con todos aquellos adherentes que
semejantes castillos se pintan. Fuese llegando a la venta
205   (que a él le parecía castillo), y a poco trecho° della detuvo
las riendas a Rocinante, esperando que algún enano° se
pusiese entre las almenas° a dar la señal con alguna
trompeta de que llegaba caballeriza, se llegó a la puerta de
la venta, y vio a las dos distraídas mozas que allí estaban,
210   que a él le parecieron dos hermosas doncellas o dos
graciosas damas que delante de la puerta del castillo se
estaban solazando°. En esto sucedió que un porquero que
andaba recogiendo de unos rastrojos una manada de
puercos (que, sin perdón, así se llaman), tocó un cuerno, a
215   cuya señal ellos se recogen, y al instante se le presentó a
don Quijote lo que deseaba que era que algún enano hacía
la señal de su venida, y así, con extraño contento llegó a
la venta y a las damas, las cuales, como vieron venir a un
hombre de aquella suerte armado, y con lanza y adarga,
220   llenas de miedo se iban a entrar en la venta; pero don
Quijote, coligiendo por su huida su miedo, alzándose la
visera de papelón y descubriendo su seco y polvoroso
rostro, con gentil talante y voz reposada les dijo: Non
fuyan las vuestras mercedes, nin teman desaguisado°
225   alguno, ca° a la orden de caballería que profeso non toca
ni atañe° facerle a ninguno, cuanto más a tan altas
doncellas como vuestras presencias demuestran.

• • •

*Don Quijote les llama a las mozas «doncellas» y les dice lo
bonitas que son. Las mozas no pueden contener la risa.*

Don Quijote comiendo en
la venta

levadizo que se puede levantar

trecho distancia
enano persona muy pequeña
almenas partes de una antigua
   fortaleza

solazando descansando

desaguisado agravio, insulto
ca porque
atañe toque, pertenezca

230   El lenguaje, no entendido de las señoras, y el mal talle° de nuestro caballero acrecentaba en ellas la risa, y en él el enojo, y pasara muy adelante si a aquel punto no saliera el ventero, hombre que por ser muy gordo era muy pacífico, el cual, viendo aquella figura contrahecha, armada de
235 armas tan desiguales como eran la brida, lanza, adarga y coselete, no estuvo en nada en acompañar a las doncellas en las muestras de su contento. Mas, en efecto, temiendo la máquina de tantos pertrechos°, determinó de hablarle comedidamente y así le dijo: —Si vuestra merced, señor
240 caballero, busca posada, amén del lecho° (porque en esta venta no hay ninguno), todo lo demás se hallará en ella en mucha abundancia.

    Viendo don Quijote la humildad del alcaide° de la fortaleza (que tal le pareció a él el ventero y la venta)
245 respondió: —Para mí, señor castellano, cualquier cosa basta porque

       mis arreos° son las armas
       mi descanso el pelear

• • •

Don Quijote se apea de Rocinante con mucha dificultad.

250   Dijo luego al huésped que le tuviese mucho cuidado a su caballo, porque era la mejor pieza que comía pan en el mundo. Miróle el ventero, y no le pareció tan bueno como don Quijote decía, ni aun la mitad; y acomodándole en la caballeriza, volvió a ver lo que su huésped mandaba, al
255 cual estaban desarmando las doncellas, que ya se habían reconciliado con él, las cuales, aunque le habían quitado el peto° y el espaldar, jamás supieron ni pudieron desencajarle la gola° ni quitalle la contrahecha celada, que traía atada con unas cintas verdes, y era menester cortarlas
260 por no poderse quitar los ñudos; mas él no lo quiso consentir en ninguna manera, y así, se quedó toda aquella noche con la celada puesta, que era la más graciosa y extraña figura que se pudiera pensar; y al desarmarle (como él se imaginaba que aquellas traídas y llevadas que le
265 desarmaban eran algunas principales señoras y damas de aquel castillo), les dijo con mucho donaire:

       —*Nunca fuera caballero*
       de damas tan bien servido
       como fuera don Quijote
270   *cuando de su aldea vino*
       doncellas curaban dél
       princesas, del su rocino°

---

talle apariencia

pertrechos armas necesarias para la defensa

lecho cama

alcaide alcalde

arreos arneses (para caballos)

peto armadura defensiva que cubre el pecho
gola armadura que protege la garganta

rocino caballo

O Rocinante, que éste es el nombre, señoras mías, de mi caballo, y don Quijote de la Mancha el mío; que, puesto

275 que no quisiera descubrirme hasta que las fazañas fechas en vuestro servicio y pro me descubrieran, la fuerza de acomodar al propósito presente este romance viejo de Lanzarote ha sido causa que sepáis mi nombre antes de toda sazón; pero tiempo vendrá en que las vuestras

280 señorías me mandan y yo obedezca, y el valor de mi brazo descubra el deseo que tengo de serviros.

Las mozas, que no estaban hechas a oír semejantes retóricas, no respondían palabra; sólo le preguntaron si quería comer alguna cosa.

285 —Cualquiera yantaría° yo —respondió don Quijote—, porque, a lo que entiendo, me haría mucho el caso.

yantaría comería

A dicha acertó a ser viernes aquel día, y no había en toda la venta sino unas raciones de un pescado que en Castilla llaman abadejo, y en Andalucía bacallao, y en otras

290 partes curadillo, y en otras truchuela, que no había otro pescado que dalle a comer.

• • •

Pusiéronle la mesa a la puerta de la venta, por el fresco, y trújole° el huésped una porción del mal remojado° bacallao, y un pan tan negro y mugriento como sus armas;

trújole le trajo
remojado sumergido en agua

295 pero era materia de grande risa verle comer, porque como tenía puesta la celada y alzada la visera, no podía poner nada en la boca con sus manos si otro no se lo daba y ponía, y ansí una de aquellas señoras servía deste menester°. Mas al darle de beber, no fue posible, ni lo

menester necesidad
horadara agujereara

300 fuera, si el ventero no horadara° una caña, y puesto el un cabo en la boca, por el otro le iba echando el vino; y todo esto lo recibía en paciencia, a trueco de no romper las cintas de la celada. Estando con ello, llegó a la venta un castrador de puercos, y así como llegó, sonó su silbato de

305 caña cuatro o cinco veces con lo cual acabó de confirmar don Quijote que estaba en algún famoso castillo, y que le servían con música, y que el abadejo eran truchas; el pan, candeal°; y las rameras, damas; y el ventero, castellano del castillo; y con esto daba por bien empleada su

candeal pan hecho de cierto trigo malicia

310 determinación y salida. Mas lo que más le fatigaba era el no verse armado de caballero, por parecerle que no se podría poner legítimamente en aventura alguna sin recibir la orden de caballería.

Capítulo III

315 **Donde se cuenta la graciosa manera que tuvo don Quijote en armarse caballero**

Y así, fatigado deste pensamiento, abrevió su venteril y limitada cena: la cual acabada, llamó al ventero, y encerrándose con él en la caballeriza, se hincó de rodillas
320 ante él diciéndole: —No me levantaré jamás de donde estoy, valeroso caballero, fasta que la vuestra cortesía me otorgue un don que pedirle quiero, el cual redundará en alabanza vuestra y en pro del género humano.

El ventero, que vio a su huésped a sus pies y oyó
325 semejantes razones, estaba confuso mirándole, sin saber qué hacerle ni decirle, y porfiaba con él que se levantase, y jamás quiso, hasta que le hubo de decir que le otorgaba el don que le pedía.

—No esperaba yo menos de la gran magnificencia
330 vuestra, señor mío —respondió don Quijote—; y así, os digo que el don que os he pedido y de vuestra liberalidad me ha sido otorgado es que mañana en aquel día me habéis de armar caballero, y esta noche en la capilla deste vuestro castillo velaré las armas, y mañana, como tengo dicho, se
335 cumplirá lo que tanto deseo, para poder, como se debe, ir por todas las cuatro partes del mundo buscando las aventuras en pro de los menesterosos, como está a cargo de la caballería y de los caballeros andantes, como yo soy, cuyo deseo a semejantes fazañas es inclinado.

340 El ventero, que, como está dicho, era un poco socarrón° y ya tenía algunos barruntos° de la falta de juicio de su huésped, acabó de creerlo cuando acabó de oírle semejantes razones, y, por tener que reír aquella noche, determinó de seguirle el humor; y así le dijo que andaba
345 muy acertado en lo que deseaba y pedía, que tal propuesto era propia y natural de los caballeros tan principales como él parecía y como su gallarda presencia mostraba; y que él, ansimesmo, en los años de su mocedad, se había dado a aquel honroso ejercicio.

• • •

350 Preguntóle si traía dineros, respondió don Quijote que no traía blanca, porque él nunca había leído en las historias de los caballeros andantes que ninguno los hubiese traído.

A esto dijo el ventero que se engañaba; que, puesto caso que en las historias no se escribía por hacerles parecido a
355 los autores dellas que no era menester escribir una cosa tan clara y tan necesaria de traerse como eran dineros y camisas limpias, no por eso se había de creer que no los

socarrón burlón, pero con
más malicia
barruntos indicios

trujeron; y así, tuviese por cierto y averiguado que todos
los caballeros andantes, de que tantos libros están llenos y
360 atestados llevaban bien herradas las bolsas por lo que
pudiese sucederles.

• • •

El ventero sigue dándole consejos a don Quijote.

Prometióle don Quijote de hacer lo que se le aconsejaba,
con toda puntualidad; y así, se dio luego orden como
365 velase las armas en un corral grande que a un lado de la
venta estaba; y recogiéndolas don Quijote todas, las puso
sobre una pila que junto a un pozo estaba, y comenzó a
pasear delante de la pila, y cuando comenzó el paseo
comenzaba a cerrar la noche.
370 Contó el ventero a todos cuantos estaban en la venta la
locura de su huésped, la vela de las armas y la armazón de
caballería que esperaba. Admiráronse de tan extraño género
de locura, y fuéronselo a mirar desde lejos, y vieron que
con sosegado ademán unas veces se paseaba, otras
375 arrimado a su lanza ponía los ojos en las armas sin
quitarlos por un buen espacio dellas. Acabó de cerrar la
noche, pero con tanta claridad de la luna, que podía
competir con el que se la prestaba; de manera que cuando
el novel caballero hacía era bien visto de todos.
380 Antojósele° en esto a uno de los arrieros que estaban en la
venta ir a dar agua a su recua°, y fue menester quitar las
armas de don Quijote, que estaban sobre la pila; el cual
viéndole llegar, en voz alta dijo: —¡Oh, tú, quienquiera que
seas, atrevido caballero, que llegas a tocar las armas del
385 más valeroso andante que jamás se ciñó espada, mira lo
que haces, y no las toques, si no quieres dejar la vida en
pago de tu atrevimiento!

• • •

Y diciendo estas y otras semejantes razones, soltando la
adarga, alzó la lanza en dos manos, dio con ella tan gran
390 golpe al arriero en la cabeza, que le derribó en el suelo tan
maltrecho, que si segundara con otro no tuviera necesidad
de maestro que le curara. Hecho esto, recogió sus armas y
tornó a pasearse con el mismo reposo que primero.

• • •

Don Quijote lucha con varios arrieros e hiere a uno porque
395 *quieren quitar sus armas de encima de la pila para dar agua*
a sus animales. Los arrieros comienzan a «llover piedras»
sobre don Quijote.

antojósele decidió
recua grupo de caballos

El ventero daba voces que le dejasen, porque ya les había dicho como era de loco, y que por loco se libraría aunque
400 los matase a todos. También don Quijote las daba mayores, llamándoles alevosos° y traidores y que el señor del castillo era un follón° y mal nacido caballero, pues de tal manera consentía que se tratasen a los andantes caballeros y que si él hubiera recibido la orden de caballería, que él diera a
405 entender su alevosía; pero de vosotros, soez y baja canalla, no hago caso alguno; tirad, llegad, venid, y ofendedme en cuanto pudiéredes, que vosotros veréis el pago que lleváis de vuestra sandez y demasía°.

Decía esto con tanto brío y denuedo°, que infundió un
410 terrible temor a los que le acometían, y así por esto como por las persuasiones del ventero, le dejaron de tirar, y él dejó retirar a los heridos, y tornó a la vela de sus armas con la misma quietud y sosiego que primero.

No le parecieron bien al ventero las burlas de su huésped,
415 y determinó abreviar y darle la negra orden de caballería luego, antes que otra desgracia sucediese, y así, llegándose a él, se disculpó de la insolencia que aquella gente baja con él había usado, sin que él supiese cosa alguna; pero que bien castigados quedaban de su atrevimiento. Díjole,
420 como ya le había dicho, que en aquel castillo no había capilla, y para lo que restaba de hacer tampoco era necesaria; que todo el toque de quedar armado caballero consistía en la pescozada° y en el espaldarazo, según él tenía noticia del ceremonial de la orden, y que aquello en
425 mitad de un campo se podría hacer; y que ya había cumplido con lo que tocaba al velar las armas, que con solas dos horas de vela se cumplía, cuanto más que él había estado más de cuatro.

Todo se lo creyó don Quijote, y dijo que él estaba allí
430 pronto para obedecerle, y que concluyese con la mayor brevedad que pudiese; porque si fuese otra vez acometido, y se viese armado caballero, no pensaba dejar persona viva en el castillo, acepto aquellas que él le mandase, a quien por su repeto dejaría.

435 Advertido y medroso° desto el castellano, trujo luego un libro donde asentaba la paja y cebada que daba a los arrieros, y con un cabo de vela que le traía un muchacho, y con las dos ya dichas doncellas, se vino adonde don Quijote estaba, al cual mandó hincar de rodillas: y leyendo en su
440 manual, como que decía alguna devota oración, en mitad de la leyenda alzó la mano y diole sobre el cuello un buen golpe, y tras él, con su mesma espada, un gentil espaldarazo,

alevosos traidores
follón perezoso, vano, arrogante

sandez y demasía tonto (majadero) y atrevimiento (insolencia)
denuedo brío, esfuerzo, intrepidez

pescozada golpe con la mano en el pescuezo o en la cabeza

medroso temeroso

siempre murmurando entre dientes, como que rezaba. Hecho
esto, mandó a una de aquellas damas que le ciñese la
445 espada, la cual hizo con mucha desenvoltura° y discreción,
porque no fue menester poca para no reventar de risa a
cada punto de las ceremonias; pero las proezas° que ya
habían visto del novel caballero les tenía la risa a raya.

Al ceñirle la espada dijo la buena señora: —Dios haga a
450 vuestra merced muy venturoso caballero y le dé ventura en
lides°.

Don Quijote le preguntó cómo se llamaba, porque él
supiese de allí adelante a quien quedaba obligado por la
merced recibida, porque pensaba darle alguna parte de la
455 honra que alcanzase con el valor de su brazo.

Ella respondió con mucha humildad que se llamaba la
Tolosa, y que era hija de un remendón° natural de Toledo,
y que vivía en las tendillas de Sancho Bienaya, y que
dondequiera que ella estuviese le serviría y tendría por
460 señor.

Don Quijote le replicó que, por su amor, le hiciese
merced que de allí en adelante se pusiese don, y se
llamase doña Tolosa

Hechas, pues, de galope y apriesa las hasta allí nunca
465 vistas ceremonias, no vio la hora don Quijote de verse a
caballo y salir buscando las aventuras; y ensillando luego
a Rocinante, subió en él, y abrazando a su huésped, le
dijo cosas tan extrañas, agradeciéndole la merced de
haberle armado caballero, que no es posible acertar a
470 referirlas. El ventero, por verle ya fuera de la venta, con
no menos retórica, aunque con más breves palabras,
respondió a las suyas, y sin pedirle la costa de la posada,
le dejó ir a la buena hora.

desenvoltura agilidad, gracia

proezas hazañas, acciones
valerosas

lides combates, peleas

remendón que arregla
prendas usadas

*Don Quijote armado caballero
andante* de Cristóbal Valero

Comprensión

A **Describiendo** Describe.

1. a don Quijote, su casa y algunas costumbres suyas
2. lo que hacía en su tiempo libre; lo que le pasó a él por consecuencia
3. lo que decidió proclamarse; lo que quería hacer con su nuevo «título»
4. todas las preparaciones que hizo don Quijote
5. su salida
6. la venta que tomó por castillo
7. la comida disponible en la venta; lo que le sirvieron a don Quijote
8. las dificultades que tuvo don Quijote en comer y beber
9. como don Quijote veló sus armas
10. el episodio que tuvo lugar cuando un arriero quería darles agua a sus animales
11. la ceremonia en la cual el ventero le armó caballero andante a don Quijote
12. la salida de don Quijote de la venta

Las aventuras de don Quijote

B **Buscando información** Contesta.

1. ¿Por qué buscaba don Quijote un castillo?
2. ¿A qué llegó? ¿Un castillo?
3. ¿Qué señal esperaba don Quijote para anunciar su llegada al «castillo»?
4. ¿Quién dio la señal? ¿Qué hizo?
5. ¿Por qué se reían las mozas en la venta?
6. ¿A quién llamó don Quijote el alcalde de la fortaleza?
7. ¿Cómo desarmaron las «doncellas» a don Quijote?
8. ¿Qué no le pudieron quitar?
9. Don Quijote se puso de rodillas. Y, ¿qué le rogó al ventero que hiciera?
10. ¿Cómo le contestó el ventero?
11. ¿Cuáles son algunos consejos que le dio el ventero?
12. Después del episodio con los arrieros, ¿qué decidió hacer el ventero lo más pronto posible?

C **Resumiendo** Escribe un resumen de lo que leíste del *Quijote*.

D **Personalizando** ¿Qué hiciste al leer estos trozos del famoso *Quijote*? ¿Reíste o lloraste? ¿Por qué?

Composición

Un cuento

Ya sabemos que el cuento es una narración más corta que una novela. A pesar de esta diferencia de extensión estos dos géneros tienen mucho en común.

En el cuento igual que en la novela el autor narra lo que pasa o sea la acción del cuento. Es el argumento.

La acción sucede entre unos personajes. Los personajes más importantes son los protagonistas. La narración incluye conversaciones que sostienen los personajes.

Los sucesos tienen lugar en determinados lugares o ambientes. Figuran en la narración descripciones de estos lugares o ambientes.

La narración puede ser realista o fantástica. En una narración realista los personajes y los lugares son verdaderos o podrían serlo aunque sea una obra ficticia. Lo que narra el autor en una obra fantástica no existiría ni podría existir en la realidad.

Don Quijote y Sancho Panza son los
protagonistas de la novela famosa
El ingenioso hidalgo don Quijote de la Mancha.

Ahora, ¡te toca a ti!

Vas a escribir un cuento. Puedes escoger el argumento o el tema de tu cuento que debe incluir algunos elementos importantes.

- **Protagonista** Dale un nombre a tu protagonista. Explica quién es.

- **La exposición** Darás a tus lectores los datos que necesitan para entender la acción de tu cuento: una descripción del ambiente, del tiempo, de los personajes.

- **El desarrollo** Presentarás las acciones de los personajes, lo que hacen y sus motivos de hacerlo.

- **El suspenso** En un buen cuento debes introducir un elemento de tensión dramática. Tus lectores no estarán seguros de lo que va a pasar.

- **El punto decisivo** Introducirás algo que ocurre que cambia la dirección de la obra. Puede ser algo inesperado.

- **El clímax** Tendrás que presentar el momento culminante. Lo que resulta del punto decisivo.

- **El desenlace** Al llevar a una conclusión tu cuento presentarás las consecuencias finales de la acción.

Si quieres puedes incluir en tu cuento elementos de conflicto para hacerlo más interesante para tus lectores.

El **conflicto** es la lucha entre fuerzas en la historia. El conflicto puede ser externo o interno. El **conflicto externo** es el que existe por una fuerza fuera del personaje. Ejemplos son una lucha o disputa con otra persona, con la naturaleza o con la sociedad o el destino.

El **conflicto interno** es una lucha dentro del personaje. Ejemplos son diferentes y a veces conflictivos sentimientos, emociones o metas que tiene el personaje.

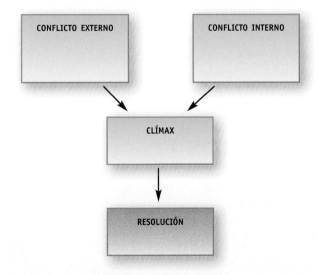

Antes de empezar tu cuento

1. Piensa en tu protagonista—quién es, de dónde es, cómo es y otros detalles esenciales o pertinentes.

2. Visualiza a tu protagonista, el lugar o ambiente para poder describirlos de una manera precisa.

3. Piensa en lo que hizo tu personaje. Será necesario involucrar a otros.

4. Determina cuáles podrían ser algunos elementos de suspenso o conflicto.

5. Establece cómo quieres que se resuelva todo, cómo vas a llevar tu cuento a una conclusión.

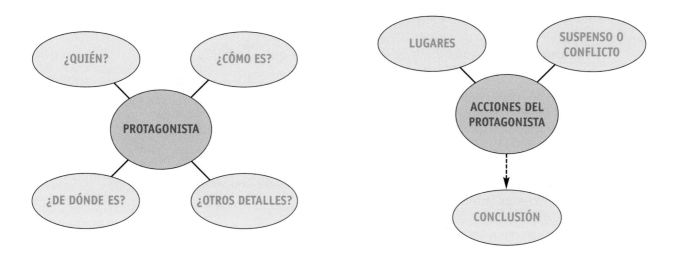

Al escribir

- Al empezar a escribir, dales rienda libre a todas tus ideas. Escribe rápido todo lo que te viene a la mente.
- Prepara un primer borrador. Léelo revisando y perfeccionándolo.
- Escribe tu versión final.
- No olvides de darle un título a tu cuento. Lo puedes hacer antes de empezar a escribir tu cuento o al terminarlo.

Conexión con el inglés

El futuro

En inglés, al contrario del español, no hay ningún verbo irregular en el futuro.

Casos particulares de concordancia verbal

1. Cuando *and* enlaza dos sujetos, el verbo que sigue es plural.

> *My brother and sister are going.*

2. Cuando *or* o *nor* enlaza dos sujetos, el verbo concuerda en número con el sujeto más cercano.

> *Neither my brothers nor my sister is going.*
> *Either my brothers or my sister is going.*
> *Neither my sister nor my parents are going.*
> *Either my sister or my parents are going.*

3. *Every* y *each* van seguidos de un verbo singular.

> *Every man, woman, and child needs love.*
> *Each room and hallway is cleaned daily.*

These cattle are in Rocamador, Spain.

4. Algunos sustantivos terminan en **-s** pero son singulares y van seguidos de un verbo singular.

> *The United States is large.*
> *The news is not good.*
> *Mathematics is hard for me.*

5. Los sustantivos *police, people,* y *cattle* no terminan en **-s** pero se consideran sustantivos plurales y van seguidos de un verbo plural.

> *These people are from Panama.*
> *The police are coming.*
> *Cattle are domestic animals.*

6. *None of, the majority of* se consideran singulares y en el inglés más formal van acompañados de un verbo singular pero encontrarás el plural en el inglés menos formal.

> *None of the students (is, are) here.*
> *The majority of the guests (has, have) arrived.*

Capítulo

7

Movimiento poblacional

Objetivos

En este capítulo vas a:

❖ estudiar las diferentes olas de migración y los motivos de ellas; apreciar los obstáculos con que se han enfrentado muchos inmigrantes

❖ aprender lo que es la ciencia política y familiarizarte con los términos necesarios para discutir el gobierno y asuntos exteriores

❖ estudiar el modo condicional o potencial, el complemento **se**; repasar el silabeo, acento y uso de la tilde; aprender lo que es un soneto

❖ leer *Al partir* de Gertrudis Gómez de Avellaneda, *El campesino quiere ir al otro lado* de J.W. Rivers, *Versos sencillos* de José Martí

❖ contrastar el modo potencial o condicional en español y en inglés

Vocabulario para la lectura

Estudia las definiciones de las siguientes palabras.

la bodega del barco espacio interior de los buques en cubiertas inferiores

la migración desplazamiento de personas o grupos de una región a otra para establecerse en ella, bajo influencia de factores económicos o políticos

la emigración migración considerada desde el punto de vista del lugar de salida

la inmigración migración considerada desde el punto de vista del lugar de destino

el forastero extranjero

el funcionario persona que desempeña una función pública, que trabaja para el gobierno

el ímpetu gran intensidad o fuerza

apiñado apretado; lleno fuera de la capacidad

repleto lleno

integrarse introducirse totalmente en un grupo adoptando sus costumbres

aprobar (ue) dar por buena una acción; asentir a una opinión o proposición

asimilarse hacerse semejante; parecerse a

Poder verbal

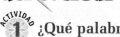 **¿Qué palabra necesito?** Escoge.

1. Él va a abandonar su país e ir a vivir en otro. Él va a ____.
   a. migrar **b.** emigrar **c.** inmigrar
2. Ellos viven aquí ahora pero vienen de otro país. Son ____.
   a. migrantes **b.** emigrantes **c.** inmigrantes
3. Él trabaja en la oficina del alcalde. Es ____.
   a. funcionario **b.** empleado **c.** dependiente
4. Tienen que darle más ____ si quieren que el plan tenga éxito.
   a. trabajo **b.** ímpetu **c.** asimilación
5. No tienen las mismas costumbres y se sienten ____.
   a. culturales **b.** migrantes **c.** forasteros
6. No caben más. Está más que lleno. Está ____.
   a. apiñado **b.** repleto **c.** vacío
7. Yo sé que van a ____ la ley.
   a. aprobar **b.** asimilar **c.** integrar

 Una oración Emplea cada palabra en una oración original.

1. asimilarse
2. integrarse
3. la bodega del barco
4. la migración
5. el ímpetu
6. el forastero

Lectura

Migración 🎧

Estrategia de lectura
Usando títulos y subtítulos
Antes de empezar a leer, dales una ojeada a los títulos y subtítulos. Te indican el tipo de información que va a seguir.

La migración no es nada nuevo. Sabemos que hasta los indígenas de las Américas inmigraron de Asia cruzando el estrecho de Bering ya hace miles de años. Y la migración continúa hasta hoy. Hay migración dentro de un solo país y migración extranjera.

Inmigrantes llegando a Nueva York, 1921

Primeros inmigrantes a las Américas

Antes de 1865 la mayoría de los inmigrantes a Estados Unidos, con la excepción de la gente esclavizada de África, llegaba del norte y del oeste de Europa. La mayoría de estos primeros inmigrantes eran protestantes. Hablaban inglés y fácilmente se integraban a la sociedad estadounidense.

Lower East Side, New York City, 1890

Mientras los del norte y del oeste de Europa venían a Estados Unidos llegaban a Latinoamérica barcos repletos de españoles y portugueses que se habían embarcado en Sevilla o Lisboa. Muchos de ellos fueron enviados como funcionarios del gobierno español o portugués. Después de las campañas de independencia los inmigrantes españoles seguían llegando para establecerse permanentemente en el antiguo imperio.

A mediados de los años 1880 el patrón de inmigración comenzó a cambiar. Grandes grupos de nuevos inmigrantes llegaron a Estados Unidos del este y del sur de Europa. Muchos eran católicos o judíos y muy pocos hablaban inglés. Por consiguiente, les era difícil integrarse a la sociedad estadounidense. Se sentían como forasteros y se separaban en vecindarios urbanos con gente de su misma nacionalidad.

No todos los inmigrantes de la época venían a Estados Unidos. Muchos iban a Latinoamérica—sobre todo, españoles, portugueses, italianos, alemanes, polacos y yugoslavos. Se establecían cerca de la costa del Atlántico y en las islas del Caribe. Alrededor de 1900 una de cada tres personas en Buenos Aires, Montevideo y Pôrto Alegre había nacido en Europa. En Lima y Bogotá la proporción de extranjeros era mucho menor.

Una familia llega a su nuevo país.

Mucha gente emigró o abandonó su patria debido a problemas económicos. En Hungría e Italia la sobrepoblación y la falta de trabajo causaron mucha pobreza. Los agricultores en Croacia y Serbia sufrieron desastres en sus cosechas. La persecución también echaba a la gente. En algunos países el gobierno aprobó leyes y siguió políticas contra ciertos grupos étnicos—minorías que hablaban diferentes idiomas y que tenían costumbres diferentes de las de la mayoría de la gente. Muchos judíos huyeron de la persecución que sufrían en muchas partes de Europa. Pero todos tenían una causa común. Querían huir de las condiciones duras e insoportables en las cuales vivían. Nuevas oportunidades en Estados Unidos y/o Latinoamérica los atraían.

Los inmigrantes tenían casi sin excepción un viaje horrible a las Américas. Muchos tenían que viajar cientos de millas a pie o a caballo antes de llegar a un puerto donde embarcarían para nunca más volver. Se despedían de sus queridos sabiendo que en toda probabilidad nunca volverían a verse. Entonces les esperaba el largo viaje en alta mar en espacios apiñados, sucios y ruidosos en las bodegas del fondo de los barcos.

Un barco repleto de inmigrantes

Vida de los inmigrantes

La vida que les esperaba a estos inmigrantes en sus nuevos hogares tampoco era fácil. La mayoría venía de áreas rurales y como no tenían dinero para comprar un pedacito de tierra se asentaban en las ciudades industriales con poca o ninguna formación educativa. Tenían que trabajar como obreros inexpertos (no-calificados). Trabajaban duro por muchas horas por poco dinero. En casa trataban de conservar algunos aspectos de sus propias culturas. Al mismo tiempo la mayoría quería ser parte de la cultura estadounidense. Con frecuencia estos dos deseos chocaban.

Cada grupo étnico solía formar una comunidad, lo que resultó en vecindarios de judíos, italianos, polacos, irlandeses, etc. Para estos recién llegados las iglesias y sinagogas les eran muy importantes. El culto y los días festivos se celebraban igual que en sus patrias. Allí se sentían en casa.

Después de 1914 la inmigración perdió su ímpetu. Europa sufrió dos largas guerras paralizadoras y una crisis económica afectó casi al mundo entero.

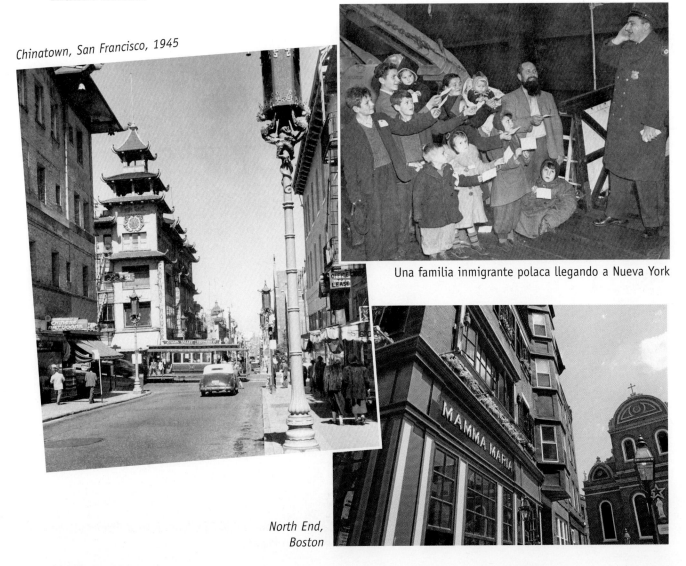

Chinatown, San Francisco, 1945

Una familia inmigrante polaca llegando a Nueva York

North End, Boston

Patrones migratorios más recientes

Con la excepción de los mexicanos, las más recientes olas de inmigración a Estados Unidos han sido de latinoamericanos y asiáticos.

Los mexicanoamericanos comprenden el mayor grupo latino de Estados Unidos. Muchos de ellos vivían en California, Arizona, Nuevo México y Texas cuando estos estados eran parte de México. Otros cruzaban y siguen cruzando la frontera por razones económicas. La mayoría de los de ascendencia mexicana vivían en áreas rurales y trabajaban en la agricultura. Hoy en día los mexicanoamericanos están representados en todos los oficios y profesiones, en las ciudades igual que en el campo.

Durante la Segunda Guerra mundial miles de puertorriqueños lucharon con las fuerzas norteamericanas. Durante los años antes de la guerra la economía de Puerto Rico se basaba sólo en la agricultura. Las condiciones económicas eran bastante malas. Así, después que terminó la guerra en 1945 muchos puertorriqueños decidieron ir al «continente» a vivir. Todos los días llegaban aviones al aeropuerto Idlewild, hoy JFK, repletos de boricuas[1] que soñaban con una vida mejor. Igual que los italianos, irlandeses y polacos años antes, llegaban sin un centavito en el bolsillo y tomaban cualquier empleo para dar de comer a sus hijos.

[1]**boricuas** puertorriqueños

Houston, Texas

Casa de estilo mexicano, Sedona, Arizona

Aeropuerto de San Juan, Puerto Rico en los años 50

En 1959 empezaron a venir a Estados Unidos los cubanos. Los primeros que llegaron eran en su mayoría de las clases media y acomodada. Salieron de Cuba por razones políticas después del triunfo de Fidel Castro al derrocar la dictadura de Fulgencio Batista. Pero más tarde empezaron a llegar otros menos afortunados económicamente.

Han llegado muchos dominicanos, en su mayoría por razones económicas. Actualmente en algunas partes de la ciudad de Nueva York hay más dominicanos que puertorriqueños.

Están llegando también por razones mayormente económicas y políticas inmigrantes de Colombia, Perú, Ecuador, Nicaragua, Guatemala, El Salvador y partes del Lejano Oriente.

Cubanos rescatados en el estrecho de Florida por el Guardacostas, Miami

Dominicanos votando en Nueva York en las elecciones dominicanas

La pequeña Habana, Miami

Comprensión

A **Buscando información** Contesta.

1. ¿De dónde venía la mayoría de los inmigrantes antes de 1865?
2. ¿Cuál fue una excepción importante?
3. ¿De dónde venían los inmigrantes que iban a Latinoamérica?
4. ¿Cuándo empezó a cambiar el patrón de inmigración?
5. ¿De dónde venían los «nuevos» inmigrantes?
6. ¿Por qué les era más difícil integrarse a la sociedad estadounidense?
7. ¿En qué partes de la América del Sur se estableció la mayoría de los inmigrantes?
8. ¿Por qué emigró mucha gente en aquella época?
9. ¿Cómo era el viaje de los inmigrantes?
10. ¿Por qué eran tan tristes las despedidas?

Inmigrantes esperando una embarcación para salir de la isla Ellis, Nueva York, 1900

Mercado callejero en un barrio de inmigrantes en Nueva York, a principios del siglo XX

B **Describiendo** Describe.

1. los primeros inmigrantes a Estados Unidos
2. los primeros inmigrantes a Latinoamérica
3. los inmigrantes que llegaban después de 1880
4. el viaje de los inmigrantes
5. la vida de los inmigrantes en sus nuevos «hogares»

C **Analizando** Contesta.

1. ¿Por qué tenía que emigrar mucha gente?
2. ¿Por qué solían formar comunidades?
3. ¿Por qué eran tan importantes las iglesias y las sinagogas?
4. ¿Por qué perdió su ímpetu la inmigración después de 1914?

D **Buscando información y explicando** Contesta.

1. ¿De qué grupos han sido las olas migratorias más recientes?
2. ¿Por qué son los mexicanoamericanos una excepción?
3. ¿Cuándo empezaron a venir a vivir en el «continente» los puertorriqueños?
4. ¿Por qué vino la mayoría de los puertorriqueños?
5. ¿Cuándo empezaron a llegar los cubanos?
6. ¿Por qué salieron ellos de Cuba?
7. ¿Quiénes están superando hoy a los puertorriqueños en la Ciudad de Nueva York?
8. ¿Cuáles son otros grupos latinoamericanos que están estableciéndose en Estados Unidos en números considerables? ¿Por qué motivos?

E **Causa y efecto** Casi todo lo que pasa en la vida tiene una causa (razón) y un efecto (consecuencia). Discute la causa de la migración y el efecto que tiene.

Caras de inmigrantes en el Museo de Inmigración de la isla Ellis, Nueva York

Sección 2
Conocimientos para superar

Conexión con la ciencia política

¿Qué es la ciencia política?

La ciencia política como disciplina independiente es bastante reciente. Pero el concepto de «gobierno» ha existido desde ya hace mucho tiempo. El campo de la ciencia política es muy abarcador. Sus divisiones tradicionales son la teoría política, el derecho público, la comparación de gobiernos, los gobiernos de naciones específicas, la administración pública, las relaciones internacionales; los partidos políticos, las elecciones y la opinión pública.

La Corte Suprema, Washington, D.C.

Gobierno, Estado y nación

Muchos tienden a considerar los términos «gobierno», «Estado» y «nación» casi sinónimos. Pero no lo son. Vamos a empezar con algunas definiciones de «gobierno».

- los individuos que controlan el aparato del Estado y dirigen el poder del Estado
- un grupo de personas dentro del Estado que tienen la autoridad para obrar en nombre del Estado

Según estas definiciones el gobierno y su burocracia no son el Estado. El gobierno y la burocracia obran por el Estado. Y las decisiones que toman los líderes políticos afectan profundamente la vida diaria de todos los ciudadanos.

Casa Rosada, Argentina

Palacio del gobierno, Lima, Perú

Si bien para la mayoría de la gente «nación» y «Estado» significan lo mismo, «nación» y «Estado» llevan definiciones precisas en la ciencia política. Una «nación» es un grupo importante de personas vinculadas que reconocen una semejanza entre sí porque comparten una cultura común, especialmente una misma lengua. Un «Estado» es una unidad política que goza de soberanía total, que tiene la responsabilidad total por la conducta de sus asuntos. Mientras que una nación es una agrupación cultural, en particular lingüística, de personas que se sienten enlazadas y unidas, el Estado es una unidad política.

Votando en Puebla, México

Estos conceptos de nación y Estado son muy importantes porque en muchos casos las «naciones» y «estados» no coinciden geográficamente. Y cuando no coinciden, suelen surgir problemas, conflictos y hasta guerras.

He aquí algunos ejemplos.

Euskadi, la nación vasca, existe a ambos lados de los Pirineos, en Francia y en España. Pero los vascos son ciudadanos del Estado español o del Estado francés.

Oficina del Servicio de Rentas Internas

En la frontera de España y Francia, País Vasco

Los kurdos, miembros de un grupo étnico con su propia cultura y lengua, viven en lo que ellos llaman Kurdistán. Lamentablemente Kurdistán es una nación, pero no un Estado. Kurdistán se encuentra en Iraq, Irán y Turquía. Los kurdos han luchado desde hace siglos por tener su propia patria. Pero después de la Primera Guerra mundial, las potencias europeas fijaron las fronteras entre Iraq, Irán y Turquía. Se olvidaron de los kurdos y como resultado, esa región ha sufrido más de medio siglo de lucha intermitente y sangrienta.

Otros ejemplos que se podría citar entre los muchos que existen en el mundo son las antiguas Unión Soviética y Yugoslavia; Sri Lanka, Etiopía y muchos países del África Sahariana y Subsahariana.

Desgraciada y tristemente se puede esperar que los conflictos sigan siempre que haya una inconformidad entre las fronteras de los estados y el concepto de nación que tienen los habitantes del Estado. Otra consecuencia de esta inconformidad son olas de migración.

Conocimientos para superar

Comprensión

A **Poder verbal** **Definiciones** Parea.

1. la burocracia
2. la soberanía
3. el derecho
4. la potencia

   a. tener un estado el poder político supremo sin estar sometido bajo el control de otro estado o entidad
   b. capacidad de mandar, imponer o influir; Estado soberano
   c. influencia excesiva de los funcionarios en la administración pública
   d. conjunto de leyes y reglas

B **Verificando** Decide si la información es correcta o no.

1. La ciencia política es una disciplina tan antigua como el derecho.
2. El concepto de gobierno es algo nuevo.
3. La administración pública consta de muchos funcionarios.
4. La diplomacia tiene mucho que ver con las relaciones internacionales.
5. El Estado es una unidad cultural.
6. Los conceptos de «nación» y «Estado» no tienen mucha importancia.
7. Las naciones y los estados siempre coinciden geográficamente.

Votando en Costa Rica

Registrándose para votar

C Explicando Explica.

1. el significado de gobierno
2. lo que es una nación
3. lo que es el Estado
4. la diferencia entre «nación» y «Estado»
5. lo que significa la inconformidad entre nación y Estado
6. por qué algunos vascos son ciudadanos franceses y otros son ciudadanos españoles
7. el problema de los kurdos

Cámara de Diputados, México

D Causa y efecto Analiza.

¿Cuál es la causa de la inconformidad entre naciones y estados y cuál es el efecto que tiene?

E Resumiendo En tus propias palabras explica lo que para ti significan «gobierno», «nación» y «Estado».

F Usando lo ya aprendido El año pasado aprendiste algo sobre el gobierno y la política. ¿A ver lo que recuerdas?

1. Da algunas características de un gobierno demócrata.
2. Explica lo que es un sistema de gobierno bicameral.
3. Da una definición de un «plebiscito» o «referéndum».
4. Da algunas características de un gobierno autocrático.

Una sesión del Congreso de EE.UU.

Modo condicional o potencial

1. El condicional de verbos regulares se forma añadiendo al infinitivo las terminaciones: **-ía, -ías, -ía, -íamos, -íais, -ían**. Nota que estas terminaciones son las mismas que las del imperfecto de los verbos de la segunda y tercera conjugaciones.

INFINITIVO	LLEGAR	VENDER	VIVIR
yo	llegaría	vendería	viviría
tú	llegarías	venderías	vivirías
él, ella, Ud.	llegaría	vendería	viviría
nosotros(as)	llegaríamos	venderíamos	viviríamos
vosotros(as)	llegaríais	venderíais	viviríais
ellos, ellas, Uds.	llegarían	venderían	vivirían

2. Los verbos que tienen raíz irregular en el futuro mantienen esta misma raíz en el condicional (potencial).

tener	tendría	poder	podría	hacer	haría
poner	pondría	saber	sabría	decir	diría
salir	saldría	venir	vendría	querer	querría
caber	cabría	valer	valdría		

3. El modo potencial o condicional expresa lo que tendría lugar o sucedería bajo ciertas circunstancias.

El barco saldría pero no puede porque no han alzado ancla.

Ellos no emigrarían pero no pueden seguir viviendo bajo las condiciones actuales.

El barco saldría pero no puede porque no han alzado ancla.

4. El modo potencial o condicional puede rendir más cortés un pedido.

> **¿Me pasaría usted la sal, por favor?**
> **¿Me pasarías la sal, por favor?**
> **¿Podría decirme cómo llegar al correo?**

5. El condicional de probabilidad expresa probabilidad en el pasado. Estudia los siguientes ejemplos.

> **¿Qué hora sería cuando ellos llegaron?**

Significado:

> **Él tendría unos veinte años en aquel entonces, ¿no?**

Significado:

Gramática y lenguaje

1 Condicional Completa con el condicional.

1. Ellos ____ en el mar pero el agua está fría. (nadar)
2. Yo ____ un soneto pero no soy poeta. (escribir)
3. Él me ____ pero no tiene el dinero. (pagar)
4. Nosotros ____ el carro pero nadie lo quiere. (vender)
5. Ellos ____ en la capital pero cuesta demasiado. (vivir)
6. ¿Por qué no ____ tú en tren? (ir)
7. Él ____ enseguida pero no hay vuelo hasta el martes. (volver)
8. Ellos ____ aquí pero tienen otras obligaciones. (estar)
9. Yo ____ la carta pero no tengo papel. (escribir)
10. Nosotros ____ el pollo pero no nos queda aceite. (freír)

Yo me quedaría en el agua pero el agua está fría.

2 Oraciones nuevas Escribe cada oración en el condicional.

1. Ellos vienen enseguida.
2. Tomás puede estar aquí para las ocho.
3. Nosotros sabemos todos los detalles.
4. Todos no caben porque el carro es pequeño.
5. ¿Quieres discutir el problema con el presidente?
6. Ellos hacen el trabajo sin dificultad.
7. Yo no tengo los informes necesarios.
8. Una esmeralda vale mucho dinero aquí.
9. Ustedes lo ponen en orden.
10. Salimos lo más pronto posible.

Les gustaría comprar algo pero no tienen bastante dinero.

Dos complementos con se

1. Los pronombres de complemento indirecto **le, les** cambian en **se** cuando aparecen en la misma oración con **lo, la, los, las**

> **A bordo del avión el asistente de vuelo le sirve la comida a la cliente.**
> **A bordo del avión el asistente de vuelo se la sirve (a ella).**

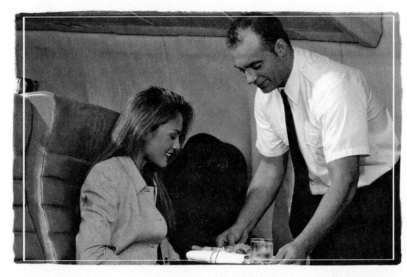

El asistente de vuelo le sirve una comida a la pasajera. Se la sirve a ella.

> **La asistenta de vuelo les leyó las instrucciones de seguridad a los pasajeros.**
> **La asistenta de vuelo se las leyó (a ellos).**

2. Como el pronombre puede referirse a muchas personas, se aclara frecuentemente con una preposición.

$$\text{Él se lo pasó} \left\{ \begin{array}{l} \textbf{a él} \\ \textbf{a ella} \\ \textbf{a usted} \\ \textbf{a ellos} \\ \textbf{a ellas} \\ \textbf{a ustedes} \end{array} \right.$$

3 **Pronombres** Escribe cada oración usando pronombres de complemento directo e indirecto.

1. Carlos le dio las recetas a su amiga.
2. Yo le mandé el regalo a Carlos.
3. El profesor les explicó la lección a los alumnos.
4. La madre le compró el abrigo para María.
5. El pasajero le dio los billetes al empleado.
6. María les leyó el cuento a las niñas.

La asistenta de vuelo les demuestra el uso del chaleco salvavidas a los pasajeros. Se lo demuestra a ellos.

Silabeo, acento y tilde

1. Antes de saber dónde hay que escribir una tilde es necesario repasar como dividir una palabra en sílabas.

2. Una sílaba se separa después de una vocal y entre dos consonantes.

Li ma	cos ta	na ci do	de sas tre
bu que	cul to	po la co	cos tum bre
vi da	mis mo	bo de ga	as pec to

3. Las consonantes **l** y **r** precedidas de cualquier consonante menos **-s** se enlazan con esta consonante y no se las puede separar.

blan co	bra vo
cla se	tro pi cal

4. Nota que las siguientes palabras terminan en vocal. La sílaba recuadrada es la tónica, o sea la sílaba acentuada—la que tiene más fuerza. Las palabras que terminan en vocal reciben el acento en la penúltima sílaba, con muy pocas excepciones.

mesa	estado	concepto	enlazado
casa	persona	frontera	resultado

5. Nota que una palabra que termina en consonante, con la excepción de **-n** o **-s**, recibe el acento en la última sílaba. Las que terminan en **-n** o **-s** reciben el acento en la penúltima sílaba, al igual que las palabras que terminan en vocal.

CONSONANTE	N, S
factor	casas
civil	inmigrantes
verdad	rurales
universal	estados
comunidad	olvidan
inmigrar	inmigran

6. Hay que escribir una tilde (punto diacrítico) en cualquier palabra cuya sílaba acentuada no conforma con la regla para la acentuación.

TERMINA EN VOCAL		TERMINA EN CONSONANTE	TERMINA EN -S, -N
sílaba	Perú	árbol	salón
teléfono	café	túnel	tacón
húmedo	comí		razón
político	compró		compás
			volverás

ACTIVIDAD 4 **Sílabas** Separa cada palabra en sílabas.

1. zona
2. urbano
3. campesino

4. continente
5. eterna
6. calor
7. barco
8. apiñar

ACTIVIDAD 5 **Sílabas tónicas** Indica la sílaba tónica (acentuada) de cada palabra.

1. zona
2. Cuba
3. continente
4. casa
5. forastero
6. bodega
7. repleto
8. inmigrante
9. integrar
10. emperador
11. llegado
12. habitante

ACTIVIDAD 6 **Tilde** Escribe la tilde cuando necesario.

1. silaba
2. tonica
3. publico
4. unico
5. portugues
6. patron
7. comenzo
8. catolico
9. forasteros
10. Latinoamerica
11. comun
12. comunidad
13. etnico
14. industriales
15. lingüistico
16. Mexico
17. geografico
18. politico

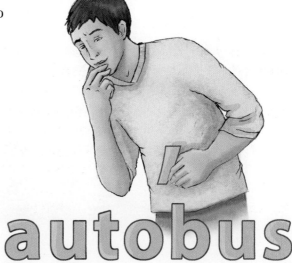

autobus

Al partir de Gertrudis Gómez de Avellaneda

◆ Vocabulario para la lectura

Estudia las definiciones de las siguientes palabras.

el hado el destino

ardiente muy caliente

acudir ir a; llegar

alzar levantar

estremecerse temblar

halagar dar motivo de satisfacción; gozar

la vela

el buque

el ancla

Poder verbal

ACTIVIDAD 1 **Parafraseando** Expresa de otra manera.

1. *El destino* es una fuerza irresistible.
2. Todos van a *ir.* Te lo aseguro.
3. Tienen que *levantar* ancla antes de salir. Se dice también «zarpar».
4. ¡Qué zona más *calurosa!*
5. El mar está tan bravo (revuelto) que el viejo buque está *temblando.*
6. *El barco* está en el muelle (la dársena).

Fragatas

◆ Nota biográfica

Gertrudis Gómez de Avellaneda nació en Camagüey, Cuba, en 1814. Empezó a escribir poesía cuando era muy joven. Su padre siempre quería llevar a la familia a España, su país natal. Él murió bastante joven y su esposa se casó en segundas nupcias con un coronel español que no quería quedarse a vivir en las colonias. El día 9 de abril de 1836, Gertrudis se embarcó con su madre y su padrastro en el puerto de Santiago de Cuba con destino a Burdeos, Francia, en una fragata francesa. Aquel día Gertrudis Gómez de Avellaneda compuso el soneto que sigue.

Camagüey, Cuba

Introducción

La poesía que sigue de Gertrudis Gómez de Avellaneda es un soneto. Un soneto consta de catorce versos, divididos en dos cuartetos (una estrofa de cuatro versos) y dos tercetos (una estrofa de tres versos), que tratan de un solo pensamiento. Al comienzo del primer terceto se da un giro al pensamiento que por lo general refleja sobre lo expuesto en los cuartetos. El segundo terceto cierra el pensamiento y el sentimiento expresados por el poeta.

La poeta acaba de embarcar para hacer el viaje a España. No es un viaje por motivos económicos o políticos, sino personales. Al leer esta poesía, fíjate en el tono de la poesía. ¿Cuáles serán las emociones de la poeta? Para ella, ¿será un viaje al exilio?

Plaza Mayor, Madrid

¡Al partir!

◆·◆·◆

1   ¡Perla del mar! ¡Estrella de Occidente!
     ¡Hermosa Cuba! Tu brillante cielo
     la noche cubre con su opaco velo
     como cubre el dolor mi triste frente.   ⟵ cuarteto

5   ¡Voy a partir!... La chusma[1] diligente,
     para arrancarme del nativo suelo
     las velas iza[2], y pronta a su desvelo
     la brisa acude de tu zona ardiente.   ⟵ cuarteto

     ¡Adiós, patria feliz, edén querido!
10   ¡Doquier que el hado en su furor me impela,   ⟵ terceto
     tu dulce nombre halagará mi oído!

     ¡Adiós!... ¡Ya cruje[3] la turgente[4] vela...
     el ancla se alza... el buque, estremecido,   ⟵ terceto
     las olas corta y silencioso vuela!

[1] **chusma** tripulación
[2] **iza** levanta, alza con una cuerda
[3] **cruje** ruido de dos cosas cuando se
         frotan unas contra otras
[4] **turgente** hinchado

Estrategia de lectura
Los poetas escogen sus palabras con cuidado. Tratan de mostrar a sus lectores lo que ven y lo que oyen usando imágenes vívidas—lo que podríamos llamar «fotografías en palabras». Al leer las poesías que siguen trata de captar en tu mente las fotografías verbales de los poetas.

Vista de La Habana

Comprensión

A Analizando Contesta.

1. ¿De dónde sale la autora?
2. ¿Cómo se siente?
3. ¿Quién levanta (iza) las velas?
4. ¿A quién le dice «adiós» la autora?
5. ¿Sale de noche o por la mañana?

B Verificando ¿Lo dice la autora o no?

1. La autora dice que Cuba es hermosa.
2. Gertrudis Gómez de Avellaneda está muy contenta con hacer el viaje en buque.
3. El cielo es brillante.
4. Ella sale por la mañana.
5. La tripulación del buque no trabaja bien.
6. La brisa viene de una región muy fría.
7. La autora dice que sabe precisamente adonde va.
8. El buque hace mucho ruido.

C Parafraseando ¿Cómo lo dice la autora?

1. Tu *claro* cielo.
2. ¡Voy a *salir*!
3. La *tripulación* diligente *levanta* las velas para *llevarme* del nativo suelo.
4. La brisa acude de tu zona *cálida*.
5. ¡Adiós, patria feliz, *paraíso*!
6. *Dondequiera* que *el destino* en su *ira (rabia)* me *lleve (empuje)*.
7. tu dulce nombre *agrandará* mi oído
8. ... *el barco*, estremecido, *anda rápido* y *sin ruido navega*

D Lenguaje figurativo En el soneto la autora se refiere a Cuba seis veces. ¿En qué términos figurativos?

E Resumiendo y personalizando Escríbele una carta a un(a) amigo(a) como si fueras Gertrudis de Avellaneda. Describe no sólo tu salida de Cuba sino tus emociones.

F Explicando Explica como el segundo terceto cierra el pensamiento y el sentimiento expresados por la poeta.

El campesino quiere ir al otro lado de J.W. Rivers

◆ **Vocabulario para la lectura**

Estudia las definiciones de las siguientes palabras.

el acero metal muy duro de una aleación
de hierro y carbono

el gusano animal de cuerpo blando y
alargado que no tiene patas

la hormiga insecto pequeñísimo que vive
en colonias (hormigueros). Tiene fama
de ser muy laboriosa.

la polilla insecto que destruye los tejidos,
sobre todo la lana

el ropero el armario

Las hormigas trabajan duro.

Poder verbal

ACTIVIDAD 1 **¿Qué palabra necesito?** Completa.

1. Se usa mucho _____ en la construcción de rascacielos.
2. A veces hay millones de _____ en una sola colonia y no
dejan de trabajar.
3. Las _____ te pueden destruir un suéter de lana.
4. Los _____ se arrastran por la tierra porque no tienen patas.
5. ¡Cuántos vestidos y trajes tienes en tu _____!

Nota biográfica

J.W. Rivers, el autor de esta poesía, nació en Chicago e hizo estudios
en la Universidad de las Américas en la Ciudad de México. Sus
poesías han sido publicadas en más de ochenta revistas literarias entre
las cuales figuran *Poet and Critic, Southwest Review, New Mexico
Humanities Review* y *Puerto del Sol.*

Introducción

En esta poesía Rivers emplea una expresión figurativa que te puede
ser desconocida—**no tener polillas en la lengua.** Significa «hablar
francamente», decirlo como es. Y hay un refrán español que dice lo
mismo: *Al pan, pan y al vino, vino.*

Rascacielos en
Chicago, Illinois

El campesino quiere ir al otro lado

◆ · ◆ · ◆

1   Les hablo franco, sin polillas en la lengua;
     vámonos, muchachos, pa'l otro lado
     pa' ganarnos unos quintos,
     que esta terrezuela ni sirve pa' gusanos.
5   Dice mi compadre que allá por todas partes
     hay trabajo si uno tiene ganas,
     y diz que siete ciudades hay de acero
     que alcanzan al cielo, y aún más allá.

     Subiremos las paredes por escaleras de cuerpos,
10   seremos hiedra[1] en las chimeneas,
     hormiguitas entre tecolotes[2],
     polillas en los roperos.
     Lo que es frontera ya ni se ve, pos,
     con tantas pisadas de nosotros
15   se ha borrado, y el otro lado es aquí.

....

[1] **hiedra** planta tropical verde
[2] **tecolotes** policías (México)

Obreros mexicanos trabajando en EE.UU.

Comprensión

A **Buscando información** Contesta.

1. ¿Para qué van a ir por el otro lado?
2. ¿Qué será el otro lado?
3. ¿Qué hay al otro lado?
4. ¿Quién lo dice?

B **Interpretando** Contesta.

1. ¿Cómo dice el poeta que serán muchos los que irán al otro lado?
2. ¿Por qué irán al otro lado?
3. ¿Qué idea presenta el autor al decir lo siguiente?

   Lo que es frontera ya ni se ve, pos,
   con tantas pisadas de nosotros
   se ha borrado, y el otro lado es aquí.

C **Haciendo conexiones** En este capítulo has leído sobre la migración—sus causas, ilusiones, desilusiones y efectos. ¿Cómo se relaciona lo que dice el poeta con lo que aprendiste sobre la migración?

Versos sencillos de José Martí

◆ **Vocabulario para la lectura**

Estudia las definiciones de las siguientes palabras.

el engaño el hacer creer a alguien algo que no es verdad

los escombros los restos, los desechos

la mariposa insecto con cuatro alas de colores bonitos

el joyero el que vende joyas: pulseras, anillos, brazaletes, etc.

sublime eminente; de gran valor moral, intelectual

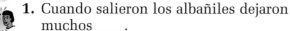

Poder verbal

Mariposas en vuelo, México

¿Qué palabra necesito? Completa.

1. Cuando salieron los albañiles dejaron muchos ____.
2. A mí me gusta ver volar las ____. Se ven tan bonitas con sus colores vivos.
3. El ____ es un vicio.
4. No hay duda. El ____ Lavalle tiene las joyas de mejor calidad.

Nota biográfica

José Martí (1853–1895) nació en Cuba de padres españoles. Sufrió, luchó y murió por la libertad de su querida Cuba.

Durante su vida fue deportado dos veces a España por traición contra el régimen español. En España estudió derecho en Madrid y Zaragoza. Él admiró mucho a la España artística y humana, pero atacó la situación política. No quería que su país fuera colonia de España. Quería ver a una Cuba libre.

Además del tiempo que pasó en España, Martí vivió en México, Guatemala, Venezuela y Honduras. En ninguno de estos países se sintió extraño y por eso dijo: «De América soy hijo». Residió catorce años en Estados Unidos desde donde conspiró y preparó el levantamiento en que había de morir. Su vida fue una lucha constante por sus ideales de libertad.

Martí trabajó como periodista y profesor. Se destacó como poeta. Sus temas favoritos son el amor, la muerte, la amistad y la patria.

Estatua de José Martí, La Habana

Versos sencillos
◆ · ◆ · ◆

1   Yo soy un hombre sincero
de donde crece la palma;
y antes de morirme, quiero
echar mis versos del alma.

5   Yo vengo de todas partes
y hacia todas partes voy:
arte soy entre las artes;
en los montes, monte soy.

    Yo sé los nombres extraños
10 de las yerbas y las flores,
y de mortales engaños,
y de sublimes dolores.

    Yo he visto en la noche oscura
llover sobre mi cabeza
15 los rayos de lumbre[1] pura
de la divina belleza.

    Alas nacer vi en los hombros
de las mujeres hermosas,
y salir de los escombros,
20 volando, las mariposas.

....
[1] **lumbre** luz, fuego

    He visto vivir un hombre
con el puñal al costado
sin decir jamás el nombre
de aquella que lo ha matado.

25 Rápida, como un reflejo,
dos veces vi el alma; dos:
cuando murió el pobre viejo
cuando ella me dijo adiós.

    Temblé una vez—en la reja
30 a la entrada de la viña—,
cuando la bárbara abeja
picó en la frente a mi niña.

    Gocé una vez, de tal suerte
que gocé cual nunca: cuando
35 la sentencia de mi muerte
leyó el alcalde llorando.

    Oigo un suspiro a través
de las tierras y la mar,
y no es un suspiro: es
40 que mi hijo va a despertar.

    Si dicen que del joyero
tome la joya mejor,
tomo a un amigo sincero
y pongo a un lado el amor.

La Habana Vieja

Comprensión

A Interpretando ¿Cómo nos lo dice el poeta?

1. Es de un lugar tropical.
2. Lo que quiere hacer antes de morir.
3. Él ha vivido en muchos lugares diferentes.
4. Es muy flexible. No es nada intransigente.
5. Le gusta la naturaleza.
6. Sabe lo que es sufrir.
7. Él ha experimentado lo bella que puede ser la vida.

B Interpretando más En tus propias palabras explica lo que significa para ti cada una de las últimas siete estrofas.

C Emociones Al leer esta poesía, ¿qué te hace creer que Martí era un hombre de gran sensibilidad?

SPANISH
Online

Para más información sobre José Martí, visita el sitio Web de Glencoe Spanish: spanish.glencoe.com.

Composición

Una biografía

En una biografía, el biógrafo relata la historia de la vida de una persona. Describe su apariencia física y su personalidad para que su lector forme impresiones de la persona. Y el biógrafo cuenta lo que hizo y dijo la persona para darle vida. Pinta un retrato verbal de su personaje—de su apariencia, personalidad, actividades, comportamientos y acciones.

Lucille Ball y Desi Arnaz

Chavela Vargas

Herman Badillo

Martina Navratilova

Madeleine Albright

Carlos Santana

Ahora, ¡te toca a ti!

Ahora te toca a ti escribir una biografía. En este capítulo has aprendido algo sobre la migración y las razones o motivos de esta. Sabes que muchos que han tenido que emigrar no han encontrado siempre la felicidad ni fortuna que esperaban en su nuevo país. Y otros han tenido mucho éxito y han podido gozar de una vida mejor en su país adoptado. La gran mayoría de los emigrantes tenían que ser muy valientes para luchar contra los obstáculos que enfrentaron.

Antes de escribir

Vas a escoger una persona que haya emigrado de un país para instalarse en otro. Puede ser un miembro de tu familia, de un(a) amigo(a) o de una persona desconocida. En el caso de una persona desconocida será necesario hacer algunas investigaciones para aprender más sobre la vida de la persona. Trata de escoger una persona que haya tenido una vida interesante o excepcional. Eso te ayudará a escribir una biografía interesante.

Al contar la vida de la persona, escribe todo lo que ha hecho de manera que le des vida en el papel. Describe su apariencia física, su personalidad y sus actividades. Utiliza detalles vivos tales como de donde era la persona, por qué tuvo que emigrar, como salió, lo que le pasó al llegar a su nuevo país, etc. Utiliza un lenguaje preciso para describir tus impresiones de esta persona.

Organiza tu biografía de una manera clara. Puedes presentarla en orden cronológico desde el nacimiento hasta hoy. O puedes empezar con la vida actual de la persona y retroceder a su pasado. Si la persona está muerta puedes empezar con un evento decisivo en su vida.

Puedes escoger cualquier persona. Algunas figuras que te podrían interesar son:

- el griego Aristóteles Onassis en Argentina
- el alemán Franz Mayer en México
- la costarricense Chavela Vargas en México
- el español Pablo Casals en Puerto Rico
- el cubano Desi Arnaz en Estados Unidos
- el puertorriqueño Herman Badillo en Estados Unidos
- el mexicano Ricardo Montalbán en Estados Unidos
- el puertorriqueño José Feliciano en Estados Unidos
- el cubano Andy García en Estados Unidos
- el italiano/español José Greco en Estados Unidos
- la cubana Celia Cruz en Estados Unidos

Pero, no olvides que puedes escoger cualquier persona cuya vida te interese.

El modo potencial o condicional

1. El modo potencial o condicional en inglés se expresa por *would*. Nota que *would* no cambia con el sujeto. El sujeto se enlaza con *would* para formar una contracción.

    > *I would go. I'd go.*
    > *He would go. He'd go.*

2. El modo potencial o condicional en inglés, igual que en español, expresa lo que tendría lugar o sucedería bajo ciertas circunstancias.

    > *He would go but he can't because he doesn't have any money.*
    > *They would do such a thing because they don't know any better.*

El futuro y condicional de probabilidad

1. El futuro de probabilidad se expresa por *would* o *could* en inglés.

INGLÉS	ESPAÑOL
How old would (could) he be?	**¿Cuántos años tendrá?**
I don't really know.	**No sé.**
What time could it be?	**¿Qué hora será?**
Two o'clock? Three o'clock?	**¿Las dos? ¿Las tres?**

2. El condicional de probabilidad español se expresa por *would, could (it, he) have been.*

INGLÉS	ESPAÑOL
How old could (would) he have been at that time?	**¿Cuántos años tendría él en aquella época?**

Una nota interesante

El inglés es una de las pocas lenguas, si no la única, en la cual la entonación o el *stress* juega un papel gramatical. La entonación (o el *stress*) puede cambiar completamente el significado de la oración. Observa los siguientes ejemplos.

ENTONACIÓN (O *STRESS*)	SIGNIFICADO
1. **He** would go.	**He** *would go but maybe she (someone else) would not.*
2. He **would** go.	He **would** *go. Don't tell me he wouldn't.*
3. He would **go.**	He would **go.** *He wouldn't stay.*

Trata de hacer lo mismo en español.

1. Él iría.
2. Él iría.
3. Él iría.

Es imposible, ¿no? Hay que expresar lo que uno quiere decir.

1. Él iría pero ella, no.
2. Él iría y no me digas lo contrario.
3. Él iría; no se quedaría aquí.

They knew they would win. No doubt about it!

Escritoras latinas de hoy

Dentro de la comunidad latina ha surgido últimamente un grupo de escritoras cuyas obras están recibiendo aclamación literaria internacional. Entre ellas se destacan Sandra Cisneros, Julia Álvarez y Rosario Ferré.

Sandra Cisneros

Sandra Cisneros nació en Chicago en 1954 de padre mexicano y madre mexicanoamericana. De una familia de siete hijos, era Sandra la única hija y durante su niñez pasaba muchas horas a solas. Se hizo una observadora sagaz del ambiente y de las personalidades que la rodeaban en los barrios latinos pobres de Chicago donde vivía. La familia se mudaba con frecuencia porque su padre echaba de menos su ciudad natal y la familia se escapaba a menudo a la Ciudad de México.

Sandra Cisneros

En su *sophomore year* de una escuela de Chicago, uno de sus profesores de inglés reconoció en Sandra un gran talento literario. Al graduarse de la secundaria ella se matriculó en Loyola University, donde se especializó en inglés. Continuó con estudios graduados en la Universidad de Iowa donde recibió su licenciatura.

En un seminario para escritores de esta universidad, algunos estudiantes hacían una descripción de sus elegantes casas familiares. La futura autora, que siempre se había sentido alienada de los otros estudiantes debido a su raza y clase socioeconómica, empezó a contrastar las casas lujosas de estos estudiantes con los apartamentos deprimentes que ella conocía. Enseguida se dio cuenta de que sus experiencias de una joven de raíces latinas le daban un motivo positivo para escribir, lo que la motivó a producir su primera novela, *The House on Mango Street*. En una de las primeras páginas de esta novela la autora dice: "They always told us that one day we would move into a house, a real house that would be ours for always so we wouldn't have to move each year. And our house would have running water and pipes that worked. And inside it would have real stairs, not hallway stairs, but stairs inside like the houses on TV." Cisneros rememora sus experiencias de juventud presentándonos

Tienda de ropa, Chicago

a Esperanza, una joven chicana talentosa que anhela escapar de la pobreza del barrio de Chicago para algún día regresar por los que había dejado —"...for the ones I left behind."

The House on Mango Street ha recibido elogios de críticos, académicos, mayores y adolescentes. Cisneros escribió la novela dotándola de muchas palabras y expresiones mexicanas que hacen sobresaltar sus experiencias de la vida de dos culturas distintas. Su novela fue traducida al español por la renombrada autora mexicana Elena Poniatowska.

Julia Álvarez

Julia Álvarez nació en la ciudad de Nueva York en 1950. Cuando tenía sólo tres semanas, su familia regresó a la República Dominicana donde Julia pasó su niñez. La familia de Julia era una familia dominicana acomodada que gozaba de gran poder. Muchos de sus parientes habían recibido su educación en EE.UU. y su abuelo materno sirvió de agregado cultural de las Naciones Unidas. En su familia siempre hubo mucha influencia norteamericana.

Su padre, un médico de profesión, era de una familia adinerada que tomaba parte activa en la política de su país, luchando contra los abusos e

Julia Álvarez

injusticias de gobiernos despóticos. Por haber apoyado al bando equivocado en los años 30, su familia perdió toda su fortuna. Por el contrario, la familia materna de Julia apoyaba a los que estaban en el poder para proteger y guardar sus riquezas. Indudablemente tales circunstancias creaban disensión en la familia. Sin embargo, el padre de Julia siguió ejerciendo su profesión de médico hasta los años 50, cuando la política del dictador Rafael Trujillo amenazaba la estabilidad de toda la región caribeña. El gobierno de EE.UU. decidió ejercer presión contra su régimen y ante la invitación del cónsul norteamericano el padre de Julia consintió en apoyar a las fuerzas norteamericanas que trabajaban clandestinamente para derrocar el régimen de Trujillo. Las condiciones seguían empeorándo. La situación de la familia Álvarez se hacía más y más peligrosa. Con la ayuda de un agente norteamericano, la familia tomó el camino del exilio. La pequeña Julia tenía diez años cuando su familia se reubicó en un pequeño y modesto apartamento en Queens, en la Ciudad de Nueva York. La niña estaba contenta de estar en EE.UU. pero añoraba a su familia y la casa grande en la República Dominicana.

Álvarez empeñó estudios universitarios especializándose en literatura inglesa y redacción. Llegó a ser profesora de inglés en Middlebury College en Vermont y hoy es *Writer in residence* de esta prestigiosa institución académica. Sigue viviendo con su esposo entre Vermont y la República Dominicana.

Middlebury College

Su novela *How the García Sisters Lost Their Accents* fue publicada en 1991. Consta de quince «cuentos» enlazados que narran la historia de sus cuatro hermanas después de su llegada a Nueva York, ciudad en la cual encontraron una vida muy diferente de la vida lujosa de que habían gozado en la República Dominicana.

Igual que Sandra Cisneros, Julia Álvarez escribe sus novelas en inglés. *In the Time of the Butterflies* la autora describe las condiciones horribles y el tremendo costo humano de vivir bajo la opresión política del dictador Trujillo. De esta novela comenta Cisneros: "I was moved to tears, not of sadness but of joy. The sisters Mirabal continue to live as long as women like Julia Álvarez are brave enough to tell their story... A novel of great *cariño*."

Rosario Ferré

Rosario Ferré nació en Ponce, Puerto Rico, en 1938. Nieta del ex-gobernador de Puerto Rico, Luis Ferré, se crió en una familia privilegiada aunque no rica.

Ferré estudió en Manhattanville College en Nueva York donde se especializó en inglés y francés. Recibió su licenciatura (maestría) en literatura latinoamericana de la Universidad de Puerto Rico y su doctorado de la Universidad de Maryland.

La obra de Ferré abarca varios géneros—el cuento, la novela, la poesía y el ensayo. La autora siempre escribe sobre su Puerto Rico amado, donde reside actualmente. Ferré ha llegado a ser la escritora más prolífica de Puerto Rico y una de las más importantes dentro del campo literario latinoamericano.

Rosario Ferré

Rosario Ferré escribe en inglés y en español. Una de sus novelas más conocidas, *The House on the Lagoon,* fue escrita en inglés. Relata la historia de una familia puertorriqueña. La historia de esta familia refleja la historia tumultuosa de Puerto Rico que es hoy un Estado Libre Asociado de EE.UU. *La casa en la laguna* está ubicada en un barrio elegante de San Juan. Isabel Monfort, la esposa rebelde de Quintín Mendizábal, escribe la historia de su familia y la de su esposo. Este descubre el manuscrito y decide «corregirlo» añadiendo anotaciones en las márgenes. Así la novela hermana lo masculino y lo femenino, el privilegio y la servidumbre, la historia y la memoria, el amor y el odio. De esta novela Julia Álvarez dice: "A novel packed with magic, blood, sweat and tears . . . a saga of a family and a country . . . a delight." ◆

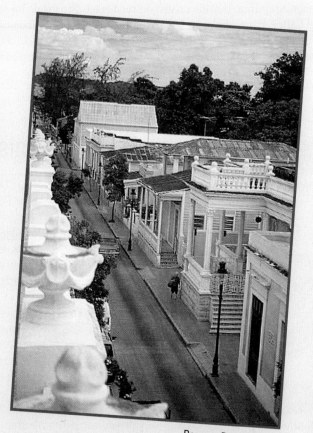

Ponce, Puerto Rico

El renacimiento de una identidad indígena

En 1492, los taínos eran uno de los grupos indígenas más numerosos y tenían la cultura más avanzada de las Antillas Mayores. Cincuenta años después casi no quedaban personas de origen taíno; murieron por las enfermedades que trajeron los españoles a América y por el maltrato[1].

Monolitos y petroglifos taínos en Utuado, Puerto Rico.

Pero la cultura taína fue, y todavía es, un tema importante para los profesores y académicos de las universidades. Los estudios recientes de ADN[2] confirman que hay un alto nivel de material genético taíno en los puertorriqueños. Hoy día existen descendientes directos de los taínos en el Caribe. Por ejemplo, los habitantes de la tribu taína Jatibonicu dicen: "Somos el pueblo original de la isla de Borikén (Puerto Rico), los verdaderos herederos[3] de la cultura taína". Los Jatibonicu tienen un sitio en la Internet. "Tau Ah Taiguey Guaitiao" (¡Hola y buenos días, amigos!).

[1] maltrato: *mistreatment*   [2] ADN: *DNA*   [3] herederos: *heirs*

Un coleccionista de historia africana

A. Schomburg, puertorriqueño

En Nueva York está la "Colección Schomburg", una de las más completas del mundo. Tiene libros, objetos, artefactos y muchas piezas de arte de origen africano. Y… ¿quién coleccionó todo esto? Un puertorriqueño. Arturo Alfonso Schomburg nació en 1874. Cuando era un niño y después un joven, en su escuela no había libros ni clases sobre la historia de los descendientes de africanos. Así empezó su gran pasión por coleccionar información sobre sus antepasados[1] para combatir el racismo. Su colección mostró al mundo las extraordinarias contribuciones de estas personas a la historia.

[1] antepasados: *ancestors*

Fortaleza San Felipe en Puerto Plata, República Dominicana.

Ciudades coloniales, fortalezas y piratas

La UNESCO declaró a las ciudades de Santo Domingo, La Habana y San Juan Patrimonio Cultural de la Humanidad. Los españoles construyeron estas bellas ciudades a principios del siglo XVI. Aunque cada una tiene su propia personalidad, estas tres joyas caribeñas también tienen muchas cosas en común. La zona histórica de estas ciudades tiene monumentales morros o fortalezas[1] militares, sus iglesias, los edificios de gobierno y las plazas públicas. Santo Domingo es la ciudad colonial más antigua del continente y es también la más "intelectual" de las tres porque ahí se estableció la primera universidad de las Américas.

España construyó esas fortalezas alrededor de las ciudades para proteger los territorios coloniales de sus rivales imperiales y de los piratas. El legendario pirata Francis Drake atacó San Juan varias veces, pero nunca pudo entrar a la ciudad. Roberto Cofresí era menos conocido pero dio muchos dolores de cabeza a los españoles. Era un "Robin Hood" caribeño y como no estaba de acuerdo con el sistema de gobierno español, atacaba los barcos y distribuía el botín[2] entre sus amigos y los pobres de Puerto Rico. En 1825, el capitán norteamericano John Sloat lo capturó.

Francis Drake

[1] morros o fortalezas: *fortresses*
[2] botín: *booty*

¿Restaurante o monumento histórico?

M uy cerca de la Plaza de la Catedral en La Habana Vieja está la "La Bodeguita del Medio". Este restaurante cubano clásico abrió sus puertas después de la Segunda Guerra Mundial[1]. Era una gran atracción para los bohemios, artistas, políticos y escritores. Ellos iban a comer y a conversar con sus amigos para "mejorar" el mundo. Muchas personas famosas tales como Gabriel García Márquez y Ernest Hemingway escribieron sus nombres en las paredes. Hoy día, La Bodeguita del Medio es igualmente popular; miles de turistas visitan el restaurante durante todo el año, porque ahí la comida es muy sabrosa y el ambiente[2]... ¡incomparable!

[1] Segunda Guerra Mundial: *Second World War*

[2] ambiente: *atmosphere*

Calendario de fiestas

1° de mayo: Día Internacional del Trabajo (Cuba)

Esta celebración conmemora a los trabajadores del mundo. Mucha gente va con banderas[1] a la Plaza de la Revolución en La Habana. Allí escuchan los discursos[2] de sus líderes y de otros líderes internacionales.

27 de febrero: Carnaval y Día de la Independencia (República Dominicana)

Carnaval dominicano

Los dominicanos celebran la Independencia de la dominación del gobierno de Haití (1822–1824) y el fin del carnaval el mismo día. El carnaval es la fiesta más popular en ese país. La gente usa máscaras, se viste con disfraces[3], baila y canta en las calles de las ciudades.

3ra semana de julio, Fiesta de Santiago Apóstol (Loíza, Puerto Rico)

En Loíza, Puerto Rico, se celebra la fiesta patronal con una gran parada. La gente se viste con ropa tradicional, baila y canta y hace una parodia de las guerras entre moros y cristianos en España.

[1] banderas: *flags*   [2] discursos: *speeches*   [3] disfraces: *costumes*

mi cocina

Un platillo verdaderamente caribeño

Los españoles trajeron a América el arroz y los frijoles. Los caribeños adoptaron rápidamente esta comida y hoy es el plato tradicional de estas tres islas. Este delicioso platillo se llama "arroz moro" en la República Dominicana, "congrí" en Cuba y "arroz con habichuelas" en Puerto Rico. *(El congrí y el arroz moro se preparan con frijoles negros.)*

Arroz con habichuelas[1] *(Puerto Rico)*

Ingredientes
(Para el arroz)
    2 tazas de arroz blanco
    3 tazas de agua
    1 cucharada de aceite
    sal al gusto

(Para las habichuelas)
    2 cucharaditas de aceite de oliva
    2 cucharadas de jamón de cocinar, en cubos
    1 lata de habichuelas coloradas
    1 lata de salsa de tomate
    1 paquete de sazón[2]
    2 cucharadas de sofrito[3]
    7 aceitunas rellenas con pimiento
    1 cucharadita de alcaparrado[4]
    2 papas medianas, en cubos
    1 taza de agua

Preparación
Hervir las 3 tazas de agua en una olla. Agregar el arroz blanco, el aceite y la sal. Tapar la olla y reducir la temperatura. Cocinar durante 20 minutos. En una sartén con aceite, freír el jamón y el sofrito. Agregar la salsa de tomate, la sazón, las aceitunas y el alcaparrado. Revolver durante 2 minutos. Agregar las habichuelas, las papas, el agua y revolver. Calentar bien la mezcla, tapar la sartén, reducir la temperatura y cocinar durante 20 minutos.

[1] habichuelas: *beans in the Caribbean*

[2] sazón: *seasoning*

[3] sofrito: *mix of lightly fried onions, garlic, and herbs*

[4] alcaparrado: *capers with diced red peppers*

¡Acción!

EN EL SET

El Grammy para *Orishas*

La Habana, capital caribeña del Rap

¿Rap en Cuba? ¡Así es! Desde 1995 se celebra en el Anfiteatro Alamar de La Habana un festival de Rap. Ahí participan muchos grupos internacionales. El rap, un estilo musical típico de Nueva York, es popular en Cuba. "Instinto" es el primer grupo de mujeres cubanas "raperas". Pero los más famosos son cuatro cubanos del grupo "Orishas". Ellos viven en Francia y en 2003 recibieron el Grammy por sus composiciones, donde combinan el hip-hop y los ritmos cubanos "para escuchar el 'sonido' de la isla en su música".

En la tele y la radio

Charytín Goyco y el "escándalo[1] del mediodía"

Goyco

Charytín es la presentadora[2] de un programa muy popular: "El escándalo del mediodía". Ella es una persona muy divertida y además tiene otros talentos: es bailarina y cantante. Nació en la República Dominicana y vivió mucho tiempo en Puerto Rico, donde también es famosa. Charytín y su familia viven en Miami desde 1989.

---

[1] escándalo: *scandal, shock*

[2] presentadora: *host of a TV show*

del Toro

Benicio del Toro es puertorriqueño y a los 13 años llegó a Estados Unidos; estudió actuación[2] en California y después en *The Stella Adler Conservatory of Acting* en Nueva York. Le gustan los deportes, le gusta leer y también le encanta comer. Pero lo que más le gusta es actuar y en 2001 recibió un Óscar por su rol en *Traffic*. Él va a Puerto Rico cuando puede y si tiene tiempo, participa en campañas de ayuda social.

Rolando

Gloria Rolando es una cineasta[1] cubana de origen africano. Trabajar en el cine no es fácil en Cuba. "Muchas veces empiezo un proyecto sin dinero para completarlo. Pero siempre termino mis películas," dice Gloria. El tema de sus películas es la "diáspora" de los africanos y de los cubanos. Gloria escribió y trabajó como directora en el documental *Los ojos del arco iris*.

Sánchez

Roselyn Sánchez es bailarina, actriz, productora y ahora ¡cantante! "Para mí cantar era un sueño[3]", dice Sánchez. "Borinqueña", su primer CD, es una combinación de ritmos caribeños tradicionales, gospel y elementos del hip-hop y rap. Ella nació en Puerto Rico y sus primeros roles en inglés fueron en la telenovela[4] *As the World Turns* y en la serie de televisión *Fame L.A.* "*Rush Hour II*, mi primera película me cambió la vida", dice ella con una gran sonrisa.

García

Andy García nació en Cuba, pero vivió en Miami desde los 5 años. Estudió y trabajó como actor en Florida y después en Los Angeles, donde hizo varias series de televisión. Andy es famoso por su rol en Los Intocables, El Padrino, Parte III y muchas otras. Le encanta la música de su país y por eso hizo "Cachao… como su ritmo no hay dos", un film documental[5] sobre el músico cubano Israel "Cachao" López. Andy recibió excelentes críticas por la dirección de este film.

---

[1] cineasta: *filmmaker*

[2] actuación: *acting (theater)*

[3] sueño: *dream*

[4] telenovela: *soap opera*

[5] documental: *documentary*

República Dominicana

Una isla, un regalo

En su 2º viaje, Cristóbal Colón regaló una isla a un marinero savonés[1] porque éste la vio por primera vez. El nombre original fue Isla Savona pero con el tiempo los dominicanos cambiaron su nombre por **Isla Saona**. Ahora es un Parque Nacional muy atractivo para los turistas por sus playas solitarias, sus aguas cristalinas y por las 13 horas de sol al día. Aquí vive poca gente, pero hay 112 especies de aves[2], muchos otros animales y una vegetación exuberante. Por su clima, su belleza y su paz[3], Isla Saona también hoy es un regalo para todos.

[1] marinero savonés:
seaman from Savona, an Italian city

[2] paz: *peace*

[3] aves: *birds*

SUCESOS

■ **El béisbol, un fenómeno caribeño** El lucrativo deporte del bate y la pelota obtiene del Caribe sus más brillantes estrellas[1]. El béisbol es una antigua tradición en las Antillas Mayores. Hoy muchos peloteros[2] caribeños juegan en las Grandes Ligas de béisbol. Ahora en el béisbol (deporte que antes era fundamentalmente anglosajón), los nombres de Roberto Clemente, Juan Marichal, Bernie Williams y Pedro Martínez forman parte de su historia.

[1] estrellas: *stars*
[2] peloteros: *baseball players*

Bernie Williams

■ **El museo de Ernest Hemingway en La Habana** "Finca La Vigía", al este de La Habana, fue la casa de este famoso escritor. Él vivió 20 años en Cuba (1940–1960). A su casa iba mucha gente famosa y ahí él escribió *El viejo y el mar*. Durante mucho tiempo no era posible visitarla, pero en el 2002 las autoridades cubanas la declararon un museo.

Finca La Vigía

música

Tito Puente

El jazz latino

Fernando Trueba, un director de cine español, realizó el film "Calle 54" en el 2000. La importante presencia de los músicos caribeños en el Jazz Latino es el tema de este documental "musical". El director muestra a músicos como el percusionista puertorriqueño Tito Puente y a los virtuosos del piano: el dominicano Michele Camilo y el cubano Chucho Valdés. Este film está en muchas tiendas donde alquilan[1] videocintas.

[1] alquilan: *they rent*

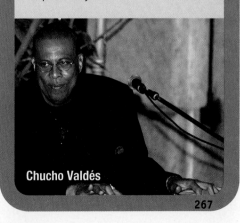
Chucho Valdés

Capítulo

8

El bienestar

Objetivos

En este capítulo vas a:

❖ aprender lo que es una lengua romance y cuales son las lenguas romances

❖ leer un capítulo de un libro escolar sobre la salud para familiarizarte con los conceptos y la terminología para discutir la salud mental y emocional

❖ estudiar el presente perfecto y el comparativo de igualdad; repasar los diptongos

❖ leer *La señorita Cora* de Julio Cortázar, *En paz* de Amado Nervo y *El viaje definitivo* de Juan Ramón Jiménez

❖ contrastar el presente perfecto en español e inglés; estudiar los participios pasados en inglés; contrastar el comparativo de igualdad en español e inglés

Lectura

Una lengua romance

Compara los siguientes términos médicos en español e inglés.

ESPAÑOL	INGLÉS
medicina	*medicine*
excisión	*excision*
cerebral	*cerebral*

Son muy parecidos, ¿no? Sí, porque muchos de los términos médicos en las dos lenguas vienen del latín. Así es que tienen la misma raíz.

Lisboa, Portugal

En el caso del español la mayoría de las palabras tienen una raíz latina porque la lengua española es una lengua romance; es decir una lengua derivada del latín. La palabra «romance» viene de la expresión latina «romance loqui» que significa «hablar de una manera latina».

La familia romance consta de cinco lenguas nacionales: el español, el francés, el italiano, el portugués y el rumano más el catalán, el provenzal y otras que se clasifican como lenguas, más los dialectos como el mallorquín y el valenciano, que nacen de ellas.

Venecia, Italia

italiano	español	portugués	francés	rumano
↓	↓	↓	↓	↓
siciliano	catalán	gallego	provenzal	
napolitano	mallorquín			

Todas estas lenguas romances tienen mucho en común. Se diferencian más en la fonética (pronunciación) que en la gramática o estructura. Por ejemplo, como hispanohablante tú podrás leer con facilidad un trozo en portugués o italiano. Y podrías comprender partes de una conversación en estas dos lenguas si los hablantes hablaran con cuidado. El francés tiene mayores diferencias fonéticas y sería casi imposible entenderlo bien sin haber estudiado la lengua. Las diferencias fonéticas rumanas no serían insuperables para los de habla española, italiana o portuguesa pero su estructura presentaría problemas.

En la gramática todas las lenguas romances han suprimido el género neutro que existía en latín. Hay sólo dos géneros: masculino y femenino. En español, italiano y portugués la mayoría de los sustantivos masculinos terminan en **-o** y los femeninos en **-a**.

El monasterio Barsana, región de Maramures, Rumania

	ESPAÑOL	PORTUGUÉS	ITALIANO
MASCULINO	cuaderno	caderno	quaderno
FEMENINO	escuela	escola	scuola

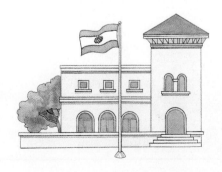

En el latín clásico no había artículo definido. En las lenguas romances hay artículo definido y casi todos se derivan del pronombre demostrativo latín—**ille**. En todas las lenguas el artículo definido precede al sustantivo con la excepción del rumano. En rumano se agrega el artículo al sustantivo.

LATÍN	ESPAÑOL	ITALIANO	PORTUGUÉS	FRANCÉS	RUMANO
lupus	el lobo	il lupo	o lobo	le loup	lupul

En las lenguas romances la terminación del verbo indica el sujeto y con frecuencia el sujeto puede ser tácito. La excepción es el francés. En francés, hay que expresar el pronombre de sujeto.

Latín	**Cantasne?**	⟶	**Canto.**
Español	**¿Cantas?**	⟶	**Sí, canto.**
Portugués	**Cantas?**	⟶	**Sim, canto*.**
Italiano	**Canti?**	⟶	**Si, canto.**
Francés	**Tu chantes?**	⟶	**Oui, je chante.**

*La forma de **tú** existe en Portugal pero no en Brasil. En Brasil se dice **você canta?**

Las muchachas cantan en una escuela de Cuba.

A ver lo fácil que es leer en las lenguas romances. He aquí una lista de palabras relacionadas con viajes. Las comprenderás sin problema.

ESPAÑOL	PORTUGUÉS	ITALIANO	FRANCÉS
el vuelo	o vôo	il vuolo	le vol
el viaje	a viagem	il viaggio	le voyage
el pasajero	o passageiro	il passaggero	le passager
el destino	o destino	la destinazione	la destination
el billete	o bilhete	il biglietto	le billet

He aquí anuncios que se oyen en el aeropuerto.

ESPAÑOL

Iberia anuncia la salida de su vuelo 105 con destino (a) Madrid. Embarque inmediato por la puerta número siete.

ITALIANO

Alitalia anuncia la partenza del vuolo cento cinque a destinazione Roma. Imbarco immediato per la porta numero sette.

PORTUGUÉS

Transportes Aereos Portugueses anuncia a partida de seu vôo cento cinco con destino a Lisboa. Embarque mediato portão numero sete.

FRANCÉS

Air France annonce le départ de son vol cent cinq à destination (de) Paris. Embarquement immédiat par la porte numéro sept.

Aeropuerto Charles de Gaulle, París

Y mira también lo fácil que es leer en latín.

Italia est patria pulchra. Italia in Eurōpā est. Italia nōn est īnsula. Italia est paenīnsula magna.

Hispānia quoque paenīnsula est. Hispānia et Italia sunt paenīnsulae. Hispānia et Italia sunt patriae pulchrae in Eurōpā.

Britannia et Corsica et Sardinia insulae sunt. Nōn sunt paenīnsulae. Britannia magna īnsula est. Sed Corsica et Sardinia parvae paenīnsulae sunt.

Ser hablante de una lengua romance tiene muchas ventajas, ¿no? Te abre las puertas a varias lenguas.

Comprensión

A **Buscando información** Contesta.

1. ¿Por qué son muy parecidos muchos términos médicos en español y en inglés?

2. ¿De dónde viene la mayoría de las palabras en español?

3. ¿Qué es el español?

4. ¿Qué es una lengua romance?

5. ¿Cuántas lenguas romances nacionales hay?

6. ¿En qué se diferencian más las lenguas romances?

7. ¿En cuál de las lenguas romances hay mayores diferencias fonéticas?

8. ¿Qué problemas te presentaría el rumano?

9. ¿Qué tienen las lenguas romances que no existía en latín?

10. ¿Cuántos géneros hay en las lenguas romances? ¿Cuántos había en latín? ¿Cuál se ha suprimido?

B **¡A divertirte!** Traduce al español.

1. ITALIANO

—Scusi, signore, c'è un buon ristorante qui vicino?

—Sì. Il ristorante «Da Carlo». È buono e non è caro. Ma oggi è lunedì e non è aperto.

2. PORTUGUÉS

—De onde você é?

—São do Brasil.

—Há quanto tempo que está aqui? Está aqui a trabalho o a passeío?

3. FRANCÉS

—Tu vas inviter Marie Claire?

—Bien sûr que je vais l'inviter. C'est une très bonne amie. Pourquoi? Toi? Tu n'es pas d'accord?

C **Resumiendo** Da un resumen de todo lo que sabes sobre las lenguas romances.

París, Francia

Conocimientos para superar

Conexión con la salud

He aquí algunas estrategias que puedes usar al leer tus libros escolares.

1. Dales una ojeada a las páginas del capítulo fijándote en el título, los encabezamientos, las palabras en letras de molde, los elementos gráficos tales como dibujos, fotografías, tablas y las preguntas de repaso para sacar una idea general del contenido del capítulo.

2. Para con frecuencia y piensa en lo que estás leyendo. Resume las ideas principales. Determina si las has comprendido. Lee de nuevo algunas secciones cuando necesario.

3. Repasa lo que has leído. Te ayudará a recordar la información. Dale una ojeada más a la lección o al capítulo para que te piquen la memoria los títulos, encabezamientos e ilustraciones.

Estrategia de lectura

Leyendo libros escolares La lectura que sigue es un capítulo de un texto (libro escolar) sobre la salud. Hay muchas razones por las cuales tienes que leer un libro escolar. Una razón primordial es la de salir bien en tus cursos escolares. Tienes que aprender mucha información para cada curso y tienes que preparar tareas en muchas asignaturas. Tus libros escolares te pueden ayudar.

Lección 1

Tu salud mental y emocional

¿Cómo te ves a ti mismo? ¿Te describirías como serio, amigable, seguro o tímido? ¿Piensas que tienes una perspectiva positiva? ¿Eres, por lo general, una persona feliz? ¿Esperas con entusiasmo enfrentar los retos de la vida? Tus respuestas a estas preguntas reflejan aspectos de tu salud mental/emocional.

Las características de la salud mental/emocional

La **salud mental/emocional** es la *habilidad de aceptarte a ti mismo y a los demás, de adaptar y controlar las emociones y afrontar las exigencias y retos que encuentres en la vida*. Alguien que es saludable mental y emocionalmente puede, por lo regular, manejar una gran variedad de sentimientos y situaciones. Puede realizar elecciones prudentes que demuestren valores sólidos y una conducta responsable.

Capítulo 7 Como lograr la buena salud mental

Las personas con buena salud mental/emocional demuestran las siguientes características:

▶ **Autoestima positiva.** Tus sentimientos de confianza y autoestima están relacionados directamente con tu nivel de bienestar general. Una persona con una autoestima positiva es capaz de aceptar mucho mejor los retos y tomar el fracaso con calma.

▶ **Sentido de pertenencia.** Tener vínculos emocionales con los miembros de tu familia, amigos, maestros y otras personas a tu alrededor te provee bienestar y seguridad. Promueve la estabilidad y te hace sentir parte de tu comunidad.

▶ **Sentido de propósito.** Reconocer tu propio valor e importancia te permite fijar y lograr metas e involucrarte en actividades que sean provechosas personalmente, tales como trabajar mucho en la escuela, participar en deportes o brindar servicios a la comunidad.

▶ **Perspectiva positiva.** Ver el lado bueno y tener esperanza en la vida reduce el estrés y aumenta tu nivel de energía. También aumenta la posibilidad de éxito.

▶ **Autonomía.** Tener confianza para tomar decisiones responsables y seguras promueve la confianza en sí mismo y el sentido de independencia.

¿Cómo podrías determinar tu propia salud mental/emocional? ¿Cuántos de los atributos de la buena salud mental/emocional, mostrados en la **Figura 7.1,** te aplican?

FIGURA 7.1

SIGNOS DE LA BUENA SALUD MENTAL/EMOCIONAL

En general, los adolescentes con buena salud mental/emocional

- son realistas sobre sus fortalezas y debilidades.
- son responsables de su conducta personal.
- evitan conductas de alto riesgo, como consumir tabaco, alcohol u otras drogas.
- son receptivos, flexibles y capaces de ver varios lados de un asunto.
- les gusta la diversión y son capaces de hallar esparcimiento solos o con otros.
- respetan tanto sus propias necesidades como las de otros.
- respetan los valores de cada persona como ser humano, incluso los suyos propios.
- invierten tiempo y energía en el desarrollo de relaciones que les hacen crecer.
- expresan sus emociones de manera que no se lastiman a sí mismos ni a otros.
- dan un buen uso a sus talentos y habilidades.
- ven el cambio como un reto y una oportunidad.

Lección 1 Tu salud mental y emocional

Conocimientos para superar

Una pirámide de necesidades

Se han formulado muchas teorías para explicar el desarrollo y la salud mental del ser humano mediante estudios de la conducta. Una importante teoría fue creada por Abraham Maslow, un pionero en la psicología. Maslow organizó las necesidades humanas en forma de una pirámide, como se muestra en la **Figura 7.2.** Esta **jerarquía de necesidades** es *una lista clasificada de las necesidades esenciales para el crecimiento y desarrollo humano; se presentan en un orden ascendente, comenzando con las necesidades básicas y subiendo hacia la necesidad para alcanzar tu máximo potencial.*

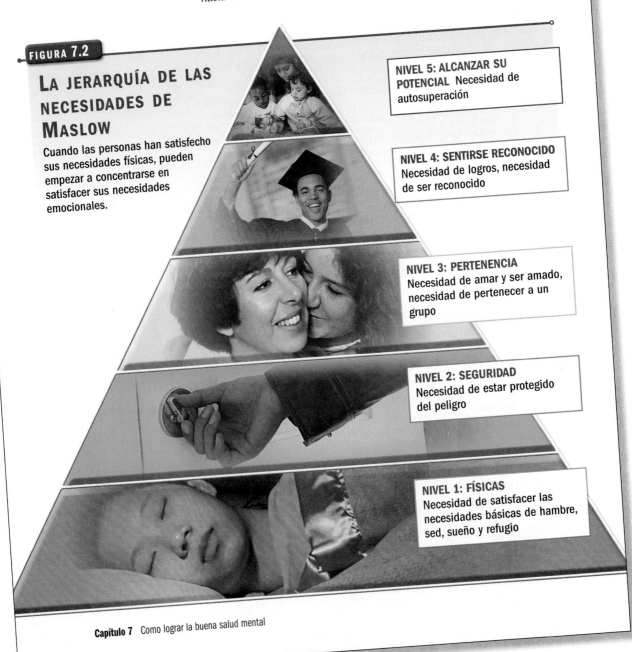

FIGURA 7.2

LA JERARQUÍA DE LAS NECESIDADES DE MASLOW

Cuando las personas han satisfecho sus necesidades físicas, pueden empezar a concentrarse en satisfacer sus necesidades emocionales.

NIVEL 5: ALCANZAR SU POTENCIAL Necesidad de autosuperación

NIVEL 4: SENTIRSE RECONOCIDO Necesidad de logros, necesidad de ser reconocido

NIVEL 3: PERTENENCIA Necesidad de amar y ser amado, necesidad de pertenecer a un grupo

NIVEL 2: SEGURIDAD Necesidad de estar protegido del peligro

NIVEL 1: FÍSICAS Necesidad de satisfacer las necesidades básicas de hambre, sed, sueño y refugio

Capítulo 7 Como lograr la buena salud mental

Conocimientos para superar

Las necesidades físicas

Las necesidades de supervivencia como el alimento, el agua, el sueño y refugio de la intemperie están entre las necesidades al pie de la pirámide. Las personas a las que se les niegan estas necesidades básicas, se debilitan físicamente y pueden desarrollar enfermedades. Muchas personas en nuestra sociedad dan por hecho que las necesidades básicas se satisfacen fácilmente. Sin embargo, hay personas para quienes el alimento, agua limpia y refugio no son fáciles de obtener. Por ejemplo, los problemas sociales, como no tener casa, pueden relacionarse a necesidades de la salud y a necesidades físicas.

La necesidad de seguridad

Satisfacer la necesidad de seguridad incluye más que cuidarte contra el daño físico. De hecho, las necesidades de seguridad que son esenciales a tu personalidad pueden ser también de naturaleza psicológica. Tú necesitas la seguridad de lugares familiares y personas que te ayuden a sentirte seguro, como un hogar, tu familia y amigos de confianza.

La necesidad de ser amado y de pertenecer

Todos necesitamos dar amor y saber que somos amados. Podría impedirse el desarrollo mental de los bebés a quienes se les niega una atención emocional. Podrían fracasar en prosperar y quizás hasta desarrollen problemas de conducta más adelante.

Los humanos somos seres sociales. Necesitamos interactuar con otras personas y saber que somos valiosos miembros de un grupo que mejora nuestra salud física, mental y social. La mayoría de las personas, en general, quieren pertenecer a una comunidad, como a una familia, un círculo de amigos o un grupo social como un club escolar o un equipo de deportes. Tener un sentido de pertenencia puede aumentar tu confianza y fortalecer tu salud mental/emocional.

La necesidad de ser valorado y reconocido

La mayoría de nosotros siente la necesidad de ser apreciado, de ser valorado en lo personal por la familia, amigos y pares. Una manera en que puedes satisfacer esta necesidad es participando en actividades productivas como estudiar mucho para los exámenes, tocar un instrumento, practicar un deporte, ser voluntario en un hospital o escribir cuentos cortos. Al ser capaz de hacer algo bien, ganas respeto y te sientes valioso.

TU CARÁCTER

Compasión es un rasgo que puedes expresar cuando comprendes las necesidades de los demás. Las personas compasivas no solamente se dan cuenta de la angustia de otros, sino que también tienen el deseo de aliviar el sufrimiento. El desamparo de los que no tienen hogar es un problema creciente en todas las comunidades, tanto urbanas como rurales. ¿Cómo puedes mostrar compasión hacia las personas que no pueden satisfacer su necesidad básica de refugio?

La participación en equipos deportivos puede dar a los adolescentes un sentido de pertenencia. *¿Qué otras acciones positivas pueden realizar los adolescentes para satisfacer esta necesidad?*

Lección 1 Tu salud mental y emocional

La necesidad de alcanzar tu potencial

En la punta de la pirámide está la necesidad de alcanzar tu máximo potencial personal. Esta búsqueda de la **autosuperación**, o *tu esfuerzo por lograr lo mejor de ti*, incluye tener metas que te motiven e inspiren. La autosuperación significa tener el valor de hacer cambios en tu vida para alcanzar tus metas y crecer como persona. Durante tu adolescencia, comienzas a reconocer tu potencial y te fijas metas para tu futuro. Ves con más claridad tus talentos, cuales son tus sueños y quien quieres llegar a ser. La autosuperación es un proceso de toda la vida. Parte de este proceso es aprender la autodisciplina que necesitas para alcanzar tus metas.

Satisfacer tus necesidades

Los modos que eliges para satisfacer tus necesidades influyen en tu salud mental/emocional. Por ejemplo, satisfacer la necesidad de afecto, al construir y mantener relaciones respetuosas y amorosas con las personas que quieres, fortalecerá tu salud mental/emocional. Sin embargo, a veces las personas eligen modos arriesgados para satisfacer sus necesidades. Algunos jóvenes podrían decidir ser miembros de una pandilla para lograr una sensación de pertenencia o tener relaciones sexuales en un esfuerzo por sentirse amados. Estas decisiones pueden traer serias consecuencias. Ser miembro de una pandilla puede llevar a un daño físico y problemas con la ley. La actividad sexual puede resultar en un embarazo inesperado, enfermedades de transmisión sexual y la pérdida del autorrespeto y el respeto a los demás. Practicar la **abstinencia** y encontrar modos saludables de satisfacer las necesidades emocionales son estrategias para evitar estas conductas arriesgadas.

La práctica de la abstinencia y la satisfacción saludable de tus necesidades fortalecerán tu salud mental/emocional. *¿Qué otras decisiones puedes tomar para promover tu salud?*

Capítulo 7 Como lograr la buena salud mental

Conocimientos para superar

Comprender tu personalidad

Tu **personalidad** es *un conjunto complejo de características que te hacen único.* Es lo que te hace diferente de todos los demás y determina como reaccionarás en ciertas situaciones. La personalidad es un factor importante en como eliges satisfacer tus necesidades. Por lo tanto, desempeña un rol importante en tu salud mental general.

Las influencias en tu personalidad

La personalidad incluye la constitución emocional del individuo, sus actitudes, pensamientos y conductas. Se compone de las tendencias con las que naciste y características que has desarrollado en respuesta a situaciones y experiencias de la vida. Las dos influencias más importantes en tu personalidad son la herencia y el medio ambiente.

LA PERSONALIDAD Y LA HERENCIA

Al igual que heredas rasgos físicos como el color del cabello y de los ojos, tú heredas algunos rasgos de la personalidad de tus padres y antepasados biológicos. La herencia desempeña un rol en determinar las habilidades intelectuales básicas de una persona y el temperamento, o las tendencias emocionales. También hay evidencia de que la herencia podría influir en conductas como la de tomar riesgos y en los talentos como las habilidades atléticas o artísticas. Esto no significa que no tienes control sobre cuán exitoso llegues a ser o de lo que hagas. Tu química cerebral heredada es sólo uno de los muchos factores que contribuyen a tu personalidad y conducta.

LA PERSONALIDAD Y EL MEDIO AMBIENTE

Tu medio ambiente incluye todo lo que te rodea en tu vida diaria. Esto significa tu familia, amigos, pares, hogar, vecindario, escuela y todas las demás personas, lugares, objetos, sucesos o actividad en tu vida. Todas estas influencias pueden tener un impacto en el desarrollo de tu personalidad.

Entre las personas de tu medio ambiente hay algunas que sirven como modelos de conducta. Para la mayoría de las personas es natural **modelar,** u *observar y aprender de las conductas de quienes te rodean,* a veces hasta sin pensarlo. Si el comportamiento de tu modelo de conducta es sano, el efecto en el desarrollo de tu personalidad también será sano. Los valores que aprendes de tus modelos de conducta ayudan a moldear la persona en que te conviertes y el modo en que vives tu vida.

Muchas influencias pueden ayudar a formar los rasgos de tu personalidad, como la autodisciplina y el deseo de superarse. *¿Quiénes son los modelos en tu vida que te han ayudado a formar tu personalidad?*

Lección 1 Tu salud mental y emocional

¿Se debe tener en cuenta en el salón de clases las diferentes modalidades de aprendizaje?

El rendimiento académico influye en la opinión que muchos jóvenes tienen sobre sí mismos. Ser un buen estudiante es un modo en que los jóvenes pueden satisfacer las necesidades de ser valioso y reconocido. Ya que los estudiantes aprenden y demuestran sus conocimientos de diversas formas, algunos maestros usan diferentes métodos para evaluar. Por ejemplo, los maestros pueden examinar a los estudiantes de acuerdo al modo en que cada uno aprende mejor, es decir, mediante la vista, el oído o haciendo algo. ¿Crees tú que los maestros deben usar métodos múltiples para satisfacer las diferentes modalidades del aprendizaje? He aquí dos puntos de vista.

Punto de vista 1: Melissa J., 15 años

Estoy orgullosa de mis calificaciones. Estudio todas las noches y siempre trabajo mucho antes de los exámenes. No es justo aplicar diferentes estándares sólo porque algunos estudiantes no pueden con un examen escrito. ¿Por qué tengo yo que escribir un ensayo mientras otro en la clase se divierte dibujando o construyendo un diorama? ¿Cómo puede la maestra corregir con justicia estos dos proyectos? Es como comparar manzanas con naranjas. Los estudiantes deben tomar exámenes reales y no lo que los haga sentirse bien. Esa no es la forma en que el mundo real funciona después de la secundaria. Esos estudiantes sencillamente necesitan esforzarse más.

Punto de vista 2: Gary D., 16 años

Yo estudio mucho para los exámenes, pero aunque sepa el contenido, no salgo bien en los exámenes de opciones múltiples. Si esa es la única manera en que puedo demostrar mi conocimiento, parezco tonto. Los estudiantes tienen diferentes fortalezas y debilidades, y también las personas en el mundo real. Observa a los atletas y bailarines. Ellos demuestran sus conocimientos y talentos cuando actúan y no cuando toman un examen escrito. No estoy diciendo que se deben eliminar todos los exámenes de lápiz y papel u olvidarnos de los trabajos escritos. Sólo pienso que los maestros deben ofrecer a los estudiantes una variedad de enfoques para satisfacer las diferentes modalidades de aprendizaje. Es lo único justo.

ACTIVIDAD

1. Investiga una de las diferentes modalidades de aprendizaje mencionadas arriba, incluyendo la visual (vista), auditiva (oído) y táctil/cinestética (tocar/hacer). Describe la modalidad y de qué manera los estudiantes de esta categoría aprenden mejor.

2. Escribe un párrafo que explique el punto de vista que favoreces y por qué. Asegúrate de enlazar tu discusión al problema del rendimiento escolar y la autoestima.

Capítulo 7 Como lograr la buena salud mental

La personalidad y la conducta

El aspecto de tu personalidad sobre el que tienes mayor control es tu conducta. El modo en que tomas decisiones, las decisiones que tomas, el hecho de que puedas reconocer las consecuencias de esas decisiones y qué acciones tomas pueden hacer una gran diferencia en la calidad de tu vida y en tus niveles de salud física y mental/emocional.

Promover la salud mental/emocional

Conocer los factores que influyen en tu salud mental/emocional te ayudará a elegir conductas que mejoren tu salud. Estar saludable mental y emocionalmente puede promover tu salud física y ayudar a prevenir algunas enfermedades. Por ejemplo, satisfacer las necesidades de modos sanos al abstenerse de conductas arriesgadas, como involucrarse en pandillas y mantener relaciones sexuales, te protegerá de daño físico. Las personas que son capaces de sobrellevar sus emociones y afrontar el estrés en su vida son también menos susceptibles de enfermedades como los resfríos y otras infecciones respiratorias. Dedicarse a conductas que promuevan la salud mental/emocional podrá prevenir enfermedades y fortalecerá los tres lados de tu triángulo de la salud.

▼ Manifestar respeto e interés son señales externas de los aspectos positivos de tu personalidad. ¿De qué maneras positivas demuestras tu personalidad a través de tu conducta diaria?

Lección 1 Repaso

Repaso de información y vocabulario

1. Define el término *salud mental/emocional*. Identifica tres características de una persona saludable mental y emocionalmente.

2. Haz una lista de la jerarquía de necesidades de Maslow.

3. ¿De qué modo influye la herencia en la personalidad?

Razonamiento crítico

4. **Evaluar.** Analiza la importancia y beneficios de la abstinencia en relación con la salud emocional.

5. **Analizar.** Explica como la falta de hogar es un tema social relacionado con la salud.

Destrezas de salud aplicadas

Practicar conductas saludables. La necesidad de pertenecer y ser amado es una necesidad humana básica. ¿Cuáles son algunas opciones saludables que proveen modos positivos para satisfacer esta necesidad? ¿Cuáles son las consecuencias de satisfacer esta necesidad de forma negativa? Haz una tabla de dos columnas para organizar tus pensamientos.

PROCESADOR DE TEXTOS Algunas veces es más fácil organizar y demostrar tus pensamientos si usas un programa procesador de textos. Ve a health.glencoe.com para buscar sugerencias sobre como usar un procesador de textos para crear una tabla.

Lección 1 Tu salud mental y emocional

health.glencoe.com

Gramática y lenguaje

Presente perfecto

1. Se forma el presente perfecto con el presente del verbo auxiliar **haber** y el participio pasado. El participio pasado de los verbos regulares se forma añadiendo a la raíz del infinitivo **-ado** a los verbos de la primera conjugación e **-ido** a los verbos de la segunda y tercera conjugaciones.

hablar hablado	comer comido	salir salido
llamar llamado	tener tenido	sufrir sufrido

2. Al presente perfecto se le llama «un tiempo compuesto» porque se forma de dos verbos—**haber** más el participio pasado.

yo	he hablado	he comido	he salido
tú	has hablado	has comido	has salido
él, ella, Ud.	ha hablado	ha comido	ha salido
nosotros(as)	hemos hablado	hemos comido	hemos salido
vosotros(as)	habéis hablado	habéis comido	habéis salido
ellos, ellas, Uds.	han hablado	han comido	han salido

La forma de **vos** del verbo **haber** es la misma que la forma de tú—**has**.

3. Los verbos siguientes tienen un participio pasado irregular.

decir	dicho	escribir	escrito	freír	frito
hacer	hecho	poner	puesto	volver	vuelto
ver	visto	romper	roto	abrir	abierto
morir	muerto	cubrir	cubierto		

4. El presente perfecto expresa una acción terminada en un pasado reciente. Algunos adverbios de tiempo que acompañan con frecuencia el presente perfecto son:

ya	jamás
todavía no	nunca

—En tu vida, ¿has tenido un accidente?

—No, nunca he tenido un accidente.

—¡Qué suerte! Ya he tenido dos.

Han tenido un accidente.

Ya lo han hecho. Sigue el modelo.

¿Van a volver? →
Pero es que ya han vuelto.

1. ¿Van a salir?
2. ¿Van a hacer las maletas?
3. ¿Van a poner el equipaje en la maletera?
4. ¿Van a visitar a sus primos?
5. ¿Van a ver a sus colegas?

Los amigos ya han pasado mucho tiempo juntos. Se conocen muy bien.

 Lo que he hecho Sigue el modelo.

¿Tú quieres saber lo que yo he hecho hoy?
lavar los platos →
Pues, yo he lavado los platos.

1. limpiar la casa
2. hacer el viaje
3. ir de compras
4. lavar el carro
5. escribir a mamá
6. poner la mesa

 ¿Lo han hecho o no? Completa con el presente perfecto.

1. ¿Por qué no ____ ustedes la ventana? (abrir)
2. Yo lo ____ con una manta. (cubrir)
3. Creo que ellos ____ otro planeta. (descubrir)
4. Su perrito ____. (morir)
5. Yo lo ____ en la maletera del carro. (poner)
6. Ellos no ____ todavía. (volver)
7. Yo ____ el pollo en aceite de oliva. (freír)
8. Ellas ____ el paquete. (abrir)
9. Yo no lo ____. (ver)
10. Él ____ mucho trabajo. (hacer)
11. Nosotros se lo ____. (decir)
12. Ella me ____ varias cartas. (escribir)

Gramática y lenguaje

Comparativo de igualdad

1. El comparativo de igualdad compara entidades de calidad igual. Con un adjetivo o un adverbio se expresa con **tan... como**.

> **Él es tan listo como su amiga.**
> **Ella va a terminar tan rápido como él.**

2. Se expresa con **tanto... como** con un sustantivo. **Tanto** concuerda con el sustantivo que modifica.

> **Elena tiene tanta energía como yo.**
>
> **Este hospital tiene tantos pacientes como el otro.**

ACTIVIDAD 4 **Comparaciones** Completa expresando el comparativo de igualdad.

1. Estas servilletas están ____ limpias ____ las otras.
2. Carlos es ____ rico ____ su hermano.
3. Las montañas de Italia son ____ altas ____ las de España.
4. Esta playa es ____ bonita ____ la otra.
5. El señor Gómez es ____ inteligente ____ el señor López.

Estas montañas en Suiza son tan altas como las de España.

ACTIVIDAD 5 **Oraciones** Forma una sola oración según el modelo.

> **Juan tiene dos libros. Carlos tiene dos libros.** →
> **Juan tiene tantos libros como Carlos.**

1. El niño tiene un helado. La niña tiene un helado.
2. Él escribió dos novelas. Su amigo escribió dos novelas.
3. Tomás lee cuatro libros. Enrique lee cuatro libros.
4. Esta señora gana mucho dinero. La otra señora gana mucho dinero.
5. Yo recibo seis cartas. María recibe seis cartas.

Repaso de los diptongos

1. El diptongo es el conjunto o enlazamiento de dos vocales en una sola sílaba.

   Las vocales se dividen en vocales fuertes **a–e–o** y vocales débiles **i–u**. Los diptongos se forman enlazando una vocal fuerte con una vocal débil o dos débiles.

FUERTE Y DÉBIL		DOS DÉBILES	
ai	aire	iu	triunfo
ia	alergia	ui	ruido
au	autoestima		
ua	guapo		
ei	peine		
ie	pie		
eu	deuda		
ue	puerta		
io	emocional		
uo	continuo		

2. Dos vocales fuertes no se enlazan. Dos vocales fuertes constan de dos sílabas.

ae	cae
ee	lee
eo	veo

3. Si el acento cae en la vocal débil de un diptongo, se rompe el diptongo dividiéndolo en dos sílabas separadas y es necesario escribir la tilde sobre la vocal acentuada o sea, la tónica.

María   actúa   emoción
resfrío   continúo

6 Diptongos Identifica los diptongos. ¡Cuidado! No todas las palabras tienen diptongo.

1. diente
2. deficiencia
3. cuerpo
4. hueso
5. funcionamiento
6. sentimiento
7. promueve
8. importancia
9. aumenta
10. independencia
11. refugio
12. cae
13. decisiones
14. consecuencia
15. herencia
16. influencia
17. medio ambiente
18. conciencia

7 Tilde Escribe las siguientes palabras poniendo la tilde cuando necesario.

1. judio
2. vivia
3. vivio
4. frio
5. alergia
6. tambien
7. energia
8. diversion
9. emocion
10. emociones
11. categoria
12. pais
13. mio
14. poesia
15. salio
16. saliamos

8 Oraciones nuevas Escribe una oración con cada una de las siguientes palabras.

1. continuo
2. continúo
3. continuó

Pronunciación y ortografía

La y y la ll

1. En muchas partes del mundo hispanohablante la **y** (cuando no está sola) y la **ll** se pronuncian igual pero hay que diferenciarlas en la forma escrita.

y		ll	
playa	haya	pollo	llano
joya	payaso	rollo	lleno
raya	yeso	desarrollo	sencillo
		halla	

Un payaso

2. ¡Ojo! Hay quienes tienden a comerse la **ll** al hablar
y como consecuencia no escribirla.

CORRECTO	INCORRECTO
silla	sía
anillo	anío
aquello	aqueo
allí	aí

3. ¡Ojo! Hay quienes agregan una **y** donde no existe.

CORRECTO	INCORRECTO
creo	creyo
caer	cayer
traer	trayer

4. ¡Ojo! En vez de decir **haya**, hay quienes dicen **haiga**
y no es correcto.

CORRECTO	INCORRECTO
No creo que haya más.	No creo que haiga más.

ACTIVIDAD 9 **Dictado** Copia y prepárate para
un dictado.

El pollo se cayó en
un hoyo en la playa.

1. El pollo se cayó en un hoyo
en la playa.
2. Ella tiene el bolsillo lleno
de anillos.
3. Ya ha llegado el payaso.
4. No creo que haya yeso amarillo.

ACTIVIDAD 10 **¿Qué falta?** Completa.

1. el po__o en el ho__o
2. la planti__a en la si__a
3. el ani__o es una jo__a
4. el __eso amari__o del pa__aso
5. una bolsa __ena de pan ra__ado
ha__ado en la pla__a por el pa__aso

El payaso halló una bolsa llena
de pan rallado en la playa.

La señorita Cora de Julio Cortázar

◆ **Vocabulario para la lectura**

Estudia las definiciones de las siguientes palabras.

la clínica hospital, frecuentemente privado

el fastidio enfado, cansancio

la impertinencia palabras o acciones indiscretas que indican una falta de consideración o respeto

la planilla formulario con espacios en blanco para rellenar con informes

el velador lámpara que se coloca en la mesita de noche

el zumbido sonido continuo y bronco (tosco)

mocoso se dice de un muchacho que se considera adulto o experto en algo

resentido que siente hostilidad hacia el que le hubiera hecho algo

Una clínica, Quito, Ecuador

Poder verbal

1 Otra palabra Da una palabra relacionada.

1. zumbir
2. impertinente
3. velar
4. fastidiar, fastidioso
5. resentir, resentimiento

2 ¿Qué palabra necesito? Completa.

1. ¡Qué ____! Tan joven y se considera experto. No es nada más que un sábelotodo de trece años.
2. En la ____ la enfermera tiene que rellenar ____ con muchos detalles sobre sus pacientes (enfermos).
3. Uso mucho el ____ porque me gusta leer en cama.
4. El ____ de esta máquina me está volviendo loco.
5. Él está muy ____ porque cree que lo han maltratado.
6. ¡Qué ____! Él no nos debe hacer tal cosa.

Nota biográfica

Julio Cortázar, escritor argentino, nació en Bruselas, Bélgica, en 1914 de padres argentinos. Desde 1919 hasta 1951 vivió en Buenos Aires. En 1951 se exilió voluntariamente por motivos políticos. Se fue a vivir en París. Tomó la ciudadanía francesa y radicó en esta ciudad hasta su muerte en 1984. Pese a la controversia que suscitó su ciudadanía francesa y su prolongada residencia en Francia, Cortázar permaneció siempre fiel a su lenguaje, sus raíces argentinas y su constante preocupación por el destino de Latinoamérica.

El trozo que sigue es del cuento *La señorita Cora*, el nombre de una enfermera joven. En el cuento Cortázar nos presenta a la madre con humor tierno y cordial.

Julio Cortázar

Valle de Humahuaca, Argentina

Lectura

La señorita Cora
◆ · ◆ · ◆

1   No entiendo por qué no me dejan pasar la noche en la clínica con el nene, al fin y al cabo soy su madre y el doctor De Luisi nos recomendó personalmente al director. Podrían traer un sofá cama y yo lo acompañaría
5   para que se vaya acostumbrando, entró tan pálido el pobrecito como si fueran a operarlo en seguida, yo creo que es ese olor de las clínicas, su padre también estaba nervioso y no veía la hora de irse, pero yo estaba segura de que me dejarían con el nene. Después de todo tiene
10   apenas quince años y nadie se los daría, siempre pegado a mí aunque ahora con los pantalones largos quiere disimular y hacerse el hombre grande. La impresión que le habrá hecho cuando se dio cuenta de que no me

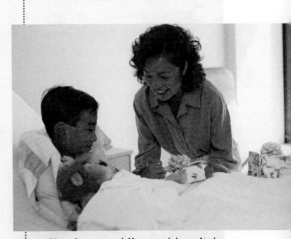

Mamá con su hijo en el hospital

dejaban quedarme, menos mal que su padre le dio charla,
15 le hizo poner el piyama y meterse en la cama. Y todo
por esa mocosa de enfermera, yo me pregunto si
verdaderamente tiene órdenes de los médicos o si lo hace
por pura maldad. Pero bien que se lo dije, bien que le
pregunté si estaba segura de que tenía que irme. No hay
20 más que mirarla para darse cuenta de quien es, con esos
aires de vampiresa y ese delantal ajustado, una chiquilina
de porquería que se cree la directora de la clínica. Lo
único que me consuela es que el ambiente es bueno, se
nota que es una clínica para personas pudientes°; el nene
25 tiene un velador de lo más lindo para leer sus revistas, y
por suerte su padre se acordó de traerle caramelos de
menta que son los que más le gustan. Pero mañana por la
mañana, eso sí, lo primero que hago es hablar con el
doctor De Luisi para que la ponga en su lugar a esa
30 mocosa presumida. Habrá que ver si la frazada lo abriga
bien al nene, voy a pedir que por las dudas le dejen otra a
mano. Pero sí, claro que me abriga, menos mal que se
fueron de una vez, mamá cree que soy un chico y me hace
hacer cada papelón. Seguro que la enfermera va a pensar
35 que no soy capaz de pedir lo que necesito, me miró de
una manera cuando mamá le estaba protestando... Está
bien, si no la dejaban quedarse qué
le vamos a hacer, ya soy bastante
grande para dormir solo de noche,
40 me parece. Y en esta cama se
dormirá bien, a esta hora ya no se
oye ningún ruido, a veces de lejos
el zumbido del ascensor que me
hace acordar a esa película de
45 miedo que también pasaba en una
clínica, cuando a medianoche se
abría poco a poco la puerta y la
mujer paralítica en la cama veía
entrar al hombre de la máscara
50 blanca...

pudientes influyentes

La enfermera
archiva las planillas.

La enfermera es bastante simpática, volvió a las seis y media con unos papeles y me empezó a preguntar mi nombre completo, la edad y esas cosas. Yo guardé la revista en seguida porque hubiera quedado mejor estar
55 leyendo un libro de veras y no una fotonovela, y creo que ella se dio cuenta pero no dijo nada, seguro que todavía estaba enojada por lo que le había dicho mamá y pensaba que yo era igual que ella y que le iba a dar órdenes o algo así. Me preguntó si me dolía el apéndice y le dije que no,
60 que esa noche estaba muy bien. «A ver el pulso», me dijo, y después de tomármelo anotó algo más en la planilla y la colgó a los pies de la cama. «¿Tienes hambre?», me preguntó, y yo creo que me puse colorado porque me tomó de sorpresa que me tuteara, es tan joven que me
65 hizo impresión. Le dije que no, aunque era mentira porque a esa hora siempre tengo hambre. «Esta noche vas a cenar muy liviano°», dijo ella, y cuando quise darme cuenta ya me había quitado el paquete de caramelos de menta y se iba. No sé si empecé a decirle algo, creo que no. Me daba
70 una rabia que me hiciera eso como a un chico, bien podía haberme dicho que no tenía que comer caramelos, pero llevárselos... Seguro que estaba furiosa por lo de mamá y se desquitaba° conmigo, de puro resentida; qué sé yo, después que se fue se me pasó de golpe el fastidio, quería
75 seguir enojado con ella pero no podía. Qué joven es, clavado° que no tiene ni diecinueve años, debe haberse recibido de enfermera hace muy poco. A lo mejor viene para traerme la cena; le voy a preguntar cómo se llama, si va a ser mi enfermera tengo que darle un nombre. Pero en
80 cambio vino otra, una señora muy amable vestida de azul que me trajo un caldo y bizcochos y me hizo tomar unas pastillas verdes. También ella me preguntó cómo me llamaba y si me sentía bien, y me dijo que en esta pieza° dormiría tranquilo porque era una de las mejores de la
85 clínica, y es verdad porque dormí hasta casi las ocho en que me despertó una enfermera chiquita y arrugada como un mono pero muy amable, que me dijo que podía levantarme y lavarme pero antes me dio un termómetro y me dijo que me lo pusiera como se hace en estas clínicas,
90 y yo no entendí porque en casa se pone debajo del brazo,

liviano ligero

se desquitaba se vengaba

clavado fijo, puntual

pieza cuarto

y entonces me explicó y se fue. Al rato vino mamá y qué alegría verlo tan bien, yo que me temía que hubiera pasado la noche en blanco° el pobre querido, pero los chicos son así, en la casa tanto trabajo y después

95 duermen a pierna suelta aunque estén lejos de su mamá que no ha cerrado los ojos la pobre. El doctor De Luisi entró para revisar al nene y yo me fui un momento afuera porque ya está grandecito, y me hubiera gustado encontrármela a la enfermera de ayer para verle bien la

100 cara y ponerla en su sitio nada más que mirándola de arriba abajo, pero no había nadie en el pasillo. Casi en seguida salió el doctor De Luisi y me dijo que al nene iban a operarlo a la mañana siguiente, que estaba muy bien y en las mejores condiciones para la operación, a su

105 edad una apendicitis es una tontería. Le agradecí mucho y aproveché para decirle que me había llamado la atención la impertinencia de la enfermera de la tarde, se lo decía porque no era cosa de que a mi hijo fuera a faltarle la atención necesaria. Después

110 entré en la pieza para acompañar al nene que estaba leyendo sus revistas y ya sabía que lo iban a operar al otro día. Como si fuera el fin del mundo, me mira de un modo la pobre, pero si no me voy a morir,

115 mamá, haceme un poco el favor. Al Cacho le sacaron el apéndice en el hospital y a los seis días ya estaba queriendo jugar al fútbol. Andáte tranquila que estoy muy bien y no me falta nada. Sí, mamá, sí,

120 diez minutos queriendo saber si me duele aquí o más allá, menos mal que se tiene que ocupar de mi hermana en casa, al final se fue y yo pude terminar la fotonovela que había empezado anoche.

en blanco sin escribir ni marcar

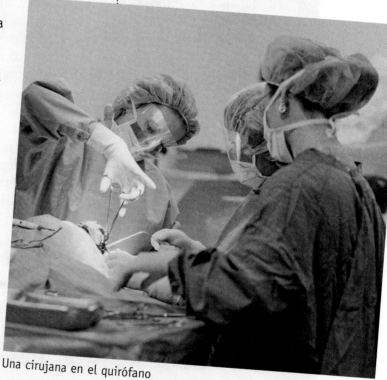

Una cirujana en el quirófano

Comprensión

A **La idea principal** Contesta.

¿Cuál es la idea principal del trozo corto que has leído de este cuento? En tu opinión, ¿tiene una idea principal o no? Si dices que no, explica por qué.

B **Buscando información** Contesta.

1. ¿Cuál es la disputa que tiene la madre con la enfermera?
2. ¿Por qué está en la clínica el joven?
3. ¿Quiénes narran en el cuento?
4. ¿Has notado el uso de «vos» en el cuento? Da un ejemplo.
5. ¿Qué hizo la enfermera que fastidió al joven? Según él, ¿por qué lo habría hecho ella?
6. ¿Qué le dijo el médico a la madre del joven?
7. ¿Quién será Cacho?

C **Elementos humorísticos**   **Describiendo** Describe lo que pasó o lo que dijeron los protagonistas que encontraste gracioso.

Hospital, Punta Arenas, Chile

En paz   de Amado Nervo

El niño acaricia a su perro.
¿Cuál de los dos tiene la faz más adorable?

Vocabulario para la lectura

Estudia las definiciones de las siguientes palabras.

la faz la cara

fallido frustrado, no logrado

inmerecido injusto

rudo duro, tosco, riguroso

acariciar tocar suavemente, rozar, tratar a alguien con ternura

Poder verbal

1 **Otra palabra** Da una palabra relacionada.

1. las caricias   3. facial
2. merecer   4. la rudeza

2 **¿Qué palabra necesito?** Completa.

1. No le deben castigar así porque no ha hecho nada malo. Es ____ lo que le hacen.
2. Los padres siempre quieren ____ a su bebé.
3. No se aprovechó de la oportunidad. Fue una oportunidad ____.
4. Tiene una ____ alegre. Siempre tiene una sonrisa.

Nota biográfica

Amado Nervo (1870–1919) nació en México. Estudió para sacerdote en el Seminario de Jacona, pero en 1891 dejó la carrera religiosa. Entró en el servicio diplomático de su país a principios del siglo XX y pasó gran parte de su vida en Madrid, Buenos Aires y Montevideo, donde murió mientras servía de embajador de México en Uruguay. Aunque el autor escribió en varios géneros, se destacó como poeta. En las poesías de su madurez se le nota una preocupación por la muerte y el amor. He aquí una de sus más bellas poesías.

Ciudad de México

Montevideo, Uruguay

En paz

◆ · ◆ · ◆

1   Muy cerca de mi ocaso, yo te bendigo, Vida,
porque nunca me diste ni esperanza fallida
ni trabajos injustos, ni pena inmerecida;

porque veo al final de mi rudo camino
5   que yo fui el arquitecto de mi propio destino;
que si extraje las mieles o la hiel de las cosas,
fue porque en ellas puse hiel o mieles sabrosas;
cuando planté rosales, coseché siempre rosas.

...Cierto, a mis lozanías va a seguir el invierno;
10   ¡mas tú no me dijiste que mayo fuese eterno!
Hallé sin duda largas las noches de mis penas;
mas no me prometiste tú sólo noches buenas;
y en cambio tuve algunas santamente serenas...

Amé, fui amado, el sol acarició mi faz.
15   ¡Vida, nada me debes! ¡Vida, estamos en paz!

Comprensión

A **La vida** Escoge.

1. ¿A quién se dirige el poeta en este poema?
   a. a Dios
   b. a la muerte
   c. a la vida

2. ¿Por qué dice el poeta «muy cerca de mi ocaso»?
   a. Habla por la tarde y se va a poner el sol.
   b. Se están acercando sus días finales.
   c. Él vive muy cerca de allí.

3. ¿Qué quiere decir el autor cuando dice que es «arquitecto de su propio destino»?
   a. Toma responsabilidad por lo bueno y lo malo de su vida.
   b. Está contento con los edificios que ha construido.
   c. Siempre ha sabido adonde dirigirse.

B **Parafraseando** Explica lo que significa.

1. «si extraje las mieles o la hiel de las cosas, fue porque en ellas puse hiel o mieles sabrosas»
2. «cuando planté rosales, coseché siempre rosas»
3. «el invierno»
4. «mayo»
5. «a mis lozanías va a seguir el invierno»
6. «mas tú no me dijiste que mayo fuese eterno»

C **Interpretando** Contesta.

1. ¿Tenía el autor noches de pena?
2. ¿Cómo las encontró?
3. ¿Tuvo sólo noches de pena?
4. ¿Qué dice el poeta en cuanto al amor?

D **Analizando** Amado Nervo dice que la vida no le debe nada. Él y la vida «están en paz». Explica por qué el poeta ha llegado a esa feliz conclusión.

Una pareja enamorada en un parque de Arica, Chile

El viaje definitivo de Juan Ramón Jiménez

◆ Nota biográfica

Juan Ramón Jiménez nació en Moguer, en la provincia de Huelva, Andalucía, en 1881. Estudió el bachillerato en un colegio jesuita en el Puerto de Santa María, cerca de Cádiz. Más tarde, estudió derecho en la Universidad de Sevilla.

De joven Jiménez no gozó de muy buena salud. Era un niño enfermizo y delicado. Sufrió trastornos nerviosos por lo que estuvo en un sanatorio. Cuando tenía sólo dieciocho años, fue a Madrid donde escribía en una habitación acorchada porque no quería oír los ruidos de la calle. Vivió también en Nueva York, donde se casó con Zenobia Camprubí, una americana, hija de un español y una puertorriqueña. Durante la Guerra Civil española, Juan Ramón Jiménez se desterró y pasó los últimos veintidós años de su vida en Estados Unidos y Puerto Rico, donde murió en 1958. Dos años antes de su muerte le otorgaron el Premio Nóbel de Literatura por su extraordinaria obra lírica.

La poesía lírica de Juan Ramón Jiménez es como lo fue su vida— solitaria, nostálgica y melancólica. Vivía en constante temor de una muerte repentina. *El viaje definitivo* es una imagen de la muerte que algún día vendrá. Al leer el poema, piensa en las siguientes preguntas. Cuando muera el poeta, ¿cambiará el mundo o no? ¿Seguirá igual? ¿Quiénes morirán? ¿Quiénes nacerán?

Juan Ramón Jiménez en Puerto Rico

El viaje definitivo

◆ · ◆ · ◆

1   Y yo me iré. Y se quedarán los pájaros cantando;
y se quedará mi huerto, con su árbol verde,
y con su pozo blanco.
     Todas las tardes el cielo será azul y plácido;
5   y tocarán, como esta tarde están tocando,
las campanas del campanario.
     Se morirán los que me amaron
y el pueblo se hará nuevo cada año;
en el rincón aquel de mi huerto florido[1] y encalado[2],
10   mi espíritu errará[3], nostálgico.
     Y yo me iré y estaré solo, sin hogar, sin árbol
verde, sin pozo blanco,
sin cielo azul y plácido...
Y se quedarán los pájaros cantando.

....
[1] **florido** con flores
[2] **encalado** pintado de blanco
[3] **errará** andará como un vagabundo

El pájaro canta en el árbol.

Comprensión

A **Buscando información** Contesta.

1. ¿Quién se irá?
2. ¿Quiénes se quedarán?
3. ¿Qué más se quedará?
4. ¿Qué tiene su huerto?
5. ¿Cómo será el cielo?
6. ¿Cuándo?
7. ¿Qué tocarán?
8. ¿Dónde?
9. ¿Están tocando ahora?
10. ¿Quiénes se morirán?
11. ¿Dónde errará el espíritu del poeta?

B **Analizando símbolos** Explica.

1. ¿Por qué se hará nuevo el pueblo?
2. ¿Qué sentimientos evoca este poema lírico?

Tocarán las campanas del campanario.

C **Analizando** Contesta.

El poeta usa varios colores en este poema. ¿Cuáles son los colores? ¿Qué describe al usar estos colores?

D **Parafraseando** ¿Cómo lo dice el poeta?

1. Yo *saldré.*
2. *Permanecerán* los pájaros cantando.
3. Y se quedará mi *jardín.*
4. Y *cada tarde* el cielo será azul y *tranquilo.*
5. Se morirán los que me *querían.*
6. Mi espíritu *vagará.*
7. Y estaré solo, sin *casa,* sin árbol.

E **Interpretando** Explica el significado del título del poema.

Escribiendo con un propósito

Al preparar un escrito siempre hay que tener en mente el propósito de tu escrito—la razón por la cual lo estás escribiendo. Además de pensar en lo que tú quieres escribir, tienes que tomar en cuenta lo que tus lectores quieren saber porque ellos tienen una razón para leer tu escrito. Si incluyes detalles o ideas que no correspondan a lo que estos estén buscando, el escrito no les va a interesar.

Una carta de recomendación

Vamos a analizar por qué se escribe una carta de recomendación. ¿Cuál es el propósito de tal carta? Es el de explicar y convencer al lector que la persona en la carta tiene la formación, capacidad, carácter y destrezas necesarias para cumplir con ciertos deberes y responsabilidades. Y, ¿quién será el lector? El lector de una carta de recomendación será una persona que esté buscando alguien que pueda cumplir con esos deberes o responsabilidades en un empleo o lo que sea. Por consiguiente, al escribir tal carta tienes que fijarte en las necesidades, lo que está buscando, tu lector. Lo que incluyes en una carta de recomendación puede variar enormemente de lo que incluyes en otra.

Vamos a imaginar que vas a escribir una carta de recomendación para un(a) amigo(a) que es o que va a ser médico(a). El lector de esta carta será otro médico que está buscando un socio en su consultorio o un(a) administrador(a) de un servicio o departamento de un hospital. La persona para quien tú escribes la carta es muy aficionada a los deportes y es bastante guapa. Tienes que considerar si quieres incluir tales detalles en tu escrito. ¿Le interesarán a tu lector? La respuesta es *no*, porque no es necesario que un médico sea aficionado a los deportes ni que sea guapo. En este caso no son detalles pertinentes.

De la siguiente lista, escoge los detalles que incluirías en tu carta de recomendación para un médico.

- su edad
- sus intereses culturales
- los cursos que ha tomado en historia
- los cursos que ha tomado en ciencias
- sus goles u objetivos financieros
- sus goles u objetivos profesionales
- sus pasatiempos favoritos
- las lenguas que habla
- especializaciones o campos de medicina en los cuales tiene formación especial
- premios que ha ganado en deportes
- su experiencia en el campo médico
- sus rasgos físicos
- escuelas o facultades a las cuales ha asistido
- sus diplomas o títulos
- características de su personalidad

Ahora, ¡te toca a ti!

Vas a escribir dos cartas de recomendación. Van a ser muy diferentes la una de la otra porque cada una tendrá un propósito diferente.

Escoge dos de las siguientes cartas.

- un(a) amigo(a) quiere trabajar como consejero(a) en un campo deportivo de verano
- un(a) amigo(a) quiere recibir una beca para estudiar en una universidad de un país hispanohablante
- un(a) amigo(a) quiere trabajar como enfermero(a) en un hospital
- un(a) amigo(a) quiere pasar un mes con una familia en México
- un(a) amigo(a) quiere trabajar en una tienda de música

El proceso

- Escoge para quienes vas a escribir tus cartas de recomendación. No escribas las dos cartas al mismo tiempo. Al terminar la primera, escribe la segunda.
- Prepara una lista de detalles que aporten interés al propósito de tu carta.
- Al completar tu lista, léela. Suprime cualquier detalle que no consideres completamente pertinente.
- Escribe un borrador.
- Revísalo haciendo cualquier corrección necesaria.
- Escribe la versión final.
- Continúa con la segunda carta.

Lee las dos cartas. Compáralas. ¿Cómo son diferentes? ¿Por qué son diferentes?

Hablando con el médico en el hospital

Presente perfecto

1. El presente perfecto, igual que el presente perfecto progresivo llamado también «el presente perfecto continuo», expresa eventos que empezaron en el pasado, continúan en el presente y quizás continúen en el futuro.

> *I have lived here all my life.*
> *I've been living here all my life.*
> *He's been here for three years.*
> *She's been here since she graduated.*

She has lived in the same house all her life.

2. El presente perfecto en inglés, igual que en español, se forma con el verbo auxiliar *to have* y el participio pasado.

> *I have spoken.*   *I've spoken.*
> *He has left.*   *He's left.*
> *They have been here.*   *They've been here.*

3. Observa las formas de los participios pasados regulares.

hope	*hoped*
listen	*listened*
start	*started*
talk	*talked*
enjoy	*enjoyed*

¡Ojo! Una vez más hay problemas ortográficos.

stop	*stopped*
rob	*robbed*
prefer	*preferred*
control	*controlled*
try	*tried*
carry	*carried*

Hurry! The bus hasn't left yet.

4. Muchos verbos tienen un participio pasado irregular. Aquí tienes una lista de algunos de los más importantes.

awake	*awoken/awaked*		*come*	*come*
be	*been*		*cost*	*cost*
become	*become*		*cut*	*cut*
bite	*bitten*		*dig*	*dug*
bleed	*bled*		*dive*	*dived*
blow	*blown*		*do*	*done*
break	*broken*		*draw*	*drawn*
bring	*brought*		*drink*	*drunk*
build	*built*		*drive*	*driven*
buy	*bought*		*eat*	*eaten*
catch	*caught*		*fall*	*fallen*
choose	*chosen*		*feed*	*fed*

fight	*fought*	*show*	*shown*
find	*found*	*shrink*	*shrunk/shrunken*
fit	*fit*	*shut*	*shut*
flee	*fled*	*sing*	*sung*
fly	*flown*	*sink*	*sunk*
forget	*forgotten*	*sit*	*sat*
freeze	*frozen*	*sleep*	*slept*
get	*gotten/got*	*speak*	*spoken*
give	*given*	*speed*	*sped*
go	*gone*	*spend*	*spent*
grow	*grown*	*spin*	*spun*
hang	*hung*	*stand*	*stood*
have	*had*	*steal*	*stolen*
hear	*heard*	*stink*	*stunk*
hide	*hidden*	*sting*	*stung*
hit	*hit*	*stroke*	*struck*
hold	*held*	*swear*	*sworn*
hurt	*hurt*	*swim*	*swum*
keep	*kept*	*take*	*taken*
know	*known*	*teach*	*taught*
lay	*laid*	*tear*	*torn*
lead	*led*	*think*	*thought*
leave	*left*	*throw*	*thrown*
lend	*lent*	*understand*	*understood*
light	*lighted/lit*	*wake*	*woken/waked*
lose	*lost*	*wear*	*worn*
make	*made*	*weep*	*wept*
mean	*meant*	*win*	*won*
meet	*met*	*wind*	*wound*
pay	*paid*	*write*	*written*
prove	*proved/proven*		
put	*put*		
quit	*quit*		
read	*read [rɛd]*		
ride	*ridden*		
ring	*rung*		
rise	*risen*		
run	*run*		
say	*said*		
see	*seen*		
seek	*sought*		
sell	*sold*		
send	*sent*		
set	*set*		
shave	*shaved/shaven*		

Comparativo de igualdad

1. El comparativo de igualdad se expresa en inglés con *as . . . as* con un adjetivo o adverbio.

> *He is as tall as his sister.*
> *She runs as fast as anyone.*

2. El comparativo de igualdad con un sustantivo se expresa con *as much . . . as* y *as many . . . as.*

As many . . . as se emplea con lo que se llama un *noncount noun.* Ejemplos de estos son *money, food, furniture, baggage, luck.* Se refiere a sustantivos con los cuales no se puede usar números.

> *He has as much money as we do.*
> *They have as much luck as anyone else.*

Se usa *as many . . . as* con *count nouns,* o sea, los que pueden ir acompañados de un número.

> *He reads as many books as you do.*

Nota la diferencia.

> *There are as many chairs in my living room as in yours. (count)*

> *There is as much furniture in my living room as in yours. (noncount)*

He walks as many dogs as I do.

Capítulo
9

Campo y ciudad

Objetivos
En este capítulo vas a:

◆ estudiar las diferencias sociales y económicas entre la vida urbana y rural en Latinoamérica

◆ familiarizarte con el vocabulario necesario para discutir la nueva e importante rama de ciencia—la ecología

◆ estudiar el imperfecto progresivo, la colocación de los pronombres de complemento, los adjetivos y pronombres demostrativos

◆ leer *Ojerosa y pintada* de Agustín Yáñez y *Ya están ahí las carretas* de Juan Ramón Jiménez

◆ contrastar los demostrativos en español e inglés

Vocabulario para la lectura

Estudia las definiciones de las siguientes palabras.

los abonos fertilizantes

la mano de obra conjunto de obreros, trabajadores

la meta el objetivo, el gol

el peón obrero no especializado (inexperto); en Latinoamérica «bracero agrícola»

el terrateniente propietario de gran extensión de tierra

acelerado rápido

precario inestable, inseguro, peligroso

eficazmente de una manera eficiente; competentemente

Los peones cultivan la tierra, San Isidro, México

Poder verbal

ACTIVIDAD 1 **¿Qué palabra necesito?** Da la palabra cuya definición sigue.

1. veloz
2. lo que se usa para nutrir la tierra
3. el resultado deseado
4. no muy estable
5. conjunto de trabajadores
6. el que labra la tierra
7. hacerlo bien
8. dueño de mucha tierra

ACTIVIDAD 2 **Otra palabra** Da un sinónimo.

1. rápido
2. competentemente
3. obrero no especializado
4. fertilizantes
5. inestable
6. el objetivo

Para más información sobre las ciudades y el campo en el mundo hispano, visita el sitio Web de Glencoe Spanish: spanish.glencoe.com.

Lectura

Ciudad y campo en Latinoamérica

Durante la época colonial los españoles iban estableciendo ciudades por todas partes de Latinoamérica. Las ciudades que fundaban se parecían mucho a las de España. Las calles se cruzaban formando una red octagonal. En el centro había un espacio abierto—la plaza—casi siempre llamada la Plaza de Armas. La plaza servía de eje a la vida urbana. Aquí se situaban los principales edificios administrativos y religiosos. El que más cerca de la plaza vivía más importancia social tenía. Sus casas solían contar con dos pisos y tenían balcones de madera. Por su parte las clases más humildes vivían en casas de un solo piso que en algunas zonas se pintaban de colores alegres. En las afueras del centro urbano se situaban los pueblos para los indígenas. No se puede negar que la sociedad colonial se dividía en estratos sociales bien diferenciados.

Estrategias de lectura

Resumiendo La lectura que sigue tiene mucha información. Para de leer de vez en cuando para resumir la información.

Palabras en contexto Encontrarás algunas palabras que te serán desconocidas tales como **latifundio, minifundio** y **monocultivo**. Para determinar lo que significan, utiliza la estrategia de determinar el significado de una palabra por el contexto en que se usa.

Plaza Independencia, Montevideo

Trujillo, Perú

Plaza de Armas, Lima (1860)

Arequipa, Perú

Avenida 9 de julio,
Buenos Aires

Las ciudades de hoy

Actualmente la mayoría de las ciudades han
mantenido su típico casco antiguo o histórico que
son los restos de la original ciudad colonial. A los
turistas les encanta visitar estas zonas pintorescas.
Pero la verdad es que las ciudades se han extendido
enormemente y hay grandes avenidas anchas con
rascacielos que tienen oficinas en los barrios más
comerciales y condominios en los barrios más
residenciales. Hay que destacar que en muchas
ciudades latinoamericanas las zonas comerciales y
residenciales no se encuentran tan separadas como
en la mayoría de las ciudades estadounidenses.

Miraflores, Perú

Y cada ciudad tiene sus suburbios. Algunos ya están muy establecidos
como San Isidro en Lima, Martínez en Buenos Aires y Polanco en la
Ciudad de México. Pero en las afueras de todas las ciudades van
creciendo los suburbios. El nuevo suburbio de El Molino en Quito es
sólo un ejemplo. Los suburbios modernos tienen cines,
canchas de tenis, centros comerciales con grandes
parkings—es decir todas las comodidades de la vida
moderna.

Barrio residencial, Buenos Aires

Jugando futbolín,
Lima

El campo

En España durante la Edad Media y después, los nobles eran dueños de grandes extensiones de tierra. En estas grandes extensiones de tierra, la mano de obra era el producto de numerosos peones. Al instalarse en las Américas, los españoles querían establecer el mismo sistema de tierra que tenían en Europa. Los conquistadores dividían la tierra que tomaban en grandes extensiones y los peones fueron sustituidos por los indígenas y la gente esclavizada de África. Estas grandes extensiones de tierra cultivadas para el beneficio de otros se llaman «latifundios».

En el siglo XIX las repúblicas latinoamericanas ganaron su independencia pero las tierras permanecieron en manos de unos pocos terratenientes criollos o, en algunos países o en algunos casos, en manos de grandes empresas extranjeras, mayormente estadounidenses.

Un latifundio, Guanajuato, México

Un minifundio, México

Con el afán de comerciar con el extranjero los terratenientes hacían todo lo posible para satisfacer las demandas del mercado y en la mayoría de los casos en vez de diversificar la producción agrícola establecieron el monocultivo, o sea, el cultivo de un solo producto. Del monocultivo surgieron dos problemas graves. Al no variar las cosechas la tierra se agotaba y cuando la demanda por cierto producto bajaba, el país o la región cuya economía se basaba en este producto se encontraba en una posición económica precaria.

En muchos países las revoluciones han quitado las tierras de manos de los terratenientes. Los líderes han dividido los latifundios en minifundios, distribuyendo la tierra en pequeñas parcelas a los que antes la tenían que cultivar. Esta redistribución de tierra fue la meta de casi todos los programas de reforma agraria. Pero para trabajar la tierra eficazmente hay que usar abonos y máquinas. Para vender el producto hay que tener buenos métodos de transporte para llevarlo al mercado. Y, ¿cómo lo puede hacer el pobre campesino?

Manifestación, Ciudad de Guatemala

Métodos agrícolas antiguos, Viñales, Cuba

Maquinaria agrícola moderna, Baja California

Recoleta, Buenos Aires

El campesino ha tenido que enfrentarse con obstáculos casi insuperables. Hasta ahora los problemas del campo no se han resuelto. Son muy complejos y varían de país en país.

Dados los problemas existentes en las zonas rurales, el movimiento migratorio del campo a la ciudad dentro del mismo país continúa cada vez más acelerado. La ciudad atrae a muchos campesinos que vienen en busca de trabajo con la esperanza de encontrar una oportunidad para educar a sus hijos. Pero estos campesinos llegan a la ciudad con muy poca formación educacional. Por consiguiente su asimilación en el ambiente urbano no es tarea fácil. En todas las ciudades existe y ha existido una escasez de vivienda, desocupación y sobrepoblación. Se calcula que en Latinoamérica habrá que crear un mínimo de treinta y cinco millones de empleos adicionales en sólo cinco años para dar trabajo a todos los jóvenes que lo buscan.

Barrio pobre, Ciudad de México

A causa de la sobrepoblación y de la escasez de viviendas han surgido en los alrededores de todos los centros urbanos barriadas que llevan nombres tales como «arrabales», «callampas», «ranchos», «villas miseria», etc. No importa el nombre. Todas son iguales con chozas hechas de madera, hojalata, cartón y arpillera y en su mayoría sin agua corriente ni luz eléctrica. Los habitantes de estas barriadas siguen luchando por una vida mejor. Sobreviven de la esperanza.

Villa miseria, Buenos Aires

Comprensión

A **Descripción** Describe.

1. En tus propias palabras, describe como se planeaba una ciudad típica en la época colonial.
2. Describe los barrios más modernos de una ciudad típica.
3. Describe los nuevos suburbios.

Plaza Murillo, La Paz

B **Contrastando** Contesta.

 ¿Cuál es una diferencia notable entre una ciudad típica latinoamericana y una ciudad típica estadounidense?

C **Buscando información** Contesta.

1. ¿Quiénes eran los dueños de grandes extensiones de tierra en España?
2. ¿Qué hacían los conquistadores?
3. ¿Quiénes labraban la tierra?
4. ¿Qué pasó en el siglo XIX?
5. Después de la independencia, ¿quiénes eran los dueños de la tierra?
6. ¿Cuáles fueron dos errores serios que cometieron? ¿Por qué?

D Explicando Explica el significado.

1. el latifundio
2. el minifundio
3. la redistribución de tierra
4. el monocultivo

E Analizando Contesta.

¿Por qué no ha podido la reforma agraria resolver todos los problemas con que se enfrentan los campesinos?

Plaza de Armas, Pisco, Perú

F Resumiendo Da un resumen de los siguientes temas.

1. la migración del campo a la ciudad en los países latinoamericanos
2. la asimilación de los campesinos en el ambiente urbano
3. problemas con los cuales se enfrentan las grandes aglomeraciones urbanas latinoamericanas

Conexión con la ecología

La ecología es una ciencia relativamente reciente. Es la ciencia que estudia el equilibrio entre los seres vivientes y la naturaleza. La ecología es de interés mundial porque todos nos estamos poniendo al tanto del daño que nosotros, los seres vivientes, estamos causando a nuestro medio ambiente.

Todos los seres vivos tenemos una serie de necesidades básicas. Necesitamos alimento, agua, oxígeno, y un lugar donde vivir. ¿Cómo afectan el ambiente nuestras necesidades y demandas humanas? Quemamos gasolina, gas y carbón para impulsar automóviles y proveernos de energía eléctrica. Represamos ríos para tener el agua que necesitamos para regar los campos. Talamos los bosques para construir centros comerciales y desarrollar proyectos de vivienda. Tenemos que preguntarnos, ¿tiene que ser siempre destructiva la forma en que nos aprovechamos de los recursos naturales de la Tierra?

Contaminación del aire

Un río contaminado, Huanuni, Bolivia

Los recursos de la Tierra

Siempre que utilices el transporte público, enciendas la luz, o comas, estás usando un recurso natural. Un recurso natural es cualquier parte del ambiente que los humanos utilizamos para nuestro beneficio. Incluyen el suelo, el agua, los cultivos, el petróleo y los minerales.

Recursos naturales renovables Un recurso natural que es reemplazado o reciclado por medio de procesos naturales se llama «recurso renovable». Ejemplos de recursos renovables son el oxígeno, el agua, las plantas, los animales, los cultivos, la luz del sol y el suelo.

Recogiendo basura, Oceanside, California

Depósito para el reciclaje, Madrid

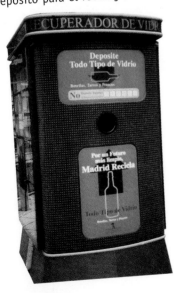

Recursos naturales no renovables Un recurso no renovable existe sólo en cantidades limitadas. No se reemplaza y no forma parte de un ciclo natural. Los metales como el aluminio, el estaño, la plata, el oro, el uranio, hasta el cobre que se usa para fabricar alambres, son no renovables. Tampoco son inagotables ni renovables los fósforos de los cuales se produce el petróleo. El fósforo, un mineral indispensable para el crecimiento vegetal, se recicla tan lentamente en el ambiente natural que se considera no renovable. Hasta la capa superior del suelo que toma varias generaciones en formarse se considera un recurso no renovable.

Organismos extintos

Una población de organismos es un recurso natural renovable; individuos nuevos nacen y los viejos mueren. Pero a veces no es así. Ocurre que todos los miembros de una especie mueren. Estos animales se hacen extintos. La extinción es la desaparición de una especie y los humanos somos responsables de la extinción de no sólo una sino de muchas especies. La mayoría de las extinciones se producen por la destrucción del hábitat natural de una especie.

Cuando una población empieza a declinar rápidamente, se dice que la especie está amenazada y sus miembros se colocan en una lista (un listado) de especies amenazadas. Una especie se considera en peligro de extinción cuando su número es tan bajo que existe la posibilidad de extinción.

Un guacamayo, Guatemala

Demanda y oferta

Ya has aprendido que la población humana está creciendo a un ritmo rápido. Mientras más gente hay sobre la Tierra, más demanda habrá de alimento, agua, espacio para vivir, ropa, transporte y demás cosas imprescindibles. ¿Cuánto tiempo durarán los recursos de la Tierra? En determinado punto, ¿nos quedaremos sin lo que necesitamos para vivir? Es una pregunta inquietante.

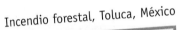

Incendio forestal, Toluca, México

Efectos de la contaminación

Todos los organismos producen desechos que son normalmente reciclados mediante procesos naturales. ¿Qué ocurrirá cuando se produzcan tantos desechos que la capacidad para reciclarlos naturalmente se sobrepase? Las basuras se producen más rápido de lo que pueden descomponerse. El exceso de desechos está causando la contaminación de nuestro medio ambiente, del agua, del aire y de la Tierra.

Canal del Beagle, Argentina

Conocimientos para superar

Contaminación del aire Las sustancias contaminantes pueden entrar en la atmósfera por erupciones volcánicas e incendios forestales pero la quema de combustibles es la mayor fuente de contaminación del aire. Quemamos combustibles para calentar las viviendas y oficinas hacer funcionar los motores de aviones, autos, trenes y autobuses. Se queman también para producir electricidad en plantas generadoras, etc. El humo que se libera de estos procesos contiene gases y partículas sólidas de hollín que son dañinas para muchas formas de vida.

El agua de un lago es agua superficial.

Un pozo, ¿sale agua potable o no potable?

Lluvia ácida La atmósfera contiene humedad en forma de vapor de agua que se condensa y vuelve a la tierra en forma de lluvia o nieve. Las moléculas de agua pueden entrar en contacto con partículas contaminantes del aire tales como el dióxido de carbono, el dióxido de azufre y los óxidos de nitrógeno incrementando la acidez de la lluvia. El resultado es la lluvia ácida que daña edificios de piedra y lava valiosos nutrimentos del suelo, causando la muerte de árboles y daños de los tejidos vegetales.

Contaminación del agua El agua de los lagos y ríos se conoce como superficial. El agua que se encuentra bajo la superficie se conoce como agua subterránea. Se estima que entre el 20 y el 45 por ciento de los pozos de agua (el agua que debe de ser potable) en ciertas regiones de Estados Unidos pueden estar contaminados con químicos de origen agrícola e industrial.

Contaminación de la tierra Todos nosotros producimos una cantidad de basura diariamente. La basura consiste en desechos. Algunos desechos sólidos como comida, hojas muertas y otros residuos de jardines son biodegradables porque pueden descomponerse por medio de procesos naturales. Los desechos que no son biodegradables como las bolsas plásticas y las latas de bebidas gaseosas tienen que ser reciclados.

¿Qué podemos hacer?

Muchas municipalidades tienen programas de reciclaje y debemos seguir todas sus sugerencias separando los materiales reciclables del resto de la basura. Los materiales reciclables incluyen el vidrio, el metal, el papel y el más difícil de reciclar—el plástico. Cuando vamos de compras debemos leer las etiquetas y comprar productos hechos de materiales reciclados cuandoquiera que sea posible.

Hay mucho más que hacer, pero para empezar el reciclaje es importantísimo.

¿Son reciclables estos envases?

Conocimientos para superar

Comprensión

A Poder verbal Definiciones
Da una definición.
1. la ecología
2. los seres vivientes
3. recursos naturales
4. recursos renovables
5. recursos no renovables
6. la extinción
7. el hábitat
8. una especie amenazada
9. la contaminación
10. la lluvia ácida

Un centro de reciclaje, Los Ángeles

B Buscando información
Contesta.
1. ¿Por qué nos interesa a todos la ecología?
2. ¿Cuáles son algunas de nuestras necesidades?
3. ¿Cómo afectan al ambiente estas necesidades?
4. ¿Qué hacemos con los ríos? ¿Y con los bosques?
5. ¿Cuáles son algunos recursos renovables? ¿Y no renovables?
6. ¿Cuál es la razón principal de la extinción de algunas especies?
7. ¿Cuál es una pregunta muy inquietante?
8. ¿Qué está causando el exceso de desechos?
9. ¿Cuál es la causa principal de la contaminación del aire?
10. ¿Por qué es tan peligrosa la lluvia ácida?

C Contrastando Contesta.
¿Cuál es la diferencia entre el agua superficial y la subterránea? ¿Cuál es un problema relativo al agua subterránea?

D Explicando Explica lo que es el reciclaje y por qué es tan importante.

Gramática y lenguaje

Imperfecto progresivo

1. Se forma el imperfecto progresivo con el imperfecto del verbo **estar (seguir, continuar, ir, andar)** más el participio presente. El imperfecto progresivo expresa o describe una acción en progreso en cierto momento o época del pasado. Es más gráfico que el imperfecto sencillo. Te hace visualizar la acción.

> **El peón estaba trabajando en el campo.**
> **Estaba sudando mucho.**

El peón estaba trabajando en el campo.

2. La mayoría de los verbos que tienen un cambio radical en el pretérito lo preservan en el participio presente.

e → i		o → u	
pedir	pidiendo	dormir	durmiendo
servir	sirviendo	morir	muriendo
repetir	repitiendo		
freír	friendo		
decir	diciendo		

3. El participio de los verbos siguientes se escribe con **-y**.

caer	cayendo	distribuir	distribuyendo
leer	leyendo	construir	construyendo
traer	trayendo	contribuir	contribuyendo
oír	oyendo		

ACTIVIDAD 1 **¿Qué estaban haciendo?** Escribe en el imperfecto progresivo.

1. El charlaba con sus amigos.
2. Ellos hacían un viaje por España.
3. Aquellos señores trabajaban como bestias.
4. Yo no comía nada.
5. Él salía con María.
6. El profesor explicaba la teoría.
7. Construíamos una carretera en el interior.
8. Ella no pedía nada.
9. Yo servía la comida.
10. Ellos distribuían algo.

Colocación de los pronombres de complemento

Cuando el infinitivo o el participio presente (el gerundio) van acompañados de otro verbo, los pronombres de complemento directo e indirecto se colocan delante del verbo principal o se agregan al infinitivo o participio presente. Así se puede expresar de dos maneras.

Estaban comiendo el maíz.	**Me estaba mostrando la finca.**
Lo estaban comiendo.	**Me la estaba mostrando.**
Estaban comiéndolo.	**Estaba mostrándomela.**
Voy a cruzar la calle.	**Voy a dar el plano a José.**
La voy a cruzar.	**Se lo voy a dar.**
Voy a cruzarla.	**Voy a dárselo.**

Fíjate en la acentuación y el uso de la tilde.

 Pronombres Escribe según el modelo.

> **Ella te quiere mandar la carta.** →
> **Ella te la quiere mandar.**
> **Ella quiere mandártela.**

1. Ella quiere darte el regalo.
2. Queremos devolver el libro al profesor.
3. Van a servir la comida al convidado.
4. El presidente prefiere dar la conferencia.
5. Ellos piensan vender el carro.
6. María quiere escribirle la carta.
7. Ella quiere explicarnos la teoría.
8. Él va a devolverme el dinero.
9. Ella puede enviarnos los resultados.
10. Yo quiero mostrarte la camisa.

La familia llega a un hotel en Frutillar Bajo, Chile.

 Oraciones nuevas Escribe cada oración de dos maneras usando pronombres.

1. La recepcionista está atendiendo al cliente.
2. El cliente está hablando a la recepcionista.
3. Ellos están discutiendo la reservación.
4. El señor quiere hacer la reservación ahora.
5. Él quiere reservar el mismo cuarto.
6. La recepcionista le asegura que puede darle el mismo cuarto.
7. El señor está agradeciendo a la recepcionista.
8. La recepcionista quiere ver su tarjeta de crédito.
9. El señor está buscando su tarjeta de crédito.
10. Él acaba de dar la tarjeta de crédito a la recepcionista.
11. La recepcionista está apuntando el número de la tarjeta.
12. La recepcionista va a devolver la tarjeta de crédito al cliente.

Adjetivos y pronombres demostrativos

Según las nuevas reglas de la Real Academia de la Lengua Española, los adjetivos y los pronombres demostrativos se escriben de la misma manera. Antes, los pronombres llevaban tilde para diferenciarlos de los adjetivos. Los demostrativos expresan colocación.

este, estos, esta, estas *(cerca de mí)*

ese, esos, esa, esas *(cerca de ti)*

aquel, aquellos, aquella, aquellas *(lejos de ti y de mí)*

 En el singular Escribe en el singular.

1. Aquellos campos son verdes.
2. Estas ideas son muy buenas.
3. Esos señores son de Andalucía.
4. Estos coches son nuevos.
5. Aquellas señoras son profesoras.
6. Aquellos libros no están en la biblioteca.

 ¿Este, ese o aquel? Completa con el pronombre demostrativo apropiado.

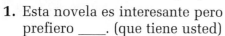

1. Esta novela es interesante pero prefiero _____. (que tiene usted)
2. Aquellas casas son más pequeñas que _____. (aquí)
3. Este carro cuesta menos que _____. (allá)
4. La otra playa siempre tiene más gente que _____. (aquí)
5. Estas maletas son mejores que _____. (en la otra tienda)
6. ¿Cuántos libros? He leído _____ (aquí), _____ (que tiene usted) y _____. (que están allí)
7. De las novelas que he leído prefiero _____. (que estoy leyendo ahora)
8. Esos hoteles son tan modernos como _____. (allá)

¡Allá!—dice esta agente de policía en Trujillo, Perú.

Letras mayúsculas

En español la letra inicial de una palabra se escribe con mayúscula en los siguientes casos.

- la primera palabra de una oración

   Los alumnos llegan a la escuela a las ocho.

- los nombres o sustantivos propios

   Federico Grávalos vive en San Marcos, Texas.

- los nombres de instituciones

   La Escuela Asenjo
   La Academia de Bellas Artes

- las abreviaturas

   Sr. (Srta. Sra.) González
   González y Hnos.
   Ud.

- la letra inicial de los títulos de obras artísticas, científicas y literarias

   Las lanzas   ***La camisa de Margarita***   ***Cien años de soledad***

 6 Letras mayúsculas Corrige.

1. julián garza
2. isabel allende
3. los ángeles, california
4. el colegio hidalgo
5. el palacio de bellas artes

 7 Abreviaturas Escribe la forma abreviada.

1. señor
2. ustedes
3. doctora
4. hermanos
5. licenciado

 8 Letras mayúsculas y puntuación Escribe las siguientes oraciones correctamente.

1. los alumnos asisten al colegio hidalgo en monterrey, méxico
2. van a ver una exposición del artista rufino tamayo en el palacio de bellas artes
3. la tienda de abarrotes (la bodega) que más me gusta es hnos. delibes
4. vamos a ver la película *lo que el viento se llevó* en el cine rex
5. la sra. madero está leyendo *cien años de soledad* del colombiano gabriel garcía márquez
6. quién es el autor de la novela *conversación en la catedral*
7. creo que es mario vargas llosa de perú
8. van uds. a asistir a la universidad de texas en austin

Ojerosa y pintada de Agustín Yáñez

◆ Vocabulario para la lectura

Estudia las definiciones de las siguientes palabras.

el alto detención o parada

el camión el autobús en México

la cobija la manta, la frazada

la despensa lugar de la casa donde se guardan las provisiones; provisión de comestibles

los paisanos personas del mismo país o región

la plática la charla, la conversación en México y en otras partes

el porte aspecto en cuanto a un individuo, sus modales, modo de vestirse, etc.

el rumbo la dirección

ávido ansioso, insaciable, voraz

categórico que afirma o niega de una manera absoluta

desmesuradamente excesivamente, mayor de lo común

irresoluto que carece de (no tiene) resolución; que no se decide en un caso determinado

tenaz persistente, adherido con fuerza

asomar(se) aparecer

hospedar tener alguien como huésped, alojar

prevenir tomar las medidas precisas para entrar o remediar un mal, avisar o informar a alguien sobre todo de un daño o peligro

tumbar derribar, hacer caer

Carretera nacional, España

Poder verbal

ACTIVIDAD 1 **Oraciones** Usa cada palabra en una oración original.

1. categórico
2. irresoluto
3. desmesuradamente
4. prevenir
5. tenaz
6. el rumbo

Camiones y taxis en la Ciudad de México

2 **¿Qué palabra necesito?** Completa.

1. Él es muy elegante. Tiene el ____ de un hidalgo.
2. Está haciendo frío. Quiero una ____ más en la cama.
3. Son ____. Son de la misma provincia.
4. Ellos van a ____ a sus amigos cuando estén aquí.
5. Ella se ____ a la ventana para mirar el desfile.
6. Hay una parada de ____ en casi cada esquina.
7. Él siempre sabe precisamente lo que quiere hacer y lo hace. Es muy ____; nunca es ____.
8. Nos dio una respuesta ____. Te aseguro que no la va a cambiar.

Nota biográfica

Agustín Yáñez nació en Guadalajara, México, en 1904 y murió en la Ciudad de México en 1980. Cultivó el cuento y el ensayo, pero es conocido principalmente como novelista de tipo social. Su obra se caracteriza por un estilo subjetivo y lírico. En 1973 fue elegido presidente de la Academia Mexicana de la Lengua.

Introducción

El título *Ojerosa y pintada* proviene de un poema del mexicano López Velarde, *La suave patria.* Constituye una referencia al carácter fascinador y mundano de la Ciudad de México. Yáñez explora este carácter a través de un recurso novelístico que le permite recorrer las calles de esta inmensa ciudad y estudiar los diversos tipos sociales que suben al taxi del protagonista.

En la selección que sigue vemos al joven que llega de la provincia lleno de ánimo y energía para triunfar en la gran metrópoli. Al pasar por el centro de la ciudad este joven recién llegado establece un contacto personal con los nombres históricos y monumentos nacionales, que son símbolos del destino de su país, todos centralizados en la capital. Acompañarás al joven que llega y ve por primera vez su capital.

Tráfico en la Ciudad de México

Lectura

Nota En la lectura encontrarás unas figuras históricas.

- **El padre Las Casas:** Bartolomé de Las Casas fue un fraile español que levantó su voz en defensa de los indígenas durante la Conquista.
- **Cuauhtémoc:** Fue el último emperador azteca quien murió bajo la mano de los españoles.
- **Juárez:** Benito Juárez fue el arquitecto de la Constitución mexicana de 1857. Proclamó que las tierras mexicanas pertenecían al pueblo.

Estrategia de lectura
Usando visuales Mira las fotografías que acompañan esta lectura. Te permitirán ver los lugares de la Ciudad de México que vas a visitar al leer esta lectura.

Benito Juárez

Bartolomé de Las Casas

Cuauhtémoc

Ojerosa y pintada 🎵

◆ · ◆ · ◆

1   Siguió por las calles de la Soledad. Merodeó° entre los
comercios de Jesús María, de paso al mercado de la Merced.
Rehusó cargas excesivas o sucias. No era todavía hora de
que anduvieran en el mandado las amas que usan coche
5   para volver con la despensa.

Pasó por el hospital Juárez, donde suele haber clientela
madrugadora de médicos, enfermeros y dolientes que han
hecho guardia nocturna. Esperó inútilmente varios minutos.

Poco distan de allí los lugares en que paran camiones de
10   pasajeros procedentes de diversos rumbos de la República.
Llegado a la avenida 20 de Noviembre, torció la dirección°
al sur. En la calle de Netzahualcóyotl, frente al jardín, a
media banqueta°, con dos bultos envueltos en cobijas y un
pequeño veliz°, esperaba un joven; al acercarse el coche
15   hizo seña indecisa.

merodeó vagó en busca de
algo

torció la dirección dio una
vuelta

banqueta acera en México

veliz maleta pequeña

Carretera, México

—Libre—prorrumpió el chófer, deteniendo la marcha.
Todavía el joven observó con mirada tenaz e irresoluta.

—¿Cuánto me cobra por llevarme a la calle de Serapio
Rendón 198, interior 20?—aunque tímida, la voz era
20   incisiva; el porte, inconfundible; contra su costumbre, no
pudo resistir el chófer la gana de bromear en tono amable:

—Precisamente al interior no lo dejaré. A la puerta de la
casa sí. Que sean seis pesos.

—¿Seis pesos?—el joven abrió los ojos desmesuradamente—
25   si hace rato, cuando bajaba todo el pasaje y los carros no se
daban abasto°, lo más que llegaron a pedirme fue cinco pesos;
mejor esperé a que se fuera la gente y ya sin competencia
me llevaran más barato, porque al venir me dijeron los que
allá° saben que no pagara más de tres pesos y que hasta por
30   dos o menos conseguiría quien me llevara—la voz entraba
en confianza y se hacía categórica; el chófer quiso seguir
la plática:

no se daban abasto andaban
llenos

los que allá los de su pueblo

—Lo que no le dijeron es que por principio de cuentas tengo que dar aquí al agente° un peso por dejarme cargar,
35 pues las terminales de camiones son tomadas por sitios. Que sean cinco pesos, lo menos.

—Me dijeron que a estas horas en que no hay mucho tránsito no pagara más de tres y, para qué lo engaño, también me previnieron que algunos chóferes, cuando
40 camelan° que, como yo es la primera vez que llego a México, se sueltan haciendo rodeos° para cobrar más, aunque la llevada sea a la vuelta°; no lo digo por usted, que tiene cara de buena gente.

Cayó bien al chófer la franqueza y el tono de cordialidad.
45 Lo animaron a prolongar la plática:

—Le propongo un trato: si hacemos menos de diez minutos, me paga tres pesos, y si no, seis, sin rodeos ni nada.

—Ya me había dicho que cinco. Le digo la verdad:
50 aunque vengo decidido a conquistar a México, llego muy recortado de dinero°, pues no tengo quién vea por mí°; después de todo vale más así, rascarse con sus propias uñas°. Conque...

—Coopero a la conquista, por más que no me guste
55 regatear; voy a cobrarle cuatro pesos.

El joven cargó los bultos y se instaló en el asiento con el chófer. Éste preguntó:

—¿Dice que nunca había venido a México?

agente policía de tráfico

camelan se dan cuenta
haciendo rodeos andando en círculos
aunque... vuelta aún si la destinación está a la vuelta de la esquina

recortado de dinero tengo muy poco dinero
quien... mí quien me ayuda
rascarse... uñas por su propia fuerza (cuenta)

El Zócalo,
Ciudad de México

—Nunca, por más que me moría de ganas. Yo soy de
60 Tixtla, Guerrero, la tierra de don Vicente y del maestro
Altamirano, allí nacemos y vivimos con el ánimo de igualar
a esos y otros conterráneos° que consiguieron la
admiración de la capital, después de luchar con sus
desprecios. Yo vengo decidido. Allá en mi estado me recibí
65 de normalista rural°. Poca cosa para mis ambiciones.
Veremos cómo me va. Ya sé que México es muy duro para el
recién llegado; pero traigo las manos hechas puño para
golpear y si es necesario tumbar puertas; también traigo el
estómago impuesto a pasar hambres; y mucha paciencia,
70 junto con mucho coraje, aunque parezca contradictorio; no
sé si me dé a entender. ¿Aquello es Catedral? Ya me lo
imaginaba. Es emocionante tener enfrente las cosas tantas
veces vistas en retratos, y que tanto deseaba conocer.
Créamelo, desde que el camión entró en las calles de la
75 ciudad y me sentí extraño, al gusto de realizar mi vieja
ilusión se junta el miedo. Qué, ¿no iré a salir derrotado? Sé
que no; pero la cara de las gentes, su modo de andar, los
ruidos, los edificios, los tranvías, camiones, automóviles me
infunden desconfianza, y esto que la ciudad está todavía
80 dormida, ¿o no? ¿Podré triunfar en medio de toda esta
confusión? Ahora mismo, estos edificios altos parece que
me apachurran° el corazón. Ah, el famoso Palacio de
Hierro, el Puerto de Liverpool. Realmente es grandiosa la
Catedral—cuando entraron a la Plaza de la Constitución,
85 exclamó—: ¡el Zócalo!—se lo cortaron las palabras, hasta
que con esfuerzo pidió—si me hiciera el favor de irse más
despacio para contemplar esto. ¿El Palacio Nacional? Todo
parece gritarme. Tengo un grabado en que mis paisanos, los
pintos°, ocupan este lugar, cuando
90 llegaron comandados por don Juan
Álvarez—las frases entrecortábanse
a pausas, ávida la mirada de uno en
otro rumbo del Zócalo—: ¿y esta
gente?—preguntó al advertir un
95 grupo de hombres puestos de pie o
en cuclillas°, al extremo sureste de
la Plaza.
　—Son albañiles que se juntan
aquí todas las mañanas en espera
100 de que alguien venga a contratarlos
para las distintas obras de la
ciudad. Cosa de suerte.

conterráneos los del mismo lugar

normalista rural diploma para enseñar en una escuela primaria

apachurran aplastan, dejan confuso, abruman

pintos los de color rojizo y oscuro
en cuclillas sentado doblando el cuerpo hacia el suelo

Obreros, Ciudad de México

—Constructores de México, ¿no es así? Los veo en el mismo sitio como sucesores de mis paisanos, los *pintos*.

105   El chófer hizo señal afirmativa.

—Quisiera estar en el pellejo de alguno para ver qué suerte me tocaría hoy: trabajar en algún palacio, quién sabe si en el remiendo de alguna pocilga°.

Pasando por frente al Palacio Nacional, entrelazáronse
110 las informaciones del chófer y los descubrimientos del recién llegado:

—Por esta puerta no más el Presidente entra.

—La Campana de Dolores.

—El Sagrario.

115   —¿Y esa estatua que se divisa al fondo?

—Le dicen la fuente del padre Las Casas.

—¿Por dónde queda el museo?

—A la derecha, no más a la vuelta.

—Cuánto periódico amontonado: en mi vida había
120 imaginado tamañas° pilas.

—Y eso que no más es uno de los muchos centros de distribución a los papeleros.

—Con razón dicen que la prensa tiene fuerza.

remiendo... pocilga la reparación de un viejo lugar sucio

tamañas tan grandes

Quiosco de revistas y periódicos, Ciudad de México

125 —Mire, allí en la esquina, unas piedras de antes de los españoles, y encima la estatua de Cuauhtémoc, adonde todavía vienen los indios con flores.

—Todo esto me hace revivir la historia entera.

—Vamos a tomar la Avenida 5 de Mayo. Allí tiene el Monte de Piedad, para cuando se le ofrezca. Bonita

130 avenida, ¿eh?

El chófer le fue nombrando las calles transversales: Palma, Isabel la Católica, Motolinía, Bolívar...

—Allí tiene la Alameda y a la

135 izquierda el Palacio de Bellas Artes. Esos edificios, los más altos, las Compañías de Seguros.

Palacio de Bellas Artes

Parque de la Alameda

—Por más que todo me lo imaginaba, es como un sueño verlo así, en junto; parece cine: que cuando se quiere ver

140 un detalle, ya pasó. ¿El hemiciclo a Juárez? Al fondo el monumento a la Revolución, ¿verdad? Qué vista magnífica. De dar miedo esta serie de edificios, esta calle para ser recorrida en triunfo. Más montones de periódicos; pero, ¿hay quién lea tanto?

145 —No ve cómo se los arrebatan° los papeleros.

—El famoso Caballito. Aquí debe comenzar la Reforma.

arrebatan llevan

—Véala usted, a la izquierda; y al fondo, Chapultepec.

—¡Chapultepec!

—Esa es la calle de Bucareli; de allí, vea, salen los
150 periódicos; más papeleros: esa aglomeración.

Después de un prolongado alto, continuaron por la calle
del Ejido, pasaron por el monumento de la Revolución,
pronto llegaron al domicilio señalado.

—Es dudoso que me quede. Voy a ver si una familia que
155 aquí vive, y que hospeda a un paisano, me admite mientras
me acomodo; espéreme a ver si siquiera está ese paisano, a
ver qué me dice.

—Pero rápido.

—No, váyase. Aquí están sus cuatro pesos. Me haré como
160 Hernán Cortés cuando llegó a Veracruz y dicen que quemó
sus barcos. Yo liquido la cuenta del coche, a ver qué pasa.
Usted habrá de verlo tarde o temprano: ahora que me ha
llenado de asombro y de miedo, puedo asegurarle que
triunfaré, que lo conquistaré, cualquiera sea el precio. Me
165 hierve la sangre para empezar.

—Buena suerte.

La Reforma

Bosque de Chapultepec

Comprensión

A **Narrando** Relata en tus propias palabras.

1. lo de la tarifa del taxi
2. la actitud del taxista ante el joven
3. lo que dice el joven de su pasado
4. las reacciones del joven al ver por primera vez muchos lugares de la capital
5. lo de las pilas de periódicos
6. las aspiraciones del joven
7. la llegada al domicilio señalado

B **Explicando** Explica lo que significa.

Ahora que me he asomado a México y me ha llenado de asombro y de miedo, puedo asegurarle que triunfaré, que lo conquistaré, cualquiera que sea el precio. Me hierve la sangre para empezar.

¿Cómo contesta el taxista a lo que dice el joven?

C **Describiendo** Describe unos de los lugares y monumentos de la capital por los cuales pasaron.

Ya están ahí las carretas de Juan Ramón Jiménez

◆ Introducción

Ya has leído sobre la biografía del renombrado poeta español Juan Ramón Jiménez en el capítulo anterior. Él escribió este poema mucho antes que existiera el término «ecología». A veces, las cosas no cambian. ¿A qué problema ecológico alude el poeta? ¿Sigue existiendo o no?

Ya están ahí las carretas

1   Ya están ahí las carretas...
—Lo han dicho el pinar y el viento,
lo ha dicho la luna de oro,
lo han dicho el humo y el eco...
5   Son las carretas que pasan
estas tardes, al sol puesto,
las carretas que se llevan
del monte los troncos muertos.

    ¡Cómo lloran las carretas,
10   camino de Pueblo Nuevo!

    Los bueyes vienen soñando,
a la luz de los luceros[1],
en el establo caliente
que sabe a madre[2] y a heno.
15   Y detrás de las carretas,
caminan los carreteros,

con la aijada[3] sobre el hombro
y los ojos en el cielo.

    ¡Cómo lloran las carretas,
20   camino de Pueblo Nuevo!

    En la paz del campo, van
dejando los troncos muertos
un olor fresco y honrado
a corazón descubierto.
25   Y cae el ángelus[4] desde
la torre del pueblo viejo,
sobre los campos talados,
que huelen a cementerio.

    ¡Cómo lloran las carretas,
30   camino de Pueblo Nuevo!

....
[1] **luceros** astros (estrellas) grandes y brillantes
[2] **sabe a madre** tiene el olor de casa
[3] **aijada** aguijada: vara larga con una punta de hierro que se usa para picar a los bueyes
[4] **ángelus** oración

El buey llega al establo.

Comprensión

A **Interpretando** Contesta.

1. ¿Qué hora del día será?
2. ¿Qué quieren los bueyes? ¿Cómo lo expresa el poeta?
3. ¿Quiénes van detrás de las carretas? ¿Cómo van?
4. ¿Qué van dejando?
5. ¿Por qué están muertos?
6. ¿Qué querrá decir: «los campos que huelen a cementerio»?
7. ¿Qué significa «cómo *lloran* las carretas»?

B **Analizando** Contesta.

¿Cuál es el problema ecológico del cual Juan Ramón Jiménez está hablando? ¿Hace ya cuánto tiempo? ¿Sigue existiendo?

Un bosque y una iglesia, Cataluña

Composición

Un escrito descriptivo

¿Cuál es el propósito de un escrito descriptivo? Es el de presentarle a tu lector una representación o descripción de una persona, cosa, lugar o acontecimiento empleando un lenguaje que le permite a tu lector visualizar o captar una imagen mental precisa de lo que estás describiendo.

Describir es como pintar un cuadro en palabras. Al preparar un escrito descriptivo tienes que pensar en los detalles que mejor revelen a tu lector las características especiales de lo que estás describiendo.

Cáceres, Extremadura, España

Ahora, ¡te toca a ti!

ACTIVIDAD 1

En este capítulo has leído sobre la ciudad y el campo en Latinoamérica. Ahora vas a escribir una composición sobre la ciudad y el campo. El lugar puede estar en Latinoamérica o Estados Unidos. Antes de empezar a escribir piensa en todo lo que sabes de la ciudad y del campo. ¿Qué te viene a la mente al pensar en cada uno de estos lugares?

Escribe apuntes tales como:

Plaza del Callao, Madrid

mucho tráfico
cine, conciertos, etc.
mucha gente
calles anchas
ruido
zonas comerciales
rascacielos
Ciudad
parques
residencias—condominios
atracciones culturales
buses, metro—transporte metropolitano

poca gente
centro comercial
fincas
animales
campos
Campo
el carro
calles estrechas
tranquilidad
carreteras en las afueras

Repasa tu lista de ideas. Trata de visualizar cada una detalladamente. Capta todos los aspectos físicos de lo que estás describiendo igual que los sentimientos que provocan en ti. Empieza a escribir y dales libre rienda a tus ideas.

Vas a llevar tu escrito a una conclusión con algunas observaciones personales. Expresa tu preferencia—vivir en una ciudad o en el campo. Explica por qué. El porqué es tu punto de vista. El punto de vista presenta como tú, el narrador, reaccionas a lo que has narrado o descrito. Permite a tu lector identificarse con lo que evoca en ti el asunto de tu escrito.

Conexión con el inglés

Imperfecto progresivo

Ya has estudiado el imperfecto progresivo en el Capítulo 4.

Demostrativos

1. En inglés los adjetivos demostrativos, igual que en español, expresan colocación pero no existe la distinción entre **ese** y **aquel.**

this book	*these books*	(nearby)
that book	*those books*	(over there)

2. Nota la diferencia entre el adjetivo y el pronombre.

ADJETIVO	PRONOMBRE
this book (here)	*this one* (here)
these books (here)	*these* (here)
that book (over there)	*that one* (over there)
those books (over there)	*those* (over there)

Nota que *one* se usa con el pronombre singular pero no con el plural.

Which book did the student need? This one or that one?

Letras mayúsculas

En todos los casos que es obligatorio el uso de una mayúscula en español, lo es en inglés también.

Pero la mayúscula se usa con más frecuencia en inglés que en español.

1. Hay que escribir el título de una persona con mayúscula cuando se refiere a un individuo específico.

ESPAÑOL	INGLÉS
el presidente Suárez	*President Suarez*
la senadora Clinton	*Senator Clinton*
Sí, capitán	*Yes, Captain*

Pero no se usa mayúscula si no se refiere a una persona específica.

He was elected president.

2. En inglés hay que usar mayúscula con un término de parentesco cuando no está modificado.

I know Uncle Bill went with him.
I know his uncle Bill went with him.

3. El pronombre de sujeto *I* (**yo**) es siempre letra mayúscula.

Of course I know him.

4. En inglés, la primera y la última palabras de un título y cualquier otra palabra importante de un título tienen que ser mayúsculas.

ESPAÑOL	INGLÉS
Conversación en la catedral	*Conversation in the Cathedral*
Cien años de soledad	*One Hundred Years of Solitude*
La bella y la bestia	*Beauty and the Beast*
La casa de los espíritus	*The House of the Spirits*

5. Cualquier sustantivo o adjetivo de nacionalidad o lengua lleva mayúscula en inglés.

ESPAÑOL	INGLÉS
Hablo español.	*I speak Spanish.*
Me gusta la literatura española.	*I like Spanish literature.*
Hay muchos españoles aquí.	*There are many Spaniards here.*

6. Se escriben con mayúscula los días de la semana y los meses del año.

ESPAÑOL	INGLÉS
lunes	*Monday*
jueves	*Thursday*
el primero de enero	*the first of January*
el 25 de diciembre	*the 25th of December*

Capítulo

10

El arte de comer

Objetivos

En este capítulo vas a:

◆ estudiar la historia de algunos productos indígenas de las Américas

◆ familiarizarte con la terminología necesaria para expresar fórmulas en varias ramas de matemáticas como la aritmética, álgebra y geometría

◆ estudiar el imperativo formal, la colocación de los pronombres de complemento con el imperativo, las conjunciones **y, o → e, u**

◆ leer *El Castellano viejo* de Mariano José de Larra, *Como agua para chocolate* de Laura Esquivel

◆ contrastar el imperativo en español e inglés

Vocabulario para la lectura

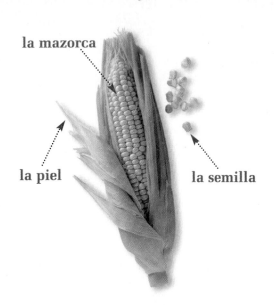

la mazorca

la piel

la semilla

la mano

el metate

Estudia las definiciones de las siguientes palabras.

moler (ue) reducir el grano a polvo o pequeños fragmentos por presión

espesar hacer algo más espeso (que tenga más densidad)

Poder verbal

ACTIVIDAD 1 Describe lo que está haciendo la señora en la fotografía.

SPANISH Online

Para más información sobre los productos indígenas del mundo hispano, visita el sitio Web de Glencoe Spanish: spanish.glencoe.com.

Lectura

Productos de las Américas

Cacahuetes

Algunos productos indígenas que esperaban a los europeos cuando llegó Colón a las Américas tienen una historia interesante. El primero es el cacahuete, llamado también el «cacahuate» o «maní». Se desenterró en Perú una cerámica inca que data de ya hace 3.500 años y la cerámica tiene la forma exacta de un cacahuete. En la lengua de los incas, el quechua, un cacahuete es un «inchu». Los indígenas asaban los cacahuetes antes de comerlos. Los usaban también para espesar algunas salsas.

En el siglo XVI los portugueses llevaban los productos de las Américas a todas partes mientras circunnavegaban el mundo. Al introducir los cacahuetes en África y Asia gozaron de una popularidad inmediata. Aún hoy muchos platos deliciosos de la cocina indonesia llevan cacahuetes.

Un plato indonesio

Mole poblano

Papas

La papa, o patata en España, es otro producto de las Américas. La papa tiene su origen en el altiplano andino. En Bolivia, Ecuador y Perú cultivan papas de muchos colores incluyendo papas negras y azules. Los españoles llevaron la papa a Europa y en países como Polonia e Irlanda llegó a ser la base de la dieta.

Bruschetta

Papas de muchos colores

El cultivo de papas en un valle andino

Tomates

El tomate también tiene su origen en Latinoamérica. Cuando los españoles llevaron los primeros tomates a Europa la gente los usaba como adornos. Nadie los comía. Pero en poco tiempo los españoles y sobre todo los italianos descubrieron que eran deliciosos. Pero hasta el siglo XIX los ingleses y los norteamericanos no comían tomates porque creían que eran venenosos y al comer uno se morirían.

Maíz

El maíz, otro producto indígena, jugó un papel importante en la vida y cultura de los mayas de México y Centroamérica y sigue jugando un papel importante en la vida de sus descendientes. Hay una leyenda maya sobre la creación que dice que la piel de los humanos viene de las mazorcas sagradas de maíz.

En México y Centroamérica se sigue comiendo mucho maíz. Es la base de muchas comidas. Los mexicanos, como sus antepasados mayas de ya hace miles de años, remojan (calan) las semillas de maíz en agua de cal para desquitar la piel dura de las semillas. Entonces muelen el maíz con una mano y un metate para hacer zacán, o sea, la masa que usan para hacer tortillas y tamales. ¡Quién haya comido un tamal mexicano y un tamal caribeño se habrá notado que el tamal de los cubanos o puertorriqueños es más dulce! Y así es porque en el Caribe muelen la semilla entera del maíz para hacer la masa y es la piel de la semilla la que le da el sabor dulce.

Es interesante notar que hasta hoy los europeos comen muy poco maíz. Pero se lo dan de comer a los animales. Tampoco son aficionados a los cacahuetes.

Cultivando maíz, Zaragoza, México

Tamales

Chiles

Fresas

Mole

Chocolate

Chocolate

El chocolate es otro producto indígena de las Américas igual que los chiles. Del chocolate se hacen unas bebidas sabrosas y bombones ricos.

Y los de ascendencia maya siguen usando el chocolate amargo para espesar salsas como los famosos moles. ¿Y el chile? Es el chile que da el toque picante a muchos platos mexicanos y centroamericanos.

¡Una cosita más de interés! ¿Sabías que la primera fresa salió de Chile en 1713?

Comprensión

A Verificando Corrige cualquier información falsa.

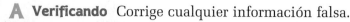

1. Hay solamente una manera de decir cacahuete.
2. Una cerámica maya que tiene más de tres mil años tiene la forma de un tomate redondo.
3. Los incas no tenían palabra para cacahuete.
4. En el siglo XVI los españoles circunnavegaban el mundo.
5. A los europeos les gustaron enseguida los cacahuetes.

B Buscando información Contesta.

1. ¿Dónde tiene su origen la papa?
2. ¿Cómo son las papas que cultivan en los países andinos?
3. ¿En qué países se hicieron muy populares las papas?
4. ¿Cómo usaban los tomates los europeos?
5. ¿Quiénes descubrieron su sabor rico?
6. ¿Quiénes no comían tomates hasta el siglo XIX?
7. ¿Por qué no los comían?

C Identificando Identifica y describe.

1. una leyenda maya sobre la creación
2. la manera en que preparan los mexicanos la masa para tortillas y tamales
3. la diferencia entre un tamal mexicano y caribeño
4. la razón por esta diferencia
5. los chiles

Vendiendo elote, Oaxaca

Conexión con las matemáticas

Un conocimiento de las matemáticas es imprescindible. Usas matemáticas para leer recetas, medir un montón de cosas diferentes, pagar facturas y preparar presupuestos.

He aquí una lista de expresiones que te permitirán a usar el español para describir problemas aritméticos y funciones de álgebra y geometría.

Instrumentos para la geometría

Álgebra

Una **variable** es un símbolo, por lo general una letra, que se usa para representar un número desconocido.

$$x \quad n \quad a$$

Un **término** puede ser un número, una variable o un número y una variable combinados en una multiplicación o división.

$$a \quad 5 \quad 5x$$

Una **expresión** puede ser un término o una serie de términos separados por signos de adición (suma) o substracción (resta).

EXPRESIÓN	NÚMERO DE TÉRMINOS	COMO EXPRESARLA
$6y + 8$	2	Se multiplica un número por una variable y se (le) suma (añade) 8. Los términos van separados por el signo de suma.
$6y - 8$	2	Se multiplica un número por una variable y se resta (deduce) 8.

Calculando una ecuación algebraica

Frases importantes

EXPRESIÓN	FRASE
n + 3	a. 3 más que un número b. a un número se le añade (suma) 3 c. se suma (añade) 3 a un número d. 3 más otro número e. la *suma de* un número más 3

EXPRESIÓN	FRASE
n − 3	a. 3 menos que un número b. un número reducido en 3 c. un número menos 3 d. se resta 3 de un número e. se reduce un número en tres f. la *diferencia entre* un número y tres

EXPRESIÓN	FRASE
$3n$ $3 \cdot n$ $3 \times n$ $3n = 18$ $n = 6$	a. tres veces un número b. se multiplica un número por tres c. un número multiplicado por 3 d. el *producto* de un número y 3 e. 3 y 6 son *factores* de 18

EXPRESIÓN	FRASE
$\dfrac{20}{n}$ $20 \div n$	a. 20 *dividido entre* un número b. la *razón* de 20 a un número c. el *cociente* de 20 entre un número

Una expresión es sólo una frase. Una **ecuación** es un enunciado; indica que dos expresiones son equivalentes o iguales. El símbolo = indica igualdad.

5a − 2 = a + 6

2 menos que el producto de un número y 5 equivale a 6 más que el número.

Tienes que recordar que un término puede ser un número, una variable o números y variables combinados en una multiplicación o división. Cuando un término está formado sólo por un número, el término se conoce como una constante.

CONSTANTES:	7	10	14
OTROS TÉRMINOS:	a	5y	3(n + 5)

Negativos y positivos Hay números y variables negativos y positivos. Un número negativo es menor que cero; un positivo es mayor que cero.

$$-3 \qquad 0+3$$

Razones Una **razón** es una comparación entre dos entidades. Si en una clase hay 10 niños y 15 niñas, la razón del número de niños al número de niñas es 10 a 15. Se puede expresar con la **fracción** $\frac{10}{15}$, reducida a $\frac{2}{3}$. Dos tercios de la clase son niñas.

Potencias y exponentes

$$4^6 = 4 \times 4 \times 4 \times 4 \times 4 \times 4 = 4096$$

El número 4 es el **factor** que se multiplica y se conoce como *base*. El número 6 es el **exponente**. El exponente indica el número de veces que se multiplica la base. Se expresa «4 elevado a la sexta **potencia**».

Cuadrados Elevar un número al cuadrado significa aplicar el exponente ^{2} a la base. 3^2 se puede leer como «3 elevado a la segunda potencia» o «3 al cuadrado».

$$3^2 = 3 \times 3 = 9$$

Raíces cuadradas En matemáticas, ciertas operaciones son opuestas entre sí. La **raíz cuadrada** de un número es la operación opuesta a elevar el número al cuadrado. Ya sabes que 3 al cuadrado es $3^2 = 9$. La raíz cuadrada de 9 es el número que al ser multiplicado por sí mismo es igual (equivale) a 9; es decir, es el número 3. El símbolo para la raíz cuadrada es $\sqrt{\ }$. Por lo tanto $\sqrt{9} = 3$.

EXPRESIÓN	COMO EXPRESARLA
$\sqrt{36} = 6$ y $\sqrt{49} = 7$	**Calcula las raíces cuadradas de los cuadrados perfectos.**
$\sqrt{40}$ está entre 6 y 7	**Estima la raíz cuadrada.**

Desigualdades Si comparas el número 7 con el 4, puedes afirmar que 7 es mayor que 4 o que 4 es menor que 7. Los símbolos siguientes indican igualdad o desigualdad.

SÍMBOLO	SIGNIFICADO	EJEMPLO
>	**mayor que**	$7 > 4$
<	**menor que**	$4 < 7$
≥	**mayor que o igual que**	$x \geq 3$
≤	**menor que o igual que**	$7 \leq y$

Geometría

Puntos, rectas y rayos A veces en el mundo de las matemáticas es necesario referirse a un punto específico en el espacio. El sitio donde se localiza un punto se puede representar haciendo un punto con un lápiz.

- A   significa «punto A»

Si dibujas dos puntos en una hoja de papel, puedes conectarlos con una recta. Imagina que la recta es perfectamente recta (no tiene ninguna curva) y que continúa indefinidamente en direcciones opuestas. La recta no tiene **grosor.**

recta *AB*, o $\overleftrightarrow{AB}$

Dado que la longitud de toda recta es infinita, frecuentemente usamos sólo secciones de una recta. Un **rayo** es parte de una recta que se extiende infinitamente en una sola dirección desde un punto fijo.

Ángulos Imagina que existen dos rayos con el mismo extremo. Estos rayos forman lo que se conoce como un **ángulo.** El punto que tienen los rayos en común se conoce como el **vértice** del ángulo y los rayos forman los **lados** del ángulo.

El ángulo anterior está formado por BA y BC. B es el extremo común de los dos rayos. El punto B es el vértice del ángulo. El símbolo ∠ indica ángulo.

Midiendo ángulos Los ángulos se miden en **grados** usando un transportador. El número de grados (símbolo °) en un ángulo es mayor que 0° o igual a 180°.

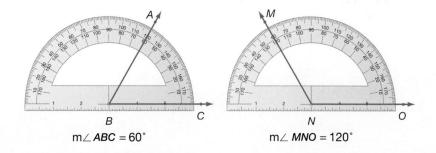

m∠ *ABC* = 60°   m∠ *MNO* = 120°

Clasificando los ángulos Los ángulos se pueden clasificar de acuerdo con su medida.

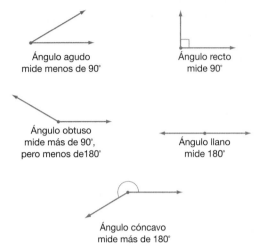

Ángulo agudo
mide menos de 90°

Ángulo recto
mide 90°

Ángulo obtuso
mide más de 90°,
pero menos de180°

Ángulo llano
mide 180°

Ángulo cóncavo
mide más de 180°

Triángulos Los **triángulos** son **polígonos** (figuras planas cerradas, cuyos lados constan de tres o más segmentos de recta) que tienen tres lados, tres vértices y tres ángulos. △ABC se lee «triángulo ABC».

Los triángulos, igual que los ángulos, se clasifican de acuerdo con la medida de sus ángulos. Los triángulos se clasifican según el número de lados congruentes que poseen. Los lados congruentes son los que tienen la misma longitud.

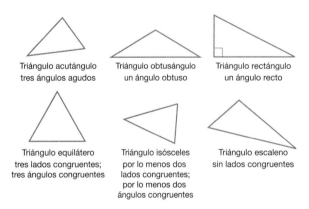

Triángulo acutángulo
tres ángulos agudos

Triángulo obtusángulo
un ángulo obtuso

Triángulo rectángulo
un ángulo recto

Triángulo equilátero
tres lados congruentes;
tres ángulos congruentes

Triángulo isósceles
por lo menos dos
lados congruentes;
por lo menos dos
ángulos congruentes

Triángulo escaleno
sin lados congruentes

La suma de las medidas de los tres ángulos de un triángulo es siempre 180°.

En △ABC, m∠A = 60°, m∠B = 75° y m∠C = 45°.

$$60° + 75° + 45° = 180°.$$

Por lo tanto, la suma de las medidas de los ángulos de △ABC es 180°.

Conocimientos para superar

Cuadriláteros Los cuadriláteros, los cuales tienen una variedad de formas o figuras tienen cuatro lados y cuatro ángulos. La suma de los ángulos de un cuadrilátero es igual a 360°. Si conoces las medidas de tres de los ángulos de un cuadrilátero, puedes calcular fácilmente la medida del ángulo desconocido.

CÓMO CALCULAR LA MEDIDA DEL ÁNGULO DESCONOCIDO DE UN CUADRILÁTERO

Calcula la medida de $\angle S$ en el cuadrilátero $STUV$.

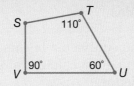

- Suma las medidas de los tres ángulos conocidos. $110° + 60° + 90° = 260°$

- Resta el resultado de 360°. $360° - 260° = 100°$

- La diferencia es la medida del ángulo desconocido. $m\angle S = 100°$

Tipos de cuadriláteros

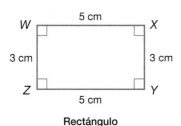

Rectángulo

Cuadrado

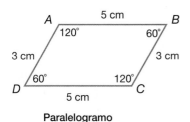

Paralelogramo

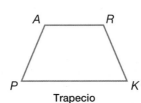

Trapecio

Un **rectángulo** es un cuadrilátero con cuatro ángulos rectos. Los lados opuestos de un rectángulo tienen la misma longitud. Si los cuatro lados de un rectángulo son iguales, el rectángulo se conoce como **cuadrado.**

Un **paralelogramo** es un cuadrilátero cuyos lados opuestos son paralelos. Los lados opuestos y los ángulos opuestos de un paralelogramo son iguales.

Un **trapecio** tiene dos lados paralelos y dos lados que no lo son. Un trapecio es un cuadrilátero, pero no es un paralelogramo.

Conocimientos para superar

Polígonos Un polígono es cualquier figura cerrada con tres o más lados. Nota que un triángulo, un rectángulo y un cuadrado son también polígonos. Aquí he más polígonos.

pentágono	=	5 lados
hexágono	=	6 lados
heptágono	=	7 lados
octágono	=	8 lados
nonágono	=	9 lados
decágono	=	10 lados

Tipos de polígonos

Cuadrilátero
4 lados

Pentágono
5 lados

Hexágono
6 lados

Perímetro El **perímetro** de un polígono equivale a la suma de la longitud de todos los lados del polígono. Para calcular el perímetro debes sumar la longitud de todos sus lados.

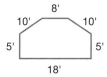

$$P = 5 + 10 + 8 + 10 + 5 + 18 = 56 \text{ pies}$$

Todos los lados de un polígono regular tienen la misma longitud. Si conoces el perímetro de un polígono regular, puedes calcular la longitud de cada lado.

El octágono regular tiene un perímetro de 36 centímetros. X representa la medida de cada lado.

36 cm = 8x
36 dividido por 8
4.5 cm = x

Cada lado del octágono mide 4.5 cm.

Los lados opuestos de un rectángulo tienen la misma longitud. Por lo tanto, para calcular el perímetro de un rectángulo sólo necesitas saber su altura y su ancho.

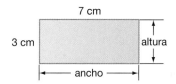

La fórmula para calcular el perímetro del rectángulo anterior:

l representa la longitud del ancho
w representa la longitud de altura
2*l* + 2*w* = P
(2 × 7 cm) + (2 × 3 cm) = P
14 cm + 6 cm = 20 cm

El perímetro del rectángulo mide 20 cm.

Conocimientos para superar

El área El área mide el tamaño de una superficie. El área se mide en unidades cuadradas—sean pulgadas cuadradas o centímetros o metros cuadrados.

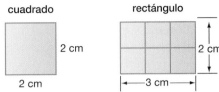

cuadrado   rectángulo

2 cm   2 cm   2 cm   3 cm

El cuadrado anterior tiene un área de cuatro centímetros cuadrados.

    A   representa área
    x   representa medida de cada lado
    $x^2 = A$
    $(2)^2 = 4$

El rectángulo anterior mide 3 centímetros por 2.

    A   representa área
    x   representa la medida del ancho
    y   representa la medida de la altura
    $x^2 + y^2 = A$
    $(3)^2 + (2)^2 = A$
    $9 + 4 = 13$ centímetros cuadrados

Círculos El círculo difiere de las otras figuras de varias maneras. Por ejemplo, los polígonos tienen diferentes formas, pero todos los círculos tienen la misma forma. Los círculos no tienen lados, mientras los polígonos se clasifican y se nombran según el número de lados que tienen. La única característica que difiere un círculo de otro es el tamaño.

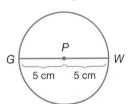

Un **círculo** es un conjunto de puntos equidistantes de un punto dado llamado centro del círculo (P en el diagrama). Un círculo se designa según su punto central.

Un **radio** es un segmento de recta con un extremo en el centro (P) y otro en un punto sobre el círculo (G o W). En el círculo anterior PW es un radio, y PG es un radio.

El **diámetro** es el segmento de recta que atraviesa el centro cuyos extremos (G y W) están sobre el círculo.

Observa que la longitud del diámetro GW es igual a la suma de PW (un radio) más PG (un radio). Por lo tanto el diámetro equivale al doble de la longitud del radio.

    D   representa diámetro
    r   representa radio
    $2r = D$
    $2(5) = D$
    $10 = 10$

Conocimientos para superar

Circunferencia La **circunferencia** de un círculo es la distancia alrededor del círculo. La razón entre la circunferencia de cualquier círculo y su diámetro es siempre igual. Esta razón es un número cercano a 3.14. Expresado en otras palabras la circunferencia de un círculo mide aproximadamente 3.14 veces su diámetro. El símbolo π, que se lee «pi», se usa para representar la razón.

$$\frac{c}{d} \quad \frac{\text{circunferencia}}{\text{diámetro}}$$

$$\frac{c}{d} = 3.141592...$$

$$\frac{c}{d} = \pi$$

c = circunferencia
d = diámetro (10 cm)
c = dπ
c = 10(3.14)
c = 31.40 cm

Ahora vamos a calcular la circunferencia de un círculo cuyo radio mide 8 cm.

d = 2r
d = 2(8)
d = 16 cm

c = dπ
c = (16)π
c = (16)3.14
c = 50.24

Si **redondeas** la respuesta en **décimos** la circunferencia mide 50.2 m.

Ángulos centrales Un ángulo central es un ángulo cuyo vértice se localiza en el centro de un círculo. La suma de los ángulos centrales de cualquier círculo es 360°.

La parte del círculo que interseca un ángulo central se conoce como **arco.** La medida del arco en grados es igual a la medida del ángulo central.

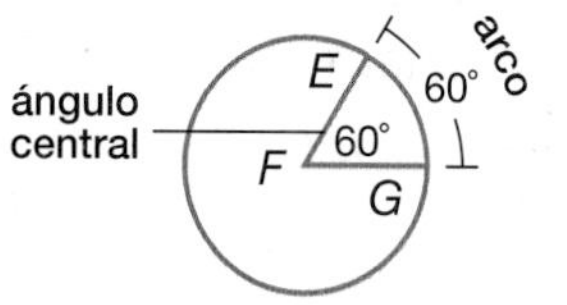

$\overset{\frown}{EG}$ = 60° y m∠EFG = 60°

Se lee «el arco $\overset{\frown}{EG}$ es 60 grados y la medida del ángulo ∠EFG es 60 grados».

Área de un círculo

Para calcular el área de un círculo usas la siguiente fórmula.

A = área
r = radio
A = πr^2

Área equivale a pi multiplicado por el radio cuadrado.

CÓMO CALCULAR EL ÁREA DE UN CÍRCULO

Calcula el área del círculo Q. Redondea al entero más cercano.

A = $\pi \times 8^2$ • Usa la fórmula $A = \pi r^2$.

A = 64π • Eleva el radio al cuadrado.

   = 200.96   • Multiplica por 3.14 o utiliza la tecla

   = 201 cm^2 π de la calculadora para obtener una
                  respuesta más exacta.

El área del círculo Q mide aproximadamente 201 cm^2. Si tienes la información sobre el diámetro en lugar de la del radio, divide el diámetro entre dos.

Comprensión

A Definiciones Si a ti te interesan o que te sean importantes las matemáticas, da una definición de cada uno de los siguientes términos.

1. una variable
2. un término
3. una expresión
4. la suma
5. restar
6. la diferencia
7. la razón
8. el cociente
9. la ecuación
10. un número constante
11. un número negativo
12. un número positivo
13. una fracción

14. un factor
15. el exponente
16. la base
17. la potencia
18. la raíz cuadrada
19. un punto
20. una recta
21. el ángulo
22. el vértice
23. el transportador
24. el triángulo
25. un cuadrilátero
26. un cuadrado

27. un rectángulo
28. un polígono
29. el perímetro
30. el área
31. el círculo
32. el radio
33. el diámetro
34. la circunferencia
35. pi
36. redondear
37. el ángulo central
38. el arco

Imperativo formal

1. Se usa el imperativo para darle una orden a una persona; decirle que haga algo.

2. Para formar el imperativo formal, **usted** o **ustedes,** se suprime la **-o** de la forma de **yo** del presente. A esta raíz se agregan las terminaciones **-e, -en** a los verbos de la primera conjugación y las terminaciones **-a, -an** a los verbos de la segunda y tercera conjugaciones.

¡Hágalo así!

preparar	preparo	(no) prepare usted	(no) preparen ustedes
leer	leo	(no) lea usted	(no) lean ustedes
abrir	abro	(no) abra usted	(no) abran ustedes
pensar	pienso	(no) piense usted	(no) piensen ustedes
volver	vuelvo	(no) vuelva usted	(no) vuelvan ustedes
hervir	hiervo	(no) hierva usted	(no) hiervan ustedes
servir	sirvo	(no) sirva usted	(no) sirvan ustedes
hacer	hago	(no) haga usted	(no) hagan ustedes
decir	digo	(no) diga usted	(no) digan ustedes
introducir	introduzco	(no) introduzca usted	(no) introduzcan ustedes

3. Los verbos que siguen son los únicos que tienen una irregularidad en el imperativo.

ir	(no) vaya usted	(no) vayan ustedes
ser	(no) sea usted	(no) sean ustedes
saber	(no) sepa usted	(no) sepan ustedes
estar	(no) esté usted	(no) estén ustedes
dar	(no) dé usted	(no) den ustedes

ACTIVIDAD 1 ¿Lo hago o no? Sigue el modelo.

¿Hablo? →
Sí, hable usted.
No, no hable usted.

1. ¿Nado?
2. ¿Canto?
3. ¿Bailo?
4. ¿Trabajo?
5. ¿Vendo?
6. ¿Como?
7. ¿Escribo?
8. ¿Insisto?
9. ¿Vuelvo?
10. ¿Pienso?
11. ¿Empiezo?
12. ¿Pido?
13. ¿Sirvo?
14. ¿Repito?
15. ¿Duermo?
16. ¿Salgo?
17. ¿Hago el viaje?
18. ¿Pongo la mesa?
19. ¿Conduzco el carro?
20. ¿Traduzco el poema?
21. ¿Digo la verdad?
22. ¿Construyo el puente?
23. ¿Voy enseguida?
24. ¿Estoy presente?
25. ¿Doy la respuesta?

Revuélvalo así.

ACTIVIDAD 2 ¿Lo hacemos o no? Sigue el modelo.

¿Nadamos? →
Sí, naden ustedes.
No, no naden ustedes.

1. ¿Esquiamos?
2. ¿Bailamos el tango?
3. ¿Viajamos por Perú?
4. ¿Comemos?
5. ¿Aprendemos la lección?
6. ¿Vivimos aquí?
7. ¿Escribimos la carta?
8. ¿Volvemos enseguida?
9. ¿Servimos la comida?
10. ¿Repetimos la oración?
11. ¿Salimos ahora?
12. ¿Hacemos el trabajo?

ACTIVIDAD 3 ¿Cómo lo preparo? Completa con el imperativo formal (usted).

Para preparar el arroz,

1. _____ un poco de ajo, cebolla y pimienta. (picar)
2. _____ un poco de aceite en una sartén. (poner)
3. _____ el ajo, la cebolla y la pimienta en la sartén. (freír)
4. _____ una taza de arroz. (añadir)
5. _____ el arroz. (agitar)
6. _____ dos tazas de caldo de pollo. (añadir)
7. _____ el caldo a la ebullición. (llevar)
8. _____ el fuego. (bajar)
9. _____ la sartén. (tapar)
10. _____ a fuego lento unos quince minutos. (cocer)
11. _____ el arroz. (servir)
12. ¡Que se _____! (aprovechar)

ACTIVIDAD 4 **¿Cómo llego?** Completa con el imperativo formal **(usted).**

Para llegar a Monterrey

1. ____ la avenida San Martín. (tomar)
2. ____ derecho hasta el final. (seguir)
3. ____ a la derecha. (doblar)
4. ____ a la tercera bocacalle. (ir)
5. ____ la autopista. La verá usted a mano derecha. (tomar)
6. ____ hasta la primera garita de peaje. (seguir)
7. ____ el peaje. (pagar)
8. ____ hasta la segunda salida. (seguir)
9. ____ en la segunda salida después de pagar el peaje. (salir)
10. ____ a la derecha. (virar)
11. ____ los rótulos hasta llegar a Monterrey. (seguir)
12. ¡Y ____ muy buen viaje! (tener)

¡Regrese para atrás!

¡Pare y pague el peaje!

Colocación de los pronombres de complemento

1. Se agregan los pronombres de complemento al imperativo afirmativo. Los pronombres preceden al verbo en la forma negativa.

Lave los platos.	**Lávelos.**	**No los lave.**
Coma la ensalada.	**Cómala.**	**No la coma.**
Sirva el postre.	**Sírvalo.**	**No lo sirva.**
Déme la receta.	**Démela.**	**No me la dé.**

2. Fíjate en la acentuación y la tilde.

Diga. **Dígame.** **Dígamelo.**

5 **Pronombres** Escribe con pronombres.

1. Prepare la comida.
2. Corte las cebollas.
3. Pique el ajo.
4. Fría el pollo.
5. Ase la carne.
6. Haga el bocadillo.
7. Muela el maíz.
8. Ponga los platos en la mesa.
9. Agréguele las legumbres al guiso.
10. Déle el bocadillo a José.
11. Sirva la comida a los convidados.
12. Hágame el postre.

6 **En el negativo** Escribe las oraciones de la Actividad 5 en la forma negativa.

¡Sirva el pollo, por favor!

Conjunciones

y, o → e, u

1. La conjunción **y** se cambia en **e** cuando va seguida de una palabra que comienza con **-i** o **-hi.**

> **trigo e hierba**
> **españoles e ingleses**

2. La conjunción **o** se cambia en **u** cuando va seguida de una palabra que comienza en **-o.**

> **profesiones u oficios**
> **alaba u ofende**

7 **¿Y o e?** Completa con **y** o **e.**

1. carne ____ vegetales
2. humor ____ ironía
3. Fernando ____ Isabel
4. cebollas ____ hígado
5. comida ____ bebida
6. sarcasmo ____ hipocresía
7. criollos ____ indígenas

8 **¿O o u?** Completa con **o** o **u.**

1. yemas ____ huevos
2. amor ____ odio
3. factor ____ exponente
4. metas ____ objetivos
5. mentiroso ____ honesto
6. bodega ____ colmado

El Castellano viejo de Mariano José de Larra

◆ **Vocabulario para la lectura**

Estudia las definiciones de las siguientes palabras.

el agasajo muestra de afecto y consideración

el alboroto griterío, desorden, motín, inquietud

el anfitrión el que da la función

la ceguedad estado de ser ciego, no tener vista

el convidado el invitado a una función

la hipocresía fingimiento (imaginación) de poseer cualidades de virtud (buenas)

la lindeza la belleza

el obsequio regalo, agasajo; amabilidad, cortesía

la reticencia acción de decir una cosa en parte o indirectamente, a veces con malicia

la torpeza tontería, estupidez

la travesura acción sobre todo de los niños para divertirse o burlarse de alguien sin malicia pero puede ocasionar algún trastorno (disgusto)

alborozado sintiendo extraordinario regocijo o placer

furtivo a escondidas, tratando de ocultar algo

insinuante dando a entender una cosa sin hechos

necio tonto, no inteligente, estúpido, ignorante

perspicaz que se percata (se da cuenta) de cosas aunque no estén muy claras

maquinalmente involuntariamente, como una máquina

oportunamente que sucede en el lugar o tiempo conveniente; convenientemente

alborotar inquietar, perturbar, desordenar

fingir hacer creer con palabras o acciones algo que no es verdad; dar existencia real a lo que no existe

ladear ir de un lado a otro

reñir disputar, pelear, batallar

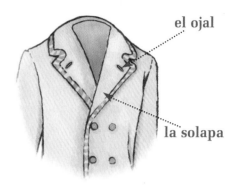

el ojal

la solapa

El famoso cantante ciego Ray Charles recibiendo un premio

Poder verbal

Diferencias Explica.

1. Explica la diferencia entre la hipocresía y la reticencia.
2. Explica la diferencia entre una travesura y la torpeza.
3. Explica la diferencia entre perspicaz y necio.
4. Explica la diferencia entre maquinalmente y oportunamente.
5. Explica la diferencia entre el anfitrión y el convidado.
6. Explica la diferencia entre el agasajo y el alboroto.
7. Explica la diferencia entre la ceguedad y la sordera.

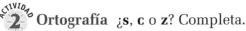

2 Ortografía ¿**s**, **c** o **z**? Completa.

1. ne_io
2. per_pica_
3. ob_equio
4. reti_en_ia
5. aga_ajo

6. _eguedad
7. alboro_ado
8. torpe_a
9. trave_ura
10. linde_a

Nota biográfica

Mariano José de Larra nació en Madrid el 24 de mayo de 1809. Era un niño precoz y reflexivo pero su infancia no era feliz. Su padre se consideraba un «afrancesado» porque simpatizaba con los franceses después de la invasión napoleónica y se exilió en Francia en 1813. El joven Larra estudió en Burdeos y París. En Francia el niño había olvidado su propia lengua y al volver a España en 1818 al pequeño repatriado le dieron lecciones del idioma español. Reaprendió el idioma con tanta rapidez que a los trece años compuso una gramática de la lengua castellana.

El pobre Larra tenía unos amores fallidos y un matrimonio que duró poco. Murió trágicamente a los veintiocho años. A pesar de haber muerto tan joven dejó una obra caudalosa. Antes de cumplir los veinticinco años era el periodista mejor pagado de España. Escribió poemas, novelas y dramas. Se destaca como ensayista y son los más famosos sus cuadros de costumbres en los que describe la sociedad española de manera satírica. Pero en sus artículos no se limita a ridiculizar los hábitos de la burguesía de su tiempo. Retrata con realismo fiel a todos los tipos sociales. Va al fondo mismo de la psicología española.

Introducción

Es increíble que en tantas culturas la comida esté profundamente vinculada con la diversión. En el ensayo tan humorístico y sarcástico que sigue, vas a leer de un banquete que da el «castellano viejo» para celebrar «sus días»—sea su cumpleaños o el día de su santo.

Para su fiesta se sirve un cocido. El cocido es un tipo de guiso—un plato delicioso pero muy casero y popular. Al leer el ensayo, decidirás el significado de este plato y por qué el autor lo ha escogido.

Lectura

El Castellano viejo
◆ · ◆ · ◆

Estrategia de lectura
Leyendo oraciones largas La lectura que sigue no es muy difícil de leer pero quizás parezca serlo. El autor tiende a emplear oraciones largas como tantos otros autores, sobre todo los antiguos. Al leer una oración muy larga divídela en partes para rendirla más fácil. ¡Diviértete! A ver cuántas veces te ríes mientras leas *El Castellano viejo*.

1   Ya en mi edad pocas veces gusto de alterar el orden que en mi manera de vivir tengo hace tiempo establecido, y fundo esta repugnancia en que no he abandonado mis lares ni un solo día para quebrantar mi sistema, sin que

5   haya sucedido el arrepentimiento más sincero al desvanecimiento de mis engañadas esperanzas. Un resto, con todo eso, del antiguo ceremonial que en su trato tenían adoptado nuestros padres, me obliga a aceptar a veces ciertos convites a que parecería el negarse grosería,

10   o por lo menos ridícula afectación de delicadeza.
    Andábame días pasados por esas calles a buscar materiales para mis artículos. Embebido en mis pensamientos, me sorprendí varias veces a mí mismo riendo como un pobre de mis propias ideas y moviendo

15   maquinalmente los labios; algún tropezón° me recodaba de cuando en cuando que para andar por el empedrado de Madrid no es la mejor circunstancia la de ser poeta ni filósofo; más de una sonrisa maligna, más de un gesto de admiración de los que a mi lado pasaban, me hacía

20   reflexionar que los soliloquios no se deben hacer en público; y no pocos encontrones que al volver las esquinas di con quien tan distraída y rápidamente como yo las doblaba, me hicieron conocer que los distraídos no entran en el número de los cuerpos elásticos, y mucho menos de

25   los seres gloriosos e impasibles. En semejante situación de espíritu, ¿qué sensación no debería producirme una horrible palmada que una gran mano, pegada (a lo que por entonces entendí) a un grandísimo brazo, vino a descargar sobre uno de mis hombros, que por desgracia no

30   tienen punto alguno de semejanza con los de Atlante°?
    No queriendo dar a entender que desconocía este enérgico modo de anunciarse, ni desairar° el agasajo de quién sin duda había creído hacérmele más que mediano, dejándome torcido para todo el día, traté sólo de

35   volverme por conocer quién fuese tan mi amigo para tratarme tan mal; pero mi castellano viejo es hombre que cuando está de gracias no se ha de dejar ninguna en el

tropezón acción de tropezar con un obstáculo al caminar, perdiendo el equilibrio

Atlante rey mitológico muy fuerte

desairar despreciar

Restaurante típico del viejo Madrid

tintero°. ¿Cómo dirá el lector que siguió dándome pruebas de confianza y cariño? Echóme las manos a los ojos, y
40 sujetándome por detrás:

—¿Quién soy?, gritaba, alborozado con el buen éxito de su delicada travesura.

¿Quién soy?—Un animal, iba a responderle; pero me acordé de repente de quién podría ser, y sustituyendo
45 cantidades iguales:

—*Braulio eres,*—le dije.

Al oírme, suelta sus manos, ríe, se aprieta los ijares°, alborota la calle, y pónenos a entrambos° en escena.

—¡Bien mi amigo! ¿Pues en qué me has conocido?
50 —¿Quién pudiera ser sino tú...

—¿Has venido ya de tu Vizcaya°?

—No, Braulio, no he venido.

—Siempre el mismo genio. ¿Qué quieres? Es la pregunta del español. ¡Cuánto me alegro de que estés aquí! ¿Sabes
55 que mañana son mis días?

—Te los deseo muy felices.

—Déjate de cumplimientos entre nosotros; ya sabes que yo soy franco y castellano viejo: el pan, pan y el vino, vino; por consiguiente, exijo de ti que no vayas a
60 dármelos; pero estás convidado.

tintero antiguo receptáculo para la tinta

ijares cavidades entre huesos del cuerpo
entrambos ambos

Vizcaya provincia vasca

—¿A qué?

—A comer conmigo.

—No es posible.

—No hay remedio.

65 —No puedo, insisto temblando.

—¿No puedes?

—Gracias.

—¿Gracias? Vete a paseo; amigo, como no soy el duque de F... ni el conde de P... (¿Quién se resiste a una sorpresa de esa especie? ¿Quién quiere parecer vano?).

70 de esa especie? ¿Quién quiere parecer vano?).

—No es eso, sino que...

—Pues si no es eso, me interrumpe, te espero a las dos: en casa se come a la española, temprano. Tengo mucha gente; tendremos al famoso X., que nos improvisará de lo

75 lindo; T. nos catará de sobremesa una rondeña° con su gracia natural; y por la noche J. cantará y tocará alguna cosilla. Esto me consoló algún tanto, y fué preciso ceder; un día malo, dije para mí, cualquiera lo pasa; en este mundo para conservar amigos es preciso tener el valor de

80 aguantar sus obsequios. No faltarás, si no quieres que riñamos.

—No faltaré, dije con voz exánime° y ánimo decaído, como el zorro que se revuelve inútilmente dentro de la trampa donde se ha dejado coger.

85 —Pues hasta mañana y me dió un torniscón° por despedida.

Vile marchar como el labrador ve alejarse la nube de su sembrado, y quedéme discurriendo cómo podían entenderse estas amistades tan hostiles y tan funestas°.

90 Ya habrá conocido el lector, siendo tan perspicaz como yo le imagino, que mi amigo Braulio está muy lejos de pertenecer a lo que se llama gran mundo y sociedad de buen tono; pero no es tampoco un hombre de la clase inferior, puesto que es un empleado de los de segundo

95 orden, que reúne entre su sueldo y su hacienda cuarenta mil reales° de renta; que tiene una cintita atada al ojal, y una crucecita° a la sombra de la solapa; que es persona, en fin, cuya clase, familia y comodidades de ninguna manera se oponen a que tuviese una educación más

100 escogida y modales más suaves e insinuantes. Mas la vanidad le ha sorprendido por donde ha sorprendido casi siempre a toda o a la mayor parte de nuestra clase media,

rondeña aire popular de Ronda

exánime sin aliento

torniscón golpe de revés

funestas desgraciosas

reales monedas antiguas
crucecita insignia de honor

y a toda nuestra clase baja. Es tal su patriotismo, que
dará todas las lindezas del extranjero por un dedo de su
105 país. Esta ceguedad le hace adoptar todas las
responsabilidades de tan inconsiderado cariño; de paso
que defiende que no hay vinos como los españoles, en lo
cual bien puede tener razón, defiende que no hay
educación como la española, en lo cual bien pudiera no
110 tenerla; a trueque de defender que el cielo de Madrid es
purísimo, defenderá que nuestras manolas son las más
encantadoras de todas las mujeres; es un hombre, en fin,
que vive de exclusivas°, a quien sucede poco más o menos
lo que a una parienta mía, que se muere por las jorobas°
115 sólo porque tuvo un querido que llevaba una excrecencia°
bastante visible sobre entrambos omoplatos°.

No hay que hablarle, pues, de estos usos sociales, de
estos respetos mutuos, de estas reticencias urbanas, de
esa delicadeza de trato que establece entre los hombres
120 una preciosa armonía, diciendo sólo lo que debe agradar y
callando siempre lo que puede ofender. Él se muere *por
plantarle una fresca al lucero del alba°*, como suele decir, y
cuando tiene un resentimiento, se le *espeta° a uno cara a
cara*. Como tiene trocados° todos los frenos, dice de los
125 cumplimientos que ya sabe lo que quiere decir *cumplo y
miento*; llama a la urbanidad hipocresía, y a la decencia
monadas°; a toda cosa buena le aplica un mal apodo; el
lenguaje de la finura es para él poco más que griego: cree
que toda la crianza está reducida a decir *Dios guarde a
130 ustedes* al entrar en una sala, y añadir *con permiso de
usted* cada vez que se mueve; a preguntar a cada uno por
toda su familia, y a despedirse de todo el mundo; cosas
todas que así se guardará él de olvidarlas como de tener
pacto con franceses. En conclusión, hombres de éstos que
135 no saben levantarse para despedirse sino en corporación
con alguno o algunos otros; que han de dejar
humildemente debajo de una mesa su sombrero, que
llaman *su cabeza*, y que, cuando se hallan en sociedad,
por desgracia sin un socorrido bastón, darían cualquier
140 cosa por no tener manos ni brazos, porque, en realidad, no
saben dónde ponerlos, ni qué cosa se puede hacer con los
brazos en una sociedad.

Llegaron las dos, y como yo conocía ya a mi Braulio, no
me pareció conveniente acicalarme° demasiado para ir a

... exclusivas que se adhiere a un principio sin considerar la validez de otro
jorobas deformidad
excrecencia una adherencia superflua
omoplatos huesos en la espalda

plantar... alba ser capaz de decir algo a alguien, sin preocuparse de la persona a quien se dirige
espeta escupe
trocados cambiados
monadas gestos o acciones afectadas

acicalarse adornar

145 comer; estoy seguro de que se hubiera picado°: no quise, sin embargo, excusar un frac° de color y un pañuelo blanco, cosa indispensable en un día de días en semejantes casas; vestíme sobre todo lo más despacio que me fué posible, como se reconcilia al pie del suplicio° el

150 infeliz reo°, que quisiera tener cien pecados más cometidos que contar para ganar tiempo; era citado a las dos y entré en la sala a las dos y media.

No quiero hablar de las infinitas visitas ceremoniosas que antes de la hora de comer entraron y salieron en

155 aquella casa, entre las cuales no eran de despreciar todos los empleados de su oficina con sus señoras y sus niños, y sus capas, y sus paraguas, y sus chanclos°, y sus perritos; déjome en blanco los necios cumplimientos que dijeron al señor de los días; no hablo del inmenso círculo con que

160 guarnecía° la sala el concurso de tantas personas heterogéneas, que hablaron de que el tiempo iba a mudar, y de que en invierno suele hacer más frío que en verano. Vengamos al caso: dieron las cuatro, y nos hallamos solos los convidados. Desgraciadamente para mí, el señor de X.,

165 que debía divertirnos tanto, gran conocedor de esta clase de convites, había tenido la habilidad de ponerse malo° aquella mañana; el famoso T. se hallaba oportunamente comprometido para otro convite; y la señorita que tan bien había de cantar y tocar estaba ronca, en tal

170 disposición, que se asombraba ella misma de que se la entendiese una sola palabra, y tenía un panadizo° en un dedo. ¡Cuántas esperanzas desvanecidas!

—Supuesto que estamos los que hemos de comer— exclamó don Braulio—, vamos a la mesa, querida mía.

175 —Espera un momento, le contestó su esposa casi al oído, con tanta visita yo he faltado algunos momentos de allá dentro y...

—Bien, pero mira que son las cuatro...

—Al instante comeremos...

180 Las cinco eran cuando nos sentábamos a la mesa.

—Señores dijo el anfitrión al vernos titubear en nuestras respectivas colocaciones, exijo la mayor franqueza; en mi casa no se usan cumplimientos. ¡Ah, Fígaro! quiero que estés con toda comodidad; eres poeta,

185 y además estos señores, que saben nuestras íntimas relaciones, no se ofenderán si te prefiero; quítate el frac, no sea que le manches.

picado ofendido, enojado
frac smoking

suplicio padecimiento corporal muy doloroso ejecutado como castigo
reo el condenado después de una sentencia

chanclos tipo de zapatos

guarnecía adornaba

malo enfermo

panadizo inflamación aguda de uno o más dedos

—¿Qué tengo de manchar? le respondí, mordiéndome los labios.

190 —No importa; te daré una chaqueta mía; siento que no haya para todos.

—No hay necesidad.

—¡Oh! sí, sí, ¡mi chaqueta! Toma, mírala; un poco ancha te vendrá.

195 —Pero, Braulio...

—No hay remedio, no te andes con etiquetas; y en esto me quita él mismo el frac, *velis, nolis*°, y quedo sepultado en una cumplida chaqueta rayada, por la cual sólo asomaba los pies y la cabeza, y cuyas mangas no me

200 permitirían comer probablemente. Dile las gracias: al fin el hombre creía hacerme un obsequio.

Los días en que mi amigo no tiene convidados se contenta con una mesa baja, poco más que banqueta de zapatero, porque él y su mujer, como dice, ¿para qué

205 quieren más? Desde la tal mesita, y como se sube el agua del pozo, hace subir la comida hasta la boca, adonde llega goteando después de una larga travesía; porque pensar que estas gentes han de tener una mesa regular, y estar cómodos todos los días del año, es pensar en lo excusado.

210 Ya se concibe, pues, que la instalación de una gran mesa de convite era un acontecimiento en aquella casa; así que se había creído capaz de contener catorce personas que éramos, una mesa donde apenas podrían comer ocho cómodamente. Hubimos de sentarnos de medio lado, como

215 quien va a arrimar el hombro° a la comida, y entablaron los codos de los convidados íntimas relaciones entre sí con la más fraternal inteligencia del mundo. Colocáronme, por mucha distinción, entre un niño de cinco años, encaramado° en unas almohadas que era preciso

220 enderezar° a cada momento, porque las ladeaba la natural turbulencia de mi joven adlátere° y entre uno de esos hombres que ocupan en el mundo el espacio y sitio de tres, cuya corpulencia por todos lados se salía de madre de la única silla en que se hallaba sentado, digámoslo así,

225 como en la punta de una aguja. Desdobláronse silenciosamente las servilletas, nuevas a la verdad, porque tampoco eran muebles en uso para todos los días, y fueron izadas° por todos aquellos buenos señores a los ojales de sus fraques como cuerpos intermedios entre las

230 salsas y las solapas.

velis, nolis *(latín)* que quieras o no quieras

arrimar el hombro ayudar a levantar algo

encaramado elevado, colocado en un puesto honorífico
enderezar enmendar, corregir
adlátere el de a mi lado

izadas elevadas, levantadas

Ustedes harán penitencia, señores, exclamó el anfitrión una vez sentado; pero hay que hacerse cargo de que no estamos en Genieys°; frase que creyó preciso decir. Necia afectación es ésta, si es mentira, dije yo para mí, y si es
235 verdad, gran torpeza convidar a los amigos a hacer penitencia. Desgraciadamente no tardé mucho en conocer que había en aquella expresión más verdad de la que mi buen Braulio se figuraba. Interminables y de mal gusto fueron los cumplimientos con que para dar y recibir cada
240 plato nos aburrimos unos a otros. "Sírvase usted.
—Hágame usted el favor.
—De ninguna manera.
—Está bien ahí.
—Perdone usted.
245 —Gracias.
—Sin etiqueta, señores—, exclamó Braulio, y se echó el primero con su propia cuchara. Sucedió a la sopa un cocido surtido de todas las sabrosas impertinencias de este engorrosísimo°, aunque buen plato; cruza por aquí la
250 carne; por allá la verdura; acá los garbanzos; allá el jamón; la gallina por derecha; por medio el tocino; por izquierda los embuchados° de Extremadura. Siguióle un plato de ternera mechada; que Dios maldiga, y a éste otro y otros y otros; mitad traídos de la fonda, que esto basta
255 para que excusemos hacer su elogio; mitad hechos en casa por la criada de todos los días, por una vizcaína auxiliar tomada al intento para aquella festividad, y por el ama de la casa, que en semejantes ocasiones debe estar en todo, y por consiguiente suele no estar en nada.
260 Este plato hay que disimularle°, decía ésta de unos pichones; están un poco quemados.
—Pero mujer...
—Hombre, me aparté un momento, y ya sabes lo que son las criadas.
265 —¡Qué lástima que este pavo no haya estado media hora más al fuego! se puso algo tarde.
—¿No les parece a ustedes que está algo ahumado este estofado?
—¿Qué quieres? Una no puede estar en todo.
270 —¡Oh, está excelente, exclamábamos todos dejándonoslo en el plato; excelente!
—Este pescado está pasado.

Genieys restaurante (fonda) madrileño de moda en la época

engorrosísimo muy fastidiado o molesto

embuchados un tipo de embutido o fiambre

disimular ocultar, encubrir

—Pues en el despacho de la diligencia del fresco° dijeron que acababa de llegar; ¡el criado es tan bruto!

275 —¿De dónde se ha traído este vino?

—En eso no tienes razón, porque es...

—Es malísimo.

Estos diálogos cortos iban exornados con una infinidad de miradas furtivas del marido para advertirle
280 continuamente a su mujer alguna negligencia, queriendo darnos a entender entrambos a dos que estaban muy al corriente de todas las fórmulas que en semejantes casos se reputan en finura, y que todas las torpezas eran hijas de los criados, que nunca han de aprender a servir. Pero estas
285 negligencias se repetían tan a menudo, servían tan poco ya las miradas, que le fué preciso al marido recurrir a los pellizcos° y a los pisotones; y ya la señora, a duras penas había podido hacerse superior hasta entonces a las persecuciones de su esposo, tenía la faz encendida y los
290 ojos llorosos. "Señora, no se incomode usted por eso", le dijo el que a su lado tenía.

—¡Ah! les aseguro a ustedes que no vuelvo a hacer estas cosas en casa; ustedes no saben lo que es esto; otra vez, Braulio, iremos a la fonda° y no tendrás...

295 —Usted, señora mía, hará lo que...

—¡Braulio! ¡Braulio!... Una tormenta espantosa estaba a punto de estallar; empero, todos los convidados a porfía° probamos a aplacar aquellas disputas, hijas del deseo de dar a entender la mayor delicadeza, para lo cual no fué
300 poca parte la manía de Braulio y la expresión concluyente que dirigió de nuevo a la concurrencia acerca de la inutilidad de los cumplimientos, que así llama él al estar bien servido y al saber comer. ¿Hay nada más ridículo que estas gentes que quieren pasar por finas en medio de la
305 más crasa ignorancia de los usos sociales; que para obsequiarle le obligan a usted a comer y beber por fuerza, y no le dejan medio de hacer su gusto? ¿Por qué habrá gentes que sólo quieren comer con alguna más limpieza los días de días?

310 A todo esto, el niño que a mi izquierda tenía, hacía saltar las aceitunas a un plato de magras° con tomate, y una vino a parar a uno de mis ojos, que no volvió a ver claro en todo el día; y el señor gordo de mi derecha había tenido la precaución de ir dejando en el mantel, al lado de

diligencia del fresco pescadería

pellizcos cantidades pequeñas

fonda restaurante

porfía disputa desagradable

magras lonjas (tajadas, rebanadas, tiras) delgadas de jamón

315 mi pan, los huesos de las suyas, y los de las aves que
había roído°; el convidado de enfrente, que se preciaba de
trinchador°, se había encargado de hacer la autopsia de
un capón, o sea gallo, que esto nunca se supo; fuese por
la edad avanzada de la víctima, fuese por los ninguno

320 conocimientos anatómicos del victimario, jamás parecieron
las coyunturas. "Este capón no tiene coyunturas",
exclamaba el infeliz, sudando y forcejeando°, más como
quien cava que como quien trincha. ¡Cosa más rara! En
una de las embestidas resbaló el tenedor sobre el animal

325 como si tuviera escama°, y el capón, violentamente
despedido, pareció querer tomar su vuelo como en sus
tiempos más felices, y se posó en el mantel
tranquilamente como pudiera en un palo de un gallinero.
El susto fué general y la alarma llegó a su colmo cuando

330 un surtidor° de caldo, impulsado por el animal furioso,
saltó a inundar mi limpísima camisa; levántase
rápidamente a este punto el trinchador con ánimo de
cazar el ave prófuga°, y al precipitarse sobre ella, una
botella que tiene a la derecha, con la que tropieza su

335 brazo, abandonando su posición perpendicular, derrama un
abundante caño de Valdepeñas sobre el capón y el mantel;
corre el vino, auméntase la algazara°, llueve la sal sobre
el vino para salvar el mantel; para salvar la mesa se
ingiere por debajo de él una servilleta, y una eminencia se

340 levanta sobre el teatro de tantas ruinas. Una criada, toda
azorada°, retira el capón en el plato de su salsa; al pasar
sobre mí hace una pequeña inclinación, y una lluvia
maléfica de grasa desciende, como el rocío sobre los
prados, a dejar eternas huellas en mi pantalón color de

345 perla; la angustia y el aturdimiento° de la criada no
conocen término; retírase atolondrada°, sin acertar con
las excusas; al volverse tropieza con el criado que traía
una docena de platos limpios y una salvilla° con las copas
para los vinos generosos, y toda aquella máquina viene al

350 suelo con el más horroroso estruendo y confusión. "¡Por
san Pedro!" exclama, dando una voz, Braulio, difundida ya
sobre sus facciones una palidez mortal, al paso que brota
fuego el rostro de su esposa. "Pero sigamos, señores, no
ha sido nada", añade volviendo en sí.

355 ¡Oh honradas casas donde un modesto cocido y un
principio final° constituyen la felicidad diaria de una

roído acción de raspar algo con los dientes
trinchador que corta en trozos la comida, sobre todo la carne

forcejeando haciendo fuerzas en contra de algo o alguien

escama lámina del cutis

surtidor chorro

prófuga fugitiva

algazara ruido; gritos de una o muchas personas, por lo común alegres

azorada asustada

aturdimiento perturbación; torpeza
atolondrada que actúa sin reflexión
salvilla bandeja (de plata) con encajes

principio final plato de carne que se sirve después del cocido y antes del postre

familia, huid del tumulto de un convite de días! Sólo la costumbre de comer y servirse bien diariamente puede evitar semejantes destrozos°.

360   ¿Hay más desgracias? ¡Santo cielo! ¡Sí, las hay para mí, infeliz! Doña Juana, la de los dientes negros y amarillos, me alarga de su plato y con su propio tenedor una fineza, que es indispensable aceptar y tragar; el niño se divierte en despedir° a los ojos de los concurrentes los huesos

365 disparados de las cerezas; don Leandro me hace probar el manzanilla° exquisito, que he rehusado, en su misma copa, que conserva las endebles° señales de sus labios grasientos; mi gordo fuma ya sin cesar y me hace cañón de su chimenea; por fin, ¡oh última de las desgracias!

370 crece el alboroto y la conversación; roncas ya las voces piden versos y décimas y no hay más poeta que Fígaro.
    —Es preciso.
    —Tiene usted que decir algo, claman todos.
    —Désele pie forzado, que diga una copla a cada uno.

375   —Yo le daré el pie: *A don Braulio en este día.*
    —Señores, ¡por Dios!
    —No hay remedio.
    —En mi vida he improvisado.
    —No se haga usted el chiquito.

380   —Me marcharé.
    —Cerrar la puerta.
    —No se sale de aquí sin decir algo.
    Y digo versos por fin, y vomito disparates, y los celebran, y crece la bulla° y el humo y el infierno.

385   A Dios gracias, logro escaparme de aquel nuevo *Pandemonio°*. Por fin, ya respiro el aire fresco y desembarazado de la calle; ya no hay necios, ya no hay castellanos viejos a mi alrededor.
    ¡Santo Dios, yo te doy gracias, exclamo respirando, como

390 el ciervo que acaba de escaparse de una docena de perros, y que oye ya apenas sus ladridos; para de aquí en adelante no te pido riquezas, no te pido empleos, no honores; líbrame de los convites° caseros y de días de días; líbrame de estas casas en que sólo se pone la mesa decente para

395 los convidados, en que creen hacer obsequios cuando dan mortificaciones, en que se hacen finezas, en que se dicen versos, en que hay niños, en que hay gordos, en que reina, en fin, la brutal franqueza de los castellanos viejos! Quiero que, si caigo de nuevo en tentaciones semejantes,

destrozos trozos; desperdicios

despedir *(fig.)* tirar

manzanilla vino blanco de Andalucía, no muy bueno
endebles de muy alta calidad; insuficientes

bulla ruido de personas; concurrencia de mucha gente
pandemonio lugar de confusión

convites funciones, banquetes

400 me falte un *roastbeef,* desaparezca del mundo el *beefsteak,*
se anonaden° los timbales de macarrones, no haya pavos
en Perigueux, ni pasteles en Perigord, se sequen los
viñedos de Burdeos, y beban, en fin, todos menos yo la
deliciosa espuma del champagne.

405 Concluída mi deprecación° mental, corro a mi habitación
a despojarme de mi camisa y de mi pantalón,
reflexionando en mi interior que no son unos todos los
hombres, puesto que los de un mismo país, acaso de un
mismo entendimiento, no tienen las mismas costumbres,

410 ni la misma delicadeza, cuando ven las cosas de tan
distinta manera. Vístome y vuelvo a olvidar tan funesto
día entre el corto número de gentes que piensan, que
viven sujetas al provechoso yugo° de una buena
educación libre y desembarazada°, y que fingen acaso

415 estimarse y respetarse mutuamente para no incomodarse,
al paso que las otras hacen ostentación° de incomodarse,
y se ofenden y se maltratan, queriéndose y estimándose
tal vez verdaderamente.

anonaden humillen, abatan;
maravillen, dejen estupefactos

deprecación ruego, súplica

yugo ley que somete u obliga
a obedecer
desembarazada libre de
obstáculos
ostentación exhibición
afectada y vanidosa

Comprensión

A Describiendo Describe.
1. como y por qué se tropezó andando por la calle el narrador
2. el encuentro con su «amigo»
3. la conversación entre Braulio y el narrador
4. lo que dice el narrador de Braulio; como lo describe, lo que representa
5. características de la burguesía que está criticando el narrador
6. los convidados que iban llegando a casa de Braulio
7. el comportamiento de Braulio con su mujer
8. lo que le dio Braulio para que el narrador se quitara el frac
9. entre quienes se sentó el narrador; lo que hacían sus «vecinos»
10. la comida que se sirvió
11. como habla Braulio de la comida
12. lo de las aceitunas
13. como comía el señor gordo
14. lo del capón
15. lo de los huesos de las cerezas

B Explicando Explica lo que significa.
1. él vive de exclusiones
2. entablaron los codos de los convidados íntimas relaciones entre sí con la más fraternal inteligencia del mundo

C Conectando con la sociología Explica todo lo que Larra está criticando de lo que para él es la «típica» clase media o burguesía española. Describe sus costumbres y comportamientos y lo que Larra piensa de ellos.

D Diversión La lectura puede ser una forma de diversión, una diversión beneficiosa. ¿Te ha hecho reír algunas cosas que leíste en *El Castellano viejo?* ¿Cuáles?

E Sarcasmo, humorismo e ironía Lee las siguientes diferencias.

La **ironía** es una forma de burla fina disimulada o sea no expresada abierta ni directamente. El **humorismo** es el tipo de ironía en el que predomina el humor, la facultad de captar lo cómico y lo ridículo. El **sarcasmo** es una ironía mordaz con que se insulta, humilla u ofende.

Lee el ensayo una vez más e indica todo lo que encontraste humorístico y lo que encontraste sarcástico. Comenta por qué.

F Modernizando Escoge una de las oraciones largas del ensayo. Escríbela de nuevo dividiéndola en partes para hacerla más fácil de leer.

Como agua para chocolate de Laura Esquivel

◆ Vocabulario para la lectura

Estudia las definiciones de las siguientes palabras.

el carmín ingrediente para dar color rojo a la comida

la clara parte blanca del huevo, el blanquillo, contrario de yema; en México se dice comúnmente «blanquillo» en vez de «huevo»

ajeno de otra persona

flojo no muy sólido, no firme

de golpe de repente

azucarar añadir azúcar; cristalizar

destrozar arruinar, estropear

empanizar (también **empanar**) tomar forma; rebozar con huevo batido, harina y pan rallado carne o pescado antes de freírlo

Poder verbal

Parafraseando Expresa de otra manera.

1. ¿No quieres *cristalizar* la superficie del flan?
2. *De repente* el niño se asomó de no sé dónde.
3. ¡Cuidado de no *arruinar* la salsa!
4. No debes tomar *lo que pertenece a otro.*
5. Esta receta lleva seis *blanquillos.* ¡Qué rica!
6. Me gusta *rebozar con huevo y pan rallado* el pescado antes de freírlo.

Nota biográfica

Laura Esquivel, una escritora mexicana contemporánea, inició su carrera como guionista. Vive en la Ciudad de México con su esposo e hija. Ella ha ganado muchas «Arieles» que otorga la Academia Mexicana de Ciencias y Artes Cinematográficas.

Laura Esquivel

El filme *Como agua para chocolate*

Su primera novela se publicó en 1989 y enseguida llegó a ser número uno en ventas en México. Poco después se tradujo al inglés, lengua en la que fue *best seller.* Se ha traducido en docenas de otros idiomas. En 1992 se hizo de la novela una película (un film, filme) popularísima.

De su novela *Como agua para chocolate,* dice la famosa autora mexicanoamericana Sandra Cisneros: «La más deliciosa, la más original. Un fastuoso festín de novela nunca antes emergida de las cocinas del nuevo mundo. ¡Ay, qué rico!» Y la muy renombrada autora mexicana Elena Poniatowska dice, «Laura Esquivel nos ha servido en bandeja de plata un tipo de novela nunca antes vista en la literatura latinoamericana».

Introducción

Una costumbre de las familias mexicanas de clase alta era la de obligar a la hija menor a nunca casarse, a permanecer soltera y a cuidar de la madre hasta la muerte de esta. También era costumbre en muchos lugares no permitir casarse una hija menor antes de que se casara la mayor. El dolor y la angustia que resultaban de estas costumbres son materia de leyenda en muchas familias. Todo el mundo le tenía pena a la hija que «se quedaba para vestir santos», cruel expresión que nos da una imagen de la vieja solterona que pasa sus días decorando las estatuas de los santos en la iglesia.

Es este el tema de la novela *Como agua para chocolate.*

Cuernavaca, México

La protagonista de la novela es Tita, la hija menor de Mamá Elena, matriarca de la familia de la Garza, cuyo rancho se encuentra en Piedras Negras, no muy lejos de la frontera con Estados Unidos. Gran parte de la novela ocurre durante la época de la Revolución mexicana. Una de las hermanas de Tita, Gertrudis, llega a ser «Generala» de un ejército revolucionario.

Tita se enamora de un joven, Pedro Muzquiz, que quiere casarse con ella, pero Mamá Elena se opone y obliga a Tita a seguir la vieja tradición de la hija menor. Mamá Elena le propone al padre de Pedro que su hijo se case con Rosaura, la hermana mayor de Tita.

En el fragmento que sigue, Tita está en la cocina con Nacha, de ochenta y cinco años, vieja sirvienta de los de la Garza. Mamá Elena ha ordenado a Tita a ayudar a Nacha a preparar el pastel para la boda de Pedro y Rosaura. La vieja Nacha también se ha quedado «para vestir santos».

Cada capítulo de la novela comienza con una receta. De hecho, el subtítulo de la obra es *Novela de entregas mensuales con recetas, amores y remedios caseros.* Este fragmento también comienza con una receta, la receta para el fondant, la pasta de azúcar que cubrirá el pastel de bodas.

Una novia mexicana

Como agua para chocolate

1   *Para el fondant*
     800 gramos de azúcar granulado
     60 gotas de jugo de limón más bastante agua para
     disolver
5   *Se ponen en una cacerola, el azúcar y el agua al fuego*
     sin dejar de moverla hasta que empieza a hervir. Se cuela
     en otra cacerola y se vuelve a poner al fuego agregándole
     el limón hasta que tome punto de bola floja, limpiando de
     vez en cuando los bordes de la cacerola con un lienzo°   **lienzo** tela de lino
10   *húmedo para que la miel no se azucare; cuando ha tomado*
     el punto anteriormente indicado se vacía en otra cacerola
     húmeda, se rocía por encima y se deja enfriar un poco.
     Después, con una espátula de madera, se bate hasta que
     se empaniza.
15   *Para aplicarlo, se le pone una cucharada de leche y se*
     vuelve a poner al fuego para que se deslíe, se pone después
     una gota de carmín y se cubre con él únicamente la parte
     superior del pastel.
     Nacha se dio cuenta de que Tita estaba mal, cuando
20   ésta le preguntó si no le iba a poner el carmín.
     —Mi niña, se lo acabo de poner, ¿no ves el color rosado
     que tiene?
     —No...
     —Vete a dormir, niña, yo termino el turrón°. Sólo las   **turrón** tipo de dulce con
25   ollas saben los hervores° de su caldo, pero yo adivino los   almendras; a veces significa
     tuyos, y ya deja de llorar, que me estás mojando el   alcorza
     fondant y no va a servir, anda, ya vete.   **hervores** *(fig.)* dolores, penas
     Nachita cubrió de besos a Tita y la empujó fuera de la
     cocina. No se explicaba de dónde había sacado nuevas
30   lágrimas, pero las había sacado y alterado con ellas la
     textura del turrón. Ahora le costaría doble esfuerzo dejarlo
     en su punto. Ya sola se dio a la tarea de terminar con el
     turrón lo más pronto posible, para irse a dormir. El turrón
     se hace con 10 claras de huevo y 500 gramos de azúcar
35   batidos a punto de hebra° fuerte.   **hebra** fibra
     Cuando terminó se le ocurrió darle un dedazo° al   **darle un dedazo** poner el
     fondant, para ver si las lágrimas de Tita no habían   dedo en

alterado el sabor, pero, sin saber por qué, a Nacha le
entró de golpe una gran nostalgia. Recordó uno a uno
40 todos los banquetes de boda que había preparado para la
familia de la Garza con la ilusión de que el próximo fuera
el suyo. A sus 85 años no valía la pena llorar, ni
lamentarse de que nunca hubieran llegado ni el esperado
banquete ni la esperada boda, a pesar de que el novio sí
45 llegó, ¡vaya que había llegado! Sólo que la mamá de
Mamá Elena se había encargado de ahuyentarlo°. Desde
entonces se había conformado con gozar de las bodas
ajenas y así lo hizo por muchos años sin repelar. No sabía
por qué lo hacía ahora. Sentía que era una reverenda
50 tontería, pero no podía dejar de hacerlo. Cubrió con el
turrón lo mejor que pudo el pastel y se fue a su cuarto,
con un fuerte dolor de pecho. Lloró toda la noche y a la
mañana siguiente no tuvo ánimos para asistir a la boda.

    Tita hubiera dado cualquier cosa por estar en el lugar de
55 Nacha, pues ella no sólo tenía que estar presente en la
iglesia, se sintiera como se sintiera, sino que tenía que
estar muy pendiente de que su rostro no revelara la menor
emoción. Creía poder lograrlo siempre y cuando su mirada
no se cruzara con la de Pedro. Ese incidente podría
60 destrozar toda la paz y tranquilidad que aparentaba.

    Sabía que ella, más que su hermana Rosaura, era el
centro de atención. Los invitados, más que cumplir con
un acto social, querían regodearse° con la idea de su
sufrimiento, pero no los complacería, no. Podía sentir
65 claramente cómo penetraban por sus espaldas los
cuchicheos° de los presentes a su paso.

    —¿Ya viste a Tita? ¡Pobrecita, su hermana se va a casar
con su novio! Yo los vi un día en la plaza del pueblo,
tomados de la mano. ¡Tan felices que se veían!

ahuyentarlo hacer huir a
una persona

regodearse agasajarse, tomar
mucho placer

cuchicheos murmullos, chismes

Comprensión

A Buscando información Contesta.

1. ¿Qué es lo que le dio el color rosado al fondant?
2. ¿Qué le indicó a Nacha que Tita no estaba bien?
3. Algo alteró la textura del turrón. ¿Qué?
4. ¿Qué le metió Nacha al fondant para probar el sabor?
5. ¿Cuál es la «reverenda tontería» a la que se refiere Nacha?

B Buscando más información Completa.

1. La receta con que comienza este fragmento es para ____.
2. Nachita le dio muchos ____ a Tita y la echó de la cocina.
3. Nacha quería terminar pronto con el turrón, porque tenía ganas de ____.

C Parafraseando y analizando En tus propias palabras, expresa el significado de lo siguiente.

1. Sólo las ollas saben los hervores de su caldo, pero yo adivino los tuyos...
2. ... la mamá de Mamá Elena se había encargado de ahuyentarlo
3. Tita hubiera dado cualquier cosa por estar en el lugar de Nacha...
4. Los invitados... querían regodearse con la idea de su sufrimiento...

D Interpretando Da tu interpretación de lo siguiente.

«Tita sabía que ella, más que su hermana Rosaura, era el centro de atención.»

Composición

Resúmenes y apuntes

Muchas veces es necesario hacer un resumen de algo. En un resumen incluyes las ideas principales de algo que has oído o leído, usando tus propias palabras. A veces querrás resumir, por ejemplo, lo que aprendiste ayer en un curso para ayudarle a un(a) amigo(a) que estaba ausente. Y a veces querrás resumir algo para que tu oyente o lector lo comprenda mejor.

Es frecuentemente necesario hacer un resumen informal—explicándole a alguien lo que hiciste o comiste ayer, por ejemplo. Muy a menudo hay que hacer un resumen formal—resumiendo la información que oíste en una conferencia o que viste en un filme.

El hacer un resumen te puede ayudar mucho en tus estudios escolares. El escribir un resumen de lo que has oído en clase o lo que has leído en tu texto (libro escolar) te ayudará a comprender mejor y recordar la información que acabas de aprender.

¿Resumir? ¿Cuándo?

SITUACIÓN	PROPÓSITO
Al preparar un reportaje oral o escrito	Incluir detalles importantes de lo que has aprendido.
Al leer un libro escolar	Para mejor comprender y recordar lo que has leído y aprendido.
Al escuchar una conferencia	Para escribir un reportaje o prepararte para un examen sobre la información presentada en la conferencia.
Al ver un filme o DVD o al leer un cuento o una novela	Para escribir un resumen de lo que has visto o leído.

¿Resumir? ¿Cómo?

Cuando escribes un resumen pon todas las ideas en tus propias palabras. Piensa siempre en las ideas principales. Suprime (omite) los ejemplos y detalles.

Tomando apuntes

El hacer resúmenes te ayuda mucho a recoger y organizar información. El tomar apuntes te puede ayudar a recoger y organizar información también. ¿Puedes siempre recordar las ideas importantes presentadas ya hace dos semanas en una discusión en la clase de historia? Sin tomar notas (apuntes) es fácil olvidar información. Tus notas (apuntes) (igual que tus resúmenes) te ayudarán mucho a prepararte para un examen o a organizar un escrito (una redacción).

Como puede ser imposible oír una conferencia una segunda vez, los apuntes que tomas son sumamente importantes. Y los apuntes que tomas al leer te permitirán resumir y repasar las ideas importantes sin tener que leer toda la información de nuevo.

Avisos para tomar apuntes

Al escuchar

1. Apunta sólo las ideas principales y los detalles clave.

2. Usa números, abreviaturas y símbolos que te ayudarán a escribir más rápido pero siempre toma en cuenta que tienes que poder comprender más tarde lo que escribiste.

Al leer

1. Apunta sólo la información que se aplica directamente a tu tópico o propósito.

2. Suprime detalles y ejemplos superfluos.

3. Resume (abrevia la información) lo más posible.

4. Evita de usar citas directas a menos que sirvan un propósito especial.

5. Lee tus apuntes para verificar que los comprendas sin problema.

Composición

Ahora, ¡te toca a ti!

 El cuento *El Castellano viejo* de Mariano José de Larra es un cuento bastante largo. Escribe un resumen del cuento en tus propias palabras. Da sólo las ideas más importantes, incluyendo a lo menos un detalle que indique el elemento cómico/sarcástico de la obra.

 Imagínate que estuviste presente en la cocina con Nacha y Tita en el episodio que leíste de *Como agua para chocolate.* Escribe un resumen (o relata a un[a] compañero(a)) lo que viste y sentiste.

 Escribe un resumen de uno de los siguientes tópicos:

- un filme que viste
- un episodio que te ocurrió

 Escribe un resumen de un capítulo que has leído en tu libro de estudios sociales o cualquier otra asignatura.

 Escucha Actividad auditiva 6 en el CD 10 y toma apuntes mientras escuches.

Conexión con el inglés

El imperativo

El imperativo o una orden en inglés se expresa sencillamente con la raíz del verbo. No se hace ninguna distinción entre singular y plural.

Look!	*Don't look!*
Run!	*Don't run!*
Study!	*Don't study!*
Work hard!	*Don't work hard!*
Come here!	*Don't come here!*

Pronombres de complemento con el imperativo

Los pronombres de complemento siguen el verbo.

Bring me the book.
Bring it to me.
Don't bring it to me.

Show them the house.
Show it to them.
Don't show it to them.

When you've finished the assignment, please show it to me.

Capítulo
11

Conducta

Objetivos

En este capítulo vas a:

❖ estudiar el rasgo de individualismo y como influye en el comportamiento y la toma de decisiones

❖ leer trozos de un manual de conductores y familiarizarte con el vocabulario vehicular y el de la carretera

❖ aprender las formas del imperativo familiar y familiarizarte con algunos regionalismos relacionados con el carro y la carretera

❖ leer *La misma lejanía* de Miguel Armenta

❖ contrastar algunos regionalismos españoles e ingleses

Historia y cultura

Vocabulario para la lectura

Estudia las definiciones de las siguientes palabras.

la caridad acción de ayudar a los necesitados

el criterio norma para conocer la verdad

el cumplimiento acción de efectuar, llevar a cabo

la limosna dinero, ropa, comida que se le da a un necesitado para ayudarlo

el mendigo persona que habitualmente les pide dinero a otros

el muelle lugar en el puerto que facilita el embarque y desembarque de cosas y personas de un barco

el rasgo propiedad o nota distintiva

el tripulante el que trabaja abordo de un barco, avión; miembro de la tripulación

benévolo caritativo

intrínsecamente interiormente, esencialmente

netamente claramente, definidamente

Dando limosna a una mendiga delante de la catedral, Cuenca, Ecuador

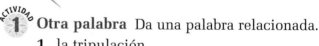

Poder verbal

ACTIVIDAD 1 **Otra palabra** Da una palabra relacionada.

1. la tripulación
2. mendigar, la mendicidad
3. cumplir
4. caritativo
5. la benevolencia

ACTIVIDAD 2 **¿Qué palabra necesito?** Completa.

1. ¿Cuál es el número de ____ que trabajan abordo?
2. ¿Cuál es el ____ que usan para tomar tal decisión?
3. El mendigo pide ____.
4. Es una organización ____ que ayuda mucho a los necesitados.
5. Es un puerto que tiene mucho tráfico. Tiene muchos ____ para acomodar a todas las embarcaciones que entran.
6. ____ significa «claramente» e ____ significa «esencialmente».

Los pobres pedían limosna.

Lectura

Individualismo

Las culturas y sociedades heterogéneas de Latinoamérica tienen una mezcla de tradiciones y rasgos indígenas, africanos y español-mediterráneos. Muy a menudo entrará en una discusión sobre una cultura latina o hispana la palabra «individualismo». El individualismo es una característica intrínsecamente española y de los españoles lo han heredado los latinoamericanos.

Edificio de la Cruz Roja, Washington

Un famoso autor español comparaba al español con el francés. Ha dicho que mientras el francés determina su valor personal a través de la opinión que otros tienen de él, el español se limita a un criterio personal—lo que él piensa de sí mismo. Hay un refrán español que dice: «Soy tan grande como el rey, sólo que él tiene más dinero que yo».

Esta característica de individualismo se manifiesta en muchos aspectos de la vida diaria, en la toma de decisiones y en el cumplimiento de responsabilidades. Empecemos con los juegos infantiles. En España y Latinoamérica se observa una ausencia de deportes realmente organizados de espíritu colectivo y competitivo. A diferencia de Estados Unidos no existe *Little League* en el cual empieza la competencia colectiva a una edad muy temprana. En Latinoamérica se verá a un grupo de niños o jóvenes jugando fútbol en un campo abierto.

Un equipo de *Little League*, EE.UU.

Pero, el fútbol es una importación británica que aprendieron originalmente unos niños en los muelles de Buenos Aires mirando jugar a los tripulantes de los barcos ingleses anclados en el puerto. Y el juego en que participan los niños latinoamericanos será mayormente una diversión entre un grupo de amigos o vecinos. No será una verdadera función competitiva a la cual acuden los padres para empujar al equipo de sus hijos.

Buenos Aires

En los países de influencia anglosajona como Estados Unidos hay muchos clubes y otras organizaciones. Muchos pretextos sirven para formar un grupo organizado. ¡A tomar un ejemplo! Algunas organizaciones tienen un propósito caritativo. El típico norteamericano mandará un cheque a una organización benévola. En vez de mandar un cheque a tal organización, el español o latinoamericano le dará una moneda al mendigo que pide limosna delante de la catedral. El norteamericano en toda probabilidad lo pasaría por alto. ¿Cuál es más caritativo?

Una pariente mía está en casa. Está enferma y no hay quien pueda quedarse en casa para cuidar de ella. Y yo debo ir al trabajo. ¿Qué hacer? ¿Cuál es mi responsabilidad? En la mayoría de los casos el español o latinoamericano dejará el trabajo y se quedará en casa para cuidar de la pariente enferma. El norteamericano en toda probabilidad irá al trabajo y se quedará en contacto con la enferma por teléfono porque no puede olvidar la obligación con la empresa para la cual trabaja. ¿Cuál tiene una falta de responsabilidad? Ninguno, ¿verdad? Es que cada uno toma una decisión basada en diferentes sistemas de valores. El rasgo del «individualismo» dicta que la familia sea más importante que la empresa—lo personal ante lo colectivo.

Algunos músicos han observado que los coros y las grandes orquestas han gozado de menos popularidad en España que en otros países. El cante del pueblo es individual. ¿Y cuál es el instrumento netamente español? ¡La guitarra! En manos de una persona talentosa como Andrés Segovia un solo instrumento llega a ser una orquesta sinfónica.

Andrés Segovia

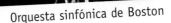

Orquesta sinfónica de Boston

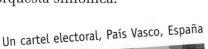

Un cartel electoral, País Vasco, España

¿Hay que respetar todas las ideas?

No Sí

Una calle de Barcelona

El individualismo se manifiesta también en la carretera. Cada conductor se ve como «dueño» de la carretera. Al extranjero le puede parecer que los españoles y latinoamericanos conducen agresivamente. Puede ser, pero la verdad es que en la mayoría de los casos los países hispanos no tienen mayor número de accidentes automovilísticos que los otros países porque cada conductor sabe lo que debe esperar del otro porque todos son dueños de la misma carretera.

El individualismo se manifiesta también en la política. Su impacto es bastante fuerte. Del sentimiento individualista surge una proliferación de partidos políticos. Cada individuo quiere que su partido represente sus «propias» ideas. Suele considerar la política un asunto personal. Y como dijo una vez el famoso autor y filósofo español Miguel de Unamuno, «en España hay veinte y cuatro millones de partidos políticos». En aquel entonces España tenía veinte y cuatro millones de habitantes.

Comprensión

A **Buscando información** Contesta.

1. ¿Qué comprenden las sociedades heterogéneas de Latinoamérica?
2. ¿Cuál es una característica intrínsecamente española?
3. ¿Han heredado los latinoamericanos esta característica española?
4. Según un famoso autor español, ¿cómo determina su valor un francés?
5. ¿Cómo determina su valor el español?
6. ¿Dónde se manifiesta la característica del individualismo?

B **Explicando** Contesta.

Jugando fútbol, Valparaíso, Chile

1. En términos generales, ¿cuál es una diferencia entre muchos juegos infantiles en España y Latinoamérica y Estados Unidos?
2. ¿Cómo se introdujo el fútbol en Latinoamérica?
3. ¿Cuál es el instrumento musical netamente español? ¿Cómo se relacionará con el individualismo?
4. ¿Cómo se manifiesta el individualismo en la carretera?
5. ¿Cómo se manifiesta el individualismo en la política?

C **Comparando** Explica.

1. lo que hacen, por lo general, un latinoamericano y un norteamericano cuando tienen un pariente enfermo en casa
2. la importancia de grupos y clubes en Estados Unidos y Latinoamérica

D **Describiendo** Describe dos muestras de caridad.

E **Analizando** Según lo que has leído, ¿por qué no se puede decir que el latinoamericano es más caritativo o responsable que el norteamericano o viceversa?

F **Personalizando** Algunos miembros de la clase serán biculturales. Es decir que comparten tradiciones y características latinas y «norteamericanas». Al leer estos episodios sobre el individualismo, decide con qué resolución de cada situación te identificas más. Compara tus reacciones con las de los otros miembros de la clase.

Conocimientos para superar

Conexión con el conducir

He aquí unas instrucciones del manual de conductores del estado de Florida. Contiene mucha información que te ayudará a ser buen(a) conductor(a).

Su manera de conducir

El conducir bien se basa en la práctica y en estar alerta cuando se halla al volante. Mientras conduce, debe asegurarse de que no haya nada que interfiera con su capacidad para ver la carretera, reaccionar ante determinadas situaciones u operar su vehículo de manera adecuada. Debe mirar hacia delante en la carretera, hacia los lados y la parte posterior de su vehículo y estar alerta ante sucesos inesperados. Manténgase alerta con respecto a lo que esté sucediendo a su alrededor, y no quite los ojos del camino por más de unos pocos segundos cada vez. No transporte objetos dentro de su vehículo que pudieran interferir con su capacidad para conducir de manera segura. Estos podrían incluir cualquier objeto que obstruya su visión de la carretera o de los espejos.

Aprendiendo a conducir,
Casares, España

Malos hábitos de conducción

Los buenos conductores desarrollan hábitos que enfocan toda su atención en la conducción de su vehículo. Algunos conductores pueden desarrollar malos hábitos que pueden resultar muy peligrosos mientras conducen. Algunos de los malos hábitos que distraen su atención mientras conduce son cuando:

- Conduce estando enfermo, disgustado o enojado.
- Conduce mientras come o bebe.
- Conduce mientras ajusta la radio o cambia CD.
- Conduce mientras llama por teléfono celular, lo contesta o conversa por el mismo.
- Conduce y lee al mismo tiempo.

Buenos Aires

Como prepararse para conducir

Antes de arrancar el motor:

- Asegúrese de que todas las ventanillas estén limpias. Quite cualquier cosa que le obstruya la vista de la carretera.
- Ajuste el asiento de manera que pueda alcanzar todos los controles.
- Ajuste el espejo retrovisor interior y exterior. No debería ser necesario inclinarse hacia adelante ni hacia atrás para usarlos.
- Cierre con llave todas las puertas del automóvil.
- Abróchese el cinturón de seguridad. Pida a todos los pasajeros que hagan lo mismo.
- Asegúrese de que su automóvil esté estacionado o en neutro antes de arrancar el motor. Nunca ponga el automóvil en marcha hasta que haya mirado hacia adelante, atrás y los lados para asegurarse de que no haya peatones ni tráfico aproximándose. Luego, dé las señales correspondientes e incorpórese al tráfico cuando sea seguro.

Conocimientos para superar

El pasar a otro vehículo

- Manténgase a una distancia segura detrás del vehículo al que quiere pasar. Mientras más se acerque al vehículo que quiere pasar, menos podrá ver hacia adelante. Esto es especialmente así cuando está pasando camiones, casas rodantes y otros vehículos grandes.

- Antes de cambiar de carril para pasar, fíjese en los puntos ciegos y asegúrese de que tiene tiempo y espacio suficientes para pasar.

INCORRECTO

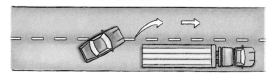

- En una carretera de dos carriles, toque la bocina o, por la noche, haga un cambio de luces con las delanteras para avisarle al otro conductor que usted va a pasar.

- Dé la señal antes de moverse al carril izquierdo.

CORRECTO

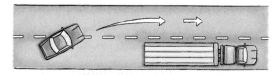

- Usted debe regresar al lado derecho de la carretera antes de estar a 200 pies de cualquier vehículo que se acerque desde la dirección opuesta.

- Pasar por la derecha solamente es legal cuando hay dos o más carriles de tráfico que se mueven en la misma dirección o cuando el vehículo que usted está pasando está doblando a la izquierda. Salirse del pavimento para pasar por el lado derecho es contra la ley.

Cuando no se puede pasar

Usted no puede pasar en una carretera de dos carriles en la cual el tráfico se mueve en direcciones opuestas, en estas condiciones:

- Cuando vea un letrero de DO NOT PASS o NO PASSING ZONE. (No pasar)

- Cuando una línea amarilla continuada está pintada sobre su lado de la línea central.

- En lomas o cuestas y curvas.

- En intersecciones.

- A menos de 100 pies de un puente, un viaducto, un túnel o un cruce de ferrocarril.

Las personas que no obedecen estas reglas pueden ser arrestadas o multadas.

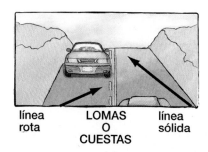

línea rota   LOMAS O CUESTAS   línea sólida

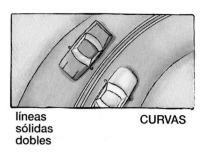

líneas sólidas dobles   CURVAS

Como mantener su automóvil en buenas condiciones

A pesar de lo bien que conduzca, usted no estará seguro a menos que su vehículo se halle en buenas condiciones. Si su vehículo no está en buenas condiciones, usted podría tener un accidente grave.

Frenos Verifique que el pedal se quede lo suficientemente arriba del piso del automóvil cuando lo pisa. Si el automóvil tira hacia un lado al pisar al pedal de los frenos o si se los oye raspar o chirriar, son avisos de que los frenos necesitan repararse.

Luces Cambie las luces fundidas y limpie los cristales de las luces a menudo. Los faros sucios pueden reducir la visión nocturna a la mitad. Los indicadores direccionales o luces de freno fundidos no indicarán a los otros conductores las intenciones de usted. Mantenga las luces delanteras ajustadas para no cegar a los conductores que vienen en la dirección opuesta.

Ventanillas y parabrisas Mantenga el cristal limpio, por dentro y por fuera, para reducir el resplandor.

Tienes que mantener tu carro en buenas condiciones.

Comprensión

A **Buscando información** Contesta.
1. ¿Cuáles son algunos malos hábitos de conducción?
2. Antes de arrancar el motor, ¿qué debes hacer con las ventanillas?
3. ¿Por qué debes ajustar el espejo retrovisor?
4. ¿Quiénes tienen que abrocharse el cinturón de seguridad?
5. ¿Dónde debes mirar antes de poner el carro en marcha?
6. ¿Por qué es importante quedarte a una distancia segura detrás del vehículo al que quieres pasar?
7. ¿De qué debes asegurarte antes de cambiar de carril?
8. ¿Cuándo puedes tocar la bocina?
9. ¿Qué debes hacer de noche cuando vas a pasar a otro vehículo?
10. ¿Cuándo puedes regresar al lado derecho de la carretera?

B **Explicando** Explica.
1. Explica algunas circunstancias cuando no se puede pasar.
2. Explica lo que puede indicar que tus frenos no están funcionando apropiadamente.
3. Explica por qué es importante no tener los faros, las direccionales ni las luces del freno fundidas.

C **Comparando** Compara lo que has leído de este folleto sobre los reglamentos del estado de Florida con los de tu estado.

Imperativo familiar

1. Se usa el imperativo familiar (tú) al hablar con amigos, familiares y niños.

2. La forma regular del imperativo con **tú** es la misma forma que se usa con **usted** en el tiempo presente.

PRESENTE (USTED)	IMPERATIVO (TÚ)
Usted maneja.	¡Maneja!
Usted aprende.	¡Aprende!
Usted conduce.	¡Conduce!
Usted cierra.	¡Cierra!
Usted vuelve.	¡Vuelve!
Usted sigue.	¡Sigue!

3. Los verbos siguientes tienen formas irregulares en el imperativo familiar.

VERBO	FORMA
decir	di
ir	ve
ser	sé
salir	sal
hace	haz
tener	ten
venir	ven
poner	pon

El entrenador le dice: «¡Anda! ¡Anda!»

4. Las formas negativas del imperativo familiar siguen el mismo patrón que el imperativo formal. La forma de **yo** en el presente sirve de raíz y las terminaciones son **-es** para los verbos de la primera conjugación y **-as** para los verbos de las segunda y tercera conjugaciones.

INFINITIVO	PRESENTE (YO)	MANDATO NEGATIVO (TÚ)
hablar	hablo	¡No hables!
comer	como	¡No comas!
abrir	abro	¡No abras!
volver	vuelvo	¡No vuelvas!
pedir	pido	¡No pidas!
hacer	hago	¡No hagas!
salir	salgo	¡No salgas!

5. Los mismos verbos que tienen formas irregulares en el imperativo formal mantienen la irregularidad en el imperativo familiar.

ir	no vayas
ser	no seas
saber	no sepas
estar	no estés
dar	no des

Trelew, Argentina

6. Observa las formas de vos.

Vos: Hablá.
            Comé.
            Escribí.
            Tené.
            Hacé.
            Vení.

Buenos Aires, Argentina

1 ¿Lo hago? Sigue el modelo.

¿Hablo? →
Sí, habla.

1. ¿Nado?
2. ¿Canto?
3. ¿Bailo?
4. ¿Trabajo?
5. ¿Leo?
6. ¿Como?
7. ¿Escribo la carta?

8. ¿Insisto?
9. ¿Vuelvo?
10. ¿Empiezo?
11. ¿Pido?
12. ¿Sirvo?
13. ¿Repito?
14. ¿Duermo?

«Por favor, señora, ayúdeme.»

2 ¿Tú también? Sigue el modelo.

Hable usted, señor. →
Y Juanito, tú también, habla.

1. Cante usted, señor.
2. Nade usted, señor.
3. Baile usted, señor.
4. Lea usted, señor.
5. Coma usted, señor.
6. Escriba usted, señor.

7. Vuelva usted, señor.
8. Piense usted, señor.
9. Pida usted, señor.
10. Sirva usted, señor.
11. Repita usted, señor.
12. Duerma usted, señor.

ACTIVIDAD 3 **¿Tú lo haces?** Contesta según el modelo.

¿Tener prisa? →
Ten prisa.

1. ¿Tener suerte?
2. ¿Tener tiempo?
3. ¿Poner todo en orden?
4. ¿Poner la mesa?
5. ¿Venir enseguida?
6. ¿Venir mañana?
7. ¿Salir ahora?

8. ¿Salir de noche?
9. ¿Decir la verdad?
10. ¿Decir que sí?
11. ¿Ser bueno?
12. ¿Ser honesto?
13. ¿Ir en tren?
14. ¿Ir enseguida?

 ACTIVIDAD 4 **¿Cómo llego?** Completa con el imperativo familiar.

Para llegar a Monterrey,
1. _____ la avenida San Martín. (tomar)
2. _____ derecho hasta el final de la avenida. (seguir)
3. _____ a la derecha. (doblar)
4. _____ a la tercera bocacalle. (ir)
5. _____ la autopista que verás a mano derecha. (tomar)
6. _____ el peaje. (pagar)
7. _____ hasta la segunda salida. (seguir)
8. _____ en la segunda salida después de la garita de peaje. (salir)
9. _____ a la derecha. (virar)
10. _____ los rótulos hasta llegar a Monterrey. (seguir)

Una carretera nueva en Andalucía

Estación de servicio, Ushuaia, Argentina

5 **En el negativo** Escribe en la forma negativa.

1. Canta la canción.
2. Baila el tango.
3. Come con Carlos.
4. Vende el coche.
5. Sal ahora.
6. Pon la mesa.
7. Haz el trabajo.
8. Ve ahora.

Un permiso de conducir

Regionalismos

Ya sabes que el español, una lengua hablada en más de veinte países, tiene muchos regionalismos. Un regionalismo es una variación en la manera de expresar un vocablo en cierta región. Hay que señalar que los regionalismos no son errores ni vulgarismos. Son correctos y aceptables en la región donde se usan.

Hay muchos regionalismos relacionados con el carro y el conducir. Aquí he unos ejemplos. ¿Cuáles son las expresiones o palabras que te son conocidas?

1. Se dice el coche en España; el carro en Latinoamérica.
2. Oirás el permiso de conductor (conducir), licencia de conducir (manejar), el título, el carnet y la libreta.
3. Oirás la bocina o el claxon y a veces la expresión dar pitos.
4. En reverso puede ser en reverso o en reversa o en retro.
5. Oirás las luces o los faros. Se dice luces de cruce, luces bajas o luces cortas; luces de carretera, luces altas, luces intensas y luces largas.
6. El gato puede ser la gata.
7. La guantera puede ser la secreta o la cajuelita.
8. Puede ser el baúl, la maletera o la cajuela.
9. Puedes decir neumático, llanta, goma, cubierta o caucho.
10. Un tapón es también un tapacubo. Un tapón es también un embotellamiento en la carretera.
11. El capó es también el bonete o el cofre.
12. Las intermitentes son también direccionales. Llevan el artículo «las» donde se dice «luces» y «los» donde se dice «faros».
13. La aleta puede ser también el guardafango.
14. La gasolinera es también la estación de servicio. Casi siempre oirás gasolina pero existen también nafta y bencina.
15. El tanque puede ser el depósito.
16. Una avería es también una descompostura, una pana o un pane.
17. Puedes tener un neumático desinflado, una llanta reventada, un pinchazo, una goma ponchada o una ponchadura.
18. Oirás refacciones y piezas de recambio.

La joven cambia una goma pinchada.

En cuanto a la carretera

1. Oirás de dirección única, de sentido único y una mano o una vía.

2. El peaje puede ser una cuota y donde lo (la) pagas una caseta, garita o cabina de peaje.

3. El carril es el término más común pero hay también la banda, la pista, la vía, el canal o la trocha.

4. Oirás estacionar, aparcar o parquear. El lugar donde estacionas, aparcas o parqueas puede ser el estacionamiento, el aparcamento (aparcamiento), el parqueo, el parking o la playa (de estacionamiento) (en Perú).

5. La autopista es también la autovía.

6. Además de pasar (a) otro vehículo oirás rebasar o adelantar.

Un parquímetro, Barcelona

Entrada a un estacionamiento, Buenos Aires

Carretera entre Coquimbo y La Serena, Chile

Literatura

La misma lejanía de Miguel Armenta

◆ Nota biográfica

Miguel Armenta, el autor del cuento que sigue, nació en Mexicali, Baja California. Sirvió de jefe del departamento de filosofía en el centro de Enseñanza Técnica y Superior en Mexicali.

Paisaje bajacaliforniano

Lectura

La misma lejanía

◆·◆·◆

Hacía más de media hora que habían salido del Cañón de Guadalupe y el viejo automóvil avanzaba dificultosamente a través de la yerma° superficie. Pronto estarían en la carretera principal y enfilarían rumbo a Mexicali. El calor era agotador
5 pero había valido la pena el paseo, además de la oportunidad de buscar algunas huellas de vetas que podían significar un nuevo giro en la maltrecha° economía. Pedro miraba de soslayo° a su hijo y se sentía orgulloso de verlo, sano, vivaracho, con todo un mundo por delante. Sí, a base de
10 estudios y de esfuerzo, su muchacho llegaría a ser un buen profesionista, tal vez médico o licenciado, algo, en fin, que le hiciera la vida más fácil de lo que había sido para él. Los sueños de Pedro se mezclaban con los espejismos° que, allá adelante y a los lados, a lo lejos, parecían ofrecer venturas
15 sin fin. Era tan interesante esa superficie árida, amplia, sin estorbos, franca, que Pedro no pudo menos que sentirla como una profunda expresión de sí mismo y de su gente.

yerma inhabitada

maltrecha en mal estado
de soslayo del rincón de su ojo

espejismos ilusión óptica (sobre todo en zonas muy calurosas)

Cañón de Guadalupe, México

Arturo, su amigo, guiaba el automóvil y parecía absorto también en la lejanía, como si estuviera ansioso de llegar
20 pronto a aquella carretera que se antojaba tan distante. Luis, el hijo de Pedro, muchacho alegre, sano y de excelente humor, se rebullía° en su asiento como con deseos de bajarse del auto y echar a correr para llegar más pronto al crucero. De pronto, el motor dejó de
25 funcionar; con el impulso que llevaba, el auto avanzó todavía unos metros pero pronto se detuvo totalmente. Arturo lanzó una exclamación de impaciencia y se bajó, dirigiéndose al frente. Abrió el cofre y una oleada de vapor lo hizo retroceder. El motor
30 parecía estar ardiendo por dentro y por fuera.

—¡Caray, Pedro, ésta sí que es mala suerte! Precisamente en plena Salada nos tenía que pasar esto.

—No te preocupes—respondió Pedro—, vamos
35 a echarlo a andar.

Los dos estuvieron intentando hacer funcionar nuevamente el auto pero fue inútil. Además, no traían agua para echarle al radiador. Ni siquiera traían para beber. Les había parecido tan fácil el
40 viaje que no tomaron esas precauciones básicas para transitar por la Salada.

—Y ahora, ¿qué hacemos? —dijo Arturo—.

—Mira —dijo Pedro, señalando con el índice a lo lejos—, allá se ve polvo, debe ser un camino; si nos vamos
45 caminando podemos llegar allá con tal de no perder la dirección. De todos modos, andando en línea recta llegaríamos a la carretera de San Felipe.

—No —dijo Arturo con gesto preocupado—, no creo que sea prudente hacer eso. Es demasiado lejos. Creo
50 que lo mejor sería esperar aquí a que pase algún carro y nos ayuden.

se rebullía empezaba a moverse

Un camino en el desierto, San Javier, México

San Felipe, México

Un desierto mexicano

—Pero, ¿quién crees que va a pasar por aquí, hombre? —replicó Pedro—. Aquí nos podríamos estar días y sin agua y comida nomás no. Mira, vamos haciendo una cosa.

55 Tú quédate aquí y Luis y yo nos vamos caminando hasta salir a la carretera de San Felipe. Luego venimos por ti. O si pasa alguien, que lo dudo, pides ayuda. Tú, ¿qué piensas, Luis? ¿Te animas?

—Claro que sí, papá. Caminando aprisa fácil llegamos.

60 No es cosa del otro mundo.

—No lo creo prudente de todos modos —advirtió Arturo— pero si están decididos, pues, ¡buena suerte! El que encuentre primero ayuda irá por el otro. Espero que pronto pase alguien por aquí.

65 —Buena suerte y no te preocupes, Arturo, —añadió Pedro confiadamente—. Nos vemos pronto. Hasta luego.

Pedro y Luis se pusieron ansiosamente en camino. Sentían el sol a plomo sobre ellos y el calor que la arena devolvía como poderoso reflector. Pero ellos eran de

70 Mexicali, ya estaban acostumbrados al calor —¡qué caray!— no había por qué amilanarse°. De vez en cuando volvían la cabeza para ver a lo lejos el auto hasta que éste se convirtió en un punto y, finalmente, ya no lo vieron más. Camine y camine siguieron los dos. Al

75 principio habían intercambiado palabras y hasta habían bromeado. Pero ahora, después de mucho caminar, sentían las piernas pesadas y el agotamiento empezaba a manifestarse, mientras una cierta aprensión empezaba a invadir su espíritu.

amilanarse desanimarse, tener miedo

Comprensión

A Buscando información Contesta.

1. ¿De dónde habían salido los tres?
2. ¿Dónde estarían pronto?
3. ¿Adónde iban?
4. ¿Cómo se sentía el padre de su hijo?
5. ¿Quién guiaba el carro?
6. ¿Cómo era Luis, el hijo de Pedro?
7. ¿Qué le pasó al motor del carro?
8. ¿Qué será Salada?
9. ¿Pudieron reparar el carro?
10. ¿Por qué no habían traído agua?
11. ¿Por qué cree Pedro que el camino está cerca?
12. ¿Por qué decidió Pedro que él y su hijo irían caminando a la carretera de San Felipe?

B Descripción Describe el área por la cual pasaban.

C Interpretando ¿Qué significará lo siguiente?

Los sueños de Pedro se mezclaban con los espejismos que, allá adelante y a los lados, a lo lejos, parecían ofrecer venturas sin fin.

D Analizando Explica.

¿Cómo empieza a cambiar el ánimo del padre e hijo? ¿Por qué?

E Llegando a conclusiones ¿Cómo crees que termina este cuento? ¿Tendrá un fin feliz o triste? ¿Por qué?

Mexicali, Baja California

Composición

Comparar y contrastar

Al comparar dos cosas, explicas como son similares. Al contrastar dos cosas, explicas como son diferentes. Para explicarte de una manera clara, es frecuentemente preciso comparar y contrastar algo. Al observar cuidadosamente dos cosas, ves semejanzas y diferencias. Este escrutinio analítico te permite entender y apreciar mejor cada una de las dos cosas.

Ahora, ¡te toca a ti!

En este capítulo leíste sobre diferencias entre el comportamiento típico de un latino o hispano y el de un anglosajón. Vas a escribir una redacción en la cual comparas lo que haría un hispano o latino con lo que haría su contraparte anglosajón. La vas a presentar de una manera objetiva—sin opiniones ni juicios.

El proceso

Puedes organizar tu ensayo de comparación y contraste de dos maneras.

POR SUJETO

> el individualismo hispano
>
> el colectivismo anglosajón

Siguiendo este plan de organización, presentarás y discutirás todas las manifestaciones de un grupo antes de presentar las del otro grupo.

POR CARACTERÍSTICAS

En este caso darás un ejemplo de lo que haría el miembro de uno de los grupos y enseguida presentarás lo que haría un miembro del otro grupo.

Si quieres concluir tu escrito con tus propias opiniones, lo puedes hacer. Pero debes basar tus opiniones en los detalles que presentaste en tu ensayo.

Conexión con el inglés

Imperativo familiar

En inglés no se distingue entre el imperativo formal y familiar.

A traffic circle, rotary, or roundabout in Estepona, Spain

Petrol station on the M6, Burton-in-Kendal, UK

Regionalismos

En inglés hay también bastantes regionalismos relacionados con el carro y la carretera. ¡A ver si los reconoces todos! Probablemente no porque bastantes son del inglés británico.

1. *trunk, boot*
2. *hood, bonnet*
3. *directionals, indicators*
4. *tire, tyre*
5. *muffler, exhaust pipe*
6. *gas, petrol*
7. *gas station, service station, petrol station*
8. *truck, lorry, tractor and trailer, eighteen-wheeler*
9. *traffic circle, rotary, roundabout*
10. *thruway, parkway, motorway, turnpike*

A truck on a two-lane highway in La Rioja, Spain

Un ídolo para todos

La vida no es siempre fácil. Podemos encontrar obstáculos que la dificultan pero con una actitud positiva es posible hacer esfuerzos personales para superarlos. Y así lo hizo Jaime.

San José, California

Jaime nació en San José, California. Era el menor de cuatro hijos. Su padre era de ascendencia irlandesa, alemana y mexicana. Su madre era mexicana. Su madre era ciega y su padre tenía muy poca visión. Como se puede imaginar la vida de esta familia no era nada fácil. El padre tenía un quiosco donde vendía periódicos. Por duro que trabajara los recursos siempre eran escasos. Desde una edad muy temprana, Jaime quería ayudar y ganaba dinero vendiendo periódicos, cortando céspedes y más tarde trabajando en gasolineras. Desde muy joven Jaime tenía un fuerte sentido de la responsabilidad.

En la escuela primaria Jaime no era un mal alumno pero tampoco era excepcional. En el quinto grado se dio cuenta de que le gustaban mucho los deportes y empezó a jugar béisbol y básquetbol. Pero cada vez le atraía más y más el fútbol y este se convirtió en su máximo interés. El joven Jaime sobresalió en todos estos deportes a pesar de un obstáculo médico. Sufría de una enfermedad de los huesos. Durante sus últimos dos años de la escuela secundaria llevó a su equipo de fútbol a dos campeonatos.

Al graduarse de la secundaria, Jaime recibió ofertas de becas de varias universidades para jugar fútbol. Escogió la Universidad de Stanford por dos razones. Sabía que gozaba de una reputación académica excelente y quería quedarse cerca de casa. Quería estar donde estaban sus queridos padres porque sabía que ellos necesitaban de él.

Unos meses antes de matricularse en Stanford, Jaime se enfrentó con otro obstáculo. Los médicos descubrieron que sufría de un tumor en la tiroides. Afortunadamente, el tumor fue benigno pero un largo período de recuperación siguió a la operación. Jaime no pudo jugar fútbol y empezaron a bajar sus calificaciones. Por consiguiente decidió no terminar su primer año universitario. Pero Jaime no se rendiría. Un año más tarde volvió a Stanford, jugó fútbol una vez más y mantuvo un promedio de B en todos sus cursos.

Dentro de poco Jaime establecería records en pases, tantos y yardaje a pesar de haber sufrido unas heridas típicas de un jugador de defensa. Antes de terminar sus estudios se le murió el padre. Jaime tenía que mantener a su madre y trabajaba durante los veranos en la construcción pero nunca tenía bastante dinero para satisfacer sus obligaciones financieras. Sentía una gran tentación de abandonar sus estudios y aceptar una de las ofertas que recibía para jugar fútbol profesionalmente. Sabía que ganaría mucho dinero. ¿Qué hacer? El astuto Jaime se dio cuenta de que una buena educación le beneficiaría durante toda su vida y tomó la decisión de continuar con sus estudios.

Stanford University, California

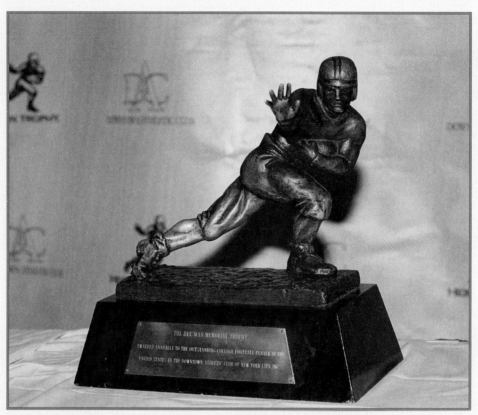

El trofeo Heisman

    Pero Jaime tenía otros motivos para no abandonar sus estudios. Sentía una gran lealtad hacia Stanford y hacia los jóvenes mexicanoamericanos a quienes él ayudaba dándoles instrucción privada. No quería dar un mal ejemplo a estos jóvenes que le consideraban un *role model*. Siempre tenía el tiempo y el deseo de ayudar a los que estaban aún más necesitados que él.

    A pesar de sus problemas, Jaime siguió manteniendo un promedio académico de B y en su última temporada en Stanford llevó a su equipo a la victoria en el *Rose Bowl*. Ganó el trofeo Heisman, que se da al mejor jugador de fútbol universitario de Estados Unidos.

    Después de graduarse de Stanford, Jaime jugó con los Patriotas de Nueva Inglaterra. En su primer año con ellos fue nombrado «Novato del Año». Más tarde fue a jugar con los Oakland Raiders. Llevó a su equipo a ganar en la *Super Bowl* no sólo una vez, sino dos. Fue nombrado el «Jugador Más Valioso».

Y, ¿quién es este Jaime—nuestro ídolo para todos? ¿Es un personaje real o ficticio? Pues, hoy es un señor mayor—pero no importa que sea mayor porque aún los mayores eran una vez menores y todos estos actos de Jaime los cumplió cuando era joven como ustedes. En vida Jaime se llama Jim Plunkett—un mexicanoamericano que dedicó su vida a ayudar a otros. De adulto él hizo producir una serie de «cartas de deportes»—un juego de 280 cartas de famosos futbolistas profesionales cuyas fotografías están en relieve y toda la información sobre ellos está presentada en Braille—el alfabeto para los ciegos. Y, ¿qué hizo Plunkett con el dinero que recibió al vender las cartas? Lo donó todo a organizaciones benévolas dedicadas a ayudar a los ciegos. Aún de adulto Jaime o Jim Plunkett sigue ayudando a otros. ¿No es verdad que tal personaje pudiera servir de ídolo para todos? ◆

Jim Plunkett

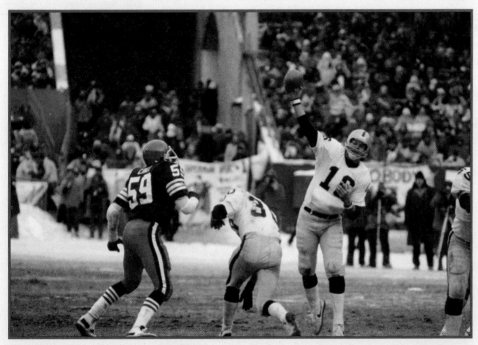

Jim Plunkett con los Oakland Raiders

Piedras que hablan

Entérate de lo que cuentan dos grandes ciudades: Copán, de Honduras, y Tikal, de Guatemala. Por su "mensaje", son hoy Patrimonio de la Humanidad.

Estela maya

Copán

■ Ciudad fundada en el siglo V a.C.

■ Sus ruinas revelan que fue un importante centro cultural y observatorio astronómico. Por ello, se la conoce como "la Atenas[1] del Nuevo Mundo".

■ Aún hoy causan admiración sus plazas y templos: Su acrópolis —sitio alto y fortificado, como en las ciudades griegas—, cuenta con el Templo del Sol y la impresionante Escalera de los jaguares. La Escalera de los jeroglíficos contiene el texto más importante de la civilización maya. La cancha para el juego de pelota era el centro social de la ciudad.

■ Los pobladores de Copán comerciaban con lugares tan distantes como las regiones centrales de lo que hoy es México.

■ Copán fue el centro principal de la cultura maya durante tres siglos y medio.

■ De pronto[2] y en todo el esplendor de su grandeza cultural, artística y científica, sus habitantes se marcharon[3]. Existen varias conjeturas, pero hasta hoy se desconocen las razones por las que Copán fue abandonada. Todo ello forma parte del "misterio maya".

Tikal

■ Ochenta y seis estelas[4] cuentan la historia de esta urbe[5] del imperio maya. Su mensaje aún no ha sido descifrado, pero es innegable[6] que estas piedras tienen mucho que contar. Calladamente nos hablan de una alta civilización cuyos logros[7] aún nos asombran.

■ Su símbolo es el Templo I, impresionante pirámide de 44 metros de altura. Otro de sus templos mide 70 metros de altura.

Templo I, Tikal

■ El Templo del gran jaguar, el Templo de la serpiente de dos cabezas, el Palacio de las siete ventanas y tres canchas de juegos de pelota son muestras del esplendor de Tikal.

■ Consta[8] además de numerosos palacios, residencias, calzadas[9], estelas y tumbas, que se extienden por 16 kilómetros.

■ Se sabe que Tikal fue un gran centro comercial.

[1] Atenas: *Athens*	[6] innegable: *undeniable*
[2] de pronto: *suddenly*	[7] logros: *accomplishments*
[3] se marcharon: *left*	[8] consta: *It has*
[4] estelas: *stelae*	[9] calzadas: *wide streets*
[5] urbe: *major city*	

Los asombrosos[1] mayas

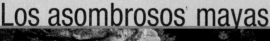

Escultura, Copán

■ En Occidente[2], el concepto del número cero proviene de[3] la India. Los avances matemáticos de los mayas los llevaron al mismo concepto del cero, independientemente de la India.

■ Inventaron un calendario de 260 días con el que controlaban las tareas agrícolas y la vida diaria. Otro calendario se basaba en la rotación de la Tierra alrededor del Sol. Tenía 365 días y era tan exacto como el nuestro.

■ Los mayas eran excelentes "dentistas". Desarrollaron un empaste[4] muy duradero[5]. Los dentistas actuales[6] se alegrarían mucho al descubrir la composición química de esa mezcla.

■ El *Popol Vuh* es el libro sagrado[7] de los quiché. Estos descendientes de los mayas cuentan sus mitos[8] en ese libro.

[1] asombrosos: *amazing*	[5] duradero: *lasting*
[2] Occidente: *Western world*	[6] actuales: *present-day*
[3] proviene de: *comes from*	[7] sagrado: *sacred*
[4] empaste: *amalgam*	[8] mitos: *myths*

el mundo salvaje

■ Si te gusta surfear, pensarás que las playas de Costa Rica son el paraíso de los surfeadores, o sea, "¡pura vida!", como dicen los costarricenses. Lugares como Playa Hermosa o Playa Guines tienen olas[1] ideales. Además, la temperatura del agua es tan agradable que no hay necesidad de llevar traje de surfear[2].

Playa de Costa Rica

■ El Cocibolca, también llamado lago de Nicaragua, es el segundo lago más grande de América latina. Tiene olas, una isla con dos volcanes ¡y hasta tiburones[3]! Sí, en este lago se encuentran los únicos tiburones de agua dulce[4] del planeta.

■ Una cadena[5] volcánica recorre la costa oeste de Centroamérica. El volcán Arenal de Costa Rica es uno de los más impresionantes. Noche a noche, es todo un espectáculo cuando la lava incandescente desciende por sus laderas[6]. Incluso, con un poco de suerte, ¡lo oirás rugir[7]!

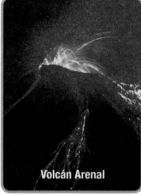

Volcán Arenal

■ El territorio de Costa Rica mide 51,000 kilómetros cuadrados y el 25% de estos ¡está reservado para parques nacionales y áreas protegidas! El ecoturismo es tradición en este país centroamericano.

■ ¿Te gustaría ver delfines nadar libremente en las aguas transparentes del Caribe? En Roatán, Honduras, un instituto de ciencias marinas ofrece la oportunidad de nadar con estos bellos e inteligentes seres marinos.

[1] olas: *waves*	[4] agua dulce: *freshwater*	[6] laderas: *slopes*
[2] traje de surfear: *wet suit*	[5] cadena: *chain*	[7] rugir: *roar*
[3] tiburones: *sharks*		

SUCESOS

La paz se estudia en una universidad que queda en Costa Rica; se trata de la Universidad de la Paz. Costa Rica es una de las democracias más antiguas de América. ¡Es el único país del mundo que no tiene ejército[1]!

Centroamérica cuenta con dos ganadores del premio Nóbel de la Paz: la guatemalteca **Rigoberta Menchú** y el expresidente de Costa Rica, **Óscar Arias Sánchez.**

Sandoval

Neida Sandoval es presentadora de "Despierta América" (Univisión). Con la sonrisa y el profesionalismo de esta hondureña, los latinos de Estados Unidos reciben las noticias todas las mañanas. Neida obtuvo dos premios Emmy por su participación en este programa, el matutino[2] número uno de la televisión en español.

[1] ejército: *army*   [2] matutino: *morning [news]*

Atolillo de mamá Elsa

micocina

Luis Enrique

La dulzura de Luis Enrique
El cantante nicaragüense **Luis Enrique** admite no ser buen cocinero. Sin embargo, es conocedor de la cocina de su país y no pierde ocasión de compartir recetas de su abuela, quien prepara — según él — el mejor atolillo. Hay muchas versiones de este reconfortante postre[1] en toda Latinoamérica. Anímate a preparar el atolillo de mamá Elsa y, ¡a ver qué opinas tú!

Ingredientes
1 litro de leche
2 yemas de huevo
1 taza de azúcar blanco
2 onzas de maizena (fécula de maíz)
1/8 cucharadita de sal
1/2 taza de pasas
astillas de canela[2] al gusto

Preparación
En una taza y media de leche, mezclar bien la maizena y las yemas de huevo. Aparte, combinar el azúcar, la canela, las pasas y la sal con el resto de la leche. La segunda mezcla se pone a fuego lento, removiéndola[3] constantemente para evitar grumos. Cuando está hirviendo, incorporar la primera mezcla, pasándola por un colador[4], sin dejar de remover. Continuar la cocción[5] hasta lograr una consistencia espesa[6]. Servir caliente y, ¡buen provecho!

[1] postre: *dessert*
[2] astillas de canela: *cinnamon sticks*
[3] removiéndola: *stirring it*
[4] colador: *strainer*
[5] cocción: *cooking*
[6] espesa: *thick*

413

Rubén Darío

El español antes y después...

Ya conoces a Cervantes, el creador de *El Quijote*. Ahora tienes que conocer a **Rubén Darío.** Como todas las cosas vivas, los idiomas nacen, envejecen[1] y mueren. A finales del siglo XIX, el español era un idioma gastado[2], poco expresivo, débil[3]. Era necesario darle nueva vida.

Quien hace esa revolución y convierte al español en una lengua apta para expresar las cosas del siglo XX es Rubén Darío. El escritor nicaragüense logró que el español sonara como una orquesta capaz[4] de interpretar todos los tonos y melodías. Para ello empleó la mayor variedad de metros[5] que hasta ahora ha utilizado un solo poeta. ¡Sus estudiosos[6] han contado nada menos que 134 tipos distintos de versos!

[1] envejecen: *grow old*	[4] capaz: *able*
[2] gastado: *worn-out*	[5] metros: *meters*
[3] débil: *weak*	[6] estudiosos: *scholars*

¿Tú o vos?

¿Querés que te cuente algo? ¿Sabías vos que en todos los países centroamericanos, excepto Panamá, se dice casi siempre *vos* en vez de *tú*? Lo mismo ocurre en Argentina, Uruguay y en partes de Venezuela y Colombia. Los centroamericanos creen que es más "sabroso"[1] hablar de *vos,* o vosearse. ¿Qué creés vos?

Gentilicios[2] chistosísimos[3]

Si conoces a alguien de Nicaragua, no lo llames nicaragüense, llámalo *nica.* Alguien de Costa Rica no es costarricense; mejor dile *tico.* A un hondureño, lo llamarás *catracho.* Si es de El Salvador, dile *guanaco.* Y nada de decir guatemalteco, se dice *chapín.* Sorprendentemente, los panameños se quedaron sin gentilicio chistoso. ¿Cómo los llamarías tú?

[1] sabroso: *fun*

[2] gentilicios: *name given to the people from a particular region or country*

[3] chistosísimos: *very funny*

Centroamérica y su literatura

Belli

Gioconda Belli es escritora y poeta nicaragüense. Ha ganado varios premios internacionales. Sus obras se han traducido a varios idiomas.

Monterroso

Augusto Monterroso, escritor guatemalteco nacido en Honduras, ganó el Premio Príncipe de Asturias en 2001. Suyo es el cuento más corto que se conoce. ¿Quieres que te lo cuente?: "Cuando se despertó, el dinosaurio todavía estaba ahí".

Alegría

Cuando era jovencita, **Claribel Alegría** mostró sus escritos[1] al famoso escritor español Juan Ramón Jiménez. Actualmente, la obra de esta salvadoreña es conocida en todo el mundo.

Miguel Ángel Asturias tradujo al lenguaje moderno todo el rico pasado cultural de su país, Guatemala. Esta hazaña[2] lo llevó a ganar el Premio Nóbel de Literatura.

[1] escritos: *writings*

[2] hazaña: *achievement*

música

Cardenal

Katia Cardenal nació en Nicaragua, pero ahora vive muy lejos de allí. Ha llevado la dulzura de su canto a Noruega[1], donde la adoran.

Ricardo Arjona, de Guatemala, escribe poesía y la canta con toda el alma.

[1] Noruega: *Norway*
[2] consentido: *that makes sense*
[3] roqueros: *rock musicians*
[4] faltar: *be absent*
[5] prueba: *proof*

Al cantante, músico y compositor **Luis Enrique,** de Nicaragua, se lo conoce como el príncipe de la salsa. También ha sido percusionista de Ricky Martin y Gloria Estefan.

Rubén Blades es el salsero consentido[2]. Este cantante, actor de cine y compositor panameño es embajador de la salsa en todo el mundo.

Álvaro Torres es compositor y cantante salvadoreño. Cantó su canción "Buenos amigos" a dúo con Selena, hecho que lanzó a la fama a la cantante tejana.

Los roqueros[3] no podían faltar[4] en Centroamérica. La prueba[5] es **¡Rabanes!,** el grupo de rock panameño.

Álvaro Torres

Mujer kuna

Escuela primitivista de Solentiname

Numerosos pintores nicaragüenses pintan en el estilo[1] primitivista. El pintor primitivista a veces carece de[2] conocimiento técnico, pero representa libremente el paisaje y la vida diaria de su país.

El pueblo kuna

Los indios kunas viven en el archipiélago de San Blas, en Panamá. Han logrado mantener su identidad cultural desde tiempos ancestrales. Su manera de vestirse y adornar el cuerpo es toda una obra de arte. Las molas, vistosas blusas que llevan las mujeres, son artesanías[3] que cuentan tradiciones de la cultura kuna.

Arte moderno

El arte moderno latinoamericano tiene un importante representante en la obra internacionalmente reconocida del pintor nicaragüense **Armando Morales.**

[1] estilo: *style*
[2] carece de: *lacks*
[3] artesanías: *crafts*

Chang Díaz

Fanático de alto vuelo

El costarricense Franklin R. Chang Díaz es físico[1] y astronauta de la NASA. Uno de sus viajes a bordo del transbordador espacial[2], para la misión *Endeavour,* ocurrió durante el Campeonato Mundial de Fútbol que se llevó a cabo en Japón y Corea. Desde el espacio, el astronauta siguió atentamente los juegos donde participó el equipo de su país. ¡Hasta llevó una camiseta[3] del conjunto costarricense para honrarlo[4] desde las alturas!

[1] físico: *physicist*
[2] transbordador espacial: *space shuttle*
[3] camiseta: *t-shirt*
[4] honrarlo: *honor it*

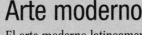

Capítulo

12

Servicios y gobierno

Objetivos

En este capítulo vas a:

❖ estudiar la historia de las misiones españolas en Estados Unidos

❖ familiarizarte con el vocabulario necesario para discutir asuntos policíacos y judiciales

❖ aprender varios usos del subjuntivo y la formación del presente del subjuntivo y repasar algunos problemas ortográficos

❖ leer un trozo de *Zalacaín el aventurero* de Pío Baroja y *El crimen fue en Granada* de Antonio Machado

❖ contrastar el subjuntivo en inglés y en español

Vocabulario para la lectura

Estudia las definiciones de las siguientes palabras.

abogar defender en juicio; hablar en favor de alguien

abolir derogar, suprimir, declarar que ya no existe una ley

ceder dar, transferir

comerciar comprar y vender con fin lucrativo (con fines de lucro); en el pasado significaba «trocar»—cambiar una cosa por otra

dictar pronunciar leyes o decretos

perecer morir

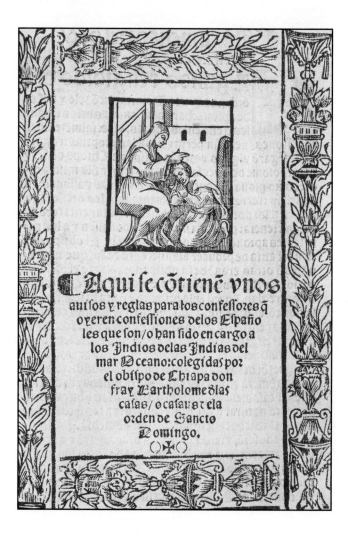

Poder verbal

ACTIVIDAD 1 **Otra palabra** Da una palabra relacionada.

1. la abolición
2. el dictamen
3. el comercio
4. el abogado

ACTIVIDAD 2 **Parafraseando** Expresa de otra manera.

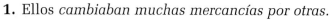

1. Ellos *cambiaban muchas mercancías por otras.*
2. *Transfirieron* grandes extensiones de tierra a los recién llegados.
3. Han *declarado* la ley *nula e inválida.*
4. Muchos *murieron* de enfermedades que no existían antes de la llegada de los europeos.
5. Ellos *proclamaron* una ley en favor de los derechos de los indígenas.
6. Muchos sacerdotes *defendieron* los derechos de los indígenas.

Lectura

Misiones españolas en EE.UU.

En los años 1500 un sacerdote misionero español Bartolomé de Las Casas condenó el tratamiento cruel de los españoles hacia los indígenas de las Américas. Informó a las autoridades de España de los abusos diciendo que millones de indígenas habían muerto porque los españoles hicieron el oro su meta principal. El sacerdote abogó por leyes para proteger a los indígenas y como resultado de sus esfuerzos el gobierno español dictó las Nuevas Leyes que prohibían hacer a los indígenas gente esclavizada. Aunque las leyes no fueron siempre aplicadas, los conceptos de de Las Casas dieron origen al desarrollo de las misiones establecidas por franciscanos, dominicanos y jesuitas, desde Texas hasta California. Los misioneros «viajeros» prometían proteger a los indígenas de los ejércitos españoles si estos permitieran a los misioneros catequizarlos para convertirlos a la religión católica. Los que aceptaron se congregaban en un lugar apropiado y bajo las instrucciones de los sacerdotes misioneros construyeron una misión.

Las misiones fueron comunidades religiosas que usualmente incluían un pueblito, tierras agrícolas alrededor del pueblo y una iglesia. Además de la religión los misioneros les enseñaban métodos agrícolas y otros oficios.

San Antonio de Pala, Temecula, California

Iglesia de la misión de San José, San Antonio, Texas

Texas y el sudoeste 🎧

Estatua de Eusebio Kino

En 1687 Eusebio Kino estableció la Misión de Nuestra Señora de los Dolores al norte de México. De allí viajó hacia el norte y estableció veintinueve misiones incluyendo la de San Javier del Bac cerca de Tucson.

Los españoles establecieron algunas misiones en el este de Texas entre los Caddo, un grupo indígena sofisticado que consideraban enemigos a los franceses que comerciaban con otros grupos de indígenas con quienes luchaban los Caddo. Al darse cuenta de que los españoles también eran enemigos de los franceses, les querían dar la bienvenida y saludaban a los misioneros diciendo Taysha— palabra que significaba «amigo» en su idioma. Los españoles creían que Taysha era el nombre del grupo o del territorio que habitaban. Por consiguiente los colonos se referían al territorio al norte del río Grande como Texas, una corrupción de Taysha. Pero estas misiones en el este de Texas no tenían éxito porque un gran número de los Caddo perecerían de enfermedades traídas por los españoles. Creían que el agua sagrada de los curas les ponían enfermos y readoptaron sus prácticas religiosas tradicionales.

El Álamo, San Antonio, Texas

Al salir del este de Texas los misioneros establecieron en 1718 lo que sería la misión más famosa del sudoeste, la misión de San Antonio de Valero que más tarde recibió el apodo de «el Álamo» cuando fue tomado por los militares en 1800. En un período de trece años, los españoles establecieron cinco misiones más en el área de San Antonio.

California

Los curas españoles construyeron una serie de misiones a lo largo de la costa del Pacífico en California. A veces los misioneros y los soldados trajeron a los indígenas a las misiones contra su voluntad haciéndoles trabajar forzadamente en los campos y talleres.

Misión de Santa Bárbara, California

Misión de San Diego, California

Misión de Tumacacori, Arizona

Junípero Serra

Interior de la Misión de San Juan Capistrano, California

En 1769 un monje franciscano, Junípero Serra, fundó la misión de San Diego de Alcalá, la primera de toda una serie de misiones llamada «el Camino Real» que se extiende desde San Diego hasta Sonoma. Junípero Serra mismo fundó ocho misiones en unos quince años. La distancia entre cada misión era por lo general el camino de un día de viaje. Serra viajaba a pie para visitar cada una de las misiones. Serra, como de Las Casas muchos años antes, abogó por los derechos de los indígenas. Trabajaba para prevenir que los comandantes del ejército español de la región no maltrataran a los indígenas pero esto no significa que cesaban todos los abusos y sufrimiento.

El sistema de misiones era una parte clave del plan de España para colonizar California. Para 1820, existían veintiuna misiones. Casi veinte mil indígenas las habitaban.

Después de que México obtuvo su independencia de España en 1821 California se convirtió en estado de la nueva nación mexicana. En aquella época había pocos colonos españoles en California. En 1833 el gobierno mexicano aprobó una ley aboliendo las misiones. El gobierno cedió algunas tierras a los indígenas y vendió las demás. Muchos empezaron a emigrar a California y pobladores mexicanos compraron estas tierras y construyeron grandes propiedades llamadas «ranchos».

Hoy en día cientos de miles de turistas vistan los vestigios de las antiguas misiones españolas en Texas, Nuevo México, Arizona y California.

Un monje franciscano

Iglesia de San Xavier del Bac al sur de Tucson, Arizona

Comprensión

A Identificando Identifica.

1. Fray Bartolomé de Las Casas
2. Eusebio Kino
3. Junípero Serra
4. las Nuevas Leyes
5. San Antonio de Valero
6. el Camino Real

B Buscando información Contesta.

1. ¿Qué dio origen al establecimiento de misiones?
2. ¿Qué prometían hacer los misioneros?
3. ¿Cuáles fueron las condiciones?
4. ¿Qué incluían las misiones?
5. ¿Qué enseñaban los misioneros a los indígenas?
6. ¿De qué perecieron muchos Caddo?
7. ¿Qué dejaron de aceptar los Caddo?
8. A veces, ¿cómo llegaban los indígenas a las misiones?
9. ¿Cuánta distancia había entre cada misión en California?
10. ¿Por qué viajaba Junípero Serra de una misión a otra?
11. ¿A qué país pertenecieron California y otros estados del sudoeste?
12. ¿Qué visitan los turistas actualmente?

C Explicando Explica.

1. como recibió su nombre Texas
2. lo que se hizo con las tierras de las misiones californianas después de la abolición de las misiones

Ruinas de una misión en Nuevo México

Un monje dominicano

Conocimientos para superar

Conexión con el trabajo policíaco

Un servicio importantísimo que la municipalidad les ofrece a sus ciudadanos es el de la policía cuya meta primordial es la de proteger a los ciudadanos. Todos los centros metropolitanos, ciudades medianas, pueblos y aldeas tienen su cuerpo de policía.

El trabajo policíaco es polifacético. Tiene muchas funciones desde el tránsito hasta la resolución de crímenes serios.

Objetivos del sistema de justicia

Los objetivos más importantes del sistema de justicia penal son el control del crimen por medio de la resolución de delitos que comprende la aprehensión de sospechosos, la investigación, el procesamiento y el castigo de los delincuentes. Otro objetivo importantísimo, si no el más importante, es la prevención del crimen.

Códigos penales

Los códigos penales distinguen entre delitos mayores y delitos menores llamados también «violaciones» e «infracciones». Los delitos mayores son crímenes graves con penalidades o castigos igualmente duros. Los delitos menores son menos graves y llevan castigos como multas y/o menos de un año de encarcelamiento. Tanto los delitos mayores como los menores tienen varios grados de gravedad. El entrar en casa ajena (el escalamiento) de noche con arma con intención de robar es un delito mayor en el primer grado; el entrar en una vivienda de día sin armas es un delito mayor en el segundo grado y en el tercer grado es el escalamiento de día sin armas de un edificio que no sirve de vivienda.

El tribunal, Santa Fe, Nuevo México

Un juicio en sesión

Bufetes de abogados, Centreville, Maryland

He aquí una lista de varios tipos de delitos.

- El **homicidio** es el acto de causar la muerte de otra persona sin justificación ni excusa legal, incluso el asesinato y el homicidio impremeditado negligente y no negligente.

- El **asalto** es el acto de causarle o tratar de causarle daño físico a otro ilegalmente y con intención.

- El **robo** es la toma o el intento de tomar la propiedad que está en posesión de otro.

- El **escalamiento** es la entrada ilegal a cualquier estructura fija o vehículo, con o sin fuerza con la intención de cometer un hurto.

- El **hurto** es la toma o intento de tomar ilegalmente la propiedad, con excepción de un vehículo motorizado, en posesión ajena, con sigilo, sin la fuerza con la intención de privárselo permanentemente al dueño de la propiedad.

- El **latrocinio** es la toma ilegal de la propiedad ajena por la fuerza o por amenaza de la fuerza.

Arequipa, Perú

La presunción de inocencia

Uno de los mayores valores del sistema judicial estadounidense se conoce como «la presunción de inocencia». En muchos países la presunción es de culpabilidad. En Estados Unidos la policía inicia su intervención cuando tienen una sospecha razonable que la persona que detienen, interrogan o cachean ha cometido un delito. Las órdenes de arresto se emiten basadas en la culpabilidad probable. Los fiscales inician un proceso sólo si creen que la persona es culpable. Es durante el juicio que se acepta de pleno la inocencia del acusado y se le encarga al Estado de probar lo contrario. En la audiencia sobre fianza, un oficial de la corte determina si el acusado debe ser puesto en libertad antes del juicio o mantenido bajo custodia hasta el juicio. La fianza es la cantidad de dinero que se deposita para asegurar que el acusado no huye y que se presenta ante el juez. El propósito de la libertad bajo fianza es el de permitir que el acusado vuelva a su hogar, que trabaje y que prepare su defensa contra los cargos.

Estepona, España

La liberación

Sólo los que han cometido los delitos más graves reciben la condena a perpetuidad. La mayoría de los prisioneros llegan a salir de la prisión. Algunos están puestos en libertad bajo palabra después de haber cumplido la sentencia mínima. Otros reciben su libertad después de haber cumplido el término máximo menos tiempo por buena conducta (buen comportamiento). Otros salen después de haber cumplido la sentencia máxima en su totalidad. Y a veces el prisionero recibe un indulto por parte de un gobernador o del presidente de EE.UU.

La juez le da la sentencia al culpado.

Conocimientos para superar

Comprensión

A Poder verbal **Comparando** Compara.

1. delitos mayores y delitos menores
2. delito mayor en el primer grado, en el segundo grado y en el tercer grado
3. el robo y el escalamiento
4. el hurto y el latrocinio
5. el homicidio y el asalto
6. la presunción de inocencia y la presunción de culpabilidad
7. la libertad bajo fianza y la libertad bajo palabra

B Poder verbal **Definiciones** Explica lo que significa.

1. polifacético
2. la aprehensión
3. ajeno
4. bajo custodia
5. la condena a perpetuidad
6. impremeditado

C Poder verbal **Palabras emparentadas** Busca una palabra relacionada.

1. el municipio
2. resolver
3. sospechar
4. procesar
5. la delincuencia
6. prevenir
7. penal
8. castigar
9. la cárcel
10. grave
11. escalar
12. robar
13. asaltar
14. presumir
15. inocente
16. la culpa
17. arrestar
18. acusar

D Poder verbal **Sinónimos** Parea.

1. la corte
2. el delito
3. el delito mayor
4. el delito menor
5. la penalidad

a. el tribunal
b. la infracción
c. el castigo
d. la violación
e. el crimen

Miraflores, Perú

Conocimientos para superar

E Poder verbal   **Definiciones** Parea.

1. la audiencia
2. el procesamiento
3. cachear
4. el fiscal

a. el que trata de probar la culpabilidad de un presunto (sospechoso) por el Estado; en inglés «abogado del distrito»

b. acto por el cual se declara a alguien presunto autor de unos hechos delictivos (criminales) para poder abrir contra él un proceso penal

c. registrar (examinar con cuidado) a alguien para saber si oculta objetos prohibidos como armas, drogas etc.

d. acto de oír el juez o el tribunal a las partes (los individuos) para decidir causas en un acto jurídico

F Buscando información Contesta.

1. ¿Cuál es un servicio muy importante que la municipalidad provee a sus ciudadanos?
2. ¿Cuál es un objetivo, posiblemente el más importante, del sistema de justicia?
3. ¿Qué distinguen los códigos penales?
4. ¿Cuál es uno de los mayores valores del sistema judicial estadounidense?
5. ¿Qué puede hacer el presunto autor de un crimen cuando tiene la libertad bajo fianza?
6. ¿Qué será un indulto?

G Explicando Explica lo que significa «Es durante el juicio que se acepta de pleno la inocencia del acusado y se le encarga al Estado de probar lo contrario».

H Ordenando Pon lo siguiente en orden.

1. **el procesamiento**
   la aprehensión del sospechoso
   el castigo
   la investigación
2. **los policías**
   interrogan o cachean al delincuente
   detienen al sospechoso
   ordenan el arresto

I Significado en contexto La palabra «juicio» aparece varias veces en la lectura. Según los contextos en que se usa, ¿qué significa «juicio»?

J Conectando con una carrera
¿A ti te interesaría el trabajo policíaco o no? Da tus razones.

La tribuna del jurado

Gramática y lenguaje

Subjuntivo

1. Ya has aprendido las formas de los verbos en el indicativo. El indicativo expresa estados, acciones o eventos que son verdaderos o reales. No hay duda de su ocurrencia.

> **Él es estudiante.**
> **Ellas trabajan mucho.**
> **Así, aprenden mucho y sacan (reciben) buenas notas.**

Estas muchachas estudian en la Universidad Central de Venezuela.

2. Se usa el subjuntivo para expresar algo que no es necesariamente verdadero ni real. El subjuntivo expresa un suceso o evento que quizás pueda ocurrir. Expresa lo que uno espera o quiere que *ocurra*, no lo que *ocurre*.

> **Yo quiero y yo espero que tú vayas.**

Aunque yo quiero que tú vayas no sé si irás. Tú no harás necesariamente lo que yo quiero ni espero que hagas. Por consiguiente la acción en la cláusula subordinada que sigue el verbo «quiere» o «espera» no es necesariamente real y así hay que expresarla usando el subjuntivo. Aquí tienes otro ejemplo.

> **Es posible que ellos vengan.**

Es posible que ellos vengan pero no se sabe si van a venir o no. Por consiguiente es necesario usar el subjuntivo en la cláusula subordinada (dependiente).

Es posible que vengan. ¡Espero que sí!

¿Es posible que la policía le dé una multa? O, ¿es evidente que le da una multa?

3. De la forma de **yo** del tiempo presente del indicativo se suprime la terminación **-o** para formar la raíz para el presente del subjuntivo.

INFINITIVO	PRESENTE (YO)	RAÍZ
mirar	miro	mir-
comer	como	com-
vivir	vivo	viv-
salir	salgo	salg-
hacer	hago	hag-
decir	digo	dig-
conducir	conduzco	conduzc-

4. A la raíz se añaden terminaciones con la vocal **-e** a los verbos de la primera conjugación y **-a** a los verbos de la segunda y tercera conjugaciones. Nota que las vocales son las opuestas a las del presente del indicativo. Estudia las siguientes formas.

INFINITIVO	MIRAR	COMER	VIVIR	SALIR	CONOCER
yo	mire	coma	viva	salga	conozca
tú	mires	comas	vivas	salgas	conozcas
él, ella, Ud.	mire	coma	viva	salga	conozca
nosotros(as)	miremos	comamos	vivamos	salgamos	conozcamos
vosotros(as)	miréis	comáis	viváis	salgáis	conozcáis
ellos, ellas, Uds.	miren	coman	vivan	salgan	conozcan

5. Estudia las formas de los verbos de cambio radical.

VERBOS DE LA PRIMERA Y SEGUNDA CONJUGACIONES

e → ie   o → ue

INFINITIVO	CERRAR	PERDER	ENCONTRAR	PODER
yo	cierre	pierda	encuentre	pueda
tú	cierres	pierdas	encuentres	puedas
él, ella, Ud.	cierre	pierda	encuentre	pueda
nosotros(as)	cerremos	perdamos	encontremos	podamos
vosotros(as)	cerréis	perdáis	encontréis	podáis
ellos, ellas, Uds.	cierren	pierdan	encuentren	puedan

VERBOS DE LA TERCERA CONJUGACIÓN

e → ie   o → ue   e → i

INFINITIVO	SENTIR	DORMIR	PEDIR
yo	sienta	duerma	pida
tú	sientas	duermas	pidas
él, ella, Ud.	sienta	duerma	pida
nosotros(as)	sintamos	durmamos	pidamos
vosotros(as)	sintáis	durmáis	pidáis
ellos, ellas, Uds.	sientan	duerman	pidan

6. Los siguientes verbos son irregulares en la formación del presente del subjuntivo.

DAR	ESTAR	IR	SABER	SER
dé	esté	vaya	sepa	sea
des	estés	vayas	sepas	seas
dé	esté	vaya	sepa	sea
demos	estemos	vayamos	sepamos	seamos
deis	estéis	vayáis	sepáis	seáis
den	estén	vayan	sepan	sean

Es probable que estos alumnos ecuatorianos
sean amigos muy buenos.

ACTIVIDAD 1 ¿Qué quieres? Sigue el modelo.

Quiero que:
Ustedes están aquí. →
Quiero que ustedes estén aquí.

1. Quiero que:
   Ustedes lo pasan bien.
   Él come más.
   Ellos viven aquí.
   Juanito devuelve el dinero.
   María lo repite.
   Ustedes lo saben.
   Usted hace el viaje conmigo.

2. Mandamos que:
   Ustedes lo aprenden.
   Los niños no fuman.
   Él estudia más.
   Tú lees la novela.
   Ellos traducen el poema.
   El camarero sirve la
      comida.

Quieren que hagamos el viaje por la Sierra Tarahumara con ellos.

3. Ella espera:
   Yo los conozco.
   Hacemos el viaje.
   Ponemos todo en orden.
   Tú sabes los detalles.
   Ustedes están bien.
   Visitamos a San Francisco.

4. Prefiero que:
   Llevas aquel traje.
   Viajan por México.
   Vienes aquí.
   Ustedes lo compran.
   Los chicos no lo saben.
   Establecen el negocio aquí.
   Vives cerca de nosotros.

5. Insisten en que:
   Aprendemos español.
   Terminas mañana.
   Haces el trabajo.
   Comprendemos su problema.
   Vamos a casa.
   El niño es bilingüe.

ACTIVIDAD 2 **El subjuntivo** Completa.

1. Insisten en que nosotros _____ allí. (comer)
2. Él tiene miedo de que ustedes _____ tarde. (llegar)
3. Carlos prefiere que tú _____ el coche. (conducir)
4. Ella quiere que nosotros _____ en tren. (viajar)
5. Yo prefiero que tú _____ con tus planes. (seguir)
6. Ella espera que todo _____ bien con ustedes. (estar)
7. Yo quiero que ustedes _____ la novela. (leer)
8. Él insiste en que tú lo _____. (repetir)
9. Estamos contentos de que ustedes _____ salir. (poder)
10. Ellos temen que nosotros no lo _____. (saber)
11. Siento mucho que ustedes no _____. (venir)
12. Él manda que yo _____ más trabajo. (hacer)
13. Tememos que ellos no _____ a la reunión. (asistir)
14. Mis padres prohíben que yo _____ en casa. (fumar)
15. Él quiere que nosotros _____ su obra. (traducir)

Insisten en que comamos en el restaurante Quimbamba, Playa Bonita, Costa Rica.

3 **Oraciones nuevas** Introduce cada oración con la expresión indicada. Haz los cambios necesarios.

1. Nosotros recibimos los resultados. (Es importante)
2. Ellos llegan por la mañana. (Conviene que)
3. El chico estudia más. (Es necesario)
4. Ellos vuelven pronto. (Es posible)
5. El héroe pierde el juego. (Es imposible)
6. Todos están presentes. (Es mejor)
7. Ellos traen los refrescos. (Es probable)
8. Yo se lo digo a él. (Basta que)
9. Vamos al mercado. (Es preciso)
10. Él aprende español. (Es fácil)
11. Ellos no asisten. (Es raro)
12. Estás enfermo. (Es lástima)
13. Ellos escriben la carta. (Es bueno)
14. Tú hablas con el médico. (Es aconsejable)
15. Salimos enseguida. (Es difícil)

El puerto de Valparaíso, Chile

Pronunciación y ortografía

4 **¿Cómo se escribe?** Vas a ser editor(a). Escoge la ortografía apropiada.

1. avogar / abogar
2. avogado / abogado
3. avolir / abolir
4. perecer / pereser / perezer
5. ceder / seder / zeder
6. la cede / la sede
7. inocencia / inosencia / inosensia
8. presunsión / presunción
9. prebensión / prevención
10. cársel / cárcel
11. procezamiento / procesamiento
12. el apollo / el apoyo

Zalacaín el aventurero de Pío Baroja

◆ Nota biográfica

Pío Baroja nació en San Sebastián en el País Vasco en 1872. Estudió para médico, carrera que ejerció por poco tiempo en un pueblo muy pequeño. Fue también propietario de una panadería. Finalmente, se dedicó a lo que quería hacer—escribir. Escribió más de cien novelas. Cuando Hemingway recibió el Premio Nóbel de Literatura dijo que Baroja, y no él, lo debía recibir.

En sus novelas Baroja ha creado millares de personajes, algunos inolvidables. Le encantan los vagabundos, los aventureros, los hombres cínicos y resentidos que desprecian la sociedad. Critica tanto en su obra que se ha dicho que no cree en nada. Nadie ha escapado su censura—ni los políticos, ni los militares, ni los religiosos, ni los aristócratas. Sin embargo, hay en su obra cierta simpatía hacia los oprimidos, los no conformistas, los miserables. Baroja viajó mucho y durante sus viajes observó, sobre todo, la vida de los de la clase baja.

Pío Baroja

Introducción

Salvador de Madariaga (1886–1978), el filósofo y académico español, escribió que «... la clave de sus emociones y el motivo de sus actos puros... son, respectivamente: para el inglés, *fair play;* para el francés *le droit* (el derecho); y para el español, *el honor.*»

Mucho se ha escrito sobre el sentido de honor que se refleja en el orgullo del español. El libro popular *Los siete pecados* de Fernando Díaz Plaja trata de este tema. Dijo una vez un francés que España siempre tendría una monarquía porque cada español se considera un rey.

Además de su natural orgullo y sentido de honor, el español siente una tremenda lealtad hacia la familia. El buen nombre y el honor de la familia se defienden hasta la muerte y no importa que sea una familia de nobles o una de las más pobres.

El protagonista del trozo de la novela que sigue de Pío Baroja, *Zalacaín el aventurero,* es Martín Zalacaín. Él nació en un caserío de una familia muy pobre en las afueras de un pueblo del norte de España. Su padre murió en una epidemia de viruelas cuando Martín era un niño pequeño. Mientras los demás niños se educaban en la escuela, Martín recibía su educación en la calle. Un día, el hijo de una familia rica le llamó «ladrón». Y era verdad porque Martín robaba fruta de los árboles de esa familia. Pero el niño cometió un error. No se contentó con llamar «ladrón» sólo a Martín. Dijo: «Toda tu familia es de ladrones». Permítele a Pío Baroja contarte lo que pasó.

Lectura

Zalacaín el aventurero

◆ · ◆ · ◆

1   **Cómo vivió y se educó Martín Zalacaín** · Un camino
en cuesta baja de la Ciudadela pasa por encima del
cementerio y atraviesa el portal de Francia. Este camino,
en la parte alta, tiene a los lados varias cruces de piedra
5   que terminan en una ermita° y por la parte baja,
después de entrar en la ciudad, se convierte en calle. A
la izquierda del camino, antes de la muralla, había hace
años un caserío viejo, medio derruido° con el tejado
terreno° lleno de pedruscos y la piedra arenisca de sus
10 paredes desgastada° por la acción de la humedad y del
aire. En frente de la decrépita y pobre casa, un agujero
indicaba donde estuvo en otro tiempo el escudo, y debajo
de él se adivinaban, más bien que se leían, varias letras
que componían una frase latina: *Post funera virtus vivit.*

Unos muchachos subiendo un árbol

ermita capilla situada en
despoblado o en las afueras de
un pueblo
derruido derribado, demolido
terreno de tierra, fango
desgastada en muy malas
condiciones

Un cementerio, Cataluña

15 En este caserío nació y pasó los primeros años de su
infancia Martín Zalacaín de Urbia, el que más tarde había
de ser llamado Zalacaín, el Aventurero; en este caserío soñó
sus primeras aventuras y rompió los primeros pantalones.

Paisaje de
Guipúzcoa,
País Vasco

◆ 435

20 Los Zalacaín vivían a pocos pasos de Urbia, pero ni Martín ni su familia eran ciudadanos; faltaban a su casa unos metros para formar parte de la villa.

El padre de Martín fue labrador, un hombre oscuro y poco comunicativo, muerto en una epidemia de viruelas; la madre de Martín tampoco era mujer de carácter; vivió en esta 25 oscuridad psicológica normal entre la gente del campo, y pasó de soltera a casada a viuda en absoluta inconsciencia. Al morir su marido quedó con dos hijos, Martín y una niña menor llamada Ignacia.

El caserío donde habitaban los Zalacaín pertenecía a la 30 familia de Ohando, familia la más antigua, aristocrática y rica de Urbia.

Vivía la madre de Martín casi de la misericordia de los Ohando.

En tales condiciones de pobreza y de miseria, parecía 35 lógico que, por herencia y por la acción del ambiente, Martín fuese como su padre y su madre, oscuro, tímido y apocado°, pero el muchacho resultó decidido, temerario° y audaz°.

En esta época los chicos no iban tanto a la escuela 40 como ahora, y Martín pasó mucho tiempo sin sentarse en sus bancos. No sabía de ella más sino que era un sitio oscuro, con unos cartelones blancos en las paredes, lo cual no le animaba a entrar. Le alejaba también de aquel modesto centro de enseñanza el ver que los chicos de la 45 calle no le consideraban como uno de los suyos a causa de vivir fuera del pueblo y de andar siempre hecho un andrajoso°.

Por este motivo les tenía odio; así que cuando algunos chiquillos de los caseríos de extramuros entraban en la 50 calle y comenzaban a pedradas con los ciudadanos, Martín era de los más encarnizados° en el combate; capitaneaba las hordas bárbaras, las dirigía y hasta las dominaba.

Tenía entre los demás chicos el ascendiente de su audacia y de su temeridad. No había rincón del pueblo que 55 Martín no conociera. Para él Urbia era la reunión de todas las bellezas, el compendio de todos los intereses y magnificencias.

Nadie se ocupaba de él, no compartía con los demás chicos la escuela y huroneaba° por todas partes. Su 60 abandono le obligaba a formarse sus ideas espontáneamente y a templar la osadía° con la prudencia.

Mientras los niños de su edad aprendían a leer, él daba la vuelta a la muralla, sin que le asustasen las piedras derrumbadas ni las zarzas° que cerraban el paso.

apocado cobarde
temerario atrevido, imprudente
audaz osado, atrevido

andrajoso vestido en ropa muy usada, en andrajos

encarnizados furiosos

huroneaba exploraba

osadía temeridad, audacia

zarzas plantas espinosas

Una huerta de perales

65   Sabía donde había palomas torcaces° e intentaba coger
sus nidos, robaba fruta y cogía moras y fresas silvestres.
      A los ocho años Martín gozaba de una mala fama, digna
ya de un hombre. Un día al salir de la escuela Carlos
Ohando, el hijo de la familia rica que dejaba por limosna el
70   caserío a la madre de Martín, señalándole con el dedo gritó:
      —¡Ése! Ése es un ladrón.
      —¿Yo? —exclamó Martín.
      —Tú, sí. El otro día te vi que estabas robando peras en
mi casa. Toda tu familia es de ladrones.
75   Martín, aunque respecto a él no podía negar la exactitud
del cargo, creyó que no debía permitir este ultraje° dirigido
a los Zalacaín y abalanzándose° sobre el joven Ohando le
dio una bofetada morrocotuda°. Ohando contestó con un
puñetazo, se agarraron los dos y cayeron al suelo; se
80   dieron de trompicones°, pero Martín, más fuerte, tumbaba
siempre al contrario. Un alpargatero° tuvo que intervenir
en la contienda y a puntapiés y a empujones separó a los
dos adversarios. Martín se separó triunfante y el joven
Ohando, magullado° y maltrecho se fue a su casa.
85   La madre de Martín, al saber el suceso, quiso obligar a
su hijo a presentarse en casa de Ohando y a pedir perdón
a Carlos, pero Martín afirmó que antes lo mataría. Ella
tuvo que encargarse de dar toda clase de excusas y
explicaciones a la poderosa familia.
90   Desde entonces, la madre miraba a su hijo como a un
réprobo°.
      —¿De dónde ha salido este chico así? —decía, y
experimentaba al pensar en él un sentimiento confuso de
amor y de pena, sólo comparable con el asombro y la
95   desesperación de la gallina cuando empolla° huevos de
pato y ve que sus hijos se zambullen° en el agua sin
miedo y van nadando valientemente.

torcaces salvajes

ultraje abuso
abalanzándose dirigiéndose
  violentamente
morrocotuda dura, fuerte
trompicones golpes
alpargatero zapatero

magullado dañado pero no
  herido

réprobo criminal

empolla incuba
se zambullen se sumergen

Comprensión

A **Buscando información** Contesta.

1. ¿Por qué no eran ciudadanos de Urbia los Zalacaín?
2. ¿A quiénes pertenecía el caserío donde habitaban los Zalacaín?
3. ¿Cómo era la familia de los dueños?
4. ¿Qué sabía Martín de la escuela?
5. ¿Por qué no consideraban a Martín como uno de los suyos los muchachos de la escuela?
6. ¿De qué fama gozaba Martín cuando sólo tenía ocho años?
7. ¿Quién lo llamó «ladrón»? ¿Por qué?
8. ¿Qué pasó cuando lo llamó «ladrón»?
9. ¿Fue a su casa a pedir perdón Martín?
10. ¿Quién lo hizo? ¿Cómo?

B **Describiendo** Describe.

1. la casa de los Zalacaín
2. a la familia de Martín
3. a Martín
4. la reacción de la madre de Martín ante el carácter y el comportamiento de este

C **Analizando** Imagina que eres trabajador social. Analiza la influencia del ambiente en que vivía Zalacaín sobre el desarrollo de su carácter.

D **Una biografía** Imagina que Martín es una persona real. Escribe su biografía.

Un pueblo vasco aislado

E **Conexión con la ortografía**
Completa.

1. auda_
2. andrajo_o
3. o_adía
4. encarni_ado
5. las _ar_as
6. abalan_ándose
7. _ambullir
8. empo_a
9. _uroneaba
10. una _ermita

El crimen fue en Granada de Antonio Machado

◆ Vocabulario para la lectura

Estudia las definiciones de las siguientes palabras.

las entrañas órganos abdominales

la madrugada muy temprano por la mañana

el pelotón pequeño grupo de oficiales

el verdugo funcionario de justicia que ejecuta las penas de muerte

Poder verbal

¿Qué palabra necesito? Da la palabra.

1. los intestinos y el estómago
2. la parte del día en que se levanta el sol
3. unidad de oficiales o soldados
4. funcionario penal

Nota biográfica

Antonio Machado (1875–1939) fue un gran poeta que pertenecía, igual que Pío Baroja, al grupo de escritores llamado «la Generación del '98». Nació en Sevilla y murió en un pueblo pequeño de Francia al mes de haber cruzado los Pirineos al final de la Guerra Civil española.

Fue profesor de francés de instituto (escuela secundaria) en varias ciudades. Se casó en 1909 con una muchacha joven y en 1912 su esposa murió.

Los temas principales de sus poesías son la muerte, el amor, la fugacidad del tiempo, la busca de Dios y el paisaje castellano. El tono de su poesía es generalmente melancólico y meditativo.

Antonio Machado

Introducción

Machado escribió la siguiente poesía durante la Guerra Civil española para lamentar el trágico asesinato misterioso del famoso poeta García Lorca.

Sevilla

El crimen fue en Granada
◆·◆·◆

1   I
       EL CRIMEN

       Se le vio, caminando entre fusiles,
       por una calle larga,
5   salir al campo frío, de la madrugada.
       Mataron a Federico
       cuando la luz asomaba.
       El pelotón de verdugos
       no osó mirarle a la cara.
10   Todos cerraron los ojos;
       rezaron; ¡ni Dios te salva!
       Muerto cayó Federico
       —sangre en la frente y plomo en las entrañas—
       ...Que fue en Granada el crimen,
15   sabed[1]—¡pobre Granada!, en su Granada...

       ....
       [1]**sabed** sepan ustedes

Retrato de Federico García Lorca

Dos guardias civiles patrullando

Comprensión

A **Buscando información e interpretando** Contesta.

1. ¿Quién será el sujeto de «se le vio»?
2. ¿Cómo y dónde caminaba?
3. ¿De dónde salía y cuándo?
4. ¿Cómo dice el poeta que mataron a Federico en la madrugada?
5. ¿Por qué no osarían los verdugos mirarle a Federico a la cara?
6. ¿Dónde tuvo lugar el crimen?
7. ¿Cómo expresa Machado que Federico fue matado en la ciudad donde nació?

B **Narrando** Escribe la poesía en forma de narración, en prosa.

Casa de la familia de García Lorca

Composición

Escribiendo para un periódico

Los que escriben para un periódico se llaman «periodistas». Los periodistas escriben sobre eventos o acontecimientos noticieros. En sus escritos, que por lo general se llaman «artículos», tratan de responder a todas las preguntas que tengan sus lectores. ¿Qué ocurrió? ¿Cuándo tuvo lugar el evento? ¿Dónde? ¿Quién lo hizo? ¿Cómo? ¿Por qué?

Los periodistas introducen su artículo con un **titular** o **encabezamiento**. Algunos titulares introducen sólo hechos. Otros presentan algo para captarles el interés a los lectores. ¿Cuáles de los siguientes atraen atención?

El titular o la introducción del artículo presenta sólo los hechos más importantes. Luego el periodista sigue presentando todos los detalles necesarios. Es menester que el periodista recoja toda la información sobre el evento o acontecimiento y que dé vida a su artículo con los detalles que ha recogido.

Periódicos latinos de venta en Perry, Iowa

Un quiosco, Madrid

Ahora, ¡te toca a ti!

1 En este capítulo leíste un trozo de *Zalacaín el aventurero.* Vas a escribir un resumen de *Zalacaín* en forma de un artículo para un periódico. Empieza con un titular. Puedes escribir un titular que le capte el interés a tu lector o que sólo presente un hecho. Explica todo lo que pasó. ¿Qué hizo Zalacaín? ¿Dónde? ¿Por qué? ¿Qué le pasó? Da vida a tu artículo incluyendo todos los detalles posibles.

¡Ojo! Muchos procesadores de palabras te permiten imprimir tu escrito en columnas paralelas tales como en el periódico. Si es posible, averigua como formatear esta opción para imprimir tu escrito en forma periodística.

La joven formatea su escrito en forma periodística.

¡Ojo!
Para escribir un artículo para un periódico de manera efectiva debes:
- emplear un lenguaje vívido con detalles vivos (nítidos)
- presentar todos los aspectos del evento
- presentar hechos, no opiniones
- dejar a tus lectores bien informados

Conexión con el inglés

Subjuntivo

1. Se usa el subjuntivo con mucha frecuencia en español. En inglés se usa con muy poca frecuencia. El subjuntivo es gramaticalmente obligatorio en muy pocos casos y la verdad es que la mayoría de los anglohablantes no lo usan.

2. He aquí una lista de expresiones que deben ir seguidas del subjuntivo.

She $\left\{\begin{array}{l} demands \\ insists \\ expects \end{array}\right\}$ that we be on time.

It is $\left\{\begin{array}{l} important \\ critical \\ necessary \end{array}\right\}$ that you be here.

I $\left\{\begin{array}{l} asked \\ demanded \\ insisted \\ recommended \\ requested \\ suggested \end{array}\right\}$ that he pay immediately.

3. Nota que el subjuntivo del verbo *to be* es *be*. La única forma de los otros verbos que cambia en el subjuntivo es la forma de *he, she, it.* Se suprime la -s.

They recommend(ed) $\left\{\begin{array}{l} that she tell the truth. \\ that she see the doctor. \\ that she come immediately. \end{array}\right.$

4. En el inglés británico *should* se usa con más frecuencia que el subjuntivo.

She insists that he should be on time.
They suggested that he should see a doctor.

The doctor recommends that he jog every day.

Capítulo

13

Familia y fiestas

Objetivos

En este capítulo vas a:

◆ estudiar características de la familia hispana o latina

◆ familiarizarte con el vocabulario necesario para leer y hablar de temas biológicos incluyendo la genética y la herencia

◆ estudiar más usos del subjuntivo; repasar unos problemas ortográficos

◆ leer *El hermano ausente en la cena de Pascua* de Abraham Valdelomar, *Temprano y con sol* de Emilia Pardo Bazán y *Dicen que me case yo* de Gil Vicente

Lectura

La familia 🎧

El núcleo principal de las sociedades latinoamericanas es la familia. La familia ya está debilitándose en las culturas de muchos países pero en Latinoamérica sigue manteniendo una unidad y un fuerte vínculo. La familia no sólo se compone de padres e hijos. Incluye abuelos y tíos, nueras y cuñadas, nietos y bisnietos. El término «primo hermano» demuestra la relación íntima que existe entre parientes ya distantes.

Cuando hay festividades como nacimientos, bautizos, casamientos, aniversarios, cumpleaños o velorios, hasta parientes muy lejanos se reúnen. No importa cual sea la clase social, la lealtad al círculo familiar es primordial y exige que los miembros se ayuden mutuamente.

De esta lealtad a la familia nace una fuerte simpatía hacia «los suyos». Si el dueño de una fábrica o el gerente de una empresa tiene un puesto vacante en su organización, se sentirá obligado a dárselo a una sobrina o primo hermano que lo quisiera en vez de emplear a un(a) desconocido(a). Muy a menudo se escoge un médico, abogado o comerciante porque es pariente.

Abuelita baila con su nieta durante una fiesta familiar.

Cumpleaños del abuelito

Una boda

Rezando por un familiar difunto, Oaxaca, México

A pesar de los fuertes lazos familiares hay algunas cosas que están cambiando debido a las exigencias de la sociedad moderna. La falta de espacio en las viviendas no permite albergar a parientes cercanos y/o lejanos bajo un solo techo como antes. Y el costo de vida y el deseo de tener comodidades exigen más y más dinero. Para cubrir los gastos muchos padres tienen más de un empleo y un número más elevado de madres continúan con su carrera profesional. No hay duda que su ausencia del hogar tiene un impacto sobre el ritmo diario de la vida familiar.

Un bautizo

El compadrazgo

Existe también la institución del compadrazgo. El compadrazgo constituye una relación casi parentesca entre el padrino o la madrina y el ahijado o la ahijada. Empieza con la ceremonia del bautizo y debe perdurar durante toda la vida. El padrino y la madrina asumen la obligación de complementar o si es necesario (en el caso de la muerte, por ejemplo) sustituir a los padres naturales. Dada la importancia del rol (papel) de los padrinos, el padre y la madre y el padrino y la madrina se entablan relaciones familiares tratándose como compadre y comadre respectivamente.

Sección 1
Historia y cultura

En las comunidades indígenas latinoamericanas donde el matrimonio era casi exclusivamente entre los habitantes del mismo pueblo (la endogamia), no había la necesidad de adquirir un padre o una madre adicional. La participación social colectiva y el espíritu comunal eliminaban esta necesidad. El niño podía depender de que todos los adultos de la aldea representaran su familia.

El altiplano peruano

Comprensión

A **Identificando** Identifica.

1. el núcleo principal de las sociedades latinoamericanas
2. el primo hermano
3. festividades familiares
4. el compadrazgo
5. el padrino y la madrina
6. la endogamia

Una familia indígena de Guatemala

B Explicando

1. Explica el concepto de «los suyos» o «los nuestros».
2. Explica los cambios familiares que están teniendo lugar debido a las exigencias de la sociedad moderna.
3. Explica por qué el concepto del compadrazgo no existía entre las poblaciones indígenas latinoamericanas.

Muchas mujeres hispanas siguen trabajando después del matrimonio.

C Dando opiniones

1. ¿Cuál es tu opinión? Si hubiera un puesto vacante en la empresa donde trabajas y tú tuvieras la capacidad de emplear a alguien, ¿preferirías dar el puesto a un(a) pariente sin entrevistar a otros de afuera o entrevistarías a gente desconocida antes de tomar una decisión?

D Personalizando   ¿Son las características familiares en esta lectura parecidas a las de tu familia o no? Explica por qué.

Las madres se divierten bailando con sus hijas.

Conocimientos para superar

Conexión con la biología

La biología es el estudio de todos los seres vivos, plantas y animales, que nos rodean.

Cada ser comprende una o más células. La célula es la parte más pequeña que puede llevar a cabo los procesos de la vida. Los seres vivos se componen de sustancias químicas como el carbono, el hidrógeno y el oxígeno pero es la organización de estos elementos en células lo que distingue la materia viviente de otras materias.

La teoría celular consta de tres partes:
- Todos los organismos están formados de una o más células.
- La célula es la unidad básica de organización de los organismos.
- Todas las células se originan de células preexistentes.

Procariotes y eucariotes

Los biólogos descubrieron que hay dos tipos básicos de células: los procariotes y los eucariotes. Los **procariotes** son organismos cuyas estructuras celulares carecen de membrana que los rodea. La mayoría de los procariotes son unicelulares. Los **eucariotes** son organismos cuyas células tienen estructuras internas membranosas. Estas estructuras tienen el nombre de **organelos**. Cada organelo tiene una membrana que lo rodea aislándolo del resto de la célula. El organelo más grande de la célula es el núcleo que contiene el ADN de la célula y coordina las funciones celulares.

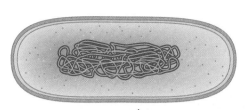

procariote

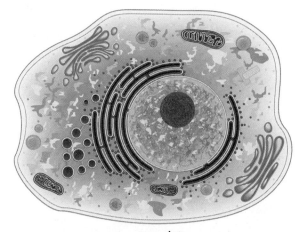

eucariote

Una célula posee una **membrana plasmática** que sirve de límite entre ella y su medio externo. Esta membrana plasmática permite que sustancias útiles, como el oxígeno y los nutrimentos, entren, y que sustancias de desecho, como el exceso de agua, salgan. La membrana plasmática ayuda a mantener el balance químico dentro de la célula.

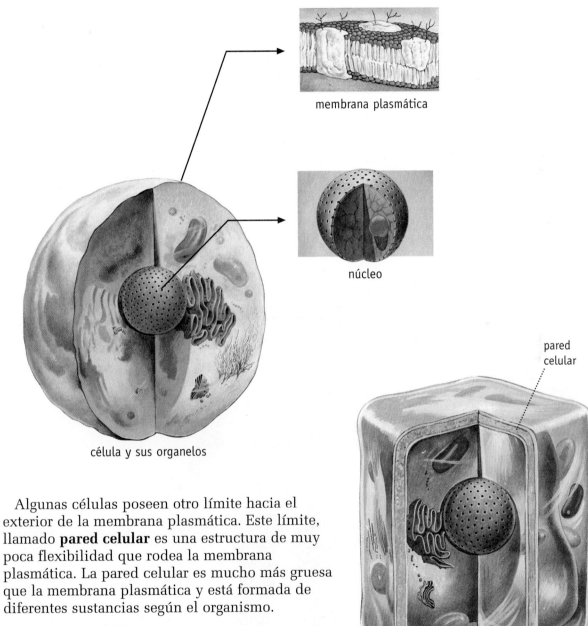

membrana plasmática

núcleo

célula y sus organelos

pared celular

Algunas células poseen otro límite hacia el exterior de la membrana plasmática. Este límite, llamado **pared celular** es una estructura de muy poca flexibilidad que rodea la membrana plasmática. La pared celular es mucho más gruesa que la membrana plasmática y está formada de diferentes sustancias según el organismo.

Funciones celulares

Una de las funciones más importantes de la célula es la de fabricar proteínas y otros materiales. Muchos de los organelos celulares participan en la síntesis de proteínas o en el almacenaje de materiales. Gran parte de estos procesos tienen lugar en el líquido del interior de la célula, el **citoplasma**. El citoplasma se encuentra fuera del núcleo y es un líquido claro parecido al gel.

Conocimientos para superar

Organización celular

Algunas células existen como organismos de una sola célula—organismos **unicelulares**. Otros organismos están formados de muchas células cada una de las cuales está especializada para llevar a cabo una determinada función. Estos organismos se conocen como **multicelulares**.

Cuando un grupo de células trabajan juntas para desarrollar cierta actividad específica, forman un **tejido**. Las células de tu cuerpo están organizadas en tejidos como el muscular y el nervioso. Los grupos de dos o más tejidos forman **órganos**. El estómago del ser humano y las hojas de una planta son órganos. La cooperación entre órganos hace que los procesos vitales funcionen en un organismo de forma eficiente. Un **sistema** es un grupo de órganos que trabajan juntos para llevar a cabo funciones vitales importantes. El sistema nervioso del ser humano y la flor de una planta son ejemplos de sistemas.

flores

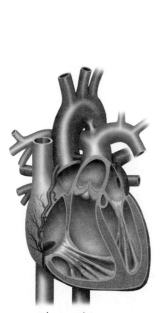

el corazón

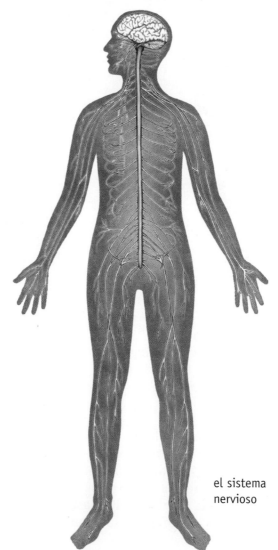

el sistema nervioso

Conocimientos para superar

un cromosoma

Crecimiento y reproducción de la célula

En cada momento muchas de las células de tu cuerpo están creciendo, dividiéndose y muriendo. Todos los organismos crecen y cambian; los tejidos desgastados se reparan o se reemplazan por células nuevas.

Los primeros biólogos observaban que las células se dividían. Antes de la división aparecían en el núcleo varias estructuras pequeñas en forma de hilos. Esas estructuras desaparecían, tan misteriosamente como aparecían, inmediatamente después de la división de la célula. Estas estructuras que contienen ADN se llaman **cromosomas.** Usando microscopios muy potentes los científicos aprendieron que los cromosomas son los transportadores del material genético, el cual se copia y se transmite de una generación a la otra; el color de la piel, de los ojos, del pelo, la altura, el tamaño, etc.

Genética y herencia

La genética es la rama de la biología que estudia la herencia. Gregorio Mendel llevó a cabo los primeros estudios importantes sobre la herencia; la transmisión de características de padres a hijos. Hoy tenemos más conocimientos sobre los factores que determinan las características heredadas y como se transmiten entre las generaciones de organismos. Sabemos que los organismos tienen cientos de miles de **genes** que determinan características individuales. Los genes no existen libres en el núcleo de la célula. Están ordenados linealmente en los cromosomas. Típicamente se encuentran mil o más genes en un solo cromosoma.

El rol que juegan los cromosomas y los genes en la herencia de características de una generación a otra es complicado y fascinante. La genética es una rama de la biología interesantísima.

Gregorio Mendel

Conocimientos para superar

Dos hermanas otavaleñas, Ecuador. Se parecen mucho, ¿no?

Comprensión

A **Poder verbal** **Definiciones** Parea la palabra con su definición.

1. la célula
2. el procariote
3. el eucariote
4. los organelos
5. la membrana
6. la síntesis
7. el citoplasma
8. el tejido
9. un órgano
10. un sistema
11. el cromosoma
12. la genética

a. estructura celular que contiene el material genético

b. estructuras internas de la célula que están rodeadas de membranas

c. grupo de dos o más tejidos que desarrollan una actividad juntos como la hoja de una planta o el corazón de un ser humano

d. grupo de órganos que trabajan juntos para llevar a cabo una función vital

e. grupo de células que trabajan juntas para llevar a cabo una actividad

f. unidad de construcción de la cual están hechos todos los seres vivos (vivientes)

g. la rama de la biología que estudia la herencia

h. fluido transparente en las células eurocariotes que rodea el núcleo de la célula y los organelos

i. célula que tiene núcleo verdadero y organelos rodeados de membranas internas

j. célula que carece de (no tiene) núcleo verdadero o de organelos internos rodeados de membranas

k. reunión de elementos en un todo

l. lámina delgada y flexible de tejido animal o vegetal que envuelve ciertas células

B **Buscando información** Contesta.

1. ¿De cuántas partes consta la teoría celular?
2. ¿Cuáles son?
3. ¿Cuántos tipos básicos de células hay?
4. ¿Cuáles son?
5. ¿Cuál es la diferencia entre las dos?
6. ¿Para qué sirve la membrana plasmática?
7. ¿Cuál es la diferencia entre la membrana plasmática y la pared celular?
8. ¿Cuáles son dos funciones primordiales de la célula?
9. ¿Cuál es un ejemplo de un órgano?
10. ¿Cuál es un ejemplo de un sistema?
11. ¿Qué están haciendo constantemente las células?
12. ¿Qué aparece en el núcleo de la célula antes de que se divida?
13. ¿Qué hacen después de la división de la célula?
14. ¿Cuáles son algunas características que los hijos heredan de sus padres?
15. ¿Cómo existen los genes?
16. ¿Cuántos genes se encuentran en un cromosoma?

C **Comparando**

1. Compara los organismos unicelulares con los multicelulares.
2. Compara un órgano con un sistema.

En esta familia, ¿quiénes se parecen?

Subjuntivo con expresiones de duda

1. Se usa el subjuntivo después de cualquier expresión que denota duda.

> **Yo dudo que él se case.**
> **No creo que ellos vayan a la recepción.**

2. Si la expresión implica certidumbre, se usa el indicativo.

> **No dudo que él se casará (casa).**
> **Creo que ellos irán (van) a la recepción.**

3. Analiza la diferencia en las siguientes preguntas.

> **¿Crees que él venga?**

Al usar el subjuntivo indicas a tu interlocutor que tú no crees que él venga.

> **¿Crees que él vendrá (viene)?**

Al usar el indicativo indicas a tu interlocutor que tú crees que vendrá.

¿Tú crees que me voy a casar algún día?

1 **Oraciones** Escribe una oración original con cada una de las siguientes expresiones.

1. dudar
2. creer
3. no dudar
4. estar seguro
5. es cierto
6. no creer

Subjuntivo con expresiones de emoción

Se usa el subjuntivo en una cláusula subordinada (dependiente) introducida por una expresión que denota emoción.

> **Me alegro que tú celebres tu cumpleaños.**
> **Siento que tu buen amigo no pueda asistir.**
> **Es una lástima que él tenga que trabajar.**

2 **Más oraciones** Escribe una oración original con cada una de las siguientes expresiones.

1. alegrarse de
2. sentir
3. gustar
4. estar contento(a)
5. ser una lástima
6. lastimar
7. ser una pena

«Me alegro de que te guste tanto el filme.»

Repaso de ortografía

¿Cómo se escribe? Completa con **c**, **s** o **z**.

1. el compadra_go
2. na_e
3. el bauti_o
4. el bi_nieto
5. comer_iante
6. espa_io
7. au_en_ia
8. adi_ional
9. _élula
10. pro_e_o
11. sustan_ias
12. organi_mo
13. membrano_o
14. pla_a
15. pla_mática
16. ex_e_o
17. balan_e
18. alma_én
19. cre_imiento
20. reempla_ar
21. ob_erva
22. transmi_ión
23. ca_a
24. pin_el
25. va_ío
26. ve_es
27. ve_
28. pre_enta_ión

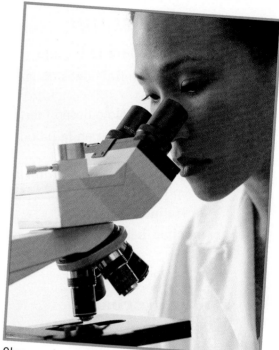

Observando células con el uso de un microscopio

¿Con h o no? Completa con **h** cuando necesario.

1. a_ijado
2. _endogamia
3. _eterogeneidad
4. _ogar
5. _acia
6. _umano
7. _ídolo
8. _alacena
9. _eno
10. _ierba
11. _ilusión
12. _elado
13. an_elo
14. _uérfano

Oraciones Escribe una oración original usando las siguientes palabras.

1. echo
2. hecho
3. hola
4. ola
5. oler
6. huele
7. ojo
8. hoja
9. onda
10. honda
11. oro
12. hora
13. ahora
14. uso
15. huso
16. horario
17. ojeada
18. hojear

El hermano ausente en la cena de Pascua de Abraham Valdelomar

◆ **Vocabulario para la lectura**

Estudia las definiciones de las siguientes palabras.

el afán anhelo o deseo fuerte

la alacena lugar en la pared con estantes y puertas

el manjar alimentos exquisitos y bien preparados

la vianda alimento

musitar hablar en voz muy baja, murmurar

Mamá y su hijo se musitan un secreto al oído.

Poder verbal

ACTIVIDAD 1 Definiciones Da la palabra cuya definición sigue.

1. el deseo vehemente de hacer algo
2. la carne, los vegetales
3. lugar en la cocina o comedor donde se guardan platos o comida
4. comida exquisita preparada con mucha atención
5. hablar en voz baja con tono triste

Nota biográfica

Abraham Valdelomar (1884–1936) nació en Ayacucho, Perú. Escribió cuentos de sabor regional y poesías. Los temas favoritos de su obra son su propia provincia, paisajes y la vida familiar.

Valle del Urubamba, Perú

Introducción

No hay nada en la vida como el amor que tiene la madre por un hijo. No hay amor más sincero porque la madre no espera recibir nada por el amor que da ni por los sacrificios que hace. El amor maternal le trae mucha felicidad a la madre pero también le puede traer pena y tristeza. Sobre todo cuando el hijo está ausente. Puede estar ausente por varias razones. Puede salir de casa por un motivo personal o posiblemente porque tiene que ir a la guerra. A la madre no le importa el motivo, pero la profunda tristeza de no ver al hijo querido le importa mucho. Nos lo dice Abraham Valdelomar en la poesía que sigue.

El hermano ausente en la cena de Pascua

◆·◆·◆

1 La misma mesa antigua y holgada[1], de nogal
   y sobre ella la misma blancura del mantel
   y los cuadros de caza de anónimo pincel
   y la oscura alacena, todo, todo está igual...

5 Hay un sitio vacío en la mesa hacia el cual
   mi madre tiende a veces su mirada de miel
   y se musita el nombre del ausente; pero él
   hoy no vendrá a sentarse en la mesa pascual.

   La misma criada pone, sin dejarse sentir,
10 la suculenta vianda y el plácido manjar
   pero no hay la alegría y el afán de reír

   que animaran antaño[2] la cena familiar;
   y mi madre que acaso[3] algo quiere decir,
   ve el lugar del ausente y se pone a llorar.

---

[1] **holgada** cómoda
[2] **antaño** tiempos pasados
[3] **acaso** quizás

La misma mesa con el mismo mantel blanco y plácido manjar

Comprensión

A Describiendo Describe el comedor de la familia.

B Buscando información Contesta.
1. ¿Qué hay en la mesa?
2. ¿Quién mira hacia el sitio vacío?
3. ¿Qué se musita?
4. ¿Vendrá él hoy?

C Explicando Contesta.
¿Por qué es tan diferente esta cena familiar de las de antaño?

D Interpretando Contesta.
¿Dónde estará el hermano ausente? ¿Qué le habrá pasado?

E Narrando Relata la información en la poesía como si estuviera hablando la madre.

Temprano y con sol de Emilia Pardo Bazán

Nota biográfica

Emilia Pardo Bazán

Emilia Pardo Bazán (1852–1921), la condesa de Pardo Bazán, es considerada una de las novelistas más importantes de la literatura española. Nació en La Coruña, Galicia, de una familia aristócrata. Fue una mujer culta de gran curiosidad intelectual y talento vigoroso.

Su obra incluye varias novelas psicológicas y regionales. En sus dos novelas regionales, *Los Pazos de Ulloa* y *La madre naturaleza,* la autora estudia y describe la decadencia de la aristocracia gallega.

Pardo Bazán cultivó el cuento también. Su obra incluye varias colecciones de cuentos y se le considera una maestra de este género literario.

La condesa de Pardo Bazán alcanzó el honor de ser la primera mujer a quien se le dio una cátedra en la Universidad Central.

Introducción

Nunca se sabe cómo alguien llegará a ser parte de una familia. A ver lo que pasa en este cuento divertido de esta escritora renombrada.

Paisaje gallego

La Coruña, Galicia

Lectura

Temprano y con sol
◆·◆·◆

1   El empleado que vendía billetes en la oficina de la estación quedó sorprendido al oír una voz infantil que decía:

   —¡Dos billetes, de primera clase, para París!...

5   Miró a una niña de once o doce años, de ojos y pelos negros, con un rico vestido de color y un bonito sombrerillo. De la mano traía a un niño casi de la misma edad que ella, el cual iba muy bien vestido también. El chico parecía confuso; la niña muy

10 alegre. El empleado sonrió y murmuró paternalmente:

   —¿Directo, o a la frontera? A la frontera son ciento cincuenta pesetas, y...

   —Aquí está el dinero —contestó la niña, abriendo su bolsa. El empleado volvió a sonreír y dijo:

15   —No es bastante.

   —¡Hay quince duros° y tres pesetas! —exclamó la niña.

   —Pero no es suficiente. Si no lo creen, pregunten ustedes a sus papás.

   El niño se puso rojo, y la niña, dando una patada en el

20 suelo, gritó:

   —¡Bien... , pues... , dos billetes más baratos!

   —¿A una estación más próxima? ¿Escorial; Ávila?...

   —¡Ávila, sí... , Ávila!... —respondió la niña.

duros antiguas monedas españolas de cinco pesetas

El Escorial

Vaciló el empleado un momento; luego
entregó los dos billetes. Subieron los dos
chicos al tren y, al verse dentro del coche,
comenzaron a bailar de alegría.

¿Cómo empezó aquel amor apasionado?
Pues comenzó del modo más simple e
inocente. Comenzó por la manía de los dos
chicos de formar colecciones de sellos.

El papá de Finita y la mamá de Currín, ya
enviudados los dos, apenas se conocían,
aunque vivían en el mismo edificio. Currín y
Finita, en cambio, se encontraban siempre
en la escalera, cuando iban a la escuela.

Una mañana, al bajar la escalera, Currín
notó que Finita llevaba un objeto, un libro
rojo, ¡el álbum de sellos! Quería verlo. La
colección estaba muy completa y contenía
muchos sellos de varios países. Al ver un sello
muy raro de la república de Liberia, exclamó Currín:

—¿Me lo das?

—Toma —respondió Finita.

—Gracias, hermosa —contestó Currín.

Finita se puso roja y muy alegre.

—¿Sabes que te he de decir una cosa? —murmuró el
chico.

—Anda, dímela.

—Hoy no.

Ya era tarde y la criada que acompañaba a Finita la
llevó a la escuela. Currín se quedó admirando su sello y
pensando en Finita. Currín era un chico de carácter dulce,
aficionado a los dramas tristes, a las novelas de aventuras
y a la poesía. Soñaba con viajes largos a países
desconocidos. Verdad es que, aquella noche, soñó que
Finita y él habían hecho una excursión a una tierra lejana.

Al día siguiente, nuevo encuentro en la escalera. Currín
tenía unos sellos que iba a dar a Finita. Finita sonrió y se
acercó a Currín, con misterio, diciendo:

—Dime lo que me ibas a decir ayer...

—No era nada...

—¡Cómo nada! —exclamó Finita furiosa. —¡Qué idiota!
¿Nada, eh?

Una colección de sellos

65   Currín se acercó al oído de la niña y murmuró:

     —Sí, era algo... . Quería decirte que eres... ¡muy guapita!

     Al decir esto, echó a correr escalera abajo.

     Currín escribía versos a Finita y no pensaba en otra cosa
70   más que en ella. Al fin de la semana eran novios.

     Cierta tarde creyó el portero del edificio que soñaba. ¿No era aquélla la señorita Finita? ¿Y no era aquél el señorito Currín? ¿Y no subían los dos a un coche que pasaba? ¿Adónde van? ¿Deberé avisar a los padres?

75   —Oye —decía Finita a Currín, cuando el tren se puso en marcha;

     —Ávila, ¿cómo es? ¿Muy grande? ¿Bonita, lo mismo que París?

     —No —respondió Currín. —Debe de ser un pueblo de
80   pesca.

     —Yo quiero ver París; y también quiero ver las Pirámides de Egipto.

     —Sí... —murmuró Currín, —pero... ¿y el dinero?

     —¿El dinero? —contestó Finita. —Eres tonto. ¡Se
85   puede pedir prestado!

     —¿Y a quién?

     —¡A cualquier persona!

     —¿Y si no nos lo quieren dar?

     —Yo tengo mi reloj que empeñar°. Tú también. Y
90   puedo empeñar mi abrigo nuevo. Si escribo a papá, nos enviará dinero.

     —Tu papá estará furioso... . ¡No sé qué haremos!

     —Pues voy a empeñar mi reloj y tú puedes empeñar el tuyo. ¡Qué bien vamos a divertirnos en Ávila! Me llevarás
95   al café... y al teatro... y al paseo....

     Cuando llegaron a Ávila, salieron del tren. La gente salía y los novios no sabían a dónde dirigirse.

     —¿Por dónde se va a Ávila? —preguntó Currín a un mozo que no les hizo caso. Por instinto se encaminaron a
100   una puerta, entregaron sus billetes y, cogidos por un solícito agente de hotel, se metieron en el coche, que los llevó al Hotel Inglés.

empeñar dar algo en depósito para obtener un préstamo

Entretanto el gobernador de Ávila recibió un telegrama mandando la captura de los dos enamorados. Los fugitivos
105 fueron llevados a Madrid, sin pérdida de tiempo. Finita fue internada en un convento y Currín quedó en una escuela, de donde no fueron permitidos salir en todo el año, ni aun los domingos.

Como consecuencia de aquella tragedia, el papá de
110 Finita y la mamá de Currín tuvieron de conocerse muy bien, y creció su mutua admiración de día en día. Aunque no tenemos noticias exactas, creemos que Finita y Currín llegaron a ser... hermanastros.

Las murallas de Ávila

Comprensión

A **Poder verbal** **Parafraseando** Parea.

1. dio una sonrisa
2. dijo en voz muy baja
3. como un padre
4. de un niño
5. suficiente
6. tonto

   a. murmuró
   b. estúpido
   c. paternalmente
   d. sonrió
   e. bastante
   f. infantil

B **Buscando información** Contesta.

1. ¿Qué compraba la niña? ¿Dónde?
2. ¿Adónde quería ir?
3. ¿Qué no tenía la niña?
4. ¿Para dónde compró el billete?
5. ¿Cómo se pusieron los dos niños cuando subieron al tren?
6. ¿Qué coleccionaban los niños?
7. ¿Dónde vivían ellos?
8. ¿Se conocían sus padres?
9. ¿Habían enviudado sus padres?

C **Describiendo** Describe.

1. Da una descripción de Finita.
2. Da una descripción de Currín.

D **Interpretando** Al final del cuento dice: «Aunque no tenemos noticias exactas, creemos que Finita y Currín llegaron a ser... hermanastros.» Explica como será posible esto.

Dicen que me case yo de Gil Vicente

◆ Nota biográfica

Gil Vicente era músico, poeta y dramaturgo. Él escribió en español y portugués. Se sabe muy poco sobre su familia. Tampoco se sabe dónde nació. Se cree que nació en 1465 y que se murió en 1536.

Su poesía es muy espontánea. Se dice que su poesía «brota de una inspiración sellada por el don de la alacridad y la gracia». Al leer la poesía que sigue puedes decidir si la encuentras graciosa.

Dicen que me case yo ◆·◆·◆

1   Dicen que me case yo
    Dicen que me case yo:
    no quiero marido, no.

    Más quiero vivir segura
5   'nesta[1] sierra a mi soltura,
    que no estar en ventura[2]
    si casaré bien o no.
    Dicen que me case yo:
    no quiero marido, no.

10 Madre, no seré casada
    por no ver vida cansada,
    o quizás mal empleada
    la gracia que Dios me dio.
    Dicen que me case yo:
15 no quiero marido, no.

    No será ni es nacido
    tal para ser mi marido;
    y pues que tengo sabido
    que la flor yo me la só[3],
20 dicen que me case yo:
    no quiero marido, no.

....
[1] **'nesta** en esta
[2] **en ventura** en duda
[3] **só** soy

Comprensión

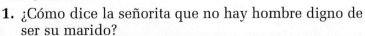

A **Analizando** Contesta.

¿Cuáles son todas las razones por las cuales la señorita no va a casarse?

B **Interpretando** Contesta.

1. ¿Cómo dice la señorita que no hay hombre digno de ser su marido?
2. ¿Te parece que la narradora en esta poesía es muy determinada? ¿Por qué?

Composición

Usando detalles sensorios (sensuales)

Los cinco sentidos son: la vista, el oído, el olfato, el tacto y el gusto. Nos servimos de nuestros sentidos para experimentar la vida. Los detalles sensorios nos ayudan a describir la vida.

Imagínate que acabas de encontrarte en este cuadro. ¿Qué ves? Y, ¿qué oyes, hueles, sientes o gustas?

Cuando pinta, el artista usa color, tamaño, perspectiva y forma para hacerte sentir una parte de su cuadro. Cuando escribe, el escritor usa un lenguaje sensual para describir todo lo que se ve, suena, siente, huele o gusta.

Una escena bucólica

En el siguiente trozo de *Platero y yo,* el escritor, Juan Ramón Jiménez, emplea un lenguaje muy sensual. Al leerlo, fíjate en lo que ves, lo que sientes y lo que oyes. ¿Es posible que huelas algo también?

> Platero es pequeño, peludo, suave: tan blando por fuera que se diría todo de algodón, que no lleva huesos. Sólo los espejos de azabache de sus ojos son duros cual dos escarabajos de cristal negro.
>
> Lo dejo suelto, y se va al prado, y acaricia tibiamente con su hocico, rozándoles apenas las florecillas rosas, celestes y gualdas... Yo lo llamo dulcemente: —¡Platero!— y viene a mí con un trotecillo alegre que parece que se ríe, en no sé qué cascabeleo ideal... Come cuanto le doy. Le gustan las naranjas, mandarinas, las uvas moscateles, todas de ámbar, los higos morados, con su cristalina gotita de miel...
>
> Es tierno y mimoso igual que un niño, que una niña...; pero fuerte y seco por dentro, como de piedra. Cuando paso sobre él, los domingos, por las últimas callejas del pueblo, los hombres del campo, vestidos de limpio y despaciosos, se quedan mirándolo: —Tien' asero—...Tiene acero. Acero y plata de luna, al mismo tiempo.

Observando

Para escribir una buena descripción viva es necesario observar con cuidado. No puedes darles meramente una ojeada a las cosas. Tienes que observar y estudiarlas detenida y minuciosamente.

Ahora, ¡te toca a ti!

ACTIVIDAD 1

Una recepción o fiesta En este capítulo y en el capítulo anterior leíste de algunas fiestas y comidas. Imagínate que asististe a una de estas fiestas. Vas a escribir una descripción de ella usando tanto lenguaje sensual posible.

¡Ojo!

Para usar detalles sensuales en una descripción, debes:

- observar o recordar todos los detalles de tu experiencia
- tomar apuntes sobre lo que viste, oíste, oliste, tocaste y gustaste
- servirte de tus apuntes para escribir tu descripción

SPANISH
Online

Para más información sobre fiestas en el mundo hispano, visita el sitio Web de Glencoe Spanish: spanish.glencoe.com.

Conexión con el inglés

Subjuntivo con expresiones de duda

No se usa el subjuntivo en inglés después de expresiones de duda.

I believe he is here.
I believe he'll be here.
I don't think he's here.
I don't think he'll be here.
I doubt he'll be here.

Subjuntivo con expresiones de emoción

En inglés tampoco se usa el subjuntivo después de expresiones de emoción.

We are happy that { *they are here.*
they will be here.
they were here.

We're so happy that you're back and we are together again.

Capítulo

14

Profesiones y ciencias

Objetivos

En este capítulo vas a:

◆ estudiar los sistemas educativos en Latinoamérica y explorar algunas profesiones y oficios importantes

◆ familiarizarte con el vocabulario necesario para leer y explicar textos sobre la química

◆ contrastar el uso del subjuntivo o el infinitivo; repasar algunos problemas ortográficos

◆ leer *El don rechazado* de Rosario Castellanos y *Recuerdo de la madre ausente* de Gabriela Mistral

Vocabulario para la lectura

Estudia las definiciones de las siguientes palabras.

la escolaridad período de tiempo durante el cual se asiste a la escuela

la matrícula inscripción en la universidad

el oficio profesión mecánica o manual

el recinto espacio cerrado y comprendido dentro de ciertos límites

diurno durante el día

estatal del Estado, del gobierno

nocturno de noche

hacer hincapié enfatizar, mantener firme una opinión

Poder verbal

ACTIVIDAD 1 **¿Qué palabra necesito?** Completa.

1. Algunas escuelas dan cursos de día y de noche. Hay clases ____ y ____.
2. En EE.UU. la ____ es obligatoria hasta los dieciséis años.
3. Hay universidades privadas y ____.
4. Muchas universidades estadounidenses se llaman «colegios» y están ubicados en ____ bonitos.
5. Hay que ____ en el hecho de que hay diferencias y semejanzas en las tradiciones y valores de las sociedades de distintos países.
6. Ser plomero o carpintero es un ____.

Texas Tech University

Lectura 🎧

Educación, trabajo y oficios

Los sistemas educativos varían de un país a otro en Latinoamérica. En la mayoría de los países la escolaridad es obligatoria hasta los trece años. En las áreas urbanas un gran porcentaje de los niños terminan la primaria pero no es siempre el caso en las zonas remotas debido a la sobrepoblación de niños y una escasez de aulas y maestros.

Las escuelas secundarias tienen muchos nombres diferentes tales como «colegio», «liceo», «academia» e «instituto». A veces estos mismos términos pueden denotar una escuela primaria o secundaria. Hay también muchas escuelas técnicas donde los estudiantes se preparan para un oficio. Dado el gran número de estudiantes, estas escuelas técnicas suelen dar clases diurnas y nocturnas.

Una escuela rural, Oruro, Bolivia

Instrucción pública y privada

En todos los países latinoamericanos existe la instrucción pública gratis. Pero una vez más hay que hacer hincapié en el problema de la sobrepoblación. En algunos casos 60 por ciento de la población es menor de veintiún años. Por consiguiente las clases en las escuelas públicas tienden a ser muy grandes y muchas familias de la clase media hacen todo lo posible para enviar a sus hijos a escuelas privadas.

Enviar a un(a) niño(a) a una escuela privada puede costar caro. El problema del costo de la educación para el presupuesto familiar es exactamente lo contrario en Latinoamérica que en Estados Unidos. En términos generales es bastante fácil en EE.UU. recibir una buena educación secundaria en una escuela pública y el porcentaje de jóvenes que asisten a escuelas privadas es mucho más bajo que en Latinoamérica. Pero es al revés en cuanto al nivel universitario.

Universidad

En EE.UU. la mayoría de las universidades son privadas. La matrícula es muy alta, fuera de las posibilidades de muchas familias aún de la clase media, sobre todo si tienen más de un hijo en la universidad. Hasta las universidades estatales cuestan mucho. En Latinoamérica la gran mayoría de las universidades son del Estado, son muy buenas y son casi gratis. Así, en Latinoamérica puede costar mucho recibir una educación secundaria pero la universitaria cuesta poco.

Universidad de Magallanes, Punta Arenas, Chile

En Latinoamérica el término «colegio» no se refiere nunca a una institución pos-secundaria o sea una universidad. Las universidades en Latinoamérica están ubicadas en su mayoría en la capital y en las ciudades de provincia. Hay muy pocos recintos universitarios, o sea *colleges,* en zonas no muy urbanas como en Estados Unidos.

Al ingresar en la universidad los estudiantes españoles y latinoamericanos suelen empezar a especializarse enseguida. Casi desconocido es el concepto de una educación en «artes liberales» antes de empezar a especializarse al matricularse en una escuela graduada. En algunos países al diploma secundario se le llama el «bachillerato». En la universidad uno recibe la licenciatura que equivale más o menos al *masters* en EE.UU. Claro que hay también el doctorado que en la mayoría de los países requiere estudios posgraduados pero en algunos casos se da el doctorado después de cumplir cuatro años de estudios universitarios.

Una graduada de la Universidad Nacional de Trujillo, Perú

¡Ojo! Puerto Rico es una excepción a todo lo que encuentras descrito en esta lectura. Como Puerto Rico es un Estado Libre Asociado de EE.UU., el sistema escolar es el mismo que el de EE.UU. con escuelas elementales, intermedias y superiores. La educación es gratis y la escolaridad es obligatoria hasta los dieciséis años.

Una médica mexicana examina a una paciente.

Oficios y profesiones

Hasta recientemente en Estados Unidos, la cajera en el banco o la operadora de teléfonos era siempre una mujer. Pero en Latinoamérica casi todos los cajeros y telefonistas eran hombres. ¿Por qué? Pues, hace unos veinte años había muy pocas mujeres en la fuerza laboral en Latinoamérica. Las señoras se casaban y se quedaban en casa. Por consiguiente los hombres desempeñaban empleos que en EE.UU. se consideraban femeninos. Pero debido a las exigencias de la sociedad moderna y los cambios sociales, muchas madres latinoamericanas están trabajando y hay cajeras y telefonistas-mujeres. Y, hoy en día en EE.UU. hay muchos hombres que son cajeros u operadores de teléfono. No sigue existiendo ni en EE.UU. ni en Latinoamérica una gran distinción entre oficios y profesiones masculinas y femeninas. ¡Que sea en la ciudad de Nueva York o de México se verán policías, plomeros, trabajadores de construcción femeninos y masculinos!

Hay una diferencia más que se debe señalar relativo a las profesiones. Hasta recientemente había pocas mujeres que eran dentistas, médicos, abogados o profesores universitarios en EE.UU. Pero hace ya mucho tiempo que las mujeres latinoamericanas ejercen esas profesiones en mayor número que sus contrapartes estadounidenses.

Comprensión

A Verificando ¿Sí o no? Corrige la información falsa.

1. Todos los países latinoamericanos tienen el mismo sistema educativo.
2. En las zonas rurales remotas todos los niños terminan la primaria.
3. Los estudiantes se preparan para el doctorado en las escuelas técnicas.
4. La instrucción pública gratis no existe en los países latinoamericanos.
5. Mayor número de alumnos en EE.UU. asisten a escuelas privadas que en Latinoamérica.
6. La educación universitaria cuesta mucho en Latinoamérica.
7. En Latinoamérica un colegio es una institución educacional pos-secundaria.
8. Puerto Rico tiene el mismo sistema escolar que la mayoría de los países latinoamericanos.

B Explicando

1. Explica lo que son colegios, liceos, academias e institutos en Latinoamérica.
2. Explica por qué hay clases diurnas y nocturnas en muchas escuelas técnicas.
3. Explica por qué son muy grandes la mayoría de las clases en las escuelas públicas latinoamericanas.
4. Explica por qué muchas familias de la clase media en Latinoamérica envían a sus hijos a escuelas privadas.

Cajeros en un banco, Ciudad de México

C Comparando

1. Compara la situación de la educación secundaria en EE.UU. y Latinoamérica.
2. Compara el costo de matrícula universitaria en EE.UU. y Latinoamérica.
3. Compara las universidades latinoamericanas y estadounidenses.

D Buscando información Contesta.

1. ¿Cuáles eran algunos oficios «femeninos» en EE.UU. hasta recientemente?
2. ¿Quiénes desempeñaban esos empleos en Latinoamérica? ¿Por qué?
3. ¿Ha cambiado la situación? ¿Por qué?
4. ¿Siguen existiendo oficios o profesiones femeninas y masculinas?
5. ¿Qué se ve en Nueva York o México?
6. ¿Qué profesiones ejercían en mayor número las mujeres latinoamericanas que sus contrapartes estadounidenses?

Conexión con la química

La química es la ciencia que estudia la estructura y propiedades de la materia. La materia integra todo lo que te rodea: el metal, el plástico, el papel, el vidrio, el líquido y el aire.

Materia y masa

La definición formal de **materia** es cualquier cosa que tiene masa y ocupa un espacio. La **masa** es la medida de la cantidad de materia que contiene un objeto. La masa es casi siempre el peso de la materia.

La **estructura** de la materia se refiere a su composición o sea de lo que está hecha y como está organizada. El comportamiento de la materia describe sus características o **propiedades** incluyendo los cambios que la materia experimenta.

Toda la materia existe en uno de tres estados físicos: sólido, líquido o gaseoso. Hay un cuarto estado menos conocido de la materia llamado «plasma». El estado físico de una sustancia depende de la temperatura. Si se pone agua líquida en un congelador, se transforma en agua sólida—el hielo, y si se calienta el agua líquida a 100° C se transforma en agua gaseosa—vapor. El estado físico de una sustancia por lo general se refiere al estado en que se encuentra a la temperatura ambiente—20 a 25° C.

agua líquida

agua gaseosa

agua helada

Una esponja es de poca densidad.

Una piedra es de mucha densidad.

La **densidad** es otra propiedad física de la materia. La densidad es la cantidad de materia (masa) contenida en una unidad de volumen. Lo que pesa poco (una esponja) tiene baja densidad y lo que pesa mucho (una piedra) tiene mayor densidad o mayor masa por unidad de volumen.

El átomo y su estructura

El **elemento** es una sustancia que existe en la naturaleza que no se puede descomponer en sustancias más sencillas. El **átomo** es la partícula más pequeña de un elemento. Cada elemento tiene características diferentes debido a la estructura de los átomos de los que se compone. Por ejemplo, el hierro difiere del aluminio porque la estructura de los átomos del hierro difiere de los del aluminio. Pero todos los átomos tienen la misma conformación general. El centro del átomo se llama el **núcleo.** El núcleo está hecho de partículas de carga positiva llamadas **protones** (p+) y partículas que no tienen carga llamadas **neutrones** (n°). Todos los núcleos tienen una carga positiva determinada por el número de protones que contiene. El núcleo del hidrógeno, por ejemplo, tiene sólo un protón. Por consiguiente se le ha asignado el número atómico 1 y es el primer elemento en la tabla periódica.

Alrededor del núcleo del átomo hay unas partículas, aún más pequeñas, llamadas **electrones** (e-) que tienen una carga negativa. Los electrones se mueven rápidamente y se encuentran en una(s) órbita(s) o capa(s) que rodea(n) el núcleo.

Los átomos están formados por números iguales de electrones y protones. Por consiguiente, no tienen una carga neta. El átomo de hidrógeno (H), por ejemplo, tiene solamente un electrón y un protón. El oxígeno (O) tiene ocho electrones y ocho protones.

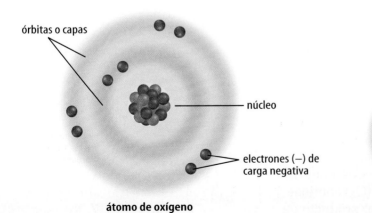

átomo de oxígeno

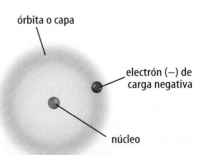

átomo de hidrógeno

Compuestos y enlaces

El agua es una sustancia familiar. ¿Es un elemento? ¡A ver! Si haces pasar una corriente eléctrica a través de ella, el agua se separa en hidrógeno y oxígeno. Ni el hidrógeno ni el oxígeno se pueden separar más. Por eso son elementos. De esta descripción puedes deducir que el agua no es un elemento. Es un tipo de sustancia llamada **compuesto.** Un compuesto es una sustancia formada por átomos de diferentes elementos que se combinan químicamente. Esta descripción es un ejemplo de una **reacción química de descomposición.** Un compuesto se descompone en sus elementos. Los compuestos como el cloruro de sodio (sal) pueden ser completamente diferentes de los componentes de que están hechos.

Hay también **reacciones químicas de combinación** en las cuales dos elementos o sustancias **(reactantes)** se combinan resultando en un compuesto **(producto).** Por ejemplo, dos átomos de hidrógeno se combinan compartiendo sus electrones. El núcleo cargado positivamente ejerce una atracción sobre los electrones cargados negativamente, de manera que los dos átomos se mantienen unidos. Cuando dos o más átomos comparten electrones, la fuerza que los mantiene unidos se llama **enlace covalente.**

Enlaces covalentes

Los azúcares, las grasas, las proteínas, el agua son todos ejemplos de enlaces covalentes. Una **molécula** es un grupo de átomos que se mantienen unidos por medio de enlaces covalentes y que no tiene una carga global. Una molécula de agua se presenta por la fórmula química H_2O.

Las reacciones químicas se representan en **ecuaciones químicas.** Las ecuaciones químicas usan símbolos para representar los elementos. Quizás la más conocida ecuación química sea la de la formación del agua.

$$2H_2 + O_2 = 2H_2O$$

Vamos a analizar y «leer» esta ecuación. El número de mayor tamaño expresa el número de moléculas presentes. Es un ejemplo de un enlace covalente. Los enlaces covalentes se forman cuando dos átomos comparten un par de electrones. Si hay solamente uno, el número uno no se escribe. El número de menor tamaño llamado el subíndice indica el número de átomos de un elemento presentes en cada molécula.

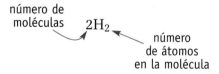

número de moléculas $2H_2$ número de átomos en la molécula

Esta ecuación expresa que dos moléculas de gas hidrógeno (H_2) se combinan con una molécula de oxígeno (O_2) formando dos moléculas de agua (H_2O). Una molécula de hidrógeno (H_2) contiene dos átomos de hidrógeno y una molécula de oxígeno (O_2) contiene dos átomos de oxígeno. Cada molécula del producto de la reacción de combinación, el agua (H_2O), comprende dos átomos de hidrógeno y un átomo de oxígeno.

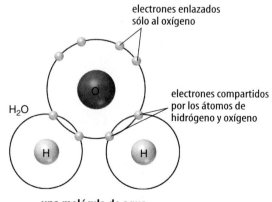

electrones enlazados sólo al oxígeno

H_2O

electrones compartidos por los átomos de hidrógeno y oxígeno

una molécula de agua

Conocimientos para superar

Enlaces iónicos

No todos los enlaces entre los átomos se forman compartiendo electrones. A veces los átomos se combinan entre sí ganando o perdiendo los electrones de sus niveles (ondas, órbitas) exteriores. Un átomo o un grupo de ellos que gana o pierde electrones tiene una carga eléctrica y se llama **ion.**

Un tipo diferente de enlace mantiene a los iones unidos. La unión que se forma entre un átomo de sodio (Na) y uno de cloruro (Cl) es un buen ejemplo. El sodio se vuelve estable al perder uno de sus electrones de su nivel de energía (capa, órbita) externo, y el cloruro se vuelve estable al aceptar ese electrón. Dado que el sodio pierde un electrón cargado negativamente, tiene más protones que electrones de manera que se convierte en un ion cargado positivamente (de carga positiva). Por su parte, el cloruro ha ganado un electrón, y ahora tiene más electrones que protones. Así que se convierte en un ion cargado negativamente (de carga negativa). Dado que las cargas opuestas se atraen, existe una fuerza de atracción entre los dos iones de cargas opuestas, fuerza que recibe el nombre de **enlace iónico.** El compuesto (producto) que se forma cuando el sodio y el cloruro (los reactantes) reaccionan para formar un enlace iónico se conoce como cloruro de sodio o sea, la sal común, representado por la fórmula química NaCl.

el cloruro

la sal

el sodio

El cloruro de sodio es la sal.

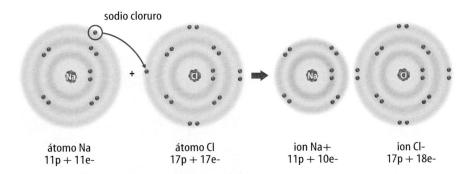

sodio cloruro

| átomo Na | átomo Cl | ion Na+ | ion Cl- |
| 11p + 11e- | 17p + 17e- | 11p + 10e- | 17p + 18e- |

La carga positiva del ion de sodio atrae la carga negativa del ion de cloruro. A esta atracción se le llama un «enlace iónico».

Conocimientos para superar

Mezclas y soluciones

Cuando los elementos se combinan para formar un compuesto, ya no tienen sus propiedades originales. Una mezcla es una combinación de sustancias en la que las sustancias individuales mantienen sus propiedades (o características). Por ejemplo, si revuelves arena y azúcar, no cambiarán ni se combinarán químicamente. Se puede separar una mezcla fácilmente. A este tipo de mezcla se le llama una **mezcla heterogénea** porque las dos sustancias tienen propiedades físicas diferentes.

Hay también **mezclas homogéneas** que se llaman **soluciones**; por ejemplo el azúcar y el agua. Cuando el azúcar se disuelve **(el soluto)** en el agua **(el disolvente)** las dos sustancias puras (azúcar y agua) se asocian físicamente y forman una mezcla que tiene una composición constante. Hay que señalar que no todas las soluciones tienen que tener agua. Otras soluciones son gases como el aire que es una mezcla homogénea de varios gases.

moléculas de agua

moléculas de azúcar

Las moléculas de azúcar en esta bebida se disuelven en el agua formando una solución. El azúcar es el soluto y el agua es el disolvente.

Y algunas soluciones son sólidas como las aleaciones que contienen diferentes metales y a veces sustancias no metálicas. Un ejemplo: El oro puro es blando y se dobla fácilmente. Las joyas de oro no son de oro puro. Se hacen con una aleación de oro con plata y cobre.

Una aleación de oro y cobre

Conocimientos para superar

La tabla periódica

Todo estudiante de química conoce muy bien la tabla periódica. Esta tabla relaciona las propiedades de los elementos con sus números atómicos. Los elementos de una misma fila tienen el mismo número de capas (órbitas, niveles) que contienen un número variable de electrones. Los elementos de la misma columna tienen el mismo número de electrones en la capa más externa.

LA TABLA PERIÓDICA MODERNA

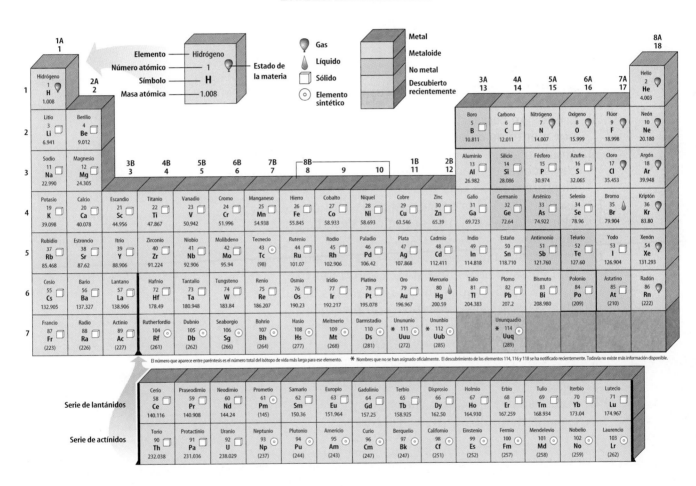

Comprensión

A **Poder verbal** **Definiciones** Da la palabra cuya definición sigue.

1. la cantidad de materia contenida en una unidad de volumen
2. parte central de un átomo, pequeña y densa y con carga positiva
3. sustancia que no se puede descomponer en sustancias más sencillas
4. una partícula de carga positiva
5. una partícula que tiene carga negativa
6. una partícula que no tiene carga
7. la partícula más pequeña de un determinado tipo de materia
8. grupo, sin carga, de dos o más átomos unidos entre sí por medio de enlaces covalentes
9. átomo o grupo de átomos combinados que tiene una carga como consecuencia de la pérdida o ganancia de electrones
10. asociación de dos o más sustancias sin cambio de la identidad de cada una—se puede descomponer fácilmente
11. combinación química de dos o más elementos diferentes unidos entre sí en proporción fija
12. solución sólida que contiene diferentes metales y, en algunas ocasiones, sustancias no metálicas

B **Casi sinónimos** Parea.

1. propiedad
2. masa
3. composición
4. espacio definido

a. unidad de volumen
b. característica
c. peso
d. estructura

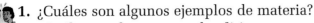

Conocimientos para superar

C Buscando información Contesta.

1. ¿Cuáles son algunos ejemplos de materia?
2. ¿Cuáles son los tres estados físicos en que existe la materia?
3. ¿De qué depende el estado físico de una sustancia?
4. ¿Qué tienen todos los átomos?
5. ¿Cuál es el primer elemento en la tabla periódica? ¿Por qué?
6. ¿Qué tipo de enlace es una molécula?
7. ¿En qué se representan las reacciones químicas?
8. En la ecuación $2H_2 + O_2 = 2H_2O$, ¿qué significa el 2 de mayor tamaño? Y, ¿qué significa el subíndice 2?
9. ¿Qué es el cloruro de sodio?
10. ¿Tienen agua todas las soluciones?

D Explicando

1. Explica lo que le pasa al agua al ponerla en un congelador y lo que le pasa al calentarla a 100°C.
2. Explica por qué el núcleo de un átomo tiene una carga positiva pero el átomo mismo no tiene carga neta.
3. Explica por qué el agua no es un elemento.
4. Explica la diferencia entre un reactante y un producto.
5. Explica la diferencia entre un soluto y un disolvente.

E Describiendo

1. Describe la estructura de un átomo.
2. Describe la(s) órbita(s) de un átomo.
3. Describe un enlace covalente.
4. Describe un enlace iónico.
5. Describe una mezcla.
6. Describe la tabla periódica.

F Comparando

1. Compara una materia de baja densidad con otra de mayor densidad.
2. Compara una reacción química de descomposición con una reacción química de combinación.
3. Compara un enlace covalente con un enlace iónico.
4. Compara una mezcla con un compuesto.
5. Compara una mezcla homogénea con una mezcla heterogénea.

Gramática y lenguaje

Subjuntivo o infinitivo

1. Ya has aprendido que se usa el subjuntivo en una cláusula introducida por una expresión que haga que la acción del verbo en la cláusula no sea cierta.

   Yo quiero que tú vayas.
   Él prefiere que (nosotros) nos quedemos aquí.

2. Muchas veces no hay ningún cambio de sujeto. Cuando el sujeto no cambia la expresión introductoria va seguida del infinitivo.

   Yo quiero ir.
   Él prefiere quedarse aquí.

ACTIVIDAD 1 ¿**Subjuntivo o infinitivo?** Escribe oraciones. Ten cuidado de escribir una cláusula cuando hay cambio de sujeto.

1. ellos / querer / trabajar / aquí
2. ellos / querer / nosotros / trabajar / aquí
3. ella / insistir en / yo / hacerlo
4. ella / insistir en / hacerlo
5. ser necesario / ustedes / estar / aquí / nueve
6. ser necesario / estar / aquí / nueve
7. yo / preferir / tú / ir
8. yo / preferir / ir

Subjuntivo con ojalá y quizá(s)

Se usa el subjuntivo con las expresiones ¡**ojála!** y ¡**quizá(s)!**

¡Quizás vengan!
¡Ojalá estén ellos!

 Sigue el modelo.

   Vienen con nosotros. →
   ¡Ojalá vengan con nosotros!
   ¡Quizás vengan con nosotros!

1. Salen ellos.
2. Esperan hasta que lleguemos.
3. Vuelves pronto.
4. Llegan pronto.
5. Asistimos.
6. Gano.

Están en Sevilla. ¡Quizás busquen la Torre del Oro!

Subjuntivo en cláusulas relativas

1. Una cláusula relativa modifica a un sustantivo. Cuando el sustantivo al que modifica la cláusula se refiere a una cosa o persona indefinida se usa el subjuntivo en la cláusula relativa. Si el sustantivo se refiere a una persona o cosa específica se usa el indicativo.

Estamos buscando una secretaria que sea bilingüe.
Conocemos a una secretaria que es bilingüe.

2. Nota que se omite la «a personal» delante de un sustantivo indefinido de complemento directo.

Buscamos una secretaria.
Conocemos a una secretaria.

ACTIVIDAD 3 Completa.

1. Ella busca una secretaria que ____ español. (hablar)
2. Y yo tengo una secretaria que ____ español. (hablar)
3. Queremos una casa que no ____ muy lejos de la ciudad. (estar)
4. Compramos una casa que no ____ muy lejos de la ciudad. (estar)
5. Ellos están buscando una escuela que no ____ clases grandes. (tener)
6. Mis hijos van a una escuela que no ____ clases grandes. (tener)
7. Necesito un empleo que me ____ mucho. (pagar)
8. Y tú tienes un empleo que te ____ mucho. (pagar)

La muchacha está buscando un empleo que le interese. Necesita un empleo que pague bien.

Repaso de ortografía

ACTIVIDAD 4 ¿Cómo se escribe? Completa con **h** cuando necesario.

1. ___oficio
2. in___óspito
3. ___aula
4. ___incapié
5. ___e aquí
6. ___omogéneo
7. ___eterogéneo
8. ___istoria
9. ___istmo
10. ___astro
11. ___ombre
12. ___abogado
13. ___ogar
14. lo ___a ___echo
15. ___estado
16. ___ambre
17. ___ambiente
18. ___unidad
19. ___umano
20. ___ion
21. ___ielo
22. ___ierro
23. ___idrógeno
24. ___átomo
25. ___órbita
26. ___élice
27. ___electrón
28. ___enlace
29. ___aleación

El don rechazado de Rosario Castellanos

♦ **Vocabulario para la lectura**

Estudia las definiciones de las siguientes palabras.

el apoyo ayuda

el bulto caja, baúl, paquete

el claxon la bocina

las mañas habilidades, destrezas

el rastro señal, indicio

el recelo sospecha, desconfianza

el regaño muestra de enfado o disgusto

agotar gastar del todo

compadecer simpatizar

consentir dar permiso, permitir

disimular disfrazar u ocultar algo

empeñarse en insistir

exigir pedir

improvisar hacer algo al momento sin preparación

regatear debatir el precio de algo en el lugar de venta

sacar en claro llegar a entender

tambalearse moverse a uno y otro lado como si se fuera a caer

El vaso va a tambalearse.

Poder verbal

ACTIVIDAD 1 **Otra palabra** Da una palabra emparentada.

1. el regateo
2. apoyar
3. la exigencia
4. el consentimiento
5. apoyar
6. la improvisación
7. el disimulo
8. el empeño
9. agotado
10. regañar

SPANISH Online

Para más información sobre escritores en el mundo hispano, visita el sitio Web de Glencoe Spanish: spanish.glencoe.com.

2 **¿Qué palabra necesito?** Completa.

1. Él va a seguir insistiendo. Va a ____ en que lo hagamos.
2. Ella simpatiza con sus problemas. ____ mucho con ella.
3. La ha ayudado en muchas maneras. Le ha dado mucho ____.
4. No ha dejado ningún ____ del crimen. No hay indicio alguno.
5. Él nos lo pedirá. Lo ____.
6. Él nos dará permiso. ____.
7. ¿Cuánto pesa el ____? Es bastante grande.
8. No se debe tocar el ____ al pasar por un hospital.
9. Yo quiero entender la situación. La quiero ____.

3 **Definiciones** Da la palabra cuya definición sigue.

1. ocultar, tapar
2. suspicacia, desconfianza
3. habilidades
4. el vendedor pone un precio y el comprador ofrece otro
5. insistir de manera vehemente

Nota biográfica

Rosario Castellanos (1925–1974) nació en la Ciudad de México pero cuando era muy joven su familia se trasladó al pueblo aislado de Comitán en el estado sureño de Chiapas. Debido a algunas reformas agrarias su familia perdió su tierra y volvió a la capital. Pero a Castellanos siempre le interesaban las poblaciones indígenas de la región de Chiapas y volvió a trabajar allí en el Instituto Nacional Indigenista.

En 1948 Castellanos publicó su primer libro de poesías. Poco después publicó dos novelas y varios cuentos. El cuento que sigue, *El don rechazado,* se publicó en 1960 en una antología de sus cuentos llamada *Ciudad Real.* Los cuentos relatan la vida de los indígenas de Chiapas.

Rosario Castellanos

Introducción

El estado de Chiapas está en el extremo
sur de México. Es una región bastante
aislada donde una gran parte de la
población son tzotziles y tzeltales, dos
grupos indígenas que se concentran en la
región de San Cristóbal de las Casas. La
mayoría de ellos no hablan español, son
analfabetos y viven en la pobreza. Además
sufren de discriminación de la población
no indígena.

De este estado ha nacido el movimiento
literario indigenista. El propósito de
muchos autores de este movimiento
es el mejoramiento de la situación de
los indígenas.

Vista aérea de la Ciudad de México

Una vista de Chiapas

Delante de la catedral, San Cristóbal de las Casas, Chiapas

Lectura

El don rechazado 🎵
◆·◆·◆

1   Antes que nada tengo que presentarme: mi nombre es José Antonio Romero y soy antropólogo. Sí, la antropología es una carrera en cierto modo reciente dentro de la Universidad. Los primeros maestros tuvieron
5 que improvisarse y en la confusión hubo oportunidad para que se colaran° algunos elementos indeseables, pero se han ido eliminando poco a poco. Ahora, los nuevos, estamos luchando por dar a nuestra Escuela un nivel digno. Incluso hemos llevado la batalla hasta el Senado
10 de la República, cuando se discutió el asunto de la Ley de Profesiones.

    Pero me estoy apartando del tema; no era eso lo que yo le quería contar, sino un incidente muy curioso que me ocurrió en Ciudad Real, donde trabajo.

se colaran se introdujeran sin la formación necesaria

San Cristóbal de las Casas, México

15   Como usted sabe, en Ciudad Real hay una Misión de Ayuda a los Indios. Fue fundada y se sostuvo, al principio, gracias a las contribuciones de particulares, pero ha pasado a manos del Gobierno.

20 Allí, entre los muchos técnicos, yo soy uno más y mis atribuciones son muy variadas. Lo mismo sirvo, como dice el refrán, para un barrido que para un fregado°. Llevo a cabo tareas de investigador, intervengo en los conflictos entre pueblos, hasta he fungido° como componedor de matrimonios. Naturalmente que no puedo estar sentado en

25 mi oficina esperando a que lleguen a buscarme. Tengo que salir, tomar la delantera a los problemas. En estas condiciones me es indispensable un vehículo. ¡Dios santo, lo que me costó conseguir uno! Todos, los médicos, los maestros, los ingenieros, pedían lo mismo que yo. Total,

30 fuimos arreglándonoslos de algún modo. Ahora yo tengo, al menos unos días a la semana, un jeep a mi disposición.

Hemos acabado por entendernos bien el jeep y yo; le conozco las mañas y ya sé hasta donde puede dar de sí. He descubierto que funciona mejor en carretera (bueno, en lo

35 que en Chiapas llamamos carretera) que en la ciudad.

Porque allí el tráfico es un desorden; no hay señales o están equivocadas y nadie las obedece. Los coletos° andan a media calle, muy quitados de la pena, platicando y riéndose como si las banquetas° no existieran. ¿Tocar el

40 claxon? Si le gusta perder el tiempo puede usted hacerlo. Pero el peatón ni siquiera se volverá a ver qué pasa y menos todavía dejarle libre el camino.

Pero el otro día me sucedió un detalle muy curioso, que es el que le quiero contar. Venía yo de regreso del paraje°

45 de Navenchauc e iba yo con el jeep por la Calle Real de Guadalupe, que es donde se hace el comercio entre los indios y los ladinos; no podía yo avanzar a más de diez kilómetros por hora, en medio de aquellas aglomeraciones y de la gente que se solaza regateando o que se tambalea

50 cargada de grandes bultos de mercancía. Le dije diez kilómetros, pero a veces el velocímetro ni siquiera marcaba.

A mí me había puesto de mal humor esa lentitud, aunque no anduviese con apuro, ni mucho menos. De

55 repente sale corriendo, no sé de dónde, una indita como de doce años y de plano se echa encima del jeep. Yo alcancé a frenar y no le di más que un empujón muy leve con la defensa°. Pero me bajé hecho una furia y soltando improperios°. No le voy a ocultar nada, aunque me

60 avergüence. Yo no tengo costumbre de hacerlo, pero aquella vez solté tantas groserías como cualquier ladino de Ciudad Real.

para... fregado para barrer o fregar algo
fungido desempeñado

coletos sin vergüenzas

banquetas aceras en México

paraje lugar

defensa el parachoques
improperios insultos

La muchachita me escuchaba gimoteando° y restregándose° hipócritamente los ojos, donde no había
65 ni rastro de una lágrima. Me compadecí de ella y, a pesar de todas mis convicciones contra la mendicidad y de la ineficacia de los actos aislados, y a pesar de que aborrezco el sentimentalismo, saqué una moneda, entre las burlas de los mirones° que se habían amontonado a nuestro
70 alrededor.

La muchachita no quiso aceptar la limosna pero me agarró de la manga y trataba de llevarme a un lugar que yo no podía comprender. Los mirones, naturalmente, se reían y decían frases de doble sentido, pero yo no les hice
75 caso y me fui tras ella.

No vaya usted a interpretarme mal. Ni por un momento pensé que se tratara de una aventura, porque en ese caso no me habría interesado. Soy joven, estoy soltero y a veces la necesidad de hembra atosiga° en estos pueblos
80 infelices. Pero trabajo en una Institución y hay algo que se llama ética profesional que yo respeto mucho. Y además ¿para qué nos andamos con cuentos°? Mis gustos son un poco más exigentes.

Total, que llegamos a una de las calles que desembocan
85 a la de Guadalupe y allí me voy encontrando a una mujer, india también, tirada en el suelo, aparentemente sin conocimiento y con un recién nacido entre los brazos.

La muchachita me la señalaba y me decía quién sabe cuántas cosas en su dialecto. Por desgracia, yo no lo he
90 aprendido aún porque, aparte de que mi especialidad no es la lingüística sino la antropología social, llevo poco tiempo todavía en Chiapas. Así es que me quedé en ayunas°.

Al inclinarme hacia la mujer tuve que reprimir el
95 impulso de taparme la nariz con un pañuelo. Despedía un olor muy fuerte, muy desagradable. No era sólo el olor de la suciedad.

Automáticamente (yo no tengo de la medicina más nociones que las que tiene todo el mundo) le tomé el
100 pulso. Y me alarmó su violencia, su palpitar caótico. A juzgar por él, la mujer estaba muy grave. Ya no dudé más. Fui por el jeep para transportarla a la clínica de la Misión.

La muchachita no se apartó de nosotros ni un momento; se hizo cargo del recién nacido, que lloraba
105 desesperadamente, y cuidó de que la enferma fuera si no cómoda, por lo menos segura, en la parte de atrás del jeep.

gimoteando musitando
restregándose frotando algo contra otra cosa

mirones los que miran

atosiga fatiga, inquieta

nos... cuentos decirlo como es

en ayunas sin haber comido; (figurativo) sin entender nada

Mi llegada a la Misión causó el revuelo° que usted debe suponer; todos corrieron a averiguar qué sucedía y
110 tuvieron que aguantarse su curiosidad, porque yo no pude informarles más de lo que le he contado a usted.

Después de reconocerla°, el médico de la clínica dijo que la mujer tenía fiebre puerperal°. ¡Hágame usted favor! Su hijo había nacido en quién sabe qué condiciones de
115 falta de higiene y ahora ella estaba pagándolo con una infección que la tenía a las puertas de la muerte.

Tomé el asunto muy a pecho°. En esos días gozaba de una especie de vacaciones y decidí dedicárselas a quienes habían recurrido a mí en un momento de apuro.
120 Cuando se agotaron los antibióticos de la farmacia de la Misión, para no entretenerme en papeleos, fui yo mismo a comprarlos a Ciudad Real y lo que no pude conseguir allí fui a traerlo hasta Tuxtla. ¿Que con cuál dinero? De mi propio peculio°. Se lo digo, no para que me haga usted un
125 elogio que no me interesa, sino porque me comprometí a no ocultarle nada. ¿Y por qué había usted de elogiarme? Gano bien, soy soltero y en estos pueblos no hay mucho en qué gastar. Tengo mis ahorros. Y quería yo que aquella mujer sanara.
130 Mientras la penicilina surtía° sus efectos, la muchachita se paseaba por los corredores de la clínica con la criatura en brazos. No paraba de berrear°, el condenado. Y no era para menos con el hambre. Se le dio alimento artificial y las esposas de algunos empleados de la Misión (buenas
135 señoras, si se les toca la fibra sensible) proveyeron de pañales y talco y todas esas cosas al escuincle°.

Poco a poco, los que vivíamos en la Misión nos fuimos encariñando con aquella familia. De sus desgracias nos enteramos pormenorizadamente, merced a una criada que
140 hizo la traductora tzeltal al español, porque el lingüista andaba de gira por aquellas fechas.

Resulta que la enferma, que se llamaba Manuela, había quedado viuda en los primeros meses del embarazo. El dueño de las tierras que alquilaba su difunto marido le
145 hizo las cuentas del Gran Capitán. Según él, había hecho compromisos que el peón no acabó de solventar: préstamos en efectivo y en especie, adelantos, una maraña° que ahora la viuda tenía la obligación de desenredar°.

revuelo agitación

reconocerla examinarla
puerperal relativo al tiempo después del parto

muy a pecho seriamente

peculio dinero

surtía proveía

berrear gritar

escuincle niño

maraña situación mala
desenredar poner en orden

150   Manuela huyó de allí y fue a arrimarse° con gente de su familia. Pero el embarazo le hacía difícil trabajar en la milpa°. Además, las cosechas habían sido insuficientes durante los últimos años y en todos los parajes se estaba resintiendo° la escasez.

155   ¿Qué salida le quedaba a la pobre? No se le ocurrió más que bajar a Ciudad Real y ver si podía colocarse como criada. Piénselo usted un momento: ¡Manuela criada! Una mujer que no sabía cocinar más que frijoles, que no era capaz de hacer un mandado, que no entendía siquiera el 160 español. Y de sobornal°, la criatura por nacer.

    Al fin de las cansadas°, Manuela consiguió acomodo en un mesón para arrieros que regenteaba° una tal doña Prájeda, con fama en todo el barrio de que hacía reventar°, a fuerza de trabajo, a quienes tenían la 165 desgracia de servirla.

    Pues allí fue a caer mi dichosa Manuela. Como su embarazo iba ya muy adelantado, acabalaba° el quehacer con la ayuda de su hija mayor, Marta, muchachita muy lista y con mucho despejo° natural.

170   De algún modo se las agenciaron las dos para dar gusto a la patrona quien, según supe después, le tenía echado el ojo a Marta para venderla al primero que se la solicitara.

    Por más que ahora lo niegue, doña Prájeda no podía 175 ignorar en qué estado recibía a Manuela. Pero cuando llegó la hora del parto°, se hizo de nuevas, armó el gran borlote°, dijo que su mesón no era un asilo y tomó las providencias para llevar a su sirvienta al Hospital Civil.

    La pobre Manuela lloraba a lágrima viva. Hágase usted 180 cargo; en su imaginación quién sabe qué había urdido° que era un hospital. Una especie de cárcel, un lugar de penitencia y de castigo. Por fin, a fuerza de ruegos, logró que su patrona se aplacara y consintiera en que la india diera a luz en su casa.

185   Doña Prájeda es de las que no hacen un favor entero. Para que Manuela no fuera a molestar a nadie con sus gritos, la zurdió° en la caballeriza. Allí, entre el estiércol° y las moscas, entre quién sabe cuántas porquerías más, la india tuvo su hijo y se consiguió la fiebre con que la 190 recogí.

---

arrimarse buscar refugio

milpa donde se cultiva el maíz

resintiendo sufriendo

de sobornal adicionalmente
Al... cansadas sin poder más
regenteaba dirigía

reventar fatigar mucho

acabalaba completaba

despejo inteligencia

parto nacimiento
borlote escándalo

urdido imaginado

zurdió *(figurativo)* puso
estiércol excremento de un animal

Apenas aparecieron los primeros síntomas de la
enfermedad, la patrona puso el grito en el cielo y sin
tentarse el alma, echó a la calle a toda la familia. Allí
podían haber estado, a sol y sereno°, si un alma caritativa
195   no se compadece de ellas y le da a Marta el consejo de
que recurriera a la Misión, ya que el Hospital Civil
aterrorizaba tanto a su madre.

a sol y sereno sin ayuda

Marta no sabía dónde quedaba la Misión, pero cuando
vieron pasar un jeep con nuestro escudo°, alguien la
200   empujó para que yo me parara.

escudo emblema

Si hacemos a un lado el susto y el regaño, el
expediente° no les salió mal, porque en la Misión no sólo
curamos a Manuela, sino que nos preocupábamos por lo
que iba a ser de ella y de sus hijos después de que la
205   dieran de alta° en la clínica.

expediente plan

dieran de alta permitieran salir

Manuela estaba demasiado débil para trabajar y Marta
andaba más bien en edad de aprender. ¿Por qué no
meterla en el Internado de la Misión? Allí les enseñan
oficios, rudimentos de lectura y escritura, hábitos y
210   necesidades de gente civilizada. Y después del aprendizaje,
pueden volver a sus propios pueblos, con un cargo que
desempeñar, con un sueldo decente, con una dignidad
nueva.

Se lo propusimos a Manuela, creyendo que iba a ver el
215   cielo abierto; pero la india se concretó a apretar más a su
hijo contra su pecho. No quiso responder.

Nos extrañó° una reacción semejante, pero en las
discusiones con los otros antropólogos sacamos en claro
que lo que le preocupaba a Manuela era el salario de su
220   hija, un salario con el que contaba para mantenerse.

extrañó sorprendió

Ya calculará usted que no era nada del otro mundo; una
bicoca° y para mí, como para cualquiera, no representaba
ningún sacrificio hacer ese desembolso mensual. Fui a
proponerle el arreglo a la mujer y le expliqué el asunto,
225   muy claramente, a la intérprete.

bicoca cosa de poca estima

—Dice que si le quiere usted comprar a su hija, para
que sea su querida, va a pedir un garrafón de trago y dos
almudes de maíz. Que en menos no se la da.

Tal vez hubiera sido más práctico aceptar aquellas
230   condiciones, que a Manuela le parecían normales e
inocentes porque eran la costumbre de su raza. Pero yo me
empeñé en demostrarle, por mí y por la Misión, que
nuestros propósitos no eran, como los de cualquier ladino

de Ciudad Real, ni envilecerlas° ni explotarlas, sino que
235 queríamos dar a su hija una oportunidad para educarse y
mejorar su vida. Inútil. Manuela no salía de su cantilena°
del trago y del maíz, a los que ahora había añadido
también, al ver mi insistencia, un almud° de frijol.

Opté por dejarla en paz. En la clínica seguían
240 atendiéndola, a ella y a sus hijos, alimentándolos,
echándoles DDT en la cabeza, porque les hervía de piojos.

Pero no me resignaba yo a dar el asunto por perdido; me
remordía° la conciencia ver a una muchachita, tan viva
como Marta, criarse a la buena de Dios, ir a parar en
245 quién sabe qué miseria.

Alguien sugirió que el mejor modo de ganarme la
confianza de la madre era por el lado de la religión: un
compadrazgo es un parentesco espiritual que los indios
respetan mucho. El recién nacido no estaba bautizado.
250 ¿Por qué no ir convenciendo, poco a poco, a Manuela, de
que me nombrara padrino de su hijo?

Empecé por comprarle juguetes a la criatura: una
sonaja, un ámbar para el mal de ojo. Procuraba yo estar
presente en el momento en que la enfermera lo bañaba y
255 hasta aprendí a cambiarle los pañales sin causar
demasiados estropicios°.

Manuela me dejaba hacer, pero no sin inquietud, con un
recelo que no lograba disimular tras sus sonrisas.
Respiraba tranquila sólo cuando el chiquillo estaba de
260 nuevo en su regazo.

A pesar de todo, yo me hacía ilusiones de que estaba
ganando terreno y un día consideré que había llegado el
momento de plantear la cuestión del bautizo.

Después de los rodeos indispensables, la intérprete dijo
265 que aquella criatura no podía seguir viviendo como un
animalito, sin nombre, sin un sacramento encima. Yo veía
a Manuela asentir dócilmente a nuestras razones y aun
reforzarlas con gestos afirmativos y con exclamaciones de
ponderación°. Creí que el asunto estaba arreglado.
270 Pero cuando se trató de escoger al padrino Manuela no
nos permitió continuar; ella había pensado en eso desde
el principio y no valía la pena discutir.

—¿Quién?, preguntó la intérprete.

Yo me aparté unos pasos para permitir a la enferma que
275 hablara con libertad.

envilecerlas hacerlas viles o
despreciables
cantilena repetición

almud una medida

remordía inquietaba

estropicios destrozos

ponderación atención y
consideración

—Doña Prájeda —respondió la india en su media lengua.

No pude contenerme y, asido a los barrotes de la cama, la sacudía con un paroxismo de furor.

300 —¿Doña Prájeda? —Repetía yo con incredulidad°.

¿La que te mandó a la caballeriza para que tu hijo naciera entre la inmundicia°? ¿La que te echó a la calle cuando más necesidad tenías de su apoyo y su consuelo? ¿La que no se ha parado una sola vez en la Misión para 305 preguntar si viviste o moriste?

—Doña Prájeda es mi patrona —respondió Manuela con seriedad—. No hemos deshecho el trato. Yo no he salido todavía de su poder.

Para no hacerle el cuento largo, la alegata° duró horas y 310 no fue posible que Manuela y yo llegáramos a ningún acuerdo. Yo salí de la clínica dándome a todos los demonios y jurando no volver a meterme en lo que no me importaba.

Unos días después Manuela, ya completamente 315 restablecida, dejó la Misión junto con sus hijos. Volvió a trabajar con doña Prájeda, naturalmente.

A veces me la he encontrado en la calle y me esconde los ojos. Pero no como si tuviera vergüenza o remordimientos. Sino como si temiera recibir algún daño.

320 ¡No, por favor, no llame usted a Manuela ni ingrata, ni abyecta, ni imbécil! No concluya usted, para evitarse responsabilidades, que los indios no tienen remedio. Su actitud es muy comprensible. No distingue un *caxlán*° de otro. Todos parecemos iguales. Cuando uno se le acerca 325 con brutalidad, ya conoce el modo, ya sabe lo que debe hacer. Pero cuando otro es amable y le da sin exigir nada en cambio, no lo entiende. Está fuera del orden que impera° en Ciudad Real. Teme que la trampa° sea aún más peligrosa y se defiende a su modo: huyendo.

330 Yo sé todo esto; y sé que si trabajamos duro, los de la Misión y todos los demás, algún día las cosas serán diferentes.

Pero mientras tanto Manuela, Marta... ¿Qué será de ellas? Lo que quiero que usted me diga es ¿si yo, como 335 profesionista, como hombre, incurrí° en alguna falta? Debe de haber algo. Algo que yo no les supe dar.

incredulidad acción de no poder creer

inmundicia suciedad

alegata disputa, discusión

caxlán para los indígenas, un no indígena

impera rige
trampa hábito peculiar

incurrí cometí, causé

Comprensión

A Buscando información Identifica.

1. José Antonio Romero
2. el trabajo que hace José Antonio
3. el tráfico en Chiapas
4. la clínica de la Misión
5. Manuela
6. el Gran Capitán
7. doña Prájeda
8. el Hospital Civil

B Describiendo Describe.

1. Describe la Calle Real de Guadalupe.
2. Describe el encuentro de José Antonio con la «indita».
3. Describe como doña Prájeda trataba a Manuela.
4. Describe la reacción de Manuela cuando le sugirieron que Manuela se internara en la Misión para poder aprender un oficio.
5. Describe la reacción de José Antonio cuando Manuela dice que quiere regresar a la casa de doña Prájeda.

C Buscando información Contesta.

1. ¿Por qué decidió Manuela ir a Ciudad Real?
2. ¿Qué hizo doña Prájeda al darse cuenta del embarazo de Manuela?
3. ¿Cómo se llama la «indita»? ¿Quién es?
4. ¿Adónde quería ir Marta cuando vio pasar el jeep de José Antonio?
5. ¿De qué no pudieron convencer a Manuela?
6. ¿Qué decidieron que sería la mejor manera de ganar la confianza de Manuela?
7. ¿Quién quería ser el padrino?
8. ¿A quién quería Manuela como madrina del bebé?

D Analizando Explica por qué la pobre Manuela habría tomado la decisión de volver a trabajar en casa de doña Prájeda.

¿Qué significa *«Cuando uno se le acerca con brutalidad, ya conoce el modo, ya sabe lo que debe hacer. Pero cuando otro es amable y le da sin exigir nada en cambio, no lo entiende»*?

¿De qué gran problema sociológico nace tal reacción? ¿Cuáles son los problemas que impiden la comunicación entre los indígenas y los no-indígenas?

E Repasando Ya has aprendido quienes son los ladinos. Cuenta todo lo que recuerdas.

Literatura

Recuerdo de la madre ausente de Gabriela Mistral

◆ **Vocabulario para la lectura**

Estudia las definiciones de las siguientes palabras.

las pestañas pelos en los bordes de los párpados para proteger los ojos

alabar glorificar

parpadear abrir y cerrar repetidamente los párpados, la parte superior exterior del ojo

Poder verbal

Contesta.

1. ¿Tienes pestañas largas?
2. ¿Parpadeas de vez en cuando? ¿Cuándo parpadeas?
3. ¿Alabas a tu madre?

¡Otra palabra! Da una palabra emparentada.

1. los párpados
2. las alabanzas

Museo de Gabriela Mistral, Vicuña, Chile

Casa natal de Gabriela Mistral, Vicuña

Nota biográfica

Gabriela Mistral (1885–1957) nació en el pequeño pueblo rural de Vicuña en el valle del Elqui en el norte de Chile. Su verdadero nombre era Lucila Godoy Alcaya. Ella empezó su carrera profesional como maestra en algunas escuelas en áreas rurales de Chile. Pero es conocida por su obra literaria. Su poesía le ganó el Premio Nóbel de Literatura en 1945.

Gabriela Mistral fue también delegada de la Liga de Naciones y viajó mucho por Latinoamérica, Estados Unidos y Europa.

Gabriela nunca se casó. A temprana edad ella sufrió la trágica muerte de su primer y único novio. Nunca tuvo hijos y adoptó a un sobrino quien murió trágicamente a los quince años.

Sea por sus tragedias personales o sea por su fuerte espiritualidad, Gabriela elogia a la madre. El amor maternal es un tema frecuente en la poesía de Gabriela Mistral.

El poema que sigue está escrito en prosa. Mistral lo escribió a su propia madre cuando estaba en México, muy lejos de Chile. No hay duda que para la poetisa no hay profesión más importante que la de ser madre.

Lectura

Recuerdo de la madre ausente
◆ · ◆ · ◆

1   Madre: en el fondo de tu vientre se hicieron en silencio
mis ojos, mi boca, mis manos. Con tu sangre más rica me
regabas como el agua a las papillas del jacinto,
escondidas bajo la tierra. Mis sentidos son tuyos, y con
5   éste como préstamo de tu carne ando por el mundo.
Alabada seas por todo el esplendor de la tierra que entra
en mí y se enreda° en mi corazón.

   Madre: Yo he crecido, como un fruto en la rama espesa,
sobre tus rodillas. Ellas llevan todavía la forma de mi
10   cuerpo; otro hijo no te la ha borrado. Tanto te
habituaste° a mecerme, que cuando yo corría por los
caminos quedabas allí, en el corredor de la casa, como
triste de no sentir mi peso.

   No hay ritmo más suave, entre los cien ritmos
15   derramados° por el *primer músico*, que ese de tu
mecedora, madre, y las cosas plácidas que hay en mi alma
se cuajaron° con ese vaivén de tus brazos y tus rodillas.

   Y a la par que mecías me ibas cantando, y los versos no
eran sino palabras juguetonas, pretextos para tus *mimos*°.

20   En esas canciones tú me nombrabas las cosas de la
tierra: los cerros, los frutos, los pueblos, las bestiecitas
del campo, como para domiciliar a tu hija en el mundo,
como para enumerarle los seres de la familia; ¡tan
extraña!, en que la habían puesto a existir.

25   Y así, yo iba conociendo tu duro y suave universo: no
hay palabrita nombradora de las criaturas que no
aprendiera de ti. Las maestras sólo usaron después de los
nombres hermosos que tú ya habías entregado.

   Tú ibas acercándome, madre, las cosas inocentes que
30   podía coger sin herirme; una hierbabuena de huerto, una
piedrecita de color, y yo palpaba en ellas la amistad de
las criaturas. Tú, a veces, me comprabas y otras me
hacías, los juguetes: una muñeca de ojos muy grandes
como los míos, la casita que se desbarataba° a poca
35   costa°... Pero los juguetes muertos yo no los amaba, tú te
acuerdas: el más lindo era para mí tu propio cuerpo.

se enreda mezcla

te habituaste te acostumbraste

derramados vertidos

se cuajaron unieron

mimos demostraciones de amor

se desbarataba deshacía, descomponía
a poca costa fácilmente

Yo jugaba con tus cabellos como con hilillos de agua
escurridizos°, con tu barbilla° redonda, con tus dedos, que
trenzaba y destrenzaba. Tu rostro inclinado era para tu
40   hija todo el espectáculo del mundo. Con curiosidad miraba
tu parpadear rápido y el juego de la luz que se hacía
dentro de tus ojos verdes; ¡y aquello tan extraño que solía
pasar sobre tu cara cuando eras desgraciada, madre!

Sí, todito mi mundo era tu semblante°; tus mejillas,
45   como la loma color de miel, y los surcos° que la pena
cavaba hacia los extremos de la boca, dos pequeños
vallecitos tiernos. Aprendí las formas mirando tu cabeza:
el temblor de las hierbecitas en tus pestañas y el tallo°
de las plantas en tu cuello, que, al doblarse hacia mí,
50   hacía un pliegue lleno de intimidad.

Y cuando ya supe caminar de la mano tuya, apegadita
cual un pliegue vivo de tu falda, salí a conocer nuestro
valle.

escurridizos resbaladizos
barbilla mentón

semblante cara, rostro
surcos arrugas

tallo tronco

Comprensión

A Buscando información Contesta.
1. ¿Dónde se sentaba Gabriela cuando era niña?
2. Para ella, ¿qué eran las canciones de su mamá?
3. ¿Qué le enseñaba su mamá?
4. ¿Qué le hacía?
5. ¿Con qué jugaba la pequeña Gabriela?
6. Para la niña, ¿qué era su mundo?

B Describiendo Describe como ves a la madre de Gabriela
Mistral.

C Resumiendo Da un resumen de todo lo que dice
Gabriela Mistral a su madre.

Composición

Instrucciones o procesos

El tener que seguir un proceso paso a paso para cumplir alguna tarea es algo que tenemos que hacer casi a diario. En este capítulo vas a aprender cómo explicar una tarea rutina de manera que otros comprendan completarla satisfactoriamente.

Hay que recordar que el saber hacer algo no garantiza que tengas la capacidad de explicárselo a otro. Hay muchos que lo encuentran más difícil tener que explicarle un proceso «paso a paso» a otro que hacerlo sí mismo. Las instrucciones en el modelo que sigue usan un lenguaje preciso y sencillo que explica un proceso bastante complejo.

> **Toma de fotografías. Dejar que la cámara seleccione automáticamente el ajuste. AUTO Modo automático**
>
> En este modo, lo único que ha de hacer es pulsar el botón de disparo y dejar que la cámara haga el resto.
> 1. Coloque el *Dial* de modo en la posición AUTO.
> 2. Oriente la cámara hacia el objeto.
> 3. Utilice la palanca del *zoom* para obtener la composición que desee (tamaño relativo del objeto en el visor).
> 4. Pulse el botón de disparo hasta la mitad.
>   - Se oirán dos sonidos cuando la cámara haya terminado la medición y el indicador situado junto al visor se iluminará en verde o en naranja. Si la pantalla LCD está encendida, el marco AF aparecerá en verde.
>   - Los valores de abertura y velocidad de obturación se determinarán automáticamente y se mostrarán en la pantalla. También aparecerán en la pantalla LCD, si está encendida.
>   - El indicador amarillo parpadeará y se oirá un zumbido si resulta difícil enfocar al sujeto. El marco AF también se iluminará en amarillo.
> 5. Pulse el botón de disparo hasta el final de su recorrido.
>   - Se escuchará un zumbido del obturador al activarse.
>   - La imagen aparecerá durante dos segundos en la pantalla LCD, si está abierta.

Ahora, ¡te toca a ti!

Para explicar un proceso, escoge algo que te interese y que puedas hacer. Luego identifica a tu público y toma en cuenta lo que ya saben o no saben. Busca términos o vocablos que tengas que usar en tu explicación. Ten cuidado de usar términos o vocablos que tu público pueda entender.

1 Vas a escribir una serie de instrucciones. Puedes escoger entre los siguientes procesos.

- conducir un experimento químico
- entrevistarle a alguien
- cocinar algo; una receta
- reparar un instrumento o una máquina
- llegar a un lugar
- como usar algo

Recuerda de explicarte de una manera precisa y sencilla para que tu público siga fácilmente tus instrucciones.

Conexión con el inglés

Infinitivo

1. Como ya sabes se usa el subjuntivo con muy poca frecuencia en inglés. Aún cuando hay un cambio de sujeto se usa el infinitivo en vez de una cláusula.

> *I want to go.*
>
> *I want him to go.*
>
> *It's important to do it now.*
>
> *It's important for you to do it now.*

2. Nota que se puede decir *I want that he go* o *It's important that you do it now* pero suena bastante arcáico y demasiado formal.

Do you think there will be time for us to stop in the bookstore before going to the gate?

I hope we both do well on the exam.

Carreras entre nosotros

El ser bilingüe, sobre todo en español e inglés, nos ofrece muchas oportunidades en una gran variedad de carreras debido al hecho de que los latinos somos el mayor grupo minoritario del país.

Maestros o profesores de español

El español es la lengua que más se estudia en segundo idioma en Estados Unidos. Además, muchos alumnos de origen latino seguimos estudiando nuestra lengua materna en la escuela. Por consiguiente se necesitan muchos profesores de español en todos los estados del país—en escuelas primarias, intermedias, secundarias, al igual que en instituciones universitarias y escuelas nocturnas para adultos. Muchos de estos profesores son latinos. Enseñar el español les ofrece compartir su lengua, culturas y costumbres con un gran número de estadounidenses.

El profesor les ayuda a los estudiantes.

Una empresa latina

Empresarios

Hasta recientemente la mayoría de los negocios latinos eran bodegas (colmados, abarrotes) que vendían a las diversas comunidades latinas los víveres que tanto apreciaban. Siguen existiendo empresas alimenticias latinas pero hoy en día los negocios latinos están mucho más diversificados. Un gran sector está involucrado en el comercio internacional—en la compra y venta de todo tipo de mercancías y productos de importación y exportación y en la manufactura misma.

Hay también muchas empresas latinas en el área de la alta tecnología y las comunicaciones. Hay emisiones de radio y televisión que transmiten en español. Hay revistas y periódicos que se publican en español.

Ya se mencionó el número de bodegas (colmados, abarrotes) cuyos propietarios son latinos. Hasta hace poco había sólo restaurantes mexicanos pero ahora están floreciendo restaurantes cubanos, hondureños, peruanos, argentinos, etc.

Un banco latino

Servicios

La economía de cualquier país se basa en la compra y venta de bienes y servicios. El sector de servicios es un sector económico importantísimo y ofrece una multitud de oportunidades a los que son bilingües.

Al igual que los asistentes que trabajan en sus bufetes, muchos abogados tienen que hablar español para atender a sus clientes. Como consecuencia hay muchos puestos en el sistema judicial que exigen un conocimiento del español. Algunos son agentes de policía, detectives, fiscales, etc. Hay también oportunidades para traductores en los tribunales.

Se necesita mucho personal hispanohablante en todas las ramas de la medicina: médicos, enfermeros, asistentes de enfermeros y los demás oficios del personal de un hospital son sólo algunos ejemplos.

Hay bancos latinos pero, sean latinos o no, muchos bancos necesitan cajeros bilingües. Además de oficios bancarios muchos contables se benefician de poder dominar el español para servir a sus clientes hispanohablantes.

Ya has aprendido que el turismo es una industria que influye mucho en la economía de un país. Muchos latinos que no nacieron en EE.UU. regresan a menudo a hacer visitas a sus parientes en su país de origen. Para servirles, hay muchas agencias de viajes cuyos dueños y empleados son latinos. Las compañías aéreas emplean a agentes aeroportuarios y asistentes de vuelo (sobrecargos) que hablan español.

Funcionarios

El gobierno estadounidense necesita gente bilingüe en muchos departamentos diferentes tales como la Seguridad Social, la aduana y el Servicio de Rentas Internas. Además de funcionarios que trabajan en las varias oficinas, se necesitan muchos traductores. Para citar sólo algunos, es necesario traducir los formularios médicos y tributarios al español. Se traducen también folletos que explican como conducir un automóvil, llenar formularios tributarios, votar en las elecciones, etc.

La lista de oportunidades para los que somos bilingües es larguísima. Todos debemos prepararnos en un campo que nos interese y beneficiarnos de las oportunidades que nos esperan. ◆

Una agente de aduana

People *EN ESPAÑOL* Entérate Colombia y Venezuela

Salto Ángel

De la mano de la naturaleza

La UNESCO declaró estos sitios Patrimonio de la Humanidad.

Parque Nacional Los Katíos Existe un paso natural entre Centro y Suramérica. Es la puerta de entrada a América del Sur. Para pasar, los viajeros tienen que tomar un barco de Panamá a Colombia. ¿Sabes por qué es imposible cruzar en automóvil por la región? Este "puente" es uno de los terrenos más inhóspitos[1] y lluviosos del planeta. Llueve tanto que las aguas alimentan uno de los ríos más caudalosos[2] del mundo: el Atrato. El Atrato vierte[3] al Caribe casi 5,000 metros cúbicos de agua por segundo. El parque tiene una gran riqueza de flora y fauna que debe protegerse.

Parque Nacional Canaima El piloto norteamericano Jimmy Ángel va en su avión. De pronto, las nubes lo envuelven y pierde el rumbo. Al despejarse[4] el día, Ángel descubre la séptima maravilla[5] natural del planeta, que hoy lleva su nombre. Imagínate un río que cae, con una caída libre[6] de casi 1,000 metros. ¿Te lo imaginas? ¡Es el salto más alto del mundo: el Salto Ángel! Es el tesoro que guarda celosamente[7] este parque, donde además viven especies animales y vegetales únicas en el planeta. También viven allí en armonía con la naturaleza, los pueblos nativos de la región.

De la mano del ser humano

Cartagena de Indias Visitar esta bellísima ciudad colonial, sus plazas, fuertes y castillos, es pasear por 500 años de historia.

Coro Esta ciudad, la más antigua de Venezuela, fue fundada en 1527. Su arquitectura demuestra muchas de las posibilidades de la construcción en barro[8].

Cartagena de Indias

Coro

[1] inhóspitos: *inhospitable*
[2] caudalosos: *with large volume of water*
[3] vierte: *pours*
[4] despejarse: *clear up*
[5] maravilla: *marvel*
[6] caída libre: *free fall*
[7] guarda celosamente: *keeps zealously*
[8] barro: *mud, adobe*

Los "hermanos mayores" hablan de ecología

Representantes del pueblo kogi

En las altas montañas de la Sierra Nevada de Colombia vive un pueblo precolombino muy pacífico: los kogis. Su aislamiento[1] es total y voluntario. ¿Por qué? Quieren vivir en total armonía con la naturaleza. Desde hace tiempo, los kogis observan los cambios climáticos que ocurren en nuestro planeta. Hace unos años, los sabios[2] del pueblo, que se consideran nuestros hermanos mayores, decidieron enviar un mensaje al resto de los habitantes del planeta, sus hermanos menores. Es necesario que oigamos su mensaje, dicen ellos. De eso depende nuestro futuro. En el documental de Alan Ereira *Desde el corazón de la Tierra: Nuestros hermanos mayores*, los kogis piden que cuidemos de nuestro planeta. Dicen que la solución está en nuestras manos.

[1] aislamiento: *isolation*   [2] sabios: *wise ones*

Calendario de fiestas

Carnaval de Barranquilla

¡Cumbia…! Al grito de la desbordante[1] música caribeña se celebra el famoso Carnaval de Barranquilla, uno de los más importantes del mundo. La fiesta dura cuatro días, en los que la gente de esta ciudad festeja su herencia[2] africana y europea. Como dicen los colombianos, el Carnaval de Barranquilla se celebra sana y alegremente "hasta que el cuerpo aguante[3]".

Carnaval de Barranquilla

Feria del Orinoco

Esta fiesta gira alrededor de un pez. La sapoara es un pez que sólo se encuentra en el río Orinoco. Las aguas del gran río bajan de caudal[4] en el mes de agosto. Entonces los habitantes de Ciudad Bolívar, en Venezuela, pescan sapoaras. La persona que pesque la sapoara más grande gana un premio. Alegres bailes, competencias de otros deportes acuáticos y exposiciones industriales y ganaderas[5] son también parte de la diversión. ¡A pescar se ha dicho!

Tambores de San Juan

Así se llama una fiesta popular de la zona central de Venezuela, donde se mezclan bailes afroantillanos y costumbres españolas. Los tambores resuenan[6] y los pobladores y miles de visitantes no dejan de bailar por las calles.

[1]desbordante: *bursting*

[2]herencia: *heritage*

[3]hasta que el cuerpo aguante: *as long as the body can take it*

[4]caudal: *volume of water*

[5]ganaderas: *cattle*

[6]resuenan: *resound*

Museos

El Museo del Oro Al entrar al museo, las luces están apagadas. Se encienden las luces y se escucha: "¡Ah!". El brillo de una barca en miniatura hecha de oro puro y otras extraordinarias reliquias[1] indígenas asombran[2] al mundo entero en Bogotá.

Fernando Botero

Museo de Arte Contemporáneo de Caracas

Los maestros de las artes plásticas modernas, tanto extranjeros como venezolanos, han encontrado su casa en este museo de importancia internacional.

Fernando Botero y sus gorditos Botero cuida muy bien su figura pero envía a sus "gorditos" a recorrer el mundo. Hace unos años, sus gatos, figuras humanas y otras esculturas gigantescas impresionaron a los neoyorquinos desde la avenida Park. En 2003, el mismo asombro se apoderó[3] de italianos y turistas que paseaban por Venecia[4].

[1]reliquias: *relics*

[2]asombran: *amaze*

[3]apoderó: *took hold*

[4]Venecia: *Venice*

Arepas

micocina

Una reina pepeada, por favor

La arepa es la "hamburguesa" venezolana. Realmente, la arepa es un pan. Los venezolanos acompañan sus comidas con este pan de maíz. También es un plato principal. Todo depende del relleno. Se acompaña con mantequilla, frijoles, queso, pescado, huevo y todo tipo de carnes. Una de las más famosas es la reina pepeada. Disfruta de una y tú también dirás: "¡Déme una reina pepeada, por favor!"

Ingredientes

- 2 tazas de harina de maíz blanco precocida
- 1 cucharadita de sal
- 1 taza y $\frac{1}{2}$ de agua
- 1 cucharada de aceite

Preparación

En un recipiente hondo, poner el agua, la sal y el aceite. Agregar poco a poco la harina, evitando[1] que se formen grumos[2]. Amasar con las manos hasta obtener una masa suave que no se pegue[3] a las manos. Hacer bolas medianas y aplanarlas[4] formando las arepas. Ponerlas en una plancha[5] caliente y engrasada y cocinarlas por ambos lados. Luego ponerlas al horno precalentado a 350°. Dejarlas hasta que, al golpearlas suavemente, suenen a huecas[6] y estén doradas.

Relleno

Hacer una mezcla de pollo hervido y desmenuzado[7], aguacate en trozos y mayonesa.

Servir las arepas en el momento, acompañadas del relleno, ¡y a disfrutar del banquete!

[1]evitando: *avoiding*

[2]grumos: *lumps*

[3]pegue: *stick*

[4]aplanarlas: *flatten*

[5]plancha: *skillet*

[6]huecas: *hollow*

[7]desmenuzado: *shredded*

Gabriel García Márquez

Velázquez

Patricia Velázquez Actúa en las películas *La momia* y *El regreso de la momia*. Sí, el personaje que interpreta esta artista venezolana ¡es quien hace despertar[1] la venganza de la momia!

Alonso

María Conchita Alonso Tiene gran trayectoria en Hollywood y en la televisión estadounidense. Figura al lado de grandes estrellas como Arnold Schwarzenegger y Robin Williams.

Vergara

Sofía Vergara Si buscas a una artista de cine y televisión que sea talentosa y altruista[2], te presentamos a Sofía Vergara. La famosa colombiana es la portavoz[3] de una campaña nacional contra el SIDA. ¡Bravo, Sofía!

Leguizamo

John Leguizamo Su nombre brilla tanto en Hollywood como en Broadway. Es el Toulouse Lautrec de *Moulin Rouge*, al lado de Nicole Kidman; actuó como Tibaldo, acompañando a Leonardo di Caprio en la más reciente versión llevada al cine de Romeo y Julieta. Además, Leguizamo anima con su voz a *Sid the Sloth*, en la película de dibujos animados *Ice Age*. Recientemente, debutó como director de cine en una película en la que también actúa. ¿Hay algo más que se pueda decir de este triunfador? Sí, ¡nació en Colombia!

----

[1] hace despertar: *awakens*

[2] altruista: *altruistic*

[3] portavoz: *spokeswoman*

Nóbel para una "canción"

Gabriel García Márquez es autor de una novela considerada entre las mejores del siglo XX. Gabo, como le dicen sus amigos, es una persona muy particular. Por ejemplo:

■ Recibe el Premio Nóbel vestido de liqui-liqui, traje típico de los llanos[1] venezolanos.

■ Siempre escribe con una flor amarilla en su escritorio.

■ Es fanático de Shakira. ¡Hasta ha escrito sobre ella!

■ Tanto le gusta la música, que dice que *Cien años de soledad* es un vallenato —música de acordeón típica de la región de Valledupar— de 400 páginas, y *El amor en los tiempos del cólera* —otra novela famosa— es un bolero de 380 páginas. Confiesa leer en voz alta todos sus escritos, aún el más pequeño párrafo que escribe: "…un relato literario es un instrumento hipnótico, como lo es la música…" dice, y agrega: "…cualquier tropiezo[2] del ritmo puede malograr[3] el hechizo[4]. De esto me cuido hasta el punto de que no mando un texto a la imprenta mientras no lo lea en voz alta para estar seguro de su fluidez[5]".

■ El cine es otra de sus pasiones. Gabo ha escrito guiones[6] de cine. Su novela *El coronel no tiene quien le escriba* es también película; Salma Hayek aparece en esa versión cinematográfica.

----

[1] llanos: *plains*

[2] tropiezo: *slip, mistake*

[3] malograr: *spoil*

[4] hechizo: *spell*

[5] fluidez: *smooth flow*

[6] guiones: *scripts*

Gabriel García Márquez

música

Súbele el volumen

Juanes

Juanes Aunque su nombre indique que se trata de más de una persona, Juanes es sólo uno, pero vale por[1] cinco… Fíjate bien en este cantante colombiano. En la más reciente entrega de los Grammys latinos, ¡cinco premios fueron para Juanes! Entre estos, ganó el del Mejor álbum y el de la Mejor canción.

Shakira ¿Dudas que alguien no sepa que esta joven colombiana es la diva indiscutible[2] de la actualidad?

Aterciopelados La música de este grupo de rock colombiano no es nada aterciopelada[3], pero los jóvenes la escuchan a todo volumen.

Oscar de León La mejor música de salsa y el venezolano Oscar de León son una sola cosa.

[1] vale por: *he's worth*   [2] indiscutible: *undeniably*   [3] aterciopelada: *velvety*

Shakira

Atletas que destacan

Baena

Cecilia Baena "La Chechi Baena", como la llaman cariñosamente los colombianos, es campeona mundial de patinaje sobre ruedas[1] del maratón juvenil.

Juan Carlos Montoya El corredor colombiano de autos de Fórmula Uno, en 2003, ocupó el tercer puesto en el campeonato mundial de automovilismo.

Cabrera

Miguel Cabrera Tenía tan sólo 17 años, cuando sus padres negociaron el contrato para que este venezolano jugara en las Grandes ligas. Recientemente, a los 20 años, se puso en el camino de los poderosos Yankees, y su actuación fue decisiva para que los Marlins de la Florida ganaran la Serie Mundial de 2003.

Daniela Larreal La ciclista venezolana sabe que el cielo es el límite. Después de ganar dos medallas de plata en los pasados Juegos Panamericanos, se prepara para conquistar medallas en las Olimpíadas de Atenas.

[1] patinaje sobre ruedas: *roller blading*

Larreal

SUCESOS

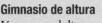

Herrera

Carolina Herrera El traje de novia, sobrio[1] y elegante, que Carolina Kennedy vistió el día de su boda fue creación de la diseñadora venezolana.

Gimnasio de altura Jóvenes y adultos hacen montañismo[2] en un "gimnasio" que mide 2,500 metros de altura: el Monte Ávila. A los pies de esta imponente montaña, se encuentra la ciudad de Caracas.

Rodrigo García El hijo de García Márquez es talentoso como su padre. Es camarógrafo, escritor y director de cine. Trabajó en películas tan exitosas como *Danzón* y *Frida*.

[1] sobrio: *unassuming*   [2] montañismo: *mountain climbing*

513

¡Viva el mundo hispano!

On Location

Soy Alberto.
Soy colombiano.
Soy de Bogotá,
Colombia.

Soy Alejandra.
Soy mexicana.
Soy de la Ciudad
de México.

Soy Francisco.
Soy español.
Soy de Madrid, España.

Soy Vicky.
Soy argentina.
Soy de Buenos Aires,
Argentina.

Soy Claudia.
Soy argentina.
Soy de Buenos Aires,
Argentina.

Soy Julián.
Soy venezolano.
Soy de Caracas,
Venezuela.

¡Viva el mundo hispano!

Episodio 1

Francisco y Claudia están leyendo un libro.

«Aparece una mujer misteriosa» en la estación de ferrocarril.

Antes de mirar

Contesta las siguientes preguntas.

1. ¿Dónde están Francisco y Claudia?
2. ¿Qué tipo de libro están leyendo?
3. ¿Van a hacer un viaje?
4. ¿Adónde van?
5. ¿Quién será el otro señor con «la mujer misteriosa»?

Después de mirar

Expansión Como puedes ver en el video, viajar en tren es muy popular en algunos países hispanohablantes. ¿Son populares los trenes donde vives tú? ¿Cuál es tu medio de transporte favorito para hacer un viaje largo? ¿Por qué? Pregúntales a tus amigos cómo prefieren viajar. Comparte las respuestas con la clase.

¡Viva el mundo hispano!

Episodio 2

Alberto en el restaurante de su tío

Vicky y Alberto se ven muy sorprendidos.

Antes de mirar

Contesta las siguientes preguntas.

1. ¿Cómo es el restaurante?
2. ¿Qué estará pasando?
3. ¿Dónde estarán Vicky y Alberto?
4. ¿Qué estarán leyendo?

Después de mirar

Expansión ¿Hay muchos restaurantes latinos o hispanos en tu comunidad? ¿Representan una variedad de países hispanohablantes? ¿Cuáles? ¿Tienes un restaurante latino favorito? ¿Qué tipo de comida comes en casa? ¿Cuál es tu plato favorito?

¡Viva el mundo hispano!

Episodio 3

Alejandra y Julián están en el café Internet.

Julián trata de ayudar a Alejandra.

Antes de mirar

¡Adivina!

1. ¿Qué hacen Alejandra y Julián en el café Internet?

2. ¿De qué hablan Alejandra y Julián?

3. ¿Qué hacen los otros que están en el café Internet?

Después de mirar

Expansión   Escribe una carta a tu estrella favorita—cantante, actor, actriz, etc. Incluye una foto de ti mismo(a) en la carta. Explica por qué prefieres a esa persona famosa. Después de escribir la carta, explica como enviarla usando la tecnología.

¡Viva el mundo hispano!

Episodio 4

Julián y Francisco van de compras.

Francisco y Julián están muy guapos hoy.

Antes de mirar

Adivina.

1. ¿Qué van a comprar los dos amigos?
2. ¿Para qué evento se preparan?
3. Inventa una historia usando las dos fotos.

Después de mirar

Expansión En el video, ves a una quinceañera. ¿Has ido alguna vez a una fiesta de una quinceañera? Describe la fiesta a la clase. ¿Has ido a un *Sweet Sixteen*? Haz una descripción de un *Sweet Sixteen*. Ahora, en la pizarra (el pizarrón), haz un *Venn Diagram* para ver lo que tienen en común y en lo que se diferencian.

¡Viva el mundo hispano!

Episodio 5

Francisco y Alejandra van en bicicleta.

Una aventura nueva para Francisco

Antes de mirar

¿Sí o no?

1. Alejandra y Francisco están en el parque.

2. Hay un payaso en el parque.

3. Francisco está contento porque va a subir la pared de escala.

4. Alejandra va a subirla también.

Después de mirar

Expansión ¿Qué actividades has visto en el video? ¿Las haces también? ¿Qué haces como pasatiempo? ¿Adónde vas para divertirte y para relajarte? ¿Cuáles son las actividades preferidas de la clase?

¡Viva el mundo hispano!

Episodio 6

Francisco habla con el recepcionista en el hotel.

Francisco está en el cuarto del hotel.

Antes de mirar

¡Usa tu imaginación!

El hotel en que Francisco se hospeda se llama el **hotel Casa Cucaracha**. Imagina qué tipo de noche Francisco va a pasar allí. En grupos, adivinen y hagan un escrito satírico sobre una noche en el **hotel Casa Cucaracha**.

Después de mirar

Expansión En el video, has visitado **La Recoleta**, un cementerio donde están enterradas muchas personas famosas. Escribe una redacción sobre una de esas personas.

¡Viva el mundo hispano!

Episodio 7

Los amigos discuten algo importante.

¿Qué hacen los amigos?

Antes de mirar

¡Usa tu imaginación!

1. ¿Qué hacen los amigos?

2. ¿De qué hablan?

3. ¿Qué hace Julián?

4. ¿Qué lleva Alberto?

Después de mirar

Expansión En los *Major Leagues* de Estados Unidos, hay muchos jugadores hispanohablantes. La mayoría viene del Caribe—la República Dominicana, Puerto Rico y Cuba. Busca información en el Internet sobre un jugador hispanohablante. Comparte la información con la clase.

¡Viva el mundo hispano!

Episodio 8

Alberto y Vicky hablan con un chico.

El doctor Ernesto ayuda a Vicky.

Antes de mirar

¡Usa tu imaginación!

Completen el diálogo.
Vicky: Hola, chico.
Chico: ¿Qué tal?

Después de mirar

Expansión   La salud es muy importante. Para mantenernos en forma, necesitamos hacer actividades físicas. Piensa en una actividad o en un deporte que te gusta y escribe como este deporte te ayuda a llevar una vida más saludable. Describe una rutina ideal que te gustaría seguir.

¡Viva el mundo hispano!

Episodio 9

Julián está en la ciudad.

Claudia está en el campo.

Antes de mirar

Contesta.

1. ¿Dónde están Julián y Claudia?
2. Describe el lugar donde está Julián.
3. Describe el lugar donde está Claudia.
4. ¿Son muy distintos los dos lugares?

Después de mirar

Expansión ¿Prefieres la ciudad o el campo? ¿Por qué? ¿Qué te gusta hacer allí?

¡Viva el mundo hispano!

Episodio 10

Vicky y Alejandra preparan una comida.

Julián y Alberto llegan con una sorpresa.

Antes de mirar

Contesta.

1. ¿Dónde están Vicky y Alejandra?
2. Escribe una lista de ingredientes que están en la mesa.
3. ¿Qué preparan ellas?
4. ¿Quiénes llegan a la puerta?
5. ¿Qué lleva Julián?

Después de mirar

Expansión Encuentra en el Internet una receta para una comida hispana que te gusta. Prepara una lista de compras y si es posible prepara la comida para tu familia.

¡Viva el mundo hispano!

Episodio 11

Alejandra y Claudia viajan por el campo.

Las dos amigas hablan con un policía.

Antes de mirar

¡Usa tu imaginación!

1. ¿Adónde van Claudia y Alejandra?
2. ¿Por qué hablan con un policía?

Después de mirar

Expansión   En el video has visto transportes interesantes en Perú. ¿Hay llamas donde vives? Busca información sobre la importancia de la llama en los países andinos.

¡Viva el mundo hispano!

Episodio 12

Francisco y Claudia están en una peluquería.

Chiquitín hace su «magia».

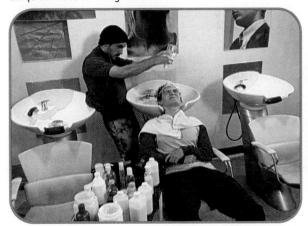

Antes de mirar

Contesta.

1. ¿Qué miran Francisco y Claudia?
2. Describe la peluquería que ves en la foto.
3. ¿Está muy contento Francisco?

Después de mirar

Expansión Busca en una revista un peinado o un corte de pelo que te gustaría. Descríbeselo a tu compañero (el/la peluquero[a]).

¡Viva el mundo hispano!

Episodio 13

Vicky trabaja con dos clientes.

Vicky escucha atentamente a sus clientes.

Antes de mirar

Contesta.

1. Mira bien la foto. ¿Dónde trabaja Vicky?
2. ¿Qué hace Vicky en su trabajo?
3. Describe a las clientes.
4. Describe la oficina.

Después de mirar

Expansión Busca una foto de una fiesta. La fiesta puede ser una boda, un cumpleaños, una quinceañera, etc. Describe la foto y cuenta todo lo que ocurre durante la fiesta.

¡Viva el mundo hispano!

Episodio 14

Los amigos están en el parque.

Alejandra acepta un premio.

Antes de mirar

¡Usa tu imaginación!

1. ¿Qué hacen los amigos en el parque?
2. ¿De qué hablan?
3. ¿Qué premio acepta Alejandra?

Después de mirar

Expansión ¿Piensas con frecuencia en el futuro? ¿Qué quieres hacer? ¿Necesitas seguir más estudios? ¿Quieres ser famoso(a)? Prepara una entrevista con una persona que conoces y que tiene un trabajo que te interesa.

Handbook

Verbos

REGULAR VERBS

INFINITIVO	hablar *to speak*	comer *to eat*	vivir *to live*
PRESENT PARTICIPLE	hablando	comiendo	viviendo
PAST PARTICIPLE	hablado	comido	vivido

SIMPLE TENSES

INDICATIVE	hablar *to speak*	comer *to eat*	vivir *to live*
PRESENT	hablo hablas habla hablamos habláis hablan	como comes come comemos coméis comen	vivo vives vive vivimos vivís viven
IMPERFECT	hablaba hablabas hablaba hablábamos hablabais hablaban	comía comías comía comíamos comíais comían	vivía vivías vivía vivíamos vivíais vivían
PRETERITE	hablé hablaste habló hablamos hablasteis hablaron	comí comiste comió comimos comisteis comieron	viví viviste vivió vivimos vivisteis vivieron
FUTURE	hablaré hablarás hablará hablaremos hablaréis hablarán	comeré comerás comerá comeremos comeréis comerán	viviré vivirás vivirá viviremos viviréis vivirán
CONDITIONAL	hablaría hablarías hablaría hablaríamos hablaríais hablarían	comería comerías comería comeríamos comeríais comerían	viviría vivirías viviría viviríamos viviríais vivirían

SUBJUNCTIVE	hablar *to speak*	comer *to eat*	vivir *to live*
PRESENT	hable hables hable hablemos habléis hablen	coma comas coma comamos comáis coman	viva vivas viva vivamos viváis vivan
PAST	hablara hablaras hablara habláramos hablarais hablaran	comiera comieras comiera comiéramos comierais comieran	viviera vivieras viviera viviéramos vivierais vivieran

COMPOUND TENSES			
INDICATIVE			
PRESENT PERFECT	he has ha hemos habéis han	hablado	comido	vivido
PLUPERFECT	había habías había habíamos habíais habían	hablado	comido	vivido
FUTURE PERFECT	habré habrás habrá habremos habréis habrán	hablado	comido	vivido
CONDITIONAL PERFECT	habría habrías habría habríamos habríais habrían	hablado	comido	vivido

Verbos

SUBJUNCTIVE

PRESENT PERFECT	haya hayas haya hayamos hayáis hayan	hablado	comido	vivido
PLUPERFECT	hubiera hubieras hubiera hubiéramos hubierais hubieran	hablado	comido	vivido

DIRECT COMMANDS

INFORMAL (TÚ AND VOSOTROS FORMS)

AFFIRMATIVE	habla (tú) hablad	come (tú) comed	vive (tú) vivid
NEGATIVE	no hables no habléis	no comas no comáis	no vivas no viváis

FORMAL

	(no) hable Ud. (no) hablen Uds.	(no) coma Ud. (no) coman Uds.	(no) viva Ud. (no) vivan Uds.

STEM-CHANGING VERBS				
FIRST CLASS	**-ar verbs**		**-er verbs**	
	e → ie	o → ue	e → ie	o → ue
INFINITIVE	sentar[1] *to seat*	contar[2] *to sell*	perder[3] *to loose*	poder[4] *to be able*
PRESENT PARTICIPLE	sentando	contando	perdiendo	pudiendo
PAST PARTICIPLE	sentado	contado	perdido	podido
INDICATIVE				
PRESENT	siento	cuento	pierdo	puedo
	sientas	cuentas	pierdes	puedes
	sienta	cuenta	pierde	puede
	sentamos	contamos	perdemos	podemos
	sentáis	contáis	perdéis	podéis
	sientan	cuentan	pierden	pueden
SUBJUNCTIVE				
PRESENT	siente	cuente	pierda	pueda
	sientes	cuentes	pierdas	puedas
	siente	cuente	pierda	pueda
	sentemos	contemos	perdamos	podamos
	sentéis	contéis	perdáis	podáis
	sienten	cuenten	pierdan	puedan

[1] *Cerrar, comenzar, despertar, empezar* y *pensar* son similares.

[2] *Acordar, acostar, almorzar, apostar, colgar, costar, encontrar, jugar, mostrar, probar, recordar, rogar* y *volar* son similares.

[3] *Defender* y *entender* son similares.

[4] *Disolver, doler, envolver, llover* y *volver* son similares pero sus participios presentes son regulares—*disolviendo, doliendo, envolviendo, lloviendo, volviendo.*

Verbos

SECOND AND THIRD CLASSES			
FIRST CLASS	**second class**		**third class**
	e → ie, i	o → ue, u	e → i, i
INFINITIVE	sentir[5] *to regret*	dormir[6] *to sleep*	pedir[7] *to ask for, request*
PRESENT PARTICIPLE	sintiendo	durmiendo	pidiendo
PAST PARTICIPLE	sentido	dormido	pedido
INDICATIVE			
PRESENT	siento	duermo	pido
	sientes	duermes	pides
	siente	duerme	pide
	sentimos	dormimos	pedimos
	sentís	dormís	pedís
	sienten	duermen	piden
PRETERITE	sentí	dormí	pedí
	sentiste	dormiste	pediste
	sintió	durmió	pidió
	sentimos	dormimos	pedimos
	sentisteis	dormisteis	pedisteis
	sintieron	durmieron	pidieron
SUBJUNCTIVE			
PRESENTE	sienta	duerma	pida
	sientas	duermas	pidas
	sienta	duerma	pida
	sintamos	durmamos	pidamos
	sintáis	durmáis	pidáis
	sientan	duerman	pidan
IMPERFECT	sintiera	durmiera	pidiera
	sintieras	durmieras	pidieras
	sintiera	durmiera	pidiera
	sintiéramos	durmiéramos	pidiéramos
	sintierais	durmierais	pidierais
	sintieran	durmieran	pidieran

[5] *Mentir, preferir* y *sugerir* son similares.

[6] *Morir* es similar pero el participio pasado es irregular—*muerto.*

[7] *Conseguir, despedir, elegir, freír, perseguir, reír, sonreír, repetir* y *seguir* son similares. El participio pasado de *freír* es *frito.*

IRREGULAR VERBS

	andar	*to walk, to go*
PRETERITE	anduve, anduviste, anduvo, anduvimos, anduvisteis, anduvieron	

	caber	*to fit*
PRESENT	quepo, cabes, cabe, cabemos, cabéis, caben	
PRETERITE	cupe, cupiste, cupo, cupimos, cupisteis, cupieron	
FUTURE	cabré, cabrás, cabrá, cabremos, cabréis, cabrán	
CONDITIONAL	cabría, cabrías, cabría, cabríamos, cabríais, cabrían	

	caer[8]	*to fall*
PRESENT	caigo, caes, cae, caemos, caéis, caen	

	conocer	*to know, to be acquainted with*
PRESENT	conozco, conoces, conoce, conocemos, conocéis, conocen	

	dar	*to give*
PRESENT	doy, das, da, damos, dais, dan	
PRESENT SUBJUNCTIVE	dé, des, dé, demos, deis, den	
PRETERITE	di, diste, dio, dimos, disteis, dieron	

	decir	*to say, to tell*
PRESENT PARTICIPLE	diciendo	
PAST PARTICIPLE	dicho	
PRESENT	digo, dices, dice, decimos, decís, dicen	
PRETERITE	dije, dijiste, dijo, dijimos, dijisteis, dijeron	
FUTURE	diré, dirás, dirá, diremos, diréis, dirán	
CONDITIONAL	diría, dirías, diría, diríamos, diríais, dirían	
DIRECT COMMAND (TÚ)	di	

[8] Hay cambios ortográficos en el participio presente (gerundio)—*cayendo;* participio pasado—*caído;* y pretérito—*caí, caíste, cayó, caímos, caísteis, cayeron.*

	estar *to be*
PRESENT	estoy, estás, está, estamos, estáis, están
PRESENT SUBJUNCTIVE	esté, estés, esté, estemos, estéis, estén
PRETERITE	estuve, estuviste, estuvo, estuvimos, estuvisteis, estuvieron

	haber *to have*
PRESENT	he, has, ha, hemos, habéis, han
PRESENT SUBJUNCTIVE	haya, hayas, haya, hayamos, hayáis, hayan
PRETERITE	hube, hubiste, hubo, hubimos, hubisteis, hubieron
FUTURE	habré, habrás, habrá, habremos, habréis, habrán
CONDITIONAL	habría, habrías, habría, habríamos, habríais, habrían

	hacer *to do, to make*
PAST PARTICIPLE	hecho
PRESENT	hago, haces, hace, hacemos, hacéis, hacen
PRETERITE	hice, hiciste, hizo, hicimos, hicisteis, hicieron
FUTURE	haré, harás, hará, haremos, haréis, harán
CONDITIONAL	haría, harías, haría, haríamos, haríais, harían
DIRECT COMMAND (TÚ)	haz

	incluir[9] *to include*
PRESENT	incluyo, incluyes, incluye, incluimos, incluís, incluyen

	ir[10] *to go*
PRESENT	voy, vas, va, vamos, vais, van
PRESENT SUBJUNCTIVE	vaya, vayas, vaya, vayamos, vayáis, vayan
IMPERFECT	iba, ibas, iba, íbamos, ibais, iban
PRETERITE	fui, fuiste, fue, fuimos, fuisteis, fueron
DIRECT COMMAND (TÚ)	ve

[9] Hay cambios ortográficos en el participio presente (gerundio)—*incluyendo;* y pretérito—*incluyó, incluyeron.* Los verbos *atribuir, constituir, contribuir, distribuir, fluir, huir, influir* y *sustituir* son similares.
[10] Hay un cambio ortográfico en el participio presente (gerundio)—*yendo.*

	oír[11] *to hear*
PRESENT	oigo, oyes, oye, oímos, oís, oyen

	poder *to be able*
PRESENT PARTICIPLE	pudiendo
PRETERITE	pude, pudiste, pudo, pudimos, pudisteis, pudieron
FUTURE	podré, podrás, podrá, podremos, podréis, podrán
CONDITIONAL	podría, podrías, podría, podríamos, podríais, podrían

	poner *to put, to place*
PAST PARTICIPLE	puesto
PRESENT	pongo, pones, pone, ponemos, ponéis, ponen
PRETERITE	puse, pusiste, puso, pusimos, pusisteis, pusieron
FUTURE	pondré, pondrás, pondrá, pondremos, pondréis, pondrán
CONDITIONAL	pondría, pondrías, pondría, pondríamos, pondríais, pondrían
DIRECT COMMAND (TÚ)	pon

	producir *to produce*
PRESENT	produzco, produces, produce, producimos, producís, producen
PRETERITE	produje, produjiste, produjo, produjimos, produjisteis, produjeron

	querer *to wish, to want*
PRETERITE	quise, quisiste, quiso, quisimos, quisisteis, quisieron
FUTURE	querré, querrás, querrá, querremos, querréis, querrán
CONDITIONAL	querría, querrías, querría, querríamos, querríais, querrían

	saber *to know*
PRESENT	sé, sabes, sabe, sabemos, sabéis, saben
PRESENT SUBJUNCTIVE	sepa, sepas, sepa, sepamos, sepáis, sepan
PRETERITE	supe, supiste, supo, supimos, supisteis, supieron
FUTURE	sabré, sabrás, sabrá, sabremos, sabréis, sabrán
CONDITIONAL	sabría, sabrías, sabría, sabríamos, sabríais, sabrían

[11] Hay cambios ortográficos en el participio presente (gerundio)—*oyendo;* participio pasado—*oído;* y pretérito—*oí, oíste, oyó, oímos, oísteis, oyeron.*

Verbos

	salir	*to leave, to go out*
PRESENT	salgo, sales, sale, salimos, salís, salen	
FUTURE	saldré, saldrás, saldrá, saldremos, saldréis, saldrán	
CONDITIONAL	saldría, saldrías, saldría, saldríamos, saldríais, saldrían	
DIRECT COMMAND (TÚ)	sal	

	ser	*to be*
PRESENT	soy, eres, es, somos, sois, son	
PRETERITE	fui, fuiste, fue, fuimos, fuisteis, fueron	
PRESENT SUBJUNCTIVE	sea, seas, sea, seamos, seáis, sean	
IMPERFECT	era, eras, era, éramos, erais, eran	
DIRECT COMMAND (TÚ)	sé	

	tener	*to have*
PRESENT	tengo, tienes, tiene, tenemos, tenéis, tienen	
PRETERITE	tuve, tuviste, tuvo, tuvimos, tuvisteis, tuvieron	
FUTURE	tendré, tendrás, tendrá, tendremos, tendréis, tendrán	
CONDITIONAL	tendría, tendrías, tendría, tendríamos, tendríais, tendrían	
DIRECT COMMAND (TÚ)	ten	

	traer[12]	*to bring*
PRESENT	traigo, traes, trae, traemos, traéis, traen	
PRETERITE	traje, trajiste, trajo, trajimos, trajisteis, trajeron	

	valer	*to be worth*
PRESENT	valgo, vales, vale, valemos, valéis, valen	
FUTURE	valdré, valdrás, valdrá, valdremos, valdréis, valdrán	
CONDITIONAL	valdría, valdrías, valdría, valdríamos, valdríais, valdrían	

[12] Hay cambios ortográficos en el participio presente (gerundio)—*trayendo;* y el participio pasado—*traído.*

	venir *to come*
PRESENT PARTICIPLE	viniendo
PRESENT	vengo, vienes, viene, venimos, venís, vienen
PRETERITE	vine, viniste, vino, vinimos, vinisteis, vinieron
FUTURE	vendré, vendrás, vendrá, vendremos, vendréis, vendrán
CONDITIONAL	vendría, vendrías, vendría, vendríamos, vendríais, vendrían
DIRECT COMMAND (TÚ)	ven

	ver *to see*
PAST PARTICIPLE	visto
PRESENT	veo, ves, ve, vemos, veis, ven
IMPERFECT	veía, veías, veía, veíamos, veíais, veían

Presentamos las palabras clave de la Sección 2 (Conocimientos para superar) de cada capítulo en los siguientes diccionarios español-inglés; inglés-español. Muchos alumnos ya conocerán estas palabras en inglés por haberlas encontrado en otras asignaturas que han estudiado en inglés. Al mismo tiempo existe la posibilidad de que no hayan encontrado estas mismas palabras en español. El número que sigue cada entrada indica la página en la cual se presenta la palabra.

ESPAÑOL–INGLÉS

Capítulo 1
Conexión con el gobierno

a favor in favor *(7)*
alcalde(sa) *m.f.* mayor *(6)*
anarquía *f.* anarchy *(8)*
apoyar to support *(6)*
artículo *m.* article *(7)*
autocrático(a) autocratic *(8)*
bicameral bicameral *(7)*
Cámara de Representantes (Diputados) *f.* House of Representatives *(7)*
candidato(a) *m.f.* candidate *(6)*
caos *m.* chaos *(6)*
ciudadano(a) *m.f.* citizen *(7)*
coalición *f.* coalition *(7)*
congresista *m.f.* congressperson, representative *(6)*
Constitución *f.* Constitution *(6)*
declarar to declare *(8)*
democracia *f.* democracy *(8)*
derecho *m.* right *(6)*
derecho al voto *m.* right to vote *(6)*
derrocar to overthrow *(8)*
desarrollo *m.* development *(6)*
despótico(a) despotic *(8)*
dictador(a) *m.f.* dictator *(8)*
dictadura *f.* dictatorship *(8)*
elección *f.* election *(6)*
elegir (i,i) to elect *(6)*
en contra against *(7)*
enmendar (ie) to amend *(7)*
estudios sociales *m.pl.* social studies *(6)*
gobernador(a) *m.f.* governor *(7)*
gobierno *m.* government *(6)*
historiador(a) *m.f.* historian *(6)*
jefe *m.f.* chief *(8)*
jefe ejecutivo *m.* chief executive *(7)*
junta militar *f.* military junta *(8)*

ley marcial *f.* martial law *(8)*
libertad de palabra *f.* freedom of speech *(8)*
manifestación *f.* demonstration *(8)*
mayor de edad of age, eighteen years and older *(6)*
mayoría *f.* majority *(7)*
nivel de desarrollo *m.* level of development *(6)*
oposición *f.* opposition *(7)*
otorgar to grant *(7)*
parlamento *m.* parliament *(8)*
partido mayoritario *m.* majority party *(7)*
partido político *m.* political party *(8)*
plebiscito *m.* plebiscite *(7)*
poder *m.* power *(8)*
política *f.* politics, policy *(6)*
presidente *m.f.* president *(7)*
primer(a) ministro(a) *m.f.* prime minister *(7)*
pueblo *m.* people *(7)*
recurrir to appeal, resort to, have recourse to *(7)*
recurso *m.* recourse *(6)*
referéndum *m.* referendum *(7)*
regir(i,i) to rule *(7)*
renunciar to renounce *(7)*
revocar to revoke *(8)*
sección *f.* section (of Constitution) *(7)*
Senado *m.* Senate *(7)*
senador(a) *m.f.* senator *(6)*
sublevación *f.* uprising *(8)*
tolerar to tolerate *(8)*
toque de queda *m.* curfew *(8)*
unicameral unicameral *(7)*
voto *m.* vote *(8)*
voto de confianza *m.* vote of confidence *(7)*

Capítulo 2
Conexión con la salud

actividad física *f.* physical activity *(32)*

activo(a) active *(33)*

adolescente *m.f.* adolescent *(32)*

alimento *m.f.* food *(32)*

ancianos(as) *m.f.pl.* elderly *(32)*

aseo personal *m.* personal hygiene *(32)*

calcio *m.* calcium *(33)*

caloría *f.* Calorie *(32)*

carbohidratos *m.pl.* carbohydrates *(33)*

carie *f.* cavity *(32)*

cicatrización *f.* scar formation, healing process *(33)*

crecimiento *m.* growth *(33)*

deficiencia alimentaria *f.* malnutrition *(32)*

diente *m.* tooth *(33)*

edad *f.* age *(32)*

ejercicio *m.* exercise *(32)*

ejercicios aeróbicos *m.pl.* aerobic exercises *(34)*

enfermedad *f.* disease, illness *(32)*

estatura *f.* height, build *(32)*

fósforo *m.* phosphorus *(33)*

glóbulos rojos *m.* red blood cells *(33)*

grasa *f.* fat *(33)*

higiene personal *m.* personal hygiene *(32)*

hilo dental *m.* dental floss *(32)*

hueso *m.* bone *(33)*

limpieza *f.* cleanliness *(32)*

lípido *m.* lipid *(33)*

membrana celular *f.* cell membrane *(33)*

metabolismo *m.* metabolism *(32)*

mineral *m.* mineral *(33)*

natación *f.* swimming *(34)*

piel *f.* skin *(33)*

proteína *f.* protein *(33)*

régimen *m.* regimen, diet *(34)*

salud *f.* health *(32)*

vista *f.* sight *(33)*

vitamina *f.* vitamin *(33)*

Capítulo 3
Conexión con la tecnología

almacenar to store *(58)*

archivo *m.* file *(59)*

borrar to delete (erase) *(59)*

carpeta *f.* folder *(59)*

código *m.* code *(59)*

computadora *f.* computer *(58)*

computadora portátil *f.* laptop computer *(59)*

conectar a to connect to *(60)*

conexiones DSL *f.* DSL connections *(60)*

contraseña *f.* password *(59)*

correo electrónico *m.* electronic mail (e-mail) *(60)*

crear una página Web to create a Web page *(61)*

datos *m.* data *(58)*

disco *m.* disk (floppy) *(58)*

entrada *f.* input *(59)*

entrar datos to enter data *(59)*

función *f.* function *(58)*

guardar to save *(59)*

hardware hardware *(58)*

icono *m.* icon *(59)*

impresora *f.* printer *(58)*

imprimir to print *(59)*

informática *f.* anything relating to a computer; computer science *(58)*

iniciar (boot) to boot (turn on) *(59)*

intercambiar to exchange *(60)*

Internet *m.* Internet *(60)*

línea de comunicación *f.* line of communication *(59)*

módem *m.* modem *(59)*

navegar por el Internet to surf the Internet *(60)*

página Web *f.* Web page *(61)*

palabra de paso *f.* password *(59)*

pantalla *f.* screen *(58)*

pin *m.* pin *(59)*
procesamiento de textos *m.* word processing *(59)*
procesar to process *(58)*
recuperar to recover *(59)*
red *f.* network *(60)*
salida *f.* output *(59)*
salir to exit, shut down *(59)*

satélite *m.* satellite *(60)*
software *m.* software *(58)*
tecla *f.* key *(58)*
teclado *m.* keyboard *(58)*
terminal *f.* computer terminal *(58)*
tiempo real *m.* real time *(60)*
usuario *m.* user *(59)*
visualizar to view *(59)*

Capítulo 4
Conexión con el comercio y la contabilidad

acción *f.* stock *(104)*
accionista *m.f.* shareholder (stockholder) *(104)*
activos *m.* assets *(106)*
activos circulantes (corrientes) *m.* current assets *(106)*
activos fijos *m.* fixed assets *(106)*
activos intangibles *m.* intangible assets *(106)*
activos tangibles *m.* tangible assets *(106)*
al detal(le) retail *(104)*
al por mayor wholesale *(104)*
al por menor retail *(104)*
anticipado *m.* advance (payment) *(106)*
auditoría *f.* audit *(107)*
beneficios *m. pl.* profit *(104)*
bienes raíces *m.* real estate *(106)*
bienes y servicios *m.* goods and services *(104)*
Bolsa de Valores *f.* stock exchange *(105)*
bono *m.* bond *(104)*
capital contable *m.* equity *(106)*
comercio *m.* commerce, business *(104)*
competencia *f.* competition *(105)*
comprador(a) *m.f.* buyer *(104)*
comprar to buy *(104)*
con fines de lucro for profit *(104)*
concurrencia *f.* competition *(105)*
consumidor(a) *m.f.* consumer *(104)*
contabilidad *f.* accounting *(105)*
contable *m.* accountant *(106)*
contable público certificado (titulado) *m.* certified public accountant (CPA) *(107)*

corporación *f.* corporation *(104)*
CPA *m.f.* CPA *(107)*
cuenta *f.* account *(107)*
cuentas por cobrar *f.* receivables *(106)*
depreciar to depreciate *(106)*
detallista *m.f.* retailer *(104)*
deudas *f.* debts *(106)*
dueño(a) *m.f.* owner *(105)*
egresos *m.* expenses *(106)*
el diario (el jornal) *m.* journal *(107)*
emisión *f.* issuance *(104)*
empresa *f.* enterprise, firm, business *(104)*
empresa de propiedad individual *f.* sole proprietorship *(104)*
en efectivo (in) cash *(106)*
equipo *m.* equipment *(106)*
estado contable *m.* accounting statement *(106)*
estado de resultados *m.* profit and loss statement *(106)*
estados financieros *m.* financial statements *(106)*
fiabilidad *f.* reliability *(107)*
ganancias *f.* earnings *(104)*
gastos *m.* expenses *(106)*
hoja de balance *f.* balance sheet *(106)*
información financiera *f.* financial information *(105)*
informes financieros *m.* financial information *(105)*
ingreso neto *m.* net income *(106)*
ingresos *m.* revenue, income *(106)*
interés *m.* interest *(104)*

inversión *f.* investment *(106)*
junta directiva (de directores) *f.* Board of
    Directors *(105)*
libro mayor *m.* ledger *(107)*
mayorista *m.f.* wholesaler *(104)*
mercado *m.* market *(104)*
monopolio *m.* monopoly *(105)*
monto *m.* sum, total *(106)*
pasivos *m.* liabilities *(106)*
pérdida *f.* loss *(104)*
pérdida neta *f.* net loss *(106)*
planta física *f.* physical plant *(106)*
presidente *m.f.* president *(105)*
préstamo *m.* loan *(104)*
propietario(a) *m.f.* owner *(105)*
quiebra *f.* bankruptcy *(106)*
recaudar fondos to collect funds *(104)*
recursos *m.* resources *(106)*
registrar to record, to register *(107)*

rentabilidad *f.* profitability *(106)*
rentable profitable *(106)*
representante de venta *m.f.* sales
    representative *(104)*
secretario(a) *m.f.* secretary *(105)*
sociedad anónima *f.* corporation *(104)*
sociedad colectiva *f.* partnership *(104)*
socio *m.* partner *(104)*
suma *f.* sum *(106)*
tenedor *m.* holder (bearer) *(104)*
tesorero(a) *m.f.* treasurer *(105)*
título *m.* bond *(104)*
toma de decisiones *f.* decision making
    (105)
vencer (el tiempo) to expire *(104)*
vendedor(a) *m.f.* seller *(104)*
vender to sell *(104)*
vicepresidente *m.f.* vice president *(105)*

Capítulo 5

Conexión con el teatro

acotación (de escena) *f.* stage direction
    (148)
acto *m.* act *(148)*
actor *m.* actor *(148)*
actriz *f.* actress *(148)*
argumento *m.* plot *(149)*
autor(a) dramático(a) *m.f.* playwright
    (148)
decorado *m.* scenery, décor *(149)*
decorador de escena *m.* set decorator *(148)*
desempeñar un papel to play a role *(148)*
diálogo *m.* dialog *(148)*
director(a) *m.f.* director *(148)*
diseñador(a) *m.f.* designer *(148)*
dramaturgo(a) *m.f.* playwright *(148)*
en vivo live *(148)*
entrada *f.* ticket *(148)*
escena *f.* scene, stage *(148)*
escenario *m.* scenery, stage *(150)*
espectáculo *m.* show *(148)*
espectador(a) *m.f.* spectator *(149)*

expresión facial *f.* facial expression *(148)*
género *m.* genre *(148)*
guión *m.* script *(148)*
lanzar una producción teatral to put on a
    theatrical production *(148)*
maquillista *m.f.* make-up artist *(148)*
obra *f.* work *(148)*
personaje *m.* character *(148)*
pieza teatral *f.* play *(148)*
productor(a) *m.f.* producer *(148)*
realizador(a) *m.f.* producer *(148)*
repertorio *m.* repertoire *(149)*
representación *f.* play *(148)*
representar en escena to put on a play,
    to stage *(148)*
tablado *m.* stage *(151)*
tablas *f.* stage *(153)*
taquilla *f.* box-office *(148)*
teatro *m.* theater *(148)*
tropa *f.* troupe *(151)*
vestuario *m.* costume *(148)*

Capítulo 6
Conexión con el turismo

albergue juvenil *m.* youth hostel *(196)*

ama de llaves *f.* head housekeeper *(197)*

cafetería *f.* coffee shop *(197)*

camarero(a) *m.f.* maid (housekeeper) *(197)*

caravana *f.* motor home (recreational vehicle, RV) *(196)*

categorías de hoteles *f.* hotel categories *(196)*

cocinero(a) *m.f.* cook *(197)*

comedor *m.* dining room *(197)*

cuidado y mantenimiento de las habitaciones (de los cuartos, de las recámaras) *m.* housekeeping *(197)*

director(a) de alojamiento *m.f.* director of lodging *(197)*

factura *f.* bill (198)

facturación *f.* billing *(197)*

garaje *m.* garage (198)

gerente nocturno(a) *m.f.* night manager *(197)*

hostal *m.* hostel *(196)*

hostelería, hotelería *f.* hotel industry *(196)*

industria hotelera *f.* hotel industry *(196)*

jefe de almacén *m.f.* stock manager *(197)*

jefe de cocina *m.f.* head chef *(197)*

jefe de recepción *m.f.* front desk manager *(197)*

lavandería *f.* laundry (198)

lavaplatos *m.f.* dishwasher *(197)*

lencería *f.* linens *(197)*

mesero(a) *m.f.* server *(197)*

mozo (maletero, portero) *m.* bell hop *(197)*

parador *m.* state-run hotel *(196)*

parque para camping *m.* campsite *(196)*

pensión *f.* pension (bed and breakfast) *(196)*

punto de venta *m.* point of sale (198)

recepción *f.* reception *(197)*

recepcionista *m.f.* receptionist *(197)*

reservaciones *f. pl.* reservations *(197)*

restaurante *m.* restaurant *(197)*

salón para banquetes *m.* banquet hall *(197)*

servicio de cuartos *m.* room service *(197)*

servicios alimenticios *m.* food services *(197)*

telefonista *m.f.* operator *(197)*

turismo *m.* tourism *(196)*

Capítulo 7
Conexión con la ciencia política

administración pública *f.* public administration *(236)*

burocracia *f.* bureaucracy *(236)*

ciencia política *f.* political science *(236)*

derecho público *m.* public law *(236)*

elecciones *f.* elections *(236)*

Estado *m.* State *(236)*

gobierno *m.* government *(236)*

nación *f.* nation *(236)*

partidos políticos *m.* political parties *(236)*

relaciones internacionales *f.* international relations *(236)*

teoría política *f.* political theory *(236)*

Capítulo 8

Conexión con la salud

alcanzar su potencial to achieve one's potential *(277)*

autoestima *f.* self-esteem *(277)*

autonomía *f.* autonomy *(277)*

conducta de riesgo (arriesgada) *f.* risky behavior *(277)*

conducta responsable *f.* responsible conduct (behavior) *(276)*

emoción *f.* emotion *(277)*

exigencias y los retos de la vida *f.* demands and challenges of life *(276)*

fortalezas y debilidades *f.* strengths and weaknesses *(277)*

herencia *f.* heredity *(281)*

medio ambiente *m.* environment *(281)*

modalidades de aprendizaje *f.* learning styles, learning modalities *(282)*

modelar to model *(281)*

necesidades físicas *f.* physical needs *(277)*

necesidades humanas *f.* human needs *(278)*

personalidad *f.* personality *(281)*

rendimiento académico *m.* academic performance *(282)*

salud mental / emocional *f.* mental / emotional health *(276)*

seguridad *f.* security *(277)*

señales externas *f.* outward signs *(283)*

sentido de pertenencia *m.* feeling of belonging *(277)*

sentido de propósito *m.* sense of purpose *(277)*

Capítulo 9

Conexión con la ecología

acidez *f.* acidity *(320)*

agua potable *f.* drinking water *(320)*

alambre *m.* wire *(318)*

ambiente *m.* environment *(318)*

aprovecharse de to take advantage of *(318)*

atmósfera *f.* atmosphere *(320)*

basura *f.* garbage *(319)*

biodegradable biodegradable *(320)*

capa superior del suelo *f.* topsoil *(318)*

carbón *m.* coal *(318)*

ciclo natural *m.* natural cycle *(318)*

condensarse to condense *(320)*

contaminación *f.* pollution *(319)*

contaminación del agua *f.* water pollution *(320)*

contaminación del aire *f.* air pollution *(320)*

contaminante *m.* contaminant *(320)*

dañino harmful *(320)*

daño *m.* harm *(318)*

declinar to decline *(319)*

descomponerse to decompose *(319)*

desechos *m.* wastes *(319)*

desechos sólidos *m.* solid wastes *(320)*

destrucción *f.* destruction *(319)*

dióxido de azufre *m.* sulfur dioxide *(320)*

dióxido de carbono *m.* carbon dioxide *(320)*

ecología *f.* ecology *(318)*

en peligro de extinción in danger of extinction *(319)*

energía eléctrica *f.* electrical energy *(318)*

equilibrio *m.* balance *(318)*

especie *f.* species *(319)*

especie amenazada *f.* endangered species *(319)*

extinción *f.* extinction *(319)*

fósforo *m.* phosphorous, fossil fuel *(318)*

gas *m.* natural gas *(318)*

gasolina *f.* gasoline *(318)*

hábitat natural *m.* natural habitat *(319)*

hollín *m.* soot *(320)*

humedad *f.* moisture *(320)*
humo *m.* smoke *(320)*
liberarse to free itself *(320)*
lluvia ácida *f.* acid rain *(320)*
medio ambiente *m.* environment *(319)*
morir (ue) to die *(319)*
nacer to be born *(319)*
naturaleza *f.* nature *(318)*
organismos extintos *m.* extinct organisms *(319)*
óxidos de nitrógeno *m.* nitrogen oxides *(320)*
partícula *f.* particle *(320)*
petróleo *m.* petroleum *(318)*
plantas generadoras *f. pl.* generating plants *(320)*
pozo de agua *m.* water well *(320)*
proceso natural *m.* natural process *(318)*
proyecto de vivienda *m.* housing development *(318)*
quema de combustibles *f.* burning of fuel *(320)*

químicos *m.* chemicals *(320)*
reciclaje *m.* recycling *(320)*
reciclar to recycle *(319)*
recurso natural no renovable *m.* nonrenewable resource *(318)*
recurso natural renovable *m.* renewable resource *(318)*
recursos naturales *m.* natural resources *(318)*
regar los campos to irrigate the fields *(318)*
renovable renewable *(318)*
represar ríos to dam rivers *(318)*
seres vivientes *m.* living beings *(318)*
subterráneo underground *(320)*
superficial surface *(320)*
superficie *f.* surface *(320)*
sustancias *f.* substances *(320)*
talar los bosques to cut down forests *(318)*
Tierra *f.* Earth *(318)*
vapor de agua *m.* water vapor, steam *(320)*
vidrio *m.* glass *(320)*

Capítulo 10
Conexión con las matemáticas

3 al cuadrado (3^2) 3 squared (3^2) *(350)*
3 elevado a la segunda potencia (3^2) 3 raised to the second power (3^2) *(350)*
adición (suma) *f.* addition *(348)*
álgebra *m.* algebra *(348)*
altura *f.* height *(354)*
añadir (agregar, sumar) to add *(349)*
ancho *m.* width *(354)*
ángulo *m.* angle *(351)*
ángulo agudo *m.* acute angle *(352)*
ángulo central *m.* central angle *(356)*
ángulo cóncavo *m.* concave angle *(352)*
ángulo llano *m.* straight angle (straight line) *(352)*
ángulo obtuso *m.* obtuse angle *(352)*
ángulo recto *m.* right angle *(352)*
arco *m.* arc *(356)*
área *f.* area *(355)*
aritmética *f.* arithmetic *(348)*
base *f.* base *(350)*
círculo *m.* circle *(355)*

circunferencia *f.* circumference *(356)*
cociente *m.* quotient *(349)*
conectar to connect *(351)*
constante *m.* constant *(349)*
cuadrado *m.* square *(353)*
cuadrilátero *m.* quadrilateral *(353)*
curva *f.* curve *(351)*
decágono *m.* decagon *(354)*
desigualdades *f.* inequalities, unequals *(350)*
diámetro *m.* diameter *(355)*
diferencia *f.* difference *(349)*
dividir to divide *(349)*
división *f.* division *(348)*
ecuación *f.* equation *(349)*
elevado raised *(350)*
estimar to estimate *(350)*
exponente *m.* exponent *(350)*
expresión *f.* expression *(348)*
factor *m.* factor *(349)*

figura plana cerrada *f.* closed plane figure *(352)*

fracción *f.* fraction *(350)*

función *f.* function *(348)*

geometría *f.* geometry *(348)*

grado *m.* degree *(352)*

grosor *m.* depth (thickness) *(351)*

heptágono *m.* heptagon *(354)*

hexágono *m.* hexagon *(354)*

igual que equal to *(350)*

igualdades *f.* equalities *(349)*

infinito infinite *(351)*

intersecarse to intersect (angles) *(356)*

lado *m.* side *(351)*

lados congruentes *m.* congruent sides *(352)*

lados opuestos *m.* opposite sides *(353)*

localizar to locate *(356)*

longitud *f.* length *(352)*

matemáticas *f.* mathematics *(348)*

mayor que greater than *(350)*

medida *f.* measurement *(352)*

medir to measure *(352)*

menor que lesser than *(350)*

multiplicación *f.* multiplication *(348)*

multiplicar to multiply *(348)*

nonágono *m.* nonagon *(354)*

número desconocido *m.* unknown number *(348)*

número negativo *m.* negative number *(350)*

número positivo *m.* positive number *(350)*

octágono *m.* octagon *(354)*

paralelo parallel *(353)*

paralelogramo *m.* parallelogram *(353)*

pentágono *m.* pentagon *(354)*

perímetro *m.* perimeter *(354)*

pi (π) pi (π) *(356)*

polígono *m.* polygon *(352)*

potencia *f.* power *(350)*

problema *m.* problem *(348)*

producto *m.* product *(349)*

punto *m.* point *(351)*

puntos equidistantes *m.pl.* equidistant points *(355)*

radio *m.* radius *(355)*

raíz cuadrada *f.* square root *(350)*

rayo *m.* vector *(351)*

razón *f.* ratio *(350)*

recta *f.* line *(351)*

redondear to round off *(356)*

segmento *m.* segment *(352)*

signo de adición (suma) *m.* plus sign *(348)*

signo de substracción (resta) *m.* minus sign *(348)*

signos (de adición, etc.) *m.* signs *(348)*

substracción (la resta) *f.* subtraction *(348)*

superficie *f.* flat surface *(355)*

sustraer (deducir, restar) to subtract *(348)*

tamaño *m.* size *(355)*

término *m.* term *(348)*

transportador *m.* protractor (3520

trapecio *m.* trapezoid *(353)*

triángulo *m.* triangle *(352)*

triángulo acutángulo *m.* acute triangle *(352)*

triángulo equilátero *m.* equilateral triangle *(352)*

triángulo escaleno *m.* scalene triangle *(352)*

triángulo isósceles *m.* isosceles triangle *(352)*

triángulo obtusángulo *m.* obtuse triangle *(352)*

triángulo rectángulo *m.* right triangle *(352)*

unidades cuadradas *f.* square units *(355)*

variable *f.* variable *(348)*

vértice *m.* vertex *(351)*

Capítulo 11
Conexión con el conducir

arrancar el motor to start the motor *(393)*

asiento *m.* seat *(393)*

cambiar de carril to change lanes *(394)*

camino *m.* road *(392)*

camión *m.* truck *(394)*

carretera *f.* highway *(392)*

carril *m.* lane *(394)*

casa rodante *f.* motor home (recreational vehicle or RV) *(394)*

cerrar con llave to lock *(393)*

chirriar to squeak (screech) *(395)*

cinturón de seguridad *m.* seatbelt *(393)*

conducir to drive *(392)*

conductor(a) *m.f.* driver *(392)*

cristal *m.* window, glass *(395)*
cruce de ferrocarril *m.* railroad crossing *(394)*
cuesta *f.* hill *(394)*
curva *f.* curve *(394)*
dar la señal to signal a turn *(394)*
distancia segura *f.* safe distance *(394)*
doblar to turn *(394)*
en la dirección opuesta in the opposite direction *(394)*
en neutro (estacionado en punto muerto) in neutral *(393)*
espejo retrovisor *m.* rearview mirror *(393)*
faros *m.pl.* headlights *(395)*
frenos *m.pl.* brakes *(395)*
indicadores direccionales *m.* turn signals, directionals *(395)*
intersección *f.* intersection *(394)*
línea amarilla continua *f.* solid yellow line *(394)*
llave *f.* key *(393)*

loma *f.* hill, incline *(394)*
luces *f.* lights *(394)*
luces del freno *f.* break lights *(395)*
luces delanteras *f.* headlights *(394)*
parabrisas *m.* windshields *(395)*
pasar (rebasar, adelantar) to pass *(394)*
peatón(ona) *m.f.* pedestrian *(393)*
pedal *m.* pedal *(395)*
puente *m.* bridge *(394)*
punto ciego *m.* blind spot *(394)*
raspar to scrape *(395)*
señal *f.* signal *(393)*
tocar la bocina to beep the horn *(394)*
tráfico *m.* traffic *(393)*
túnel *m.* tunnel *(394)*
vehículo *m.* vehicle *(392)*
ventanillas limpias *f.* clean windows *(393)*
viaducto *m.* viaduct *(294)*
visión nocturna *f.* night vision *(395)*
volante *m.* steering wheel *(392)*

Capítulo 12
Conexión con el trabajo policíaco

acusado(a) *m.f.* accused *(425)*
amenaza *f.* threat *(425)*
aprehensión *f.* apprehension *(424)*
arma *f.* weapon *(425)*
asalto *m.* assault *(425)*
asesinato *m.* murder *(425)*
audiencia *f.* hearing *(425)*
bajo custodia in custody *(425)*
cachear to search (frisk) *(425)*
cargos *m.* charges *(425)*
castigo *m.* punishment *(424)*
causarle daño físico to cause physical harm *(425)*
ciudadano(a) *m.f.* citizen *(424)*
código penal *m.* penal code *(424)*
cometer un delito to commit a crime *(425)*
con arma armed *(424)*
con intención de robar with intention to steal *(424)*
condena a perpetuidad *f.* life imprisonment *(425)*
corte *f.* court *(425)*
crimen *m.* crime *(424)*

cuerpo de policía *m.* police force *(424)*
culpabilidad *f.* guilt *(425)*
delincuente *m.f.* delinquent (offender) *(424)*
delito *m.* offense *(424)*
delito en primer (segundo, tercer) grado *m.* first degree (second, third) offense *(424)*
delito mayor *m.* felony *(424)*
delito menor *m.* misdemeanor *(424)*
detener (ie) to detain *(425)*
duro severe *(424)*
en libertad bajo palabra out on parole *(425)*
encarcelamiento *m.* imprisonment (jail time) *(424)*
escalamiento *m.* burglary, entry, breaking and entering *(424)*
fianza *f.* bail *(425)*
fiscal *m.* prosecutor, district attorney *(425)*
gravedad *f.* severity *(424)*
homicidio *m.* homicide *(425)*

hurto *m.* theft (stealing) *(425)*
indulto *m.* pardon *(425)*
infracción *f.* infraction *(424)*
interrogar to interrogate (question) *(425)*
investigación *f.* investigation *(424)*
juicio *m.* trial *(424)*
justicia *f.* justice *(424)*
latrocinio *m.* aggravated robbery *(425)*
liberación *f.* freedom *(425)*
libertad bajo fianza *f.* free (out) on bail *(425)*
multa *f.* fine *(424)*
orden de arresto *f.* arrest warrant *(425)*
penal penal *(424)*
penalidad *f.* penalty *(424)*
por buena conducta for good behavior *(425)*
por la fuerza by force *(425)*
presunción de inocencia *f.* presumption of innocence *(425)*

prevención del crimen *f.* crime prevention *(424)*
procesamiento *m.* processing *(424)*
proceso *m.* criminal case *(425)*
propiedad ajena *f.* another's property *(425)*
protección *f.* protection *(424)*
proteger to protect *(424)*
robo *m.* robbery (theft) *(425)*
sentencia mínima (máxima) *f.* minimum (maximum) sentence *(425)*
sistema de justicia *m.* judicial system *(424)*
sistema judicial *m.* judicial system *(424)*
sospechoso(a) *m.f.* suspect *(424)*
toma ilegal *f.* theft (stealing) *(424)*
trabajo policíaco *m.* police work *(424)*
tránsito *m.* transit (traffic) *(424)*
violación *f.* violation *(424)*
vivienda *f.* residence (424)

Capítulo 13
Conexión con la biología

ADN *m.* DNA *(452)*
balance químico *m.* chemical balance *(453)*
biología *f.* biology *(452)*
carbono *m.* carbon *(452)*
célula *f.* cell *(452)*
citoplasma *m.* cytoplasm *(453)*
crecimiento *m.* growth *(455)*
cromosoma *m.* chromosome *(455)*
dividirse to divide *(455)*
división *f.* division *(455)*
estructura celular *f.* cell structure *(452)*
eucariote *m.* eukaryote *(452)*
flexibilidad *f.* flexibility *(453)*
gen *m.* gene *(455)*
genética *f.* genetics *(455)*
heredar to inherit *(455)*
herencia *f.* heredity *(456)*
hidrógeno *m.* hydrogen *(452)*
hilo *m.* thread *(455)*
material genético *m.* genetic material *(455)*
membrana *f.* membrane *(452)*
membrana plasmática *f.* plasmatic membrane *(453)*
microscopio potente *m.* high-powered microscope *(455)*

multicelular multi-celled *(454)*
núcleo *m.* nucleus *(453)*
nutrimento *m.* nutrient *(453)*
organelo *m.* organelle *(452)*
organismo *m.* organism *(452)*
órgano *m.* organ (454)
oxígeno *m.* oxygen *(452)*
pared celular *f.* cell wall *(453)*
preexistente preexisting *(452)*
procariote *m.* prokaryote *(452)*
procesos de la vida *m.* life (vital) processes *(452)*
reemplazarse to be replaced *(455)*
reproducción *f.* reproduction *(453)*
seres vivos (vivientes) *m.* living beings *(452)*
sistema *m.* system (454)
sustancia química *f.* chemical substance *(452)*
sustancias de desecho *f.* wastes *(453)*
tejido *m.* tissue (454)
transportador *m.* carrier *(455)*
unicelular one-celled *(452)*

Capítulo 14
Conexión con la química

aire *m.* air *(478)*

aleación *f.* alloy *(482)*

átomo *m.* atom *(479)*

atracción *f.* attraction *(480)*

atraerse to attract one another *(481)*

carga *f.* charge *(479)*

cloruro de sodio (la sal) *m.* sodium chloride (table salt) *(480)*

compartir to share *(480)*

comportamiento *m.* behavior *(478)*

composición *f.* composition *(478)*

compuesto *m.* compound *(480)*

conformación *f.* conformation *(479)*

corriente eléctrica *f.* electrical current *(480)*

de carga negativa negatively charged *(479)*

de carga neta net (neutral) charge *(479)*

de carga positiva positively charged *(479)*

deferir (ie, i) to differ *(479)*

densidad *f.* density *(478)*

descomponer to decompose *(478)*

descomposición *f.* decomposition *(480)*

disolvente *m.* solvent *(482)*

disolverse to dissolve *(481)*

ecuación química *f.* chemical equation *(480)*

ejercer to exert *(480)*

electrón *m.* electron *(479)*

elemento *m.* element *(479)*

enlace *m.* bond *(480)*

enlace covalente *m.* covalent bond *(480)*

enlace iónico *m.* ionic bond *(481)*

espacio *m.* space *(478)*

estable stable *(481)*

estado físico *m.* physical state *(478)*

estructura *f.* structure *(478)*

fuerza *f.* force *(481)*

fuerza de atracción *f.* force of attraction *(481)*

ganar to gain *(481)*

gaseoso gas *(478)*

ion *m.* ionic bond *(481)*

líquido *m.* liquid *(478)*

masa *f.* mass *(478)*

materia *f.* matter *(478)*

medida *f.* measurement *(478)*

metal *m.* metal *(478)*

metálico metallic *(482)*

mezcla *f.* mixture *(482)*

mezcla heterogénea *f.* heterogeneous mixture *(482)*

mezcla homogénea *f.* homogenous mixture *(482)*

molécula *f.* molecule *(480)*

neutrón *m.* neutron *(479)*

nivel (onda *f.*, órbita *f.*) *m.* orbit, energy layer *(481)*

núcleo *m.* nucleus *(479)*

número atómico *m.* atomic number *(479)*

opuesto opposite *(481)*

órbita (capa *f.*) *f.* orbit, energy layer *(479)*

partícula *f.* particle *(479)*

perder (ie) to lose *(481)*

peso *m.* weight *(478)*

plasma *m.* plasma *(478)*

plástico *m.* plastic *(478)*

producto *m.* product *(480)*

propiedad *f.* property *(478)*

protón *m.* proton *(479)*

química *f.* chemistry *(478)*

reacción química de combinación *f.* chemical reaction of combination *(480)*

reacción química de descomposición *f.* chemical reaction of decomposition *(480)*

reactante *m.* reactant *(480)*

rodear to surround *(478)*

símbolo *m.* symbol *(480)*

sólido solid *(478)*

solución *f.* solution *(482)*

soluto *m.* solute *(482)*

subíndice *m.* sub index *(480)*

sustancia *f.* substance *(478)*

tabla periódica *f.* periodic table *(479)*

temperatura ambiente *f.* ambient temperature *(478)*

unidad de volumen *f.* unit of volume *(478)*

unión *f.* union *(481)*

vapor *m.* vapor, steam *(478)*

vidrio *m.* glass *(478)*

INGLÉS–ESPAÑOL

Capítulo 1
Conexión con el gobierno

against en contra *(7)*
amend enmendar (ie) *(7)*
anarchy anarquía *f. (8)*
appeal recurrir *(7)*
article artículo *m. (7)*
autocratic autocrático(a) *(8)*
bicameral bicameral *(7)*
candidate candidato(a) *m.f. (6)*
chaos caos *m. (6)*
chief jefe *m.f. (8)*
chief executive jefe ejecutivo *m. (7)*
citizen ciudadano(a) *m.f.* diputado(a) *m.f. (7)*
coalition coalición *f. (7)*
congressperson congresista, representante, diputado(a) *m.f. (6)*
Constitution Constitución *f. (6)*
curfew toque de queda *m. (8)*
declare declarar *(8)*
democracy democracia *f. (8)*
demonstration manifestación *f. (8)*
despotic despótico(a) *(8)*
development desarrollo *m. (6)*
dictator dictador(a) *m.f. (8)*
dictatorship dictadura *f. (8)*
eighteen years and older mayor de edad *(6)*
elect elegir (i,i) *(6)*
election elección *f. (6)*
freedom of speech libertad de palabra *f. (8)*
government gobierno *m. (6)*
governor gobernador(a) *m.f. (7)*
grant otorgar *(7)*
have recourse to recurrir *(7)*
historian historiador(a) *m.f. (6)*
House of Representatives Cámara de Representantes (Diputados) *f. (7)*
in favor a favor *(7)*
level of development nivel de desarrollo *m. (6)*

majority mayoría *f. (7)*
majority party partido mayoritario *m. (7)*
martial law ley marcial *f. (8)*
mayor alcalde(sa) *m.f. (6)*
military junta junta militar *f. (8)*
of age mayor de edad *(6)*
opposition oposición *f. (7)*
overthrow derrocar *(8)*
parliament parlamento *m. (8)*
people pueblo *m. (7)*
plebiscite plebiscito *m. (7)*
policy política *f. (6)*
political party partido político *m. (8)*
politics política *f. (6)*
power poder *m. (8)*
president presidente *m.f. (7)*
prime minister primer(a) ministro(a) *m.f. (7)*
recourse recurso *m. (6)*
referendum referéndum *m. (7)*
renounce renunciar *(7)*
representative congresista *m.f.*; diputado(a) *m.f.* representante *m.f. (6)*
resort to recurrir *(7)*
revoke revocar *(8)*
right derecho *m. (6)*
right to vote derecho al voto *m. (6)*
rule regir *(7)*
section sección *f. (7)*
Senate Senado *m. (7)*
senator senador(a) *m.f. (6)*
social studies estudios sociales *m.pl. (6)*
support apoyar *(6)*
tolerate tolerar *(8)*
unicameral unicameral *(7)*
uprising sublevación *f. (8)*
vote voto *m. (8)*
vote of confidence voto de confianza *m. (7)*

Capítulo 2
Conexión con la salud

active activo(a) *(33)*
adolescent adolescente *m.f. (32)*
aerobic exercises ejercicios aeróbicos *m.pl. (34)*
age edad *f. (32)*

bone hueso *m. (33)*
build estatura *f. (32)*
calcium calcio *m. (33)*
Calorie caloría *f. (32)*

Palabras clave

carbohydrates carbohidratos *m.pl. (33)*
cavity carie *f. (32)*
cell membrane membrana celular *f. (33)*
cleanliness limpieza *f. (32)*
dental floss hilo dental *m. (32)*
diet régimen *m. (34)*
disease enfermedad *f. (32)*
elderly ancianos(as) *m.f.pl. (32)*
exercise ejercicio *m. (32)*
fat grasa *f. (33)*
food alimento *m.f. (32)*
growth crecimiento *m. (33)*
healing process (for a wound) cicatrización *f. (33)*
health salud *f. (32)*
height estatura *f. (32)*
illness enfermedad *f. (32)*

lipids lípido *m. (33)*
malnutrition deficiencia alimentaria *f. (32)*
metabolism metabolismo *m. (32)*
mineral mineral *m. (33)*
personal hygiene aseo personal *m. (32)*
personal hygiene higiene personal *m. (32)*
phosphorus fósforo *m. (33)*
physical activity actividad física *f. (32)*
protein proteína *f. (33)*
red blood cells glóbulos rojos *m. (33)*
regimen régimen *m. (34)*
scar formation cicatrización *f. (33)*
sight vista *f. (33)*
skin piel *f. (33)*
swimming natación *f. (34)*
tooth diente *m. (33)*
vitamin vitamina *f. (33)*

Capítulo 3
Conexión con la tecnología

anything relating to a computer informática *f. (58)*
boot iniciar (boot) *(59)*
code código *m. (59)*
computer computadora *f. (58)*
computer science informática *f. (58)*
computer terminal terminal *f. (58)*
connect to conectar a *(60)*
create a Web page crear una página Web *(61)*
data datos *m. (58)*
delete borrar *(59)*
disk disco *m. (58)*
DSL connections conexiones DSL *f. (60)*
electronic mail correo electrónico *m. (60)*
e-mail correo electrónico *m. (60)*
enter data entrar datos *(59)*
erase borrar *(59)*
exchange intercambiar *(60)*
exit salir *(59)*
file archivo *m. (59)*
floppy disc disco *m. (58)*
folder carpeta *f. (59)*
function función *f. (58)*
hardware hardware *(58)*
icon icono *m. (59)*
input entrada *f. (59)*
Internet Internet *m. (60)*

key tecla *f. (58)*
keyboard teclado *m. (58)*
laptop computer computadora portátil *f. (59)*
line of communication línea de comunicación *f. (59)*
modem módem *m. (59)*
network red *f. (60)*
output salida *f. (59)*
password contraseña *f.*, palabra de paso *f. (59)*
pin pin *m. (59)*
print imprimir *(59)*
printer impresora *f. (58)*
process procesar *(58)*
real time tiempo real *m. (60)*
recover recuperar *(59)*
satellite satélite *m. (60)*
save guardar *(59)*
screen pantalla *f. (58)*
software software *m. (58)*
store almacenar *(58)*
surf the Internet navegar por el Internet *(60)*
turn on iniciar (boot) *(59)*
user usuario *m. (59)*
view visualizar *(59)*
Web page página Web *f. (61)*
word processing procesamiento de textos *m. (59)*

Capítulo 4
Conexión con el comercio y la contabilidad

account cuenta *f. (107)*
accountant contable *m. (106)*
accounting contabilidad *f. (105)*
accounting statement estado contable *m. (106)*
advance (payment) anticipado *m. (106)*
assets activos *m. (106)*
audit auditoría *f. (107)*
balance sheet hoja de balance *f. (106)*
bankruptcy quiebra *f. (106)*
bearer tenedor *m. (104)*
Board of Directors junta directiva (de directores) *f. (105)*
bond bono *m.*, título *m. (104)*
business comercio *(104)*; empresa *(104)*
buy comprar *(104)*
buyer comprador(a) *m.f. (104)*
certified public accountant (CPA) contable público certificado (titulado) *m. (107)*
collect funds recaudar fondos *(104)*
commerce comercio *m. (104)*
competition competencia *f. (105)*
competition concurrencia *f. (105)*
consumer consumidor(a) *m.f. (104)*
corporation corporación *f.*; sociedad anónima *f. (104)*
CPA CPA *m.f. (107)*
current assets activos circulantes (corrientes) *m. (106)*
debts deudas *f. (106)*
decision making toma de decisiones *f. (105)*
depreciate depreciar *(106)*
earnings ganancias *f. (104)*
enterprise empresa *f. (104)*
equipment equipo *m. (106)*
equity capital contable *m. (106)*
expenses egresos *m.*, gastos *m. (106)*
expire vencer (el tiempo) *(104)*
financial information información financiera *f.*, informes financieros *m. (105)*
financial statements estados financieros *m. (106)*
fixed assets activos fijos *m. (106)*
for profit con fines de lucro *(104)*
goods and services bienes y servicios *m. (104)*
holder tenedor *m. (104)*
income ingresos *m. (106)*
intangible assets activos intangibles *m. (106)*
interest interés *m. (104)*

in cash en efectivo *(106)*
investment inversión *f. (106)*
issuance emisión *f. (104)*
journal el diario (el jornal) *m. (107)*
ledger libro mayor *m. (107)*
liabilities pasivos *m. (106)*
loan préstamo *m. (104)*
loss pérdida *f. (104)*
market mercado *m. (104)*
monopoly monopolio *m. (105)*
net income ingreso neto *m. (106)*
net loss pérdida neta *f. (106)*
owner dueño(a) *m.f.*; propietario(a) *m.f. (105)*
partner socio *m. (104)*
partnership sociedad colectiva *f. (104)*
physical plant planta física *f. (106)*
president presidente *m.f. (105)*
profit beneficios *m.pl. (104)*
profit statement estado de resultados *m. (106)*
profitability rentabilidad *f. (106)*
profitable rentable *(106)*
real estate bienes raíces *m.pl. (106)*
receivables cuentas por cobrar *f. (106)*
record registrar *(107)*
register registrar *(107)*
reliability fiabilidad *f. (107)*
resources recursos *m. (106)*
retail al detal(le); al por menor *(104)*
retailer detallista *m.f. (104)*
revenue ingresos *m. (106)*
sales representative representante de venta *m.f. (104)*
secretary secretario(a) *m.f. (105)*
sell vender *(104)*
seller vendedor(a) *m.f. (104)*
shareholder accionista *m.f. (104)*
sole proprietorship empresa de propiedad individual *f. (104)*
stock acción *f. (104)*
stock exchange Bolsa de Valores *f. (105)*
stockholder accionista *m.f. (104)*
sum suma *f.*, monto *m. (106)*
tangible assets activos tangibles *m. (106)*
total suma *f.*, monto *m. (106)*
treasurer tesorero(a) *m.f. (105)*
vice president vicepresidente *m.f. (105)*
wholesale al por mayor *(104)*
wholesaler mayorista *m.f. (104)*

Capítulo 5
Conexión con el teatro

act acto *m. (148)*
actor actor *m. (148)*
actress actriz *f. (148)*
box-office taquilla *f. (148)*
character personaje *m. (148)*
costume vestuario *m. (148)*
décor decorado *m. (149)*
designer diseñador(a) *m.f. (148)*
dialog diálogo *m. (148)*
director director(a) *m.f. (148)*
facial expression expresión facial *f. (148)*
genre género *m. (148)*
live en vivo *(148)*
make-up artist maquillista *m.f. (148)*
play pieza teatral *f.*; representación *f. (148)*
play a role desempeñar un papel *(148)*
playwright autor(a) dramático(a) *m.f.*, dramaturgo(a) *m.f. (148)*
plot argumento *m. (149)*
producer productor(a) *m.f.*, realizador(a) *m.f. (148)*

put on a play representar en escena *(148)*
put on a theatrical production lanzar una producción teatral *(148)*
repertoire repertorio *m. (149)*
scene escena *f. (148)*
scenery decorado *m. (149)*
scenery escenario *m. (150)*
script guión *m. (148)*
set decorator decorador de escena *m. (148)*
show espectáculo *m. (148)*
spectator espectador(a) *m.f. (149)*
stage escena *f. (148)*; escenario *m. (150)*; tablado *m. (151)*; tablas *f. (153)*
stage representar en escena *(148)*
stage directions acotaciones (de escena) *f. (148)*
theater teatro *m. (148)*
ticket entrada *f. (148)*
troupe tropa *f. (151)*
work obra *f. (148)*

Capítulo 6
Conexión con el turismo

banquet hall salón para banquetes *m. (197)*
bed and breakfast pensión *f. (196)*
bell hop mozo (maletero, portero) *m. (197)*
bill factura *f. (198)*
billing facturación *f. (197)*
campsite parque para camping *m. (196)*
coffee shop cafetería *f. (197)*
cook cocinero(a) *m.f. (197)*
dining room comedor *m. (197)*
director of lodging director(a) de alojamiento *m.f. (197)*
dishwasher lavaplatos *m.f. (197)*
food services servicios alimenticios *m.pl. (197)*
front desk manager jefe de recepción *m.f. (197)*
garage garaje *m. (198)*
head chef jefe de cocina *m.f. (197)*
head housekeeper ama de llaves *f. (197)*
hostel hostal *m. (196)*
hotel categories categorías de hoteles *f. (196)*
hotel industry hostelería, hotelería *f.*, industria hotelera *f. (196)*

housekeeper camarero(a) *m.f. (197)*
housekeeping cuidado y mantenimiento de las habitaciones (de los cuartos, de las recámaras) *m. (197)*
laundry lavandería *f. (198)*
linens lencería *f. (197)*
maid camarero(a) *m.f. (197)*
motor home caravana *f. (196)*
night manager gerente nocturno(a) *m.f. (197)*
operator telefonista *m.f. (197)*
pension pensión *f. (196)*
point of sale punto de venta *m. (198)*
reception recepción *f. (197)*
receptionist recepcionista *m.f. (197)*
recreational vehicle, RV caravana *f. (196)*
reservations reservaciones *f.pl. (197)*
restaurant restaurante *m. (197)*
room service servicio de cuartos *m. (197)*
server mesero(a) *m.f. (197)*
state-run hotel parador *m. (196)*
stock manager jefe de almacén *m.f. (197)*
tourism turismo *m. (196)*
youth hostel albergue juvenil *m. (196)*

Capítulo 7
Conexión con la ciencia política

bureaucracy burocracia *f. (236)*
elections elecciones *f. (236)*
government gobierno *m. (236)*
international relations relaciones internacionales *f. (236)*
nation nación *f. (236)*
political parties partidos políticos *m.pl. (236)*

political science ciencia política *f. (236)*
political theory teoría política *f. (236)*
public administration administración pública *f. (236)*
public law derecho público *m. (236)*
State Estado *m. (236)*

Capítulo 8
Conexión con la salud

academic performance rendimiento académico *m. (282)*
achieve one's potential alcanzar su potencial *(277)*
autonomy autonomía *f. (277)*
demands and challenges of life las exigencias y los retos de la vida *f. (276)*
emotion emoción *f.*
environment medio ambiente *m. (281)*
feeling of belonging sentido de pertenencia *m. (277)*
heredity herencia *f. (281)*
human needs necesidades humanas *f. (278)*
learning styles modalidades de aprendizaje *f. (282)*

mental / emotional health salud mental / emocional *f. (276)*
model modelar *(281)*
outward signs señales externas *f. (283)*
personality personalidad *f. (281)*
physical needs necesidades físicas *f. (277)*
responsible conduct (behavior) conducta responsable *f. (276)*
risky behavior conducta de riesgo (arriesgada) *f. (277)*
security seguridad *f. (277)*
self-esteem autoestima *f. (277)*
sense of purpose sentido de propósito *m. (277)*
strengths and weaknesses fortalezas y debilidades *f.pl (277)*

Capítulo 9
Conexión con la ecología

acid rain lluvia ácida *f. (320)*
acidity acidez *f. (320)*
air pollution contaminación del aire *f. (320)*
atmosphere atmósfera *f. (320)*
balance equilibrio *m. (318)*
be born nacer *(319)*
biodegradable biodegradable *(320)*
burning of fuel quema de combustibles *f. (320)*
carbon dioxide dióxido de carbono *m. (320)*
chemicals químicos *m. (320)*
coal carbón *m. (318)*
condense condensarse *(320)*
contaminant contaminante *m. (320)*
cut down forests talar bosques *(318)*

dam rivers represar ríos *(318)*
decline declinar *(319)*
decompose descomponerse *(319)*
destruction destrucción *f. (319)*
die morir (ue) *(319)*
drinking water agua potable *f. (320)*
Earth Tierra *f. (318)*
ecology ecología *f. (318)*
electrical energy energía eléctrica *f. (318)*
endangered species especie amenazada *f. (319)*
environment ambiente *m. (318)*, medio ambiente *m. (319)*
extinct organisms organismos extintos *m. (319)*

Palabras clave

extinction extinción *f.* *(319)*
fossil fuel fósforo *m.* *(318)*
free itself liberarse *(320)*
garbage basura *f.* *(319)*
gasoline gasolina *f.* *(318)*
generating plants plantas generadoras *f.pl.* *(320)*
glass vidrio *m.* *(320)*
harm daño *m.* *(318)*
harmful dañino *(320)*
housing development proyecto de vivienda *m.* *(318)*
in danger of extinction en peligro de extinción *(319)*
irrigate fields regar (ie) campos *(318)*
living beings seres vivientes *m.* *(318)*
moisture humedad *f.* *(320)*
natural cycle ciclo natural *m.* *(318)*
natural gas gas *m.* *(318)*
natural habitat hábitat natural *m.* *(319)*
natural process proceso natural *m.* *(318)*
natural resources recursos naturales *m.* *(318)*
nature naturaleza *f.* *(318)*
nitrogen oxides óxidos de nitrógeno *m.pl.* *(320)*
nonrenewable resource recurso natural no renovable *m.* *(318)*

particle partícula *f.* *(320)*
petroleum petróleo *m.* *(318)*
phosphorous fósforo *m.* *(318)*
pollution contaminación *f.* *(319)*
recycle reciclar *(319)*
recycling reciclaje *m.* *(320)*
renewable renovable *(318)*
renewable resource recurso natural renovable *m.* *(318)*
smoke humo *m.* *(320)*
solid wastes desechos sólidos *m.* *(320)*
soot hollín *m.* *(320)*
species especie *f.* *(319)*
steam vapor de agua *m.* *(320)*
substance sustancia *f.* *(320)*
sulfur dioxide dióxido de azufre *m.* *(320)*
surface superficial *(320)*
surface superficie *f.* *(320)*
take advantage of aprovecharse de *(318)*
topsoil capa superior del suelo *f.* *(318)*
underground subterráneo *(320)*
wastes desechos *m.pl.* *(319)*
water pollution contaminación del agua *f.* *(320)*
water vapor vapor de agua *m.* *(320)*
water well pozo de agua *m.* *(320)*
wire alambre *m.* *(318)*

Capítulo 10
Conexión con las matemáticas

3 raised to the second power (3^2) 3 elevado a la segunda potencia (3^2) *(350)*
3 squared (3^2) 3 al cuadrado (3^2) *(350)*
acute angle ángulo agudo *m.* *(352)*
acute triangle triángulo acutángulo *m.* *(352)*
add añadir (agregar, sumar) *(349)*
addition adición (suma) *f.* *(348)*
algebra álgebra *m.* *(348)*
angle ángulo *m.* *(351)*
arc arco *m.* *(356)*
area área *f.* *(356)*
arithmetic aritmética *f.* *(348)*
base base *f.* *(350)*
central angle ángulo central *m.* *(356)*
circle círculo *m.* *(356)*
circumference circunferencia *f.* *(356)*
closed plane figure figura plana cerrada *f.* *(352)*

concave angle ángulo cóncavo *m.* *(352)*
congruent sides lados congruentes *m.pl.* *(352)*
connect conectar *(351)*
constant constante *m.* *(349)*
curve curva *f.* *(351)*
decagon decágono *m.* *(354)*
degree grado *m.* *(352)*
depth (thickness) grosor *m.* *(351)*
diameter diámetro *m.* *(356)*
difference diferencia *f.* *(349)*
divide dividir *(349)*
division división *f.* *(348)*
equal to igual que *(350)*
equalities igualdades *f.* *(349)*
equation ecuación *f.* *(349)*
equidistant points puntos equidistantes *m.pl.* *(356)*

equilateral triangle triángulo equilátero *m.* *(352)*
estimate estimar *(350)*
exponent exponente *m.* *(350)*
expression expresión *f.* *(348)*
factor factor *m.* *(349)*
flat surface superficie *f.* *(356)*
fraction fracción *f.* *(350)*
function función *f.* *(348)*
geometry geometría *f.* *(348)*
greater than mayor que *(350)*
height altura *f.* *(354)*
heptagon heptágono *m.* *(354)*
hexagon hexágono *m.* *(354)*
inequalities desigualdades *f.* *(350)*
infinite infinito *(351)*
intersect intersecarse (ángulos) *(356)*
isosceles triangle triángulo isósceles *m.* *(352)*
length longitud *f.* *(352)*
lesser than menor que *(350)*
line recta *f.* *(351)*
locate localizar *(356)*
mathematics matemáticas *f.* *(348)*
measure medir *(352)*
measurement medida *f.* *(352)*
minus sign signo de substracción (resta) *m.* *(348)*
multiplication multiplicación *f.* *(348)*
multiply multiplicar *(348)*
negative number número negativo *m.* *(350)*
nonagon nonágono *m.* *(354)*
obtuse angle ángulo obtuso *m.* *(352)*
obtuse triangle triángulo obtusángulo *m.* *(352)*
octagon octágono *m.* *(354)*
opposite sides lados opuestos *m.* *(353)*
parallel paralelo *(353)*
parallelogram paralelogramo *m.* *(353)*
pentagon pentágono *m.* *(354)*
perimeter perímetro *m.* *(354)*

pi (π) pi (π) *(356)*
plus sign signo de adición (suma) *m.* *(348)*
point punto *m.* *(351)*
polygon polígono *m.* *(352)*
positive number número positivo *m.* *(350)*
power potencia *f.* *(350)*
problem problema *m.* *(348)*
product producto *m.* *(349)*
protractor transportador *m.* *(352)*
quadrilateral cuadrilátero *m.* *(353)*
quotient cociente *m.* *(349)*
radius radio *m.* *(356)*
raised elevado *(350)*
ratio razón *f.* *(350)*
right angle ángulo recto *m.* *(352)*
right triangle triángulo rectángulo *m.* *(352)*
round off redondear *(356)*
scalene triangle triángulo escaleno *m.* *(352)*
segment segmento *m.* *(352)*
sides lados *m.* *(351)*
signs signos (de adición , etc.) *m.* *(348)*
size tamaño *m.* *(356)*
square cuadrado *m.* *(353)*
square root raíz cuadrada *f.* *(350)*
square units unidades cuadradas *f.* *(356)*
straight angle (straight line) ángulo llano *m.* *(352)*
subtract sustraer (deducir, restar) *(348)*
subtraction substracción (resta) *f.* *(348)*
term término *m.* *(348)*
thickness grosor *m.* *(351)*
trapezoid trapecio *m.* *(353)*
triangle triángulo *m.* *(352)*
unequals desigualdades *f.* *(350)*
unknown number número desconocido *m.* *(348)*
variable variable *f.* *(348)*
vector rayo m *(351)*
vertex vértice *m.* *(351)*
width ancho *m.* *(354)*

Capítulo 11
Conexión con el conducir

beep the horn tocar la bocina *(394)*
blind spot punto ciego *m.* *(394)*
brakes frenos *m.pl.* *(395)*
break lights luces del freno *f.pl.* *(395)*
bridge puente *m.* *(394)*

change lanes cambiar de carril *(394)*
clean windows ventanillas limpias *f.pl.* *(393)*
curve curva *f.* *(394)*
directionals indicadores direccionales *m.* *(395)*

drive conducir *(392)*
driver conductor(a) *m.f. (392)*
glass covers cristales *m.pl. (395)*
headlights luces delanteras *f. (394)*, faros *m.pl. (395)*
highway carretera *f. (392)*
hill cuesta, loma *f. (394)*
in neutral en neutro (estacionado en punto muerto) *(393)*
in the opposite direction en la dirección opuesta *(394)*
intersection intersección *f. (394)*
key llave *f. (393)*
lane carril *m. (394)*
lights luces *f.pl. (394)*
lock cerrar con llave *(393)*
motor home casa rodante *f. (394)*
night vision visión nocturna *f. (395)*
pass pasar (rebasar, adelantar) *(394)*
pedal pedal *m. (395)*
pedestrian peatón(ona) *m.f. (393)*
railroad crossing cruce de ferrocarril *m. (394)*
rearview mirror espejo retrovisor *m. (393)*

recreational vehicle or RV casa rodante *f. (394)*
road camino *m. (392)*
safe distance distancia segura *f. (394)*
scrape raspar *(395)*
seat asiento *m. (393)*
seatbelt cinturón de seguridad *m. (393)*
signal señal *f. (393)*
signal a turn dar la señal *(394)*
solid yellow line línea amarilla continua *f. (394)*
squeak (screech) chirriar *(395)*
start the motor arrancar el motor *(393)*
steering wheel volante *m. (392)*
traffic tráfico *m. (393)*
truck camión *m. (394)*
tunnel túnel *m. (394)*
turn doblar *(394)*
turn signals indicadores direccionales *m.pl. (395)*
vehicle vehículo *m. (392)*
viaduct viaducto *m. (294)*
windows ventanillas *f.pl. (393)*; cristales *m.pl. (395)*
windshields parabrisas *m.pl. (395)*

Capítulo 12
Conexión con el trabajo policíaco

accused acusado(a) *m.f. (425)*
aggravated robbery latrocinio *m. (425)*
another's property propiedad ajena *f. (425)*
apprehension aprehensión *f. (424)*
armed con arma *(424)*
arrest warrant orden de arresto *f. (425)*
assault asalto *m. (425)*
bail fianza *f. (425)*
breaking and entering escalamiento *m. (424)*
burglary escalamiento *m. (424)*
by force por la fuerza *(425)*
cause physical harm causarle daño físico *(425)*
charges cargos *m. (425)*
citizen ciudadano(a) *m.f. (424)*
commit a crime cometer un delito *(425)*
court corte *f. (425)*
crime crimen *m. (424)*
crime prevention prevención del crimen *f. (424)*
criminal delincuente *m.f. (424)*

criminal case proceso *m. (425)*
delinquent delincuente *m.f. (424)*
detain detener (ie) *(425)*
district attorney fiscal *m. (425)*
entry escalamiento *m. (424)*
felony delito mayor *m. (424)*
fine multa *f. (424)*
first degree (second, third) offense delito en primer (segundo, tercer) grado *m. (424)*
for good behavior por buena conducta *(425)*
free on bail (out) libertad bajo fianza *f. (425)*
freedom liberación *f. (425)*
frisk cachear *(425)*
guilt culpabilidad *f. (425)*
hearing audiencia *f. (425)*
homicide homicidio *m. (425)*
imprisonment encarcelamiento *m. (424)*
in custody bajo custodia *(425)*
infraction infracción *f. (424)*
interrogate interrogar *(425)*
investigation investigación *f. (424)*

jail time encarcelamiento *m. (424)*
judicial system sistema judicial *m. (424)*
judicial system sistema de justicia *m. (424)*
justice justicia *f. (424)*
life imprisonment condena a perpetuidad *f.* (425)
maximum sentence sentencia máxima *f.* (425)
minimum sentence sentencia mínima *f. (425)*
misdemeanor delito menor *m. (424)*
murder asesinato *m. (425)*
offender delincuente *m.f. (424)*
offense delito *m. (424)*
out on parole en libertad bajo palabra *(425)*
pardon indulto *m. (425)*
penal penal *(424)*
penal code código penal *m. (424)*
penalty penalidad *f. (424)*
police force cuerpo de policía *m. (424)*
police work trabajo policíaco *m. (424)*
presumption of innocence presunción de inocencia *f. (425)*

processing procesamiento *m. (424)*
prosecutor fiscal *m. (425)*
protect proteger *(424)*
protection protección *f. (424)*
punishment castigo *m. (424)*
question interrogar *(425)*
residence vivienda *f. (424)*
robbery robo *m. (425)*
search cachear *(425)*
severe duro *(424)*
severity gravedad *f. (424)*
suspect sospechoso(a) *m.f. (424)*
theft robo *m. (425)*
theft (stealing) hurto *m. (425)*
theft (stealing) toma ilegal *f. (424)*
threat amenaza *f. (425)*
traffic tránsito *m. (424)*
trial juicio *m. (424)*
violation violación *f. (424)*
weapon arma *f. (425)*
with intention to steal con intención de robar *(424)*

Capítulo 13
Conexión con la biología

DNA ADN *m. (452)*
be replaced reemplazarse *(455)*
biology biología *f. (452)*
carbon carbono *m. (452)*
carrier transportador *m. (455)*
cell célula *f. (452)*
cell structure estructura celular *f. (452)*
cell wall pared celular *f. (453)*
chemical balance balance químico *m. (453)*
chemical substance sustancia química *f.* (452)
chromosome cromosoma *m. (455)*
cytoplasm citoplasma *m. (453)*
divide dividirse *(455)*
division división *f. (455)*
eukaryote eucariote *m. (452)*
flexibility flexibilidad *f. (453)*
gene gen *m. (455)*
genetic material material genético *m. (455)*
genetics genética *f. (455)*
growth crecimiento *m. (455)*
heredity herencia *f. (456)*
high-powered microscope microscopio potente *m. (455)*

hydrogen hidrógeno *m. (452)*
inherit heredar *(455)*
life (vital) processes procesos de la vida *m.* (452)
living beings seres vivos (vivientes) *m. (452)*
membrane membrana *f. (452)*
multi-celled multicelular *(454)*
nucleus núcleo *m. (453)*
nutrient nutrimento *m. (453)*
one-celled unicelular *(452)*
organ órgano *m. (454)*
organelle organelo *m. (452)*
organism organismo *m. (452)*
oxygen oxígeno *m. (452)*
plasmatic membrane membrana plasmática *f. (453)*
preexisting preexistente *(452)*
prokaryote procariote *m. (452)*
reproduction reproducción *f. (453)*
system sistema *m. (454)*
thread hilo *m. (455)*
tissue tejido *m. (454)*
wastes sustancias de desecho *f.pl. (453)*

Capítulo 14
Conexión con la química

air aire *m. (478)*
alloy aleación *f. (482)*
ambient temperature temperatura ambiente *f. (478)*
atom átomo *m. (479)*
atomic number número atómico *m. (479)*
attract one another atraerse *(481)*
attraction atracción *f. (480)*
behavior comportamiento *m. (478)*
bond enlace *m. (480)*
charge carga *f. (479)*
chemical equation ecuación química *f. (480)*
chemical reaction of combination reacción química de combinación *f. (480)*
chemical reaction of decomposition reacción química de descomposición *f. (480)*
chemistry química *f. (478)*
composition composición *f. (478)*
compound compuesto *m. (480)*
conformation conformación *f. (479)*
covalent bond enlace covalente *m. (480)*
decompose descomponer *(478)*
decomposition descomposición *f. (480)*
density densidad *f. (478)*
differ deferir (ie, i) *(479)*
dissolve disolverse *(481)*
electrical current corriente eléctrica *f. (480)*
electron electrón *m. (479)*
element elemento *m. (479)*
exert ejercer *(480)*
force fuerza *f. (481)*
force of attraction fuerza de atracción *f. (481)*
gain ganar *(481)*
gas gaseoso *(478)*
glass vidrio *m. (478)*
heterogeneous mixture mezcla heterogénea *f. (482)*
homogenous mixture mezcla homogénea *f. (482)*
ionic bond enlace iónico *m.*; ion *m. (481)*
liquid líquido *m. (478)*
lose perder (ie) *(481)*

mass masa *f. (478)*
matter materia *f. (478)*
measurement medida *f. (478)*
metal metal *m. (478)*
metallic metálico *(482)*
mixture mezcla *f. (482)*
molecule molécula *f. (480)*
negatively charged de carga negativa *(479)*
net charge de carga neta *(479)*
neutron neutrón *m. (479)*
nucleus núcleo *m. (479)*
opposite opuesto *(481)*
orbit nivel (la onda, la órbita) *m. (481)*
orbital (energy layer) órbita (la capa) *f. (479)*
particle partícula *f. (479)*
periodic table tabla periódica *f. (479)*
physical state estado físico *m. (478)*
plasma plasma *m. (478)*
plastic plástico *m. (478)*
positively charged de carga positiva *(479)*
product producto *m. (480)*
property propiedad *f. (478)*
proton protón *m. (479)*
reactant reactante *m. (480)*
share compartir *(480)*
sodium chloride (table salt) cloruro de sodio (la sal) *m. (480)*
solid sólido *(478)*
solute soluto *m. (482)*
solution solución *f. (482)*
solvent disolvente *m. (482)*
space espacio *m. (478)*
stable estable *(481)*
structure estructura *f. (478)*
subindex subíndice *m. (480)*
substance sustancia *f. (478)*
surround rodear *(478)*
symbol símbolo *m. (480)*
union unión *f. (481)*
unit of volume unidad de volumen *f. (478)*
vapor, steam vapor *m. (478)*
weight peso *m. (478)*

Los números que siguen cada entrada indican el capítulo, la sección del capítulo y la página en que se presenta la palabra. Por ejemplo, **1.1 (50)** *en letra oscura significa que la palabra se enseña en este texto* **Capítulo 1, Sección 1, página 50.** *Un número en letra ligera significa que la palabra fue introducida en* **El español para nosotros,** *Nivel 1.*

A

a despecho de a pesar de 11.4 *(320)*

a poca costa fácilmente **14-4** *(502)*

a rastras arrastrando **4-4** *(120)*

a sol y sereno sin ayuda **14-4** *(496)*

abadía *f.* monasterio 6.4 *(159)*

abalanzarse dirigirse violentamente **12-4** *(437)*

abalorios *m.pl.* bolitas **4-4** *(121)*

abarrotado lleno de gente **4-4** *(122)*

abdicar renunciar el trono **6-1** *(182)*

abogar defender en juicio; hablar en favor de alguien **12-1** *(418)*

abolir cancelar, anular, suprimir **6-1** *(182)*; derogar, suprimir, declarar que ya no existe una ley **12-1** *(418)*

abonos *m.pl.* fertilizantes **9-1** *(310)*

abordar acercarse **4-4** *(122)*

abstracto(a) se dice de una obra de arte que enfatiza la importancia de los elementos y principios de diseños a favor del asunto o de la materia 10.2 *(278)*

acabalar completar **14-4** *(495)*

acalambrar contraerse los músculos 5.4 *(134)*

acampanados en peligro **3-4** *(76)*

acantilados *m.* fondo del mar 13.4 *(387)* **1.4** *(21)*

acariciar tocar suavemente, rozar, tratar a alguien con ternura **8-4** *(296)*

acaso quizás **13-4** *(461)*

acaudalado(a) muy rico 10.4 *(292)*

acción *f.* una unidad de propiedad en una empresa **4-2** *(104)*

accionista *m.f.* tenedor de una acción **4-2** *(104)*

acelerado rápido **9-1** *(310)*

acero *m.* metal muy duro de una aleación de hierro y carbono **7-4** *(250)*

acertar (ie) conseguir el fin 12.4 *(355)*

acicalarse adornar **10-4** *(367)*

acomodado(a) que tiene mucho dinero, rico 5.1 *(120)*

acongojado(a) afligido, desconsolado 3.4 *(78)*

acontecer suceder 10.4 *(290)*

acotaciones *f.pl.* direcciones de escena **5-2** *(148)*

acrecentar aumentar **6-4** *(206)*

activos *m.pl.* recursos **4-2** *(106)*

activos circulantes *m.pl.* activos que en poco tiempo se convertirán en efectivo **4-2** *(106)*

activos corrientes *m.pl.* activos que en poco tiempo se convertirán en efectivo **4-2** *(106)*

activos fijos *m.pl.* activos que tienen una vida larga **4-2** *(106)*

activos intangibles *m.pl.* inversiones en bonos o acciones, patentes de invención y marcas registradas **4-2** *(106)*

activos tangibles *m.pl.* la tierra, los edificios, la maquinaria, los vehículos, los que se pueden «tocar». **4-2** *(106)*

actuario(a) *m.f.* el que determina el monto de la prima de una póliza de seguros 6.2 *(146)*

acuarela *f.* pintura que se hace con colores diluidos en agua 10.2 *(278)*

acudir ir a; llegar **7-4** *(246)*

adarga *f.* escudo, lanza **6-4** *(209)*

ademán *m.* gesto 11.4 *(322)*

Diccionario

adición *f.* suma **10-2** *(348)*

adinerado(a) que tiene mucho dinero, rico, acomodado 1.1 *(2)*

adlátere *m.* el de a mi lado **10-4** *(369)*

adquirir obtener, conseguir 8.4 *(228)*

adulador(a) *m.f.* el que le admira a alguien al extremo 14.4 *(408)* **2.4** *(42)*

afán *m.* anhelo o deseo fuerte **13-4** *(460)*

aferrarse agarrar fuertemente 11.4 *(323)*

agasajo *m.* muestra de afecto y consideración **10-4** *(362)*

agente *m.* policía de tráfico **9-4** *(330)*

ágil ligero, suelto, diestro 2.4 *(46)*

agradecer dar las gracias, expresar gratitud **3-4** *(72)*

agregar unir unas cosas con otras, añadir 5.4 *(132)*

agrupar reunir, formar en grupos 13.1 (368) **1.1** *(2)*

agua subterránea *f.* el agua que se encuentra bajo la superficie **9-2** *(320)*

agua superficial *f.* el agua de los lagos y ríos **9-2** *(320)*

aguantar sostener; tolerar algo molesto o desagradable **4-4** *(118)*

aguileño(a) (nariz aguileña) se dice de una nariz encorvada 9.4 *(254)*

agujero *m.* abertura más o menos redonda en una cosa 3.4 *(74)*

ahuyentarlo hacer huir a una persona **10-4** *(380)*

aijada (aguijada) *f.* vara larga con una punta de hierro que se usa para picar a los bueyes **9-4** *(336)*

ajedrezado(a) en forma de cuadros 6.4 *(161)*

ajeno de otra persona **10-4** *(376)*

ajuar *m.* conjunto de lo que aporta la mujer al matrimonio **4-4** *(121)*

al cuadrado un número elevado a la segunda potencia **10-2** *(350)*

al cuerpo a la zona central **3-1** *(52)*

al detal en pequeñas cantidades **4-2** *(104)*

al fin de las cansadas sin poder más **14-4** *(495)*

al por mayor la venta en grandes cantidades **4-2** *(104)*

al por menor la venta en pequeñas cantidades **4-2** *(104)*

alabanza *f.* elogio, complemento laudatorio 14.4 *(408)* **2.4** *(42)*

alabar glorificar **14-4** *(500)*

alacena *f.* lugar en la pared con estantes y puertas **13-4** *(460)*

alborotar inquietar, perturbar, desordenar **10-4** *(362)*

alboroto *m.* griterío, desorden, motín, inquietud **10-4** *(362)*

alborozado sintiendo extraordinario regocijo o placer **10-4** *(362)*

alborozo *m.* extraordinario placer; júbilo, regocijo **6-4** *(213)*

alcaide *m.* alcalde **6-4** *(215)*

aleación *f.* solución sólida que contiene diferentes metales y, en algunas ocasiones, sustancias no metálicas **14-2** *(482)*

alegata *f.* disputa, discusión **14-4** *(498)*

alegre feliz, contento **5-1** *(146)*

alentado(a) animado, vigoroso 2.4 *(47)*

alergista *m.f.* especialista en la alergología 8.2 *(214)*

alergología *f.* el estudio de los mecanismos de la alergia y las enfermedades alérgicas 8.2 *(214)*

alergólogo(a) *m.f.* especialista en la alergología 8.2 *(214)*

alero *m.* parte interior del tejado 13.4 *(387)* **1.4** *(21)*

alevosos *m.pl.* traidores **6-4** *(219)*

alfarería *f.* el arte de crear vasijas de barro 13.1 *(368)* **1.1** *(2)*

alforja *f.* una bolsa que se cuelga del lado de la silla de un caballo 9.4 *(254)*

algazara *f.* ruido; gritos de una o muchas personas, por lo común alegres **10-4** *(372)*

alhaja *f.* joya **4-4** *(122)*

Alhambra *m.* magnífico edificio moro **3-4** *(75)*

aliarse unirse con otro, juntarse 10.1 *(266)*

alimento *m.* comida **4-1** *(101)*

aliño *m.* adorno, arreglo, aseo **4-4** *(121)*

Alixares *m.pl.* magnífico edificio moro **3-4** *(75)*

allegado(a) al llegar 12.4 *(352)*

almenas *f.pl.* partes de una antigua fortaleza **6-4** *(214)*

almud *m.* una medida **14-4** *(497)*

alojar hospedar, aposentar; dar para donde vivir 8.1 *(206)*

alpargatero *m.* zapatero **12-4** *(437)*

alrededores *m.pl.* las regiones cercanas **4-1** *(101)*

alta costura *f.* arte de coser para hacer (confeccionar) trajes elegantes 3.1 *(62)*

altiplanicie *f.* una meseta extensa y elevada 1.2 *(7)*

altiplano *m.* una meseta extensa y elevada 1.2 *(7)*

altivo(a) muy orgulloso, soberbio 10.4 *(290)*

alto *m.* detención o parada **9-4** *(326)*

altorrelieve *m.* figura tallada que resalta de una superficie plana y que tiene más de la mitad del bulto natural 10.2 *(279)*

alzar levantar **7-4** *(246)*

ama de llaves *f.* persona que se responsabiliza por la apariencia de un hotel **6-2** *(197)*

amainar perder fuerza 11.4 *(324)*

amargo(a) lo contrario de «dulce» 2.4 *(52)*

ambulante que va de un lugar a otro sin tener asiento fijo **4-1** *(101)*

amenazar dar a entender con actos o palabras el deseo de hacer algún mal a otro **6-1** *(182)*

amilanarse desanimarse, tener miedo **11-4** *(404)*

amortiguar moderar, disminuir, hacer menos violento 9.4 *(254)*

anaquel *m.* la tabla de un estante 6.4 *(162)*

anarquía *f.* caos; falta de todo gobierno, confusión, desorden 13.2 *(374)* **1.2** *(8)*

anatomía *f.* el estudio de la estructura del cuerpo humano 8.2 *(214)*

andariego(a) que anda mucho sin parar, vagabundo 12.4 *(355)*

andarse con cuentos decirlo como es **14-4** *(493)*

andas *f.pl.* tablero con barras para llevar personas o cosas, especialmente en procesiones **3-1** *(54)*

andrajoso vestido en ropa muy usada, en andrajos **12-4** *(436)*

anfitrión *m.* el que da la función **10-4** *(362)*

ángelus *m.* oración **9-4** *(336)*

anglosajón(ona) de habla inglesa 4.1 *(86)*

ángulo agudo *m.* ángulo que mide menos de 90° **10-2** *(352)*

ángulo anterior *m.* el extremo común de dos rayos **10-2** *(351)*

ángulo central *m.* un ángulo cuyo vértice se localiza en el centro de un círculo **10-2** *(356)*

ángulo llano *m.* una recta; un ángulo que mide 180° **10-2** *(352)*

ángulo obtuso *m.* ángulo que mide más de 90° pero menos de 180° **10-2** *(352)*

ángulo recto *m.* ángulo que mide 90° **10-2** *(352)*

ángulo *m.* lo que forman dos rayos unidos en un punto **10-2** *(351)*

anjeo *m.* lona **5-2** *(150)*

anonadar humillar, abatir; maravillar, dejar estupefactos **10-4** *(374)*

anónimo(a) se dice del autor de nombre desconocido 6.4 *(156)*

antaño *m.* tiempos pasados **13-4** *(461)*

antropología *f.* el estudio de las costumbres sociales 2.2 *(38)*

apachurrar aplastar, dejar confuso, abrumar **9-4** *(331)*

aparentar parecerse a; tener aspecto de determinada cosa 9.4 *(254)*

apiñado apretado; lleno fuera de la capacidad **7-1** *(228)*

apocado cobarde **12-4** *(436)*

apoderarse de hacerse dueño de una cosa por la fuerza **3-4** *(85)*

aposentos *m.pl.* palcos **5-2** *(150)*

apostura *f.* gracia, garbo **4-4** *(121)*

apresurado de prisa **3-4** *(80)*

apretar (ie) oprimir, estrechar con fuerza **3-4** *(85)*

aprobar (ue) dar por buena una acción; asentir a una opinión o proposición **7-1** *(228)*

aquesa aquella **3-4** *(75)*

árabe moro **5-1** *(146)*

archivo *m.* una colección de datos tratados en una sola entidad **3-2** *(59)*

arco *m.* la parte de un círculo que interseca un ángulo central **10-2** *(356)*

ardiente muy caliente **7-4** *(246)*

área *f.* la medida del tamaño de una superficie **10-2** *(355)*

areytos *m.* canciones y bailes rítmicos de los indígenas de Puerto Rico **9.4** *(255)*

argumento *m.* los hechos de un cuento o una novela que relatan lo que pasa o sea la acción **3.2** *(68)*

aria *f.* una canción en una ópera interpretada por una sola voz con el acompañamiento de la orquesta **10.2** *(281)*

arma blanca *f.* arma ofensiva de hoja de acero, como un cuchillo **6-4** *(206)*

arrancar sacar de raíz, sacar con fuerza **3-4** *(80)*

arras *f.pl.* monedas que le da el esposo a su esposa **3-4** *(75)*

arrastrar mover algo o a alguien tirándolo **11.4** *(322)*

arrebatar quitar o tomar con fuerza **3.4** *(74)*; quitar con fuerza **3-4** *(88)*; llevar **9-4** *(332)*

arremeter acometer con ímpetu, con mucha fuerza **12.4** *(359)*

arreos *m.pl.* arneses (para caballos) **6-4** *(215)*

arrieros *m.pl.* los que guardan animales **3-4** *(87)*

arrimar el hombro ayudar a levantar algo **10-4** *(369)*

arrimarse buscar refugio **14-4** *(495)*

arrojar lanzar, echar o tirar algo con violencia **1.4** *(16)*

arroyo *m.* un riachuelo pequeño o un río poco caudaloso **1.2** *(8)*

asco *m.* repugnancia **5.4** *(132)*

asegurado(a) *m.f.* el dueño (tenedor) de una póliza de seguros **6.2** *(146)*

asegurador(a) *m.f.* la organización que vende y mantiene la póliza de seguros **6.2** *(146)*

aseo personal *m.* la limpieza del cuerpo **14.2** *(398)* **2.2** *(32)*

asimilarse incorporarse **13.1** *(368)* **1.1** *(2)*; hacerse semejante; parecerse a **7-1** *(228)*

asomar(se) aparecer **9-4** *(326)*

asomo *m.* indicio, señal, indicación **13.4** *(384)* **1.4** *(18)*

asueto *m.* descanso **4-4** *(121)*

asumir responsabilizarse de algo **6.1** *(142)*

atañar tocar, pertenecer **6-4** *(215)*

Atlante rey mitológico muy fuerte **10-4** *(365)*

atolondrado que actúa sin reflexión **10-4** *(372)*

átomo *m.* la partícula más pequeña de un determinado tipo de materia **14-2** *(479)*

atosigar fatigar, inquietar **14-4** *(493)*

atravesar (ie) cruzar, pasar de una parte a la opuesta **11.1** *(304)*

aturdimiento *m.* perturbación; torpeza **10-4** *(372)*

audaz intrépido, atrevido, descarado **13.4** *(382)* **1.4** *(16)*; osado, atrevido **12-4** *(436)*

audiencia *f.* acto de oír el juez o el tribunal a las partes (los individuos) para decidir causas en un acto jurídico **12-2** *(427)*

auditoría *f.* investigación para determinar la fiabilidad de un estado financiero **4-2** *(107)*

aurífero(a) que lleva o contiene oro 9.4 *(258)*

autocrático(a) despótico 13.2 *(374)* **1.2** *(8)*

autóctono(a) *m.f.* originario del país, aborigen 2.1 *(32)*

autonomía *f.* independencia **8-2** *(277)*

autopista *f.* una carretera de muchos carriles en cada sentido; frecuentemente los usuarios tienen que pagar peaje 5.1 *(120)*

autor dramático *m.* autor de una obra teatral **5-2** *(148)*

autosuperación *f.* tu esfuerzo por lograr lo mejor de ti **8-2** *(280)*

aviar preparar **4-4** *(122)*

ávido ansioso, insaciable, voraz 9-4 *(326)*

ayllu *m.* unidad de familias que formaba la base de la estructura social de los incas 13.1 *(369)* **1.1** *(3)*

azabache *m.* variedad de lignito de color negro brillante 4.2 *(93)*

azorado(a) confundido 5.4 *(133)*; asustado **10-4** *(372)*

azotado(a) golpeado con azotes, látigos 10.1 *(266)*

azotea *f.* techo llano 8.1 *(206)*

azotes *m.pl.* golpes fuertes **3-4** *(89)*

azucarar añadir azúcar; cristalizar **10-4** *(376)*

B

bahía *f.* una extensión de agua más pequeña que un golfo 1.2 *(8)*

bajel *m.* barco, buque 11.4 *(319)*

bajorrelieve *m.* significa que la figura tallada que resalta de una superficie plana es menos de la mitad del bulto natural de la figura 10.2 *(279)*

banqueta *f.* la acera **3-4** *(80)*; *f.* acera en México **9-4** *(329)*, **14-4** *(492)*

barato contrario de «caro» **4-1** *(101)*

barbilla *f.* mentón **14-4** *(503)*

bardo *m.* cantor **5-4** *(171)*

barruntos *m.pl.* indicios **6-4** *(217)*

base *f.* el número que se multiplica en una expresión de potencia **10-2** *(350)*

becerro *m.* toro o vaca que ha cumplido tres años 6.4 *(162)*

bejucos *m.* diversas plantas tropicales de tallos largos y delgados 9.4 *(257)*

beneficiario(a) *m.f.* el que recibe el dinero de una póliza de seguros de vida después de la muerte del asegurado 6.2 *(148)*

beneficio *m.* con fines de lucro **4-2** *(104)*

benévolo caritativo **11-1** *(388)*

bereber asociado con una tribu nómada del norte de África 9.4 *(255)*

bergantín *m.* velero de dos palos 11.4 *(319)*

berrear gritar **14-4** *(494)*

berrendo(a) manchado de dos colores 7.4 *(186)*

bicoca *f.* cosa de poca estima **14-4** *(496)*

bienes *m.pl.* productos **4-2** *(104)*

biodegradable que puede descomponerse por medio de procesos naturales **9-2** *(320)*

biología *f.* el estudio de todos los seres vivos, plantas y animales, que nos rodean **13-2** *(452)*

bocadillo *m.* sándwich 5.1 *(120)*

bodega del barco *f.* espacio interior de los buques en cubiertas inferiores **7-1** *(228)*

boliche *m.* bodega, tienda de abarrotes, colmado, pulpería 11.4 *(322)*

bolsón *m.* bolsa grande en la cual se llevan objetos de uso personal 11.4 *(322)*

bongó *m.* un tambor pequeño 2.4 *(53)*

bono *m.* un préstamo que se le hace a una empresa 4-2 *(104)*

boot encender la computadora 3-2 *(59)*

bordona *f.* cuerda de sonido más grave de la guitarra 5-4 *(172)*

boricuas *m.f.pl.* puertorriqueños 7-1 *(232)*

Borinquén *f.* nombre indígena para Puerto Rico 9.4 *(255)*

borlote *m.* escándalo 14-4 *(495)*

borrar remover un ítem de datos 3-2 *(59)*

borrascoso(a) agitado, violento 10.4 *(293)*

borronear escribir rápido sin cuidado; se dice también borrajear 3-4 *(83)*

boya *f.* sujeto al fondo de un cuerpo de agua que indica un sitio peligroso 11.4 *(322)*

brasero *m.* recipiente en el que se quema carbón para caldear habitaciones 3-4 *(85)*

brújula *f.* aparato en un barco que señala la dirección 2.4 *(52)*

brusco repentino 3-4 *(85)*

bulla *f.* ruido de personas; concurrencia de mucha gente 10-4 *(373)*

burlesco(a) festivo, jocoso, que implica burla 12.4 *(355)*

burocracia *f.* influencia excesiva de los funcionarios en la administración pública 7-2 *(238)*

C

ca porque 6-4 *(215)*

caballeriza *f.* sitio destinado a caballos 6-4 *(206)*

caballete *m.* el soporte en que descansa el lienzo mientras pinta el artista 10.2 *(278)*

cabezón que tiene grande la cabeza 4-4 *(121)*

cachear registrar (examinar con cuidado) a alguien para saber si oculta objetos prohibidos como armas, drogas etc. 12-2 *(427)*

callejera de la calle 4-1 *(101)*

calzada *f.* camino empedrado (de piedras) y ancho 3-1 *(50)*

camelar darse cuenta 9-4 *(330)*

camión *m.* el autobús, la guagua 3-4 *(80)*; *m.* el autobús en México 9-4 *(326)*

campanuda y redicha afectada y pedante 4-4 *(122)*

candeal *m.* pan hecho de cierto trigo malicia 6-4 *(217)*

canijilla débil, enfermiza 4-4 *(120)*

canoro que canta bien 5-4 *(171)*

cantilena *f.* repetición 14-4 *(497)*

cantina *f.* cafetería 5.1 *(120)*

capataz *m.* el jefe, el patrón 9.4 *(254)*

capilla abierta *f.* tipo de claustro en una iglesia 5-2 *(151)*

capital contable *m.* la diferencia entre los activos y los pasivos 4-2 *(106)*

capricho *m.* idea o propósito repentino y sin motivación aparente 5-4 *(162)*

carabela *f.* embarcación o barco de vela usado en los siglos XV y XVI 2.1 *(32)*

caracol *m.* molusco; concha de este molusco 3-1 *(50)*

carácter *m.* lo que sienten y como piensan los personajes de un cuento o una novela 3.2 *(69)*

carbohidratos *m.pl.* azúcares 14.2 *(399)* 2.2 *(33)*

cardiología *f.* el tratado o estudio del corazón y la circulación, sus funciones, sus padecimientos y tratamiento 8.2 *(214)*

cardiólogo(a) *m.f.* especialista en la cardiología 8.2 *(214)*

caridad *f.* acción de ayudar a los necesitados 11-1 *(388)*

carmín *m.* ingrediente para dar color rojo a la comida 10-4 *(376)*

carpeta *f.* lo que sirve para guardar archivos **3-2 *(59)***

cascada *f.* catarata, chorrera, salto de agua 13.4 *(384)* **1.4 *(18)***

cascol *m.* resina de un árbol de África que sirve para fabricar lacre negro 2.4 *(53)*

casquillo *m.* cartucho vacío **3-4 *(76)***

castellano *m.* moneda antigua 9.4 *(257)*

castigar penar, sancionar **6-4 *(206)***

categórico que afirma o niega de una manera absoluta **9-4 *(326)***

catequización *f.* instrucción en la religión católica romana **5-2 *(152)***

caudaloso(a) de mucha agua 11.1 *(304)*

cautivar captar, atraer, seducir 10.4 *(290)*

cautivo capturado, aprisionado **3-4 *(72)***

caxlán *m.* para ciertos indígenas, un no indígena **14-4 *(499)***

ceder dar, transferir **12-1 *(418)***

cedro *m.* árbol alto de tronco grueso 9.4 *(257)*

ceguedad *f.* estado de ser ciego, no tener vista **10-4 *(362)***

celada *f.* pieza de armadura que cubría la cabeza **6-4 *(211)***

célula *f.* unidad de construcción de la cual están hechos todos los seres vivos (vivientes) **13-2 *(452)***

centinela *m.* soldado o persona que guarda, vigila y observa 6.4 *(159)*

centinelas *m.pl.* guardias **3-4 *(90)***

centro comercial *m.* localidad frecuentemente ubicada en los suburbios; tiene tiendas, restaurantes, cines y aparcamiento para muchos carros 5.1 *(120)*

cercado *m.* terreno o lugar rodeado de una cerca **3-1 *(50)***

cerciorarse adquirir la certeza de algo; estar seguro 3.4 *(76)*

cerro *m.* una elevación de tierra escarpada o rocosa 1.2 *(7)*

chabola *f.* casa muy humilde 5.1 *(120)*

chance *m.* oportunidad 7.4 *(188)*

chanclos *m.pl.* tipo de zapatos **10-4 *(368)***

charla *f.* plática **4-4 *(122)***

chasqui *m.* mensajero inca que corría grandes distancias llevando órdenes y noticias 13.1 *(369)* **1.1 *(3)***

chequera *f.* talonario 5.2 *(123)*

chirlo *m.* herida **4-4 *(120)***

chismoso relativo a información o noticia no confirmada; que se murmura, puede ser verdadera o falsa **5-1 *(140)***

choza *f.* casa muy humilde 5.1 *(120)*; tipo de cabaña cubierta de ramas o paja, bohío 13.1 *(368)* **1.1 *(2)***

chusma *f.* tripulación **7-4 *(248)***

cielo derrepente *m.* canción improvisada **5-4 *(172)***

cielos *m.pl.* canciones folklóricas **5-4 *(171)***

ciencia política *f.* disciplina que incluye la teoría política, el derecho público, la comparación de gobiernos, los gobiernos de naciones específicas, la administración pública, las relaciones internacionales, los partidos políticos, las elecciones y la opinión pública. **7-2 *(236)***

círculo *m.* un conjunto de puntos equidistantes de un punto dado llamado centro del círculo **10-2 *(355)***

circunferencia *f.* la distancia alrededor de un círculo **10-2 *(356)***

cirugía *f.* parte de la medicina que tiene por objeto curar las enfermedades por medio de operaciones o intervenciones quirúrgicas 8.2 *(214)*

cirujano(a) *m.f.* especialista en la cirugía 8.2 *(214)*

citoplasma *m.* fluido transparente en las células eucariotes que rodea el núcleo de la célula y los organelos **13-2** *(453)*

clara *f.* parte blanca del huevo, el blanquillo, contrario de yema; en México se dice comúnmente «blanquillo» en vez de «huevo» **10-4** *(376)*

claustro *m.* parte de un templo formada de galerías abiertas; un tipo de patio **5-2** *(152)*

clavado fijo, puntual **8-4** *(293)*

clérigo *m.* el que ha recibido las órdenes sagradas **5-2** *(152)*

clima *m.* el tiempo que prevalece en una zona por un período de larga duración **9.2** *(242)*

clímax *m.* el momento culminante, el resultado del punto decisivo **3.4** *(75)*

clínica *f.* hospital, frecuentemente privado **8-4** *(290)*

cobija *f.* la manta, la frazada **9-4** *(326)*

cochambroso(a) lleno de basura **6.4** *(164)*

codicia *f.* un deseo exagerado de riquezas y otras cosas **9.4** *(254)*; avaricia, egoísmo **13.4** *(382)* **1.4** *(16)*

código *m.* contraseña, palabra de paso, pin **3-2** *(59)*

cohesión *f.* adherencia; unión de una cosa con otra **6-1** *(182)*

cojera *f.* el andar inclinando el cuerpo más a un lado que a otro por no poder sentar con regularidad ambos pies **7.4** *(186)*

colar introducirse sin la formación necesaria **14-4** *(491)*

coletos *m.pl.* sin vergüenzas **14-4** *(492)*

colina *f.* una elevación de terreno menor que la montaña, muchas veces con una cumbre redonda **1.2** *(7)*

colonia *f.* barrio de una ciudad **3-4** *(80)*

comarca *f.* territorio con una unidad geográfica y unos límites precisos; comprende un buen número de pueblos o aldeas **3-1** *(50)*

comerciar comprar y vender con fin lucrativo (con fines de lucro); en el pasado significaba «trocar»— cambiar una cosa por otra **12-1** *(418)*

comercio *m.* lo que tiene el propósito de producir y vender con beneficio productos o servicios **4-2** *(104)*

compartir distribuir en partes; poseer en común **6-1** *(182)*

compás *m.* ritmo o cadencia de una pieza musical **5-1** *(140)*

competencia *f.* concurrencia, lo que existe cuando más de una empresa comercia en el mismo mercado **4-2** *(107)*

comportamiento *m.* la manera en que se comporta o actúa una persona **2.2** *(38)*

comprador(a) *m.f.* el que compra **4-2** *(104)*

comprar a plazos comprar a cuotas **5.2** *(123)*

compuesto *m.* combinación química de dos o más elementos diferentes unidos entre sí en proporción fija **14-2** *(480)*

compuesto(a) hecho, producido **2.4** *(48)*

conceder dar, otorgar **4.4** *(100)*

conciliar verificar que el saldo de uno está de acuerdo con el saldo en el estado bancario **5.2** *(123)*

concurrencia *f.* competencia, lo que existe cuando más de una empresa comercia en el mismo mercado **4-2** *(107)*

condimentos *m.pl.* sal y pimienta, etc. **4-1** *(101)*

confeccionado(a) hecho, producido **3.1** *(62)*

conseguir (i,i) lograr, obtener **4.4** *(100)*

constante *f.* un término que está formado sólo por un número **10-2** *(349)*

constitución *f.* ley escrita fundamental de un Estado **13.2** *(372)* **1.2** *(6)*

consumidor(a) *m.f.* comprador **4-2** *(104)*

contabilidad *f.* el arte de medir, describir e interpretar la actividad económica **4-2** *(105)*

contable público certificado (titulado) (CPA) *m.f.* contador(a) público certificado (titulado) **4-2** *(107)*

conterráneos *m.pl.* los del mismo lugar **9-4** *(331)*

contraseña *f.* palabra de paso, código, pin **3-2** *(59)*

contribuyente *m.f.* el que paga impuestos **7.2** *(176)*

convencerse reconocer la verdad de una cosa **3.4** *(74)*

convidado *m.* el invitado a una función **10-4** *(362)*

convites *m.pl.* funciones, banquetes **10-4** *(373)*

cordillera *f.* una cadena (un sistema) de montañas, o sea, una elevación extensa de montañas con múltiples cumbres **1.2** *(7)*

correo electrónico (e-mail) *m.* modo electrónico e instantáneo de comunicación **3-2** *(60)*

corretear ir corriendo de un lado para otro **7.4** *(186)*

corte *f.* el tribunal **12-2** *(427)*

costumbre *f.* una práctica habitual, o sea, un hábito **2.2** *(38)*

crecido lleno **3-4** *(75)*

criadil de criadas **4-4** *(121)*

criado(a) *m.f.* persona que se emplea en el servicio doméstico **1.1** *(2)*

criterio *m.* norma para conocer la verdad **11-1** *(388)*

cromosoma *m.* estructura celular que contiene el material genético **13-2** *(455)*

crónica *f.* recopilación de hechos históricos **5-2** *(152)*

crucecita *f.* insignia de honor **10-4** *(366)*

crujir hacer dos cosas un ruido cuando se frotan unas contra otras **7-4** *(248)*

cuadrado *m.* un rectángulo del cual los cuatro lados son iguales **10-2** *(353)*

cuadriláteros *m.pl.* figuras que tienen cuatro lados y cuatro ángulos **10-2** *(353)*

cuajarse unir **14-4** *(502)*

cual como **5-4** *(171)*

cuarzo *m.* cristal de roca **9.4** *(257)*

cuchicheos *m.pl.* murmullos, chismes **10-4** *(380)*

cuenta *f.* el registro individual para cada ítem de un estado financiero **4-2** *(107)*

cuento *m.* un género de literatura narrativa más corto que una novela **3.2** *(68)*

culto *m.* el homenaje, el honor dado a los dioses **13.1** *(368)* **1.1** *(2)*

cultura *f.* la totalidad de los comportamientos, incluso los valores, las ideas y las costumbres que se aprenden y que se transmiten por la sociedad **2.2** *(39)*

cumplimiento *m.* acción de efectuar, llevar a cabo **11-1** *(388)*

cuota *f.* la contribución, el pago **6.2** *(146)*

D

danza *f.* baile **10.2** *(281)*

dar de alta permitir salir **14-4** *(496)*

dar testimonio de probar, averiguar, indicar veracidad **5-1** *(140)*

darle un dedazo poner el dedo en **10-4** *(379)*

de bruces boca abajo **4-4** *(123)*

de coronilla muy ocupada **4-4** *(121)*

de golpe de repente **10-4** *(376)*

de sobornal adicionalmente **14-4** *(495)*

de soslayo del rincón del ojo **11-4** *(402)*

decaer perder fuerza gradualmente **6-1** *(182)*

decágono *m.* polígono de 10 lados **10-2** *(354)*

decorado *m.* en una representación el conjunto de lienzos, etc., en la escena **5-2** *(152)*

deducible *m.* la parte de la indemnización que no paga la compañía de seguros; una extensión o ajuste que se puede deducir de los impuestos 6.2 *(148)*

defensa *f.* el parachoques **14-4** *(492)*

déficit *m.* tener más gastos (egresos) que rentas (ingresos) 5.2 *(122)*

delito *m.* el crimen **12-2** *(427)*

delito mayor *m.* la violación **12-2** *(427)*

delito menor *m.* la infracción **12-2** *(427)*

democracia *f.* sistema de gobierno en el cual el pueblo tiene el derecho de participar 13.2 *(374)* **1.2** *(8)*

densidad *f.* la cantidad de materia contenida en una unidad de volumen **14-2** *(478)*

denuedo *m.* brío, esfuerzo, intrepidez **6-4** *(219)*

depreciarse tener a menos, valer menos **4-2** *(108)*

derecho *m.* conjunto de leyes y reglas **7-2** *(238)*

dermatología *f.* el tratado de las enfermedades de la piel 8.2 *(214)*

dermatólogo(a) *m.f.* especialista en la dermatología 8.2 *(214)*

derramado vertido **14-4** *(502)*

derrotar vencer, conquistar 1.1 *(2)*

derruido derribado, demolido **12-4** *(435)*

desabrimiento *m.* disgusto 10.4 *(293)*

desafíos *m.pl.* contiendas, confrontaciones **6-4** *(210)*

desaforado(a) excesivamente grande 12.4 *(358)*

desaguisado *m.* agravio, insulto **6-4** *(215)*

desahogarse hacer confidencias una persona a otra **4-4** *(118)*

desahuciado(a) sin esperanza de conseguir lo que quiere 10.4 *(293)*

desairar despreciar, desestimar 10.4 *(293)*; despreciar **10-4** *(365)*

desalentado(a) sin aliento, que no puede respirar 9.4 *(254)*; sin ánimo 11.4 *(322)*

desamparado(a) que no tiene para donde vivir; sin casa 3.1 *(62)*

desarrollo *m.* la introducción de las acciones de los personajes y sus motivos en una narración 3.4 *(75)*

desbaratarse deshacer, descomponer **14-4** *(502)*

descabellado(a) absurdo, insensato, ilógico 13.4 *(384)* **1.4** *(18)*

descalzo sin zapatos; contrario de «calzado» **3-1** *(50)*

desembarazada libre de obstáculos **10-4** *(374)*

desembocar salir el agua de un río en el mar 11.1 *(304)*

desempeñar llevar a cabo, cumplir, llenar o representar 13.1 *(368)* **1.1** *(2)*

desenlace *m.* la parte que presenta las consecuencias finales de una narrativa 3.4 *(75)*

desenredar poner en orden **14-4** *(495)*

desenvoltura *f.* agilidad, gracia **6-4** *(220)*

desenvuelto(a) que puede obrar con soltura o habilidad 2.4 *(47)*

desgastado en muy malas condiciones **12-4** *(435)*

desigualdad *f.* una comparación en la cual un número es menor que o mayor que otro número **10-2** *(350)*

deslucida menos atractiva **4-4** *(121)*

deslumbrante que ofusca (disminuye) la vista con demasiada luz 9.4 *(254)*

desmaña *f.* torpeza **4-4** *(122)*

desmejorarse ir perdiendo la salud 10.4 *(293)*

desmesuradamente excesivamente, mayor de lo común **9-4** *(326)*

despacho *m.* la oficina **3-4** *(85)*

desparramar separar lo que estaba junto 6.4 *(165)*

despedir (figurativo) tirar **10-4** *(373)*

despejo *m.* inteligencia **14-4** *(495)*

despensa *f.* lugar de la casa donde se guardan las provisiones; provisión de comestibles **9-4** *(326)*

desperdiciar malgastar, perder 2.4 *(48)*

despojo *m.* lo que toma del vencido el vencedor 12.4 *(355)*

déspota *m.* soberano que gobierna sin ser sujeto a leyes; persona que abusa de su poder y autoridad **6-1** *(182)*

despreciación *f.* ruego, súplica **10-4** *(374)*

desprendido(a) desatado 3.4 *(74)*

desque desde que **3-4** *(75)*

desquitarse vengarse **8-4** *(293)*

destacarse sobresalir 3.1 *(62)*

destrozar arruinar, estropear **10-4** *(376)*

destrozos *m.pl.* trozos; desperdicios **10-4** *(372)*

desvencijado(a) desunido, separado 6.4 *(164)*

detallista *m.f.* el que vende al por menor **4-2** *(104)*

deuda *f.* dinero que se debe 4.1 *(86)*

diálogo *m.* una conversación que sostienen los personajes de una narración 3.2 *(68)*; *m.* conversación o plática entre dos o más individuos **5-2** *(152)*

diámetro *m.* el segmento de recta que atraviesa el centro de un círculo y cuyos extremos están sobre el círculo **10-2** *(355)*

diario *m.* el jornal, un registro cronológico de los eventos financieros **4-2** *(107)*

dichoso(a) feliz 4.4 *(100)*

dictadura *f.* gobierno que se ejerce fuera de las leyes constitutivas de un país 13.2 *(374)* **1.2** *(8)*

dictar pronunciar leyes o decretos **12-1** *(418)*

difundido extendido **5-1** *(146)*

diligencia del fresco *f.* pescadería **10-4** *(371)*

dimitir renunciar **6-1** *(192)*

dinastía *f.* familia en cuyos miembros se perpetúa el poder político **6-1** *(182)*

diputar señalar **6-4** *(211)*

director de alojamiento *m.f.* persona que se responsabiliza por la recepción, reservaciones y mantenimiento de las habitaciones de un hotel **6-2** *(197)*

director *m.* el que dirige una obra teatral, incluyendo a los actores **5-2** *(152)*

discurso *m.* la manera en que el autor narra— su estilo 3.4 *(75)*

disensión *f.* contienda, riña, disputa 1.1 *(2)*

disimular ocultar, encubrir **10-4** *(370)*

dispuesto(a) apto, capaz, preparado 6.1 *(142)*

distinguir hacer una distinción **5-1** *(146)*

diurno durante el día **14-1** *(474)*

diversión pasatiempo **5-1** *(146)*

dividendo *m.* dinero que recibe uno de ciertas inversiones 5.2 *(122)*

dobla *f.* moneda antigua **3-4** *(75)*

don *m.* regalo, dádiva 4.4 *(100)*

donoso(a) gracioso, gallardo 14.4 *(408)* **2.4** *(42)*

dotar darle a una persona algo para mejorarla o perfeccionarla 6.4 *(156)*

dote *f.* bienes que la mujer aporta al matrimonio 10.4 *(290)*; *f.* bienes (regalos) que aporta la mujer al matrimonio **3-4** *(72)*

dramaturgo(a) *m.f.* el que escribe obras teatrales, dramas 5-2 *(148)*

DSL *m.* Digital Subscriber Line, permite la conexión más rápida con el Internet 3-2 *(60)*

duelos y quebrantos *m.pl.* dolores y daños 6-4 *(209)*

duro *m.* antigua moneda española de cinco pesetas 10.4 *(294)* 13-4 *(464)*

E

ebanista *m.* el carpintero 4-4 *(118)*

ecología *f.* la ciencia que estudia el equilibrio entre los seres vivientes y la naturaleza 9-2 *(318)*

ecología *f.* el equilibrio entre los seres vivientes y la naturaleza 12.2 *(344)*

ecuación *f.* un enunciado; indica que dos expresiones son equivalentes o iguales 10-2 *(349)*

eficazmente de una manera eficiente; competentemente 9-1 *(310)*

egreso *m.* gasto que uno tiene que pagar 5.2 *(122)*

egresos *m.pl.* gastos, el dinero que sale de la empresa 4-2 *(106)*

ejemplar que sirve de ejemplo; excelente 3.4 *(74)*

electrón *m.* una partícula que tiene carga negativa 14-2 *(479)*

elemento *m.* sustancia que no se puede descomponer en sustancias más sencillas 14-2 *(479)*

embuchados *m.pl.* fiambres o embutidos 10-4 *(370)*

emigración *f.* migración considerada desde el punto de vista del lugar de salida 7-1 *(228)*

empalmar unirse o corresponderse dos ferrocarriles, carreteras, etc. 4-4 *(118)*

empanizar (empanar) tomar forma; rebozar con huevo batido, harina y pan rallado carne o pescado antes de freírlo 10-4 *(376)*

empañar dar algo en depósito para obtener un préstamo 13-4 *(465)*

empeñarse en insistir con firmeza en algo 7.4 *(186)*

empeorar ponerse peor, deteriorar 6-1 *(182)*

empollar incubar 12-4 *(437)*

emprendedor(a) *m.f.* el que tiene iniciativas, especialmente en los negocios 9.4 *(254)*

emprender dar principio a una obra o empresa 8.1 *(206)*

empresa *f.* negocio, compañía, sociedad 3.1 *(62)*; *f.* una compañía 4-2 *(107)*

empresa de propiedad individual *f.* una empresa que pertenece a una sola persona 4-2 *(104)*

Emulsión Scott *f.* medicina que da fuerza 4-4 *(120)*

en ayunas sin haber comido; *(figurativo)* no entender nada 14-4 *(493)*

en blanco sin escribir ni marcar 8-4 *(294)*

en cuclillas sentado doblando el cuerpo hacia el suelo 9-4 *(331)*

en ventura en duda 13-4 *(469)*

enano(a) *m.f.* persona muy pequeña 6-4 *(214)*

encadenado(a) en cadenas 2.4 *(52)*

encalado pintado de blanco 8-4 *(300)*

encaramado elevado, colocado en un puesto honorífico 10-4 *(369)*

encargar poner una cosa al cuidado de otro; darle la responsabilidad a alguien de hacer algo 3-4 *(85)*

encarnizado furioso 12-4 *(436)*

encomendar (ie) entregar, confiar al amparo de alguien 6.4 *(156)*

endebles de poco valor; insuficientes 10-4 *(373)*

endocrinología *f.* el estudio de las glándulas de secreción interna 8.2 *(215)*

endocrinólogo(a) *m.f.* especialista en la endocrinología 8.2 *(215)*

endomingados *m.pl.* vestidos para el domingo **4-4** *(121)*

enemistad *f.* aversión u odio entre dos personas 12.4 *(355)*

enganche *m.* un pago inicial, anticipo 5.2 *(123)*

engaño *m.* el hacer creer algo que no es verdad; el fraude **6-1** *(182)*; *m.* el hacer creer a alguien algo que no es verdad **7-4** *(253)*

engorrosísimo muy fastidiado o molesto **10-4** *(370)*

enigmático(a) misterioso, incomprensible, inexplicable 13.4 *(382)* **1.4** *(16)*

enjuto delgado, flaco **6-4** *(209)*

enlazarse casar, contraer matrimonio 6.1 *(142)*

enojarse molestarse, enfadarse **4-4** *(118)*

enredadera *f.* planta 9.4 *(257)*

enredarse mezclar **14-4** *(502)*

ensillar poner la silla a un caballo **6-4** *(206)*

entablar dar comienzo a alguna cosa, tal como una conversación 10.4 *(290)*

entonación *f.* el movimiento melódico o musical de la frase hablada (oral) 9.1 *(236)*

entrambos ambos **10-4** *(365)*

entrañas *f.pl.* órganos abdominales **12-4** *(439)*

entrar datos ingresar datos **3-2** *(59)*

entremés *m.* una pieza muy corta, jocosa y popular **5-2** *(150)*

envilecer hacer viles o despreciables **14-4** *(497)*

enviudar perder a su esposo(a) por la muerte 1.1 *(2)*

envolverse involucrarse **5-1** *(146)*

ermita *f.* capilla situada en despoblado o en las afueras de un pueblo **12-4** *(435)*

errar andar como un vagabundo **8-4** *(300)*

escama *f.* lámina del cutis **10-4** *(372)*

escampavía *f.* guardacostas **11.4** *(323)*

escapillado(a) lo que tiene puesto 10.4 *(294)*

escarabajo *m.* tipo de insecto 4.2 *(93)*

escenario *m.* en una representación el conjunto de lienzos, etc., en la escena **5-2** *(152)*

escolaridad *f.* período de tiempo durante el cual se asiste a la escuela **14-1** *(474)*

escombro *m.* desecho, lo que queda **6.4** *(159)*

escombros *m.pl.* los restos, los desechos **7-4** *(253)*

escudero *m.* paje que acompañaba a un caballero para llevarle el escudo **12.4** *(355)*

escudo *m.* emblema **14-4** *(496)*

escuincle *m.* niño **14-4** *(494)*

escultura de relieve *f.* una escultura hecha sobre una superficie de modo que las figuras están talladas solamente en parte 10.2 *(279)*

escurridizo resbaladizo **14-4** *(503)*

especie amenazada *f.* una especie cuya población está declinando rápidamente **9-2** *(319)*

espectador(a) *m.f.* miembro del público **5-1** *(146)*

espectar mirar 5.4 *(133)*

espejismo *m.* ilusión óptica (sobre todo en zonas muy calurosas) **11-4** *(402)*

espesar hacer algo más espeso (que tenga más densidad) **10-1** *(344)*

espetar escupir **10-4** *(367)*

espigado alto y delgado **4-4** *(123)*

espiración *f.* la salida de aire de los pulmones hacia el exterior 9.1 *(236)*

espolear picar al caballo con las espuelas **3-4** *(90)*

espontáneo voluntario, del momento, que procede de un impulso **5-1** *(140)*

estado financiero *m.* cualquier tipo de informe financiero **4-2** *(108)*

Estado *m.* una unidad política que goza de soberanía total, que tiene la responsabilidad total por la conducta de sus asuntos **7-2** *(237)*

estados *m.pl.* medida antigua **3-1** *(52)*

estallar ocurrir violentamente 4.1 *(86)*

estatal del Estado, del gobierno **14-1** *(474)*

estiércol *m.* excremento de un animal **14-4** *(496)*

estilo *m.* el modo de expresión de un artista 10.2 *(278)*

estrado *m.* sitio elevado de honor **3-1** *(55)*

estremecerse temblar **7-4** *(246)*

estrofa *f.* un grupo de versos 1.4 *(17)*

estropicio *m.* destrozo de enseres de uso doméstico 6.4 *(162)*

estropicios *m.pl.* destrozos **14-4** *(497)*

estructura *f.* la composición de la materia o sea de lo que está hecha y como está organizada **14-2** *(478)*

etnocentrismo *m.* la creencia de que la cultura de uno es superior a cualquier otra 2.2 *(39)*

eucariote *m.* célula que tiene núcleo verdadero y organelos rodeados de membranas internas **13-2** *(452)*

exánime sin aliento **10-4** *(366)*

excrecencia *f.* giba, corcova; una adherencia superflua **10-4** *(367)*

expediente *m.* plan **14-4** *(496)*

exponente *m.* lo que indica el número de veces que se multiplica la base de una expresión de potencia **10-2** *(350)*

exposición *f.* los datos necesarios para entender la acción de una narración 3.4 *(75)*

expresión *f.* un término o una serie de términos separados por signos de adición (suma) o substracción (resta) **10-2** *(348)*

extinción *f.* la desaparición de una especie **9-2** *(319)*

extinguir hacer que cese el fuego, apagar el fuego 4.4 *(100)*

extrañar sorprender **14-4** *(496)*

F

fábula *f.* relato, cuento o apólogo generalmente en verso que oculta una enseñanza moral bajo el velo de la ficción 14.4 *(409)* **2.4** *(43)*

factor *m.* un número que se multiplica **10-2** *(350)*

factura *f.* lo que uno tiene que pagar 5.2 *(123)*

fallido frustrado, no logrado **8-4** *(296)*

faltar morir **5-4** *(163)*

farol *m.* un tipo de linterna para alumbrar la calle 3.4 *(74)*

fastidiado(a) enojado 5.4 *(132)*

fastidiar enfadar, molestar, enojar **5-4** *(162)*

fastidio *m.* enfado, cansancio **8-4** *(290)*

fatiga *f.* cansancio, agotamiento 13.4 *(382)* **1.4** *(16)*

fatigar cansar, molestar 8.4 *(228)*

faz *f.* la cara **8-4** *(296)*

fenecer terminar 12.4 *(352)*

fénix *m.* lo que es único en su especie 14.4 *(408)* **2.4** *(42)*

feriado(a) se dice del día en que están suspendidos o cerrados los negocios; festivo 4.1 *(86)*

feudalismo *m.* orden político a fines de la Edad Media que implicaba la dependencia del campesino a un señor **6-1** *(182)*

figurativo(a) se dice de una obra de arte que presenta una rendición más literal, o sea, más realista de la materia 10.2 *(278)*

fila *f.* cola **4-1** *(101)*

fingir hacer creer con palabras o acciones algo que no es verdad; dar existencia real a lo que no existe **10-4** *(362)*

fiscal *m.* el que trata de probar la culpabilidad de un presunto (sospechoso) por el Estado; en inglés «abogado del distrito» **12-2** *(427)*

fisiología *f.* el estudio de las funciones del organismo humano 8.2 *(214)*

flequillo de randa *m.* borla 5.4 *(134)*

flojo no muy sólido, no firme **10-4** *(376)*

florido con flores 8-4 *(300)*

fluidez *f.* la facilidad 9.1 *(236)*

fluvial relativo a los ríos 11.1 *(304)*

foco *m.* la bombilla eléctrica 3-4 *(80)*

follón perezoso, vano, arrogante **6-4** *(219)*

fonda *f.* restaurante **10-4** *(371)*

fonética *f.* pronunciación **8-1** *(271)*

fontanero *m.* el plomero **4-4** *(118)*

forastero *m.* extranjero **7-1** *(228)*

forastero(a) *m.f.* extraño, persona de otro pueblo o región 13.4 *(384)* **1.4** *(18)*

forcejear hacer fuerzas en contra de algo o alguien **10-4** *(372)*

fornido(a) robusto y de mucho hueso 2.4 *(46)*

frac *m.* smoking **10-4** *(367)*

fracción *f.* la expresión de una razón **10-2** *(350)*

fregadero *m.* el lavaplatos **4-4** *(118)*

frenado restringido **5-4** *(164)*

frenesí *m.* locura, delirio 12.4 *(353)*

frenético muy exaltado, furioso **5-1** *(140)*

frotar pasar repetidamente una cosa sobre otra 3.4 *(74)*

fugaz que desaparece rápido **5-4** *(171)*

fulgor *m.* brillo, brillantez, resplandor 13.4 *(382)* **1.4** *(16)*

funcionario *m.* persona que desempeña una función pública, que trabaja para el gobierno **7-1** *(228)*

funesto desgraciado **10-4** *(366)*

fungido desempeñado **14-4** *(491)*

furtivo a escondidas, tratando de ocultar algo **10-4** *(362)*

fusión *f.* unión, mezcla **5-1** *(146)*

G

gacetillero(a) *m.f.* redactor, editor de periódico **4-4** *(120)*

gachupín *m.* sobrenombre regional despectivo dado a los españoles que se establecieron en las Américas 4.1 *(88)*

gajos *m.pl.* porciones interiores de una fruta 3-4 *(83)*

galera *f.* barco, buque 12.4 *(355)*

galgo *m.* perro esbelto que corre rápido **6-4** *(209)*

gallardo(a) que presenta bello aspecto; valiente y noble 10.4 *(290)*

ganancia *f.* beneficio de una empresa **4-2** *(104)*

garfio *m.* gancho de hierro para sujetar algo 6.4 *(165)*

garúa *f.* un tipo de neblina que cubre Lima de mayo a septiembre 9.2 *(244)*

gastroenterología *f.* rama de la medicina que se ocupa del estómago, los intestinos y todo el aparato digestivo y sus enfermedades 8.2 *(215)*

gastroenterólogo(a) *m.f.* especialista en la gastroenterología 8.2 *(215)*

genética *f.* la rama de la biología que estudia la herencia **13-2** *(455)*

geografía *f.* el estudio de la Tierra 1.2 *(6)*

gimotear gemir, quejarse 10.4 *(293)*; musitar **14-4** *(492)*

ginecología *f.* el estudio de las enfermedades de la mujer 8.2 *(215)*

ginecólogo(a) *m.f.* especialista en la ginecología 8.2 *(215)*

gloria *f.* gusto **4-4** *(122)*

glorieta *f.* plazoleta, generalmente en un jardín; encrucijada de calles y alamedas 7.4 *(186)*

gobierno *m.* una institución política con autoridad para hacer y hacer respetar las leyes 13.2 *(372)* **1.2** *(6)*; *m.* los individuos que controlan el aparato del Estado y dirigen el poder del Estado; un grupo de personas dentro del Estado que tienen la autoridad para obrar en nombre del Estado **7-2** *(236)*

gola *m.* armadura que protege la garganta **6-4** *(215)*

golfo *m.* una extensión de agua más pequeña que un mar y más grande que una bahía 1.2 *(8)*

gorjeo *m.* son que se hace al cantar 14.4 *(410)* **2.4** *(44)*

grado *m.* unidad de medida de un ángulo **10-2** *(351)*

granada *f.* fruta de sabor agridulce **3-4** *(83)*

gremio eril *m.* grupo de criadas **4-4** *(121)*

grosor *m.* dimensión, grueso « *(351)*

gualdo(a) amarillo 4.2 *(93)*

guardar conservar los datos **3-2** *(59)*

guarnecer adornar **10-4** *(368)*

guasa *f.* tipo de música 2.4 *(53)*

guión *m.* texto que tiene lo que dicen los actores en una película u obra teatral **5-2** *(148)*

gusano *m.* animal de cuerpo blando y alargado que no tiene patas **7-4** *(250)*

H

habituarse acostumbrarse **14-4** *(502)*

hacer hincapié enfatizar, mantener firme una opinión **14-1** *(474)*

hacer negocio comerciar; vender y comprar **4-1** *(101)*

hacer rodeos andar en círculos **9-4** *(330)*

hado *m.* el destino **7-4** *(246)*

halagar dar motivo de satisfacción; gozar **7-4** *(246)*

halagüeño(a) que da muestras de admiración 14.4 *(408)* **2.4** *(42)*

hardware *m.* la computadora y todo el equipo conectado con ella **3-2** *(58)*

hazaña *f.* acción ilustre o heroica 1.4 *(16)*

hebra *f.* fibra **10-4** *(379)*

hechizado embrujado **6-1** *(189)*

hediondo(a) sucio, maloliente 13.4 *(387)* **1.4** *(21)*

heptágono *m.* polígono de 7 lados **10-2** *(354)*

heredero(a) *m.f.* persona que hereda (recibe) los bienes de un difunto **6-1** *(189)*

hervores *m.pl.* *(figurativo)* dolores, penas **10-4** *(379)*

hexágono *m.* polígono de 6 lados **10-2** *(354)*

hiedra *f.* planta tropical verde **7-4** *(251)*

hinchado(a) vanidoso 14.4 *(408)* **2.4** *(42)*

hipocresía *f.* fingimiento (imaginación) de poseer cualidades de virtud (buenas) **10-4** *(362)*

hipoteca *m.* un préstamo para comprar una casa 5.2 *(123)*

historia *f.* el argumento de una narración—la acción, lo que pasa en la obra 3.4 *(75)*

historiada *f.* decoración llamativa 6.4 *(161)*

hocico *m.* boca y narices de un animal 4.2 *(93)*

hogar *m.* domicilio; donde vive la familia **4-1** *(101)*

holgado cómodo **13-4** *(461)*

holgazán *m.* persona perezosa sin ambición **5-4** *(162)*

hondonada *f.* parte del terreno que está más honda que la que la rodea 9.4 *(258)*

horadar agujerear **6-4** *(216)*

hormiga *f.* insecto pequeñísimo que vive en colonias (hormigueros) **7-4 *(250)***

hospedar tener alguien como huésped, alojar **9-4 *(326)***

hostelería *f.* la industria hotelera **6-2 *(196)***

huelga *f.* suspensión colectiva del trabajo para obtener beneficios o derechos **6-1 *(182)***

huir escapar **3-4 *(85)***

huronear explorar **12-4 *(436)***

I

icono *m.* una representación pictórica de un objeto **3-2 *(59)***

ignorar no saber, desconocer 13.4 *(382)* **1.4 *(16)***

igualdad *f.* una ecuación en la cual las expresiones separadas por un signo de igualdad tienen el mismo valor **10-2 *(350)***

ijares *m.pl.* cavidades entre huesos del cuerpo **10-4 *(365)***

imperante que domina, que tiene el poder 1.1 *(2)*

imperar regir **14-4 *(499)***

impertinencia *f.* palabras o acciones indiscretas que indican una falta de consideración o respeto **8-4 *(290)***

ímpetu *m.* gran intensidad o fuerza **7-1 *(228)***

implorar rogar, suplicar, pedir 13.4 *(382)* **1.4 *(16)***

importarle un pimiento no importarle nada **5-4 *(165)***

impresora *f.* máquina que imprime **3-2 *(62)***

improperios *m.pl.* insultos **14-4 *(492)***

imprudencia *f.* falta de buen juicio; sin moderación; indiscreción **3-4 *(85)***

inadvertido(a) no tener en cuenta; no haber sido informado 3.4 *(74)*

incipiente que empieza **5-2 *(150)***

incredulidad *f.* acción de no poder creer **14-4 *(498)***

incurrir cometer, causar **14-4 *(499)***

indemnización *f.* el dinero que uno recibe para recuperar su pérdida 6.2 *(148)*

indígena *m.f.* originario del país de que se trata 2.1 *(32)*

indumentario relativo al vestido, a la ropa **4-4 *(118)***

infectología *f.* la rama de la medicina que trata las enfermedades contagiosas 8.2 *(215)*

infectólogo(a) *m.f.* especialista en la infectología 8.2 *(215)*

ingreso neto *m.* el ingreso de una empresa o individuo después de deducir los gastos **4-2 *(106)***

ingreso *m.* la renta y el dinero que recibe uno 5.2 *(122)*

ingresos *m.pl.* el dinero que recibe una empresa **4-2 *(106)***

iniciar encender la computadora **3-2 *(59)***

inmerecido injusto **8-4 *(296)***

inmigración *f.* migración considerada desde el punto de vista del lugar de destino **7-1 *(228)***

inmundicia *f.* suciedad **14-4 *(498)***

insinuante dando a entender una cosa sin hechos **10-4 *(362)***

insolencia *f.* el tratar a otro de forma descortés o sin respeto **6-4 *(206)***

insoluble que no se puede resolver 8.4 *(228)*

integrarse introducirse totalmente en un grupo adoptando sus costumbres **7-1 *(228)***

interés *m.* dinero que recibe uno de sus cuentas de ahorros en el banco 5.2 *(122)*

Internet *m.* una red pública de computadoras interconectadas **3-2 *(60)***

internista *m.f.* especialista en la medicina interna 8.2 *(214)*

intransigente obstinado, intolerable ***6-1 (182)***

intrepidez *f.* calidad de una persona que no teme el peligro 4.4 *(100)*

intrínsecamente interiormente, esencialmente **11-1** *(388)*

intuir percibir algo por intuición o sea sin tener que razonarlo **3-4** *(80)*

ion *m.* átomo o grupo de átomos combinados que tiene una carga como consecuencia de la pérdida o ganancia de electrones **14-2** *(481)*

irreconciliable incapaz de reconciliar algo, de encontrar una solución **6-1** *(182)*

irresoluto que carece de (no tiene) resolución; que no se decide en un caso determinado **9-4** *(326)*

istmo *m.* un pedacito de tierra que une un continente con otro **1.2** *(6)*

izadas *f.pl.* elevadas, levantadas **10-4** *(369)*

izar levantar, alzar con una cuerda **7-4** *(248)*

J

jarrón *m.* ornamento en forma de un jarro **6.4** *(161)*

jeme *m.* medida antigua **3-1** *(55)*

jerarquía de necesidades *f.* una lista clasificada de las necesidades esenciales para el crecimiento y desarrollo humanos **8-2** *(278)*

jocoso divertido, cómico **5-2** *(150)*

jornada *f.* día laborable **4-4** *(122)*; *f.* acto **5-2** *(150)*

jorobas *f.pl.* deformidad **10-4** *(367)*

joyero *m.* el que vende joyas; pulseras, anillos, brazaletes, etc. **7-4** *(253)*

juntar reunir, agrupar **7.4** *(186)*

L

labrar cultivar, trabajar **13.4** *(382)* **1.4** *(16)*

ladear ir de un lado a otro **10-4** *(362)*

ladino(a) *m.f.* persona de origen indígena o mestizo que habla español y que ha adoptado costumbres europeas o urbanas **2.4** *(48)*

lados congruentes *m.pl.* los lados de un polígono que tienen la misma longitud **10-2** *(352)*

lados *m.pl.* las partes de un ángulo formado por los rayos **10-2** *(351)*

lago *m.* una extensión de agua rodeada de tierra **1.2** *(8)*

laico el que es independiente de la autoridad de un organismo religioso **5-2** *(152)*

lanchón *m.* lancha (buque) grande **11.4** *(322)*

lanza *f.* espada **3-1** *(50)*

lapa *f.* roedor grande cuya carne es apreciada **13.4** *(384)* **1.4** *(18)*

látigo *m.* azote de cuero con que se castiga a los caballos o mulas **2.4** *(52)*

lazo *m.* el enlace **6.1** *(142)*

lecho *m.* cama **6-4** *(215)*

legua *f.* antigua medida de distancia **12.4** *(358)*; *f.* medida antigua **3-1** *(52)*

lencería *f.* ropa blanca en general y, especialmente, ropa interior **3.1** *(62)*

lengua romance *f.* una lengua derivada del latín **8-1** *(270)*

lengua vulgar *f.* la lengua del pueblo **5-2** *(149)*

levadizo que se puede levantar **6-4** *(214)*

levantamiento *m.* sublevación, rebelión, motín **6-1** *(182)*

libro mayor *m.* un libro o un formato para la computadora donde aparecen juntas una serie de cuentas relacionadas **4-2** *(107)*

lides *f.pl.* combates, peleas **6-4** *(220)*

lienzo *m.* tela de lino **10-4** *(379)*

limosna *f.* dinero, ropa, comida que se le da a un necesitado para ayudarlo **11-1** *(388)*

limpión *m.* paño para limpiar y secar los platos **5.4** *(132)*

lindeza *f.* la belleza **10-4** *(362)*

lípido *m.* grasa 14.2 *(399)* **2.2 *(33)***

lírica *f.* el género literario en el cual el autor expresa sus sentimientos 4.2 *(92)*

lisonjas *f.pl.* lo que se dice a otro para satisfacer su amor propio 14.4 *(408)* **2.4 *(42)***

litigio *m.* disputa, contienda legal 10.4 *(290)*

litúrgico relativo a los ritos y ceremonias religiosas **5-2 *(152)***

liviandad *f.* frivolidad 13.4 *(385)* **1.4 *(19)***

liviano ligero **8-4 *(293)***

llama *f.* lo que surge de un fuego o incendio 10.1 *(266)*

llevar la contraria no conceder, no acceder **5-1 *(146)***

lluvia ácida *f.* precipitación contaminada que daña edificios de piedra y lava valiosos nutrimentos del suelo **9-2 *(320)***

lona *f.* tela con que se confecciona (hace) una vela 11.4 *(318)*

luceros *m.pl.* astros (estrellas) grandes y brillantes **9-4 *(336)***

luengo largo **6-4 *(211)***

lumbre *f.* luz, fuego **7-4 *(254)***

M

madreselva *f.* planta de flores olorosas **3-4 *(82)***

madrugada *f.* muy temprano por la mañana **12-4 *(439)***

madrugador *m.* el que se levanta temprano por la mañana **6-4 *(206)***

magras *f.pl.* lonjas (tajadas, rebanadas) delgadas de jamón **10-4 *(371)***

magullado dañado pero no herido **12-4 *(437)***

majagua *f.* árbol de madera fuerte 9.4 *(257)*

mala pata *f.* mala suerte 5.4 *(133)*

malo enfermo **10-4 *(368)***

maltrecho(a) en mal estado físico o mental 12.4 *(360)*; en mal estado **11-4 *(402)***

mancebo *m.* hombre soltero 10.4 *(290)*

manco(a) que le falta una mano o un brazo 12.4 *(355)*

manjar *m.* comida **5-4 *(164)***; *m.* alimentos exquisitos y bien preparados **13-4 *(460)***

mano de obra *f.* conjunto de obreros, trabajadores **9-1 *(310)***

mano *f.* pistadero, majadero de mortero **10-1 *(344)***

mansamente apaciblemente, suavemente 5.4 *(132)*

manso benigno, apacible, dulce, sereno **4-4 *(118)***

manzanilla *f.* vino blanco de Andalucía; no muy bueno **10-4 *(373)***

maquinalmente involuntariamente, como una máquina **10-4 *(362)***

mar *m.* una extensión de agua más pequeña que un océano y más grande que un golfo 1.2 *(8)*

maraña *f.* la maleza, la espesura 9.4 *(254)*; *f.* situación mala **14-4 *(495)***

maravedí *m.* antigua moneda española de poco valor 10.4 *(294)*

mareado(a) estado de estar enfermo por el movimiento 1.4 *(23)*

marino del mar **5-1 *(140)***

mariposa *f.* insecto con cuatro alas de colores bonitos **7-4 *(253)***

mas pero **3-4 *(88)***

masa *f.* la medida de la cantidad de materia que contiene un objeto **14-2 *(478)***

mástil *m.* palo de un barco 2.4 *(52)*

materia *f.* cualquier cosa que tiene masa y ocupa un espacio **14-2 *(478)***

matrícula *f.* inscripción en la universidad **14-1 *(474)***

mayorista *m.f.* el que vende al por mayor **4-2 *(104)***

mazorca *f.* elote; panoja del maíz **10-1 *(344)***

mecedor *m.* silla que tiene movimiento de balanceo 6.4 *(159)*

medicina interna *f.* el estudio y tratamiento de las enfermedades que afectan los órganos internos 8.2 *(214)*

Diccionario

medios de comunicación no verbales *m.pl.* gestos, ademanes y expresiones faciales **5-2 (148)**

meditar pensar atenta y profundamente **3-4 (85)**

medroso temeroso **6-4 (220)**

membrana *f.* lámina delgada y flexible de tejido animal o vegetal que envuelve ciertas células **13-2 (453)**

mendigo *m.* persona que habitualmente les pide dinero a otros **11-1 (388)**

menear mover de una parte a otra 12.4 *(360)*

menester *m.* necesidad **6-4 (216)**

menguar disminuir, bajar **3-1 (50)**

menú *m.* lista de opciones disponibles para el usuario de la computadora **3-2 (59)**

mercadeo *m.* la creación de un mercado para un producto antes de comenzar a producirlo 11.2 *(310)*

mercado *m.* el terreno en el cual se efectúan la venta y la compra **4-2 (104)**

mercantil comercial **6-1 (182)**

meridional del sur 9.2 *(245)*

merodear vagar en busca de algo **9-4 (329)**

meseta *f.* una parte llana y bastante extensa de terreno situada en una altura o montaña 1.2 *(7)*

meta *f.* el objetivo, el gol **9-1 (310)**

metate *m.* mortero **10-1 (344)**

meteorología *f.* la ciencia que se dedica al estudio de los fenómenos atmosféricos incluyendo el clima y el tiempo. 9.2 *(242)*

mezcla heterogénea *f.* asociación de dos o más sustancias sin cambio de la identidad de cada una—se puede descomponer fácilmente **14-2 (482)**

Mezquita *f.* magnífico edificio moro **3-4 (75)**

migración *f.* desplazamiento de personas o grupos de una región a otra para establecerse en ella, bajo influencia de factores económicos o políticos **7-1 (228)**

milpa *f.* la tierra destinada al cultivo de maíz (en México y Guatemala) 2.4 *(48)*; *f.* donde se cultiva el maíz **14-4 (495)**

mimado(a) muy consentido; casi malcriado 10.4 *(290)*; tratado con excesiva condescendencia, cariño o halago **4-4 (118)**

mimo *m.* demostración de amor, cariño **14-4 (502)**

mirones *m.pl.* los que miran **14-4 (493)**

mito *m.* la leyenda, una narración fabulosa de algo que ocurrió en un tiempo pasado remoto 13.1 *(368)* **1.1 (2)**

mitotes *m.pl.* fiestas florales de los mayas **5-2 (150)**

mocoso se dice de un muchacho que se considera adulto o experto en algo **8-4 (290)**

modelar observar y aprender de las conductas de quienes te rodean **8-2 (281)**

módem *m.* dispositivo o modulador que adapta una terminal a una línea telefónica **3-2 (59)**

modisto(a) *m.f.* diseñador de ropa 3.1 *(62)*

molécula *f.* grupo, sin carga, de dos o más átomos unidos entre sí por medio de enlaces covalentes **14-2 (480)**

moler (ue) reducir el grano a polvo o pequeños fragmentos por presión **10-1 (344)**

monadas *f.pl.* gestos o acciones afectadas **10-4 (367)**

monarquía absoluta *f.* forma de gobierno en la cual el rey tiene el poder supremo **6-1 (182)**

monopolio *m.* una empresa que es la única que vende el producto **4-2 (105)**

montaña *f.* una elevación considerable y natural de terreno 1.2 *(7)*

montaraz de las montañas **5-4** *(171)*

morería *f.* barrio donde vivían los moros **3-4** *(75)*

morlaco *m.* moneda 10.4 *(294)*

morrión *m.* casco de soldado **6-4** *(211)*

morrocotudo duro, fuerte **12-4** *(437)*

mosquetero *m.pl.* espectador a pie **5-2** *(150)*

mudanza *f.* cambio 12.4 *(360)*

muelle *m.* lugar en el puerto que facilita el embarque y desembarque de cosas y personas de un barco **11-1** *(388)*

mugre *f.* suciedad grasienta 6.4 *(159)*

muladar *m.* lugar donde se echa la basura de las casas 6.4 *(162)*

musitar hablar en voz muy baja 5.4 *(132)*; hablar en voz muy baja, murmurar **13-4** *(460)*

muy a pecho seriamente **14-4** *(494)*

N

nación *f.* un grupo importante de personas vinculadas que reconocen una semejanza entre sí porque comparten una cultura común, especialmente una misma lengua **7-2** *(237)*

narración fantástica *f.* un cuento o una novela en la cual los personajes, ambientes y hechos ni existen ni podrían existir en la realidad 3.2 *(69)*

narrativa *f.* el género literario en el cual el autor relata unos hechos 4.2 *(92)*

natal relativo al nacimiento, nativo 3.1 *(62)*

naufragar hundirse o perderse una embarcación (barco) en el agua; sufrir tal accidente **6-1** *(182)*

navío *m.* nave, barco 11.4 *(320)*

necio tonto, no inteligente, estúpido, ignorante **10-4** *(362)*

nefrología *f.* rama de la medicina que estudia el riñón y sus enfermedades 8.2 *(215)*

nefrólogo(a) *m.f.* especialista en la nefrología 8.2 *(215)*

netamente claramente, definidamente **11-1** *(388)*

neumología *f.* rama de la medicina que estudia y trata las enfermedades de los pulmones y del aparato respiratorio 8.2 *(215)*

neumólogo(a) *m.f.* especialista en la neumología 8.2 *(215)*

neurología *f.* el estudio del sistema nervioso 8.2 *(215)*

neurólogo(a) *m.f.* especialista en la neurología 8.2 *(215)*

neutrón *m.* una partícula que no tiene carga **14-2** *(479)*

niñera *f.* la que cuida de un(a) niño(a) **4-4** *(120)*

no darse abasto andar lleno **9-4** *(329)*

nocturno de noche **14-1** *(474)*

nonágono *m.* polígono de 9 lados **10-2** *(354)*

norma *f.* una regla o forma convencional y acostumbrada de actuar, pensar y sentir en una sociedad 2.2 *(39)*

normalista *m.f.* el/la que tiene diploma para enseñar en una escuela primaria **9-4** *(331)*

novela *f.* un género de literatura narrativa más largo que un cuento 3.2 *(68)*

núcleo *m.* parte central de un átomo, pequeña y densa y con carga positiva **14-2** *(479)*

número negativo *m.* un número menor que cero **10-2** *(350)*

número positivo *m.* un número mayor que cero **10-2** *(350)*

O

obra *f.* pieza literaria **5-2** *(148)*

obsequiar agasajar, darle a alguien un regalo, galantear a una mujer 10.4 *(290)*

obsequio *m.* regalo, agasajo; amabilidad, cortesía **10-4 *(362)***

obstetra *m.f.* especialista en la obstetricia 8.2 *(216)*

obstetricia *f.* parte de la medicina que trata de la gestación, el parto y el puerperio 8.2 *(216)*

océano *m.* una gran extensión de agua salada 1.2 *(8)*

ochavo *m.* moneda antigua 10.4 *(294)*

ocioso desocupado, inactivo **6-4 *(210)***

octágono *m.* polígono de 8 lados **10-2 *(354)***

oficio *m.* profesión, empleo **5-4 *(162)***; *m.* profesión mecánica o manual **14-1 *(474)***

oftalmología *f.* la parte de la medicina que trata de las enfermedades del ojo 8.2 *(216)*

oftalmólogo(a) *m.f.* especialista en la oftalmología 8.2 *(216)*

óleo *m.* pintura a base de aceites 10.2 *(278)*

ombú *m.* árbol nacional de Argentina **5-4 *(171)***

omoplatos *m.pl.* huesos en la espalda **10-4 *(367)***

oncología *f.* rama de la medicina que se ocupa de los crecimientos neoplásicos, del cáncer y su tratamiento incluyendo la quimioterapia 8.2 *(216)*

oncólogo(a) *m.f.* especialista en la oncología 8.2 *(216)*

ópera *f.* un drama cantado con acompañamiento de orquesta 10.2 *(281)*

oportunamente que sucede en el lugar o tiempo conveniente; convenientemente **10-4 *(362)***

oprimir someter por la violencia, poniendo uno bajo la autoridad o dominio de otro 1.1 *(2)*

orador *m.* persona que pronuncia un discurso en público 1.4 *(16)*

organelo *m.* estructura interna de la célula que está rodeada de membrana **13-2 *(452)***

órgano *m.* grupo de dos o más tejidos que desarrollan una actividad juntos como la hoja de una planta o el corazón de un ser humano **13-2 *(454)***

oriental del este **5-1 *(146)***

orquesta de cámara *f.* orquesta pequeña 10.2 *(280)*

ortopedia *f.* rama de la cirugía relacionada con el tratamiento correctivo de deformidades y enfermedades del aparato locomotor, en especial las que afectan los huesos, músculos y articulaciones 8.2 *(216)*

osadía *f.* temeridad, audacia **12-4 *(436)***

osezno *m.* cachorro de oso **4-4 *(120)***

ostentación *f.* exhibición afectada y vanidosa **10-4 *(374)***

otorgar dar, ofrecer **6-1 *(182)***

otorrinolaringología *f.* la parte de la medicina que trata las enfermedades del oído, de la nariz y de la laringe (garganta) 8.2 *(216)*

otorrinolaringólogo(a) *m.f.* especialista en la otorrinolaringología 8.2 *(216)*

P

pacífico calmo, tranquilo **6-4 *(206)***

padecer sufrir **5-4 *(162)***

pago *m.* gente de muchos distritos **5-4 *(172)***

paisano *m.* persona del mismo país o región **9-4 *(326)***

palabra de paso *f.* contraseña, código, pin **3-2 *(59)***

palizas *f.pl.* serie de golpes **4-4 *(118)***

palmadas *f.pl.* golpes con las palmas de las manos **5-1 *(146)***

palpar tocar con las manos o con los dedos para examinar o reconocer algo 3.4 *(74)*

panadizo *m.* inflamación aguda de uno o más dedos **10-4 *(368)***

pandemonio *m.* mucha confusión **10-4 *(373)***

para un barrido que para un fregado para barrer o fregar algo, (figurativo) que puede hacer muchos tipos de cosas 14-4 *(491)*

parada *f.* desfile 7.4 *(188)*

paraje *m.* lugar 14-4 *(492)*

paralelogramo *m.* un cuadrilátero cuyos lados opuestos son paralelos 10-2 *(353)*

pared celular *f.* una estructura de muy poca flexibilidad que rodea la membrana plasmática 13-2 *(453)*

parlamento *m.* tipo de asamblea legislativa 13.2 *(374)* 1.2 *(8)*

parpadear abrir y cerrar repetidamente los párpados, la parte superior exterior del ojo 14-4 *(500)*

particular privado 4-4 *(118)*

partido político *m.* agrupación política de los que siguen la misma opinión o interés 13.2 *(374)* 1.2 *(8)*

partirse salir 3-1 *(52)*

parto *m.* nacimiento 14-4 *(495)*

pasivos *m.pl.* deudas 4-2 *(106)*

patalear agitar las piernas 4-4 *(122)*

patrocinar favorecer o proteger una causa o candidatura; ayudar una causa frecuentemente pagando los gastos; favorecer 6-1 *(182)*

pecoso(a) que tiene pequeñas manchas en la piel 9.4 *(254)*

peculio *m.* dinero 14-4 *(494)*

pediatría *f.* la rama de la medicina que estudia las enfermedades de los niños y su tratamiento 8.2 *(216)*

pedrada *f.* acción de arrojar una piedra; golpe dado con una piedra lanzada 8.1 *(206)*

pelado(a) pobre, sin un centavo 10.4 *(292)*

peldaño *m.* cada uno de los elementos de una escalera que hay que bajar y subir 3-4 *(80)*; 4-4 *(118)*

pellizcos *m.pl.* cantidades pequeñas 10-4 *(371)*

pelotón *m.* pequeño grupo de oficiales 12-4 *(439)*

penalidad *f.* el castigo 12-2 *(427)*

pendón *m.* bandera, estandarte 11.4 *(318)*

pentágono *m.* polígono de 5 lados 10-2 *(354)*

penumbra *f.* sombra débil y poco oscura 6.4 *(159)*

peón *m.* obrero no especializado (inexperto); en Latinoamérica «bracero agrícola» 9-1 *(310)*

perder el juicio volverse loco 6-4 *(206)*

pérdida neta *f.* lo que tiene una empresa cuando los gastos son mayores que los ingresos 4-2 *(106)*

perecer morir 12-1 *(418)*

perifollo *m.* adornos 4-4 *(120)*

perímetro *m.* la suma de la longitud de todos los lados del polígono 10-2 *(354)*

personaje *m.* figura en una obra literaria 5-2 *(148)*

personalidad *f.* un conjunto complejo de características que te hacen único 8-2 *(281)*

perspectiva *f.* la representación de objetos en tres dimensiones sobre una superficie plana 10.2 *(278)*

perspectiva positiva *f.* capacidad de ver el lado bueno y tener esperanza en la vida 8-2 *(277)*

perspicaz que se percata (se da cuenta) de cosas aunque no estén muy claras 10-4 *(362)*

pertrechos *m.pl.* armas necesarias para la defensa 6-4 *(215)*

pescozada *f.* golpe con la mano en el pescuezo o en la cabeza 6-4 *(219)*

pestañas *f.pl.* pelos en los bordes de los párpados para proteger los ojos 14-4 *(500)*

peto *m.* armadura defensiva que cubre el pecho 6-4 *(215)*

picado ofendido, enojado 10-4 *(367)*

Diccionario

pie *m.* un pago inicial 5.2 *(123)*

pieza *f.* cuarto **8-4** *(293)*

pin *m.* contraseña, palabra de paso, código **3-2** *(59)*

pintos *m.pl.* los de color rojizo y oscuro **9-4** *(331)*

piso *m.* apartamento, departamento **4-4** *(120)*

planilla *f.* formulario con espacios en blanco para rellenar con informes **8-4** *(290)*

plantarle una fresca al lucero del alba ser capaz de decir algo a alguien, sin preocuparse de la persona a quien se dirige **10-4** *(367)*

plática *f.* la charla, la conversación en México y en otras partes **9-4** *(326)*

plebiscito *m.* referéndum 13.2 *(373)* **1.2** *(7)*

podadera *f.* herramienta para cortar árboles y arbustos **6-4** *(209)*

poder *m.* dominio que uno tiene para mandar 13.2 *(374)* **1.2** *(8)*

poesía *f.* la expresión de la belleza por medio del lenguaje artístico 4.2 *(92)*

poesía *f.* un género de literatura en verso 1.4 *(17)*

poesía *f.* una composición escrita en verso 1.4 *(17)*

polaco de Polonia **5-1** *(146)*

polígono *m.* cualquier figura cerrada con tres o más lados **10-2** *(354)*

polígono regular *m.* polígono del cual todos los lados tienen la misma longitud **10-2** *(354)*

polilla *f.* insecto que destruye los tejidos, sobre todo la lana **7-4** *(250)*

poltrona *f.* silla grande y cómoda 6.4 *(159)*

ponderación *f.* atención y consideración **14-4** *(498)*

ponderar pensar, meditar 10.4 *(290)*

popa *f.* parte posterior de una nave 11.4 *(318)*

por su cuenta por el beneficio de uno y sin ayuda alguna 8.1 *(206)*

porfía *f.* disputa desagradable **10-4** *(371)*

porte *m.* especto en cuanto a un individuo, sus modales, modo de vestirse, etc. **9-4** *(326)*

postigo *m.* persiana 6.4 *(164)*

postulante *m.* persona que pide algo 10.4 *(290)*

potencia *f.* capacidad de mandar, imponer o influir; Estado soberano **7-2** *(238)*; *f.* lo que expresa el exponente **10-2** *(350)*

potrear molestar, mortificar **4-4** *(120)*

precario inestable, inseguro, peligroso **9-1** *(310)*

pregonar alabar en público **5-4** *(171)*

prendado impresionado **4-4** *(121)*

prender agarrar; arrestar, detener o poner preso 8.1 *(206)*

préstamo a corto plazo *m.* un préstamo que el deudor paga en pocos años 5.2 *(123)*

préstamo a largo plazo *m.* un préstamo que el deudor tiene que pagar por muchos años 5.2 *(123)*

presupuesto *m.* un cálculo de la cantidad de dinero que uno tiene disponible para cada uno de sus gastos 5.2 *(122)*

pretil almenado *m.* barrera a los lados de un puente **3-1** *(52)*

prevenir tomar las medidas precisas para entrar o remediar un mal, avisar o informar a alguien sobre todo de un daño o peligro **9-4** *(326)*

priesa *f.* prisa **6-4** *(211)*

prima *f.* el monto que el asegurado paga a la compañía de seguros 6.2 *(148)*

primordial sumamente importante, de lo más básico 2.1 *(32)*

principio final *m.* plato de carne que se sirve después del cocido y antes del postre **10-4** *(372)*

procariote *m.* organismo cuya estructura celular no tiene membrana **13-2** *(452)*

procesamiento *m.* acto por el cual se declara a alguien presunto autor de unos hechos delictivos (criminales) para poder abrir contra él un proceso penal **12-2** *(427)*

procesamiento de textos *m.* acción que reemplaza las operaciones de una máquina de escribir **3-2** *(59)*

procurar hacer esfuerzos, tratar de, intentar **6-4** *(206)*

prodigioso(a) excepcional 10.1 *(266)*

proezas *f.pl.* hazañas, acciones valerosas **6-4** *(220)*

prófugo fugitivo **10-4** *(372)*

programa de *software* *m.* conjunto de instrucciones para la computadora **3-2** *(58)*

promoción *f.* grupo **5-4** *(164)*

promulgar publicar ceremoniosa y / u oficialmente **6-1** *(192)*

pronto *m.* un pago inicial 5.2 *(123)*

propaganda *f.* publicidad 11.2 *(310)*

propiedad *f.* característica **14-2** *(478)*

propietario(a) *m.f.* dueño(a) **4-2** *(105)*

protagonista *m.f.* el personaje más importante o principal de una obra 3.2 *(68)*

protón *m.* una partícula de carga positiva **14-2** *(479)*

provisional no definitivo **3-4** *(80)*

psiquiatría *f.* la ciencia que trata las enfermedades mentales 8.2 *(216)*

pudientes influyentes **8-4** *(292)*

puerperal relativo al tiempo después del parto **14-4** *(494)*

punto *m.* un lugar específico en el espacio sin dimensión **10-2** *(351)*

punto decisivo *m.* algo que cambia la dirección de una obra narrativa 3.4 *(75)*

puñado *m.* una cantidad pequeña; literalmente la porción que cabe en la mano cerrada, el puño 4.1 *(86)*; *m.* cantidad que cabe en el puño, en la mano **3-4** *(85)*

Q

quedarse en agua de borrajas no realizarse **4-4** *(120)*

quepi *m.* gorra con visera (militar) **4-4** *(121)*

quiebra *f.* fracaso, fallo financiero; bancarrota **4-2** *(108)*

química *f.* la ciencia que estudia la estructura y propiedades de la materia **14-2** *(478)*

quintos *m.pl.* soldados **4-4** *(121)*

quipu *m.* un sistema que tenían los incas de cordones y nudos de varios colores que transmitían datos e ideas 13.1 *(369)* **1.1** *(3)*

R

radio *m.* un segmento de recta con un extremo en el centro de un círculo y otro en un punto sobre el círculo **10-2** *(355)*

radiología *f.* parte de la medicina que estudia las radiaciones, especialmente los rayos X, en sus aplicaciones al diagnóstico y tratamiento de enfermedades 8.2 *(216)*

radiólogo(a) *m.f.* especialista en la radiología 8.2 *(216)*

raíz cuadrada *f.* la operación opuesta a elevar un número al cuadrado **10-2** *(350)*

ramazón de vides *f.* ramas grandes de la planta que da uvas 6.4 *(161)*

raquítico(a) débil, enfermizo 9.4 *(257)*

Diccionario

rascarse por sus propias uñas hacer algo por su propia fuerza (cuenta) **9-4 (330)**

rasgado(a) de ojos de forma de almendra 9.4 *(254)*

rasgo *m.* propiedad o nota distintiva **11-1 (388)**

ratos *m.pl.* momentos **4-4 (118)**

raudo(a) rápido, veloz 11.4 *(324)*

rayo *m.* parte de una recta que se extiende infinitamente en una sola dirección desde un punto fijo **10-2 (351)**

razón *f.* una comparación entre dos entidades **10-2 (350)**

real *m.* moneda antigua **6-4 (211)**

realizador(a) *m.f.* el productor de una obra teatral **5-2 (152)**

rebullirse empezar a moverse **11-4 (403)**

recado *m.* el mensaje **3-4 (80)**

recelarse temer **4-4 (120)**

recelo *m.* miedo, desconfianza 6.4 *(159)*

rechoncho grueso y de poca altura **4-4 (118)**

reciclaje *m.* consiste en recoger los desechos de papel, vidrio e hierro para transformarlos y poder utilizarlos de nuevo 12.2 *(344)*

reciedumbre *f.* vigor **3-4 (82)**

recinto *m.* espacio cerrado y comprendido dentro de ciertos límites 7.4 *(186)*; **14-1 (474)**

recio fuerte, robusto, vigoroso; duro, violento 2.4 *(46)*

reconocer examinar **14-4 (494)**

recortado de dinero que tiene muy poco dinero **9-4 (330)**

recta *f.* una línea sin curva que continúa indefinidamente en direcciones opuestas **10-2 (351)**

rectángulo *m.* un cuadrilátero con cuatro ángulos rectos **10-2 (353)**

recua *f.* grupo de caballos **6-4 (218)**

recuperar extraer datos almacenados anteriormente **3-2 (59)**

recurso natural *m.* cualquier parte del ambiente que los humanos utilizamos para nuestro beneficio **9-2 (318)**

recurso no renovable *m.* un recurso natural que existe sólo en cantidades limitadas; que no se reemplaza y no forma parte de un ciclo natural **9-2 (318)**

recurso renovable *m.* un recurso natural que es reemplazado o reciclado por medio de procesos naturales **9-2 (318)**

red pública *f.* serie de computadoras interconectadas con fines de intercambiar información **3-2 (60)**

reflexionar concentrar el pensamiento en algo; considerar con intención 3.4 *(74)*

regalía *f.* dinero que se recibe por algunos privilegios, como derechos de autor 7.2 *(176)*

regentear dirigir **14-4 (495)**

regodearse agasajarse, tomar mucho placer **10-4 (380)**

regresar volver 5.1 *(120)*

rehén *m.* persona que queda en poder del enemigo como garantía o fuerza mientras se tramita la paz o un acuerdo 8.1 *(206)*

relatar contar **5-1 (146)**

relatividad cultural *f.* la perspectiva de que los efectos de los rasgos culturales dependen de su medio cultural 2.2 *(39)*

relevo *m.* sustitución, reemplazo, uno que toma el lugar o responsabilidad de otro 13.1 *(368)* **1.1 (2)**

relieve *m.* cualquier cosa que resalta sobre una superficie plana 10.2 *(279)*

relincho *m.* voz del caballo 10.1 *(266)*

relucir resplandecer mucho, brillar **3-4 (72)**

rematado sin remedio, por completo **6-4** *(211)*

remendón que arregla prendas usadas **6-4** *(220)*

remiendo de alguna pocilga *m.* la reparación de un viejo lugar sucio **9-4** *(332)*

remojado sumergido en agua **6-4** *(216)*

remolino de gente *m.* muchedumbre **3-4** *(82)*

remorder inquietar **14-4** *(497)*

renombrado muy conocido, famoso **5-1** *(140)*

rentabilidad *f.* calidad de producir beneficio **4-2** *(108)*

reñir disputar, pelear, batallar **10-4** *(362)*

reo *m.* el condenado después de una sentencia **10-4** *(367)*

repentino súbito, pronto, inesperado **6-1** *(182)*

repleto(a) muy lleno, sobre todo una persona llena de comida **14.4** *(408)* **2.4** *(42)*; **7-1** *(228)*

representación *f.* obra, espectáculo **5-2** *(148)*

réprobo criminal **12-4** *(437)*

requiebros *m.pl.* alabanzas **6-4** *(210)*

rescatar liberar a alguien del peligro u opresión en que se halla **12.4** *(355)*

resentido que siente hostilidad hacia el que le hubiera hecho algo **8-4** *(290)*

resentir sufrir **14-4** *(495)*

resguardar proteger **5-2** *(150)*

resorte *m.* pieza elástica que al haber sido doblada o estirada puede recobrar su posición natural **6.4** *(159)*

restregarse frotar algo contra otra cosa **14-4** *(492)*

reticencia *f.* acción de decir una cosa en parte o indirectamente, a veces con malicia **10-4** *(362)*

retroceder volver hacia atrás **3.4** *(74)*

reventar fatigar mucho **14-4** *(495)*

revuelo *m.* agitación **14-4** *(494)*

rezongar gruñir, refunfuñar **5.4** *(134)*

río *m.* una corriente de agua **1.2** *(8)*

roce *m.* acción de pasar una cosa tocando ligeramente la superficie de otra **9.4** *(258)*

rocín *m.* caballo **6-4** *(209)*

rocino *m.* caballo **6-4** *(216)*

rocío *m.* vapor que, con la frialdad de la noche, se condensa en la atmósfera en gotas muy menudas (pequeñas) **11.4** *(322)*

roer raspar algo con los dientes **10-4** *(372)*

rondar salir los jóvenes **4-4** *(121)*

rondeña *f.* aire popular de Ronda **10-4** *(366)*

ropero *m.* el armario **7-4** *(250)*

rostro *m.* la cara, la figura **3-4** *(80)*

rozar tocar la superficie ligeramente **4.2** *(93)*

rudo duro, tosco, riguroso **8-4** *(296)*

rumbo *m.* dirección, sentido **11.4** *(318)*; **9-4** *(326)*

S

saber a madre tener el olor de casa **9-4** *(336)*

sacerdote *m.* en la Iglesia católica romana, un cura o un padre religioso **1.1** *(2)*

sacudir agitar violentamente; golpear una cosa en el aire para quitarle polvo **2.4** *(52)*

salida *f.* cualquier información generada en la computadora y presentada en la pantalla y transferida a un disco o a una línea de comunicación **3-2** *(59)*

salir abandonar un programa, apagar la computadora **3-2** *(59)*

salud mental / emocional *f.* la habilidad de aceptarte a ti mismo y a los demás, de adaptar y controlar las emociones y afrontar las exigencias y retos que encuentres en la vida **8-2** *(276)*

salvilla *f.* bandeja (de plata) con encajes **10-4** *(372)*

Diccionario

sandaez y demasía tonto (majadero) y atrevimiento (insolencia) 6-4 *(219)*

sanguinario feroz, inhumano 13.1 *(368)* **1.1** *(2)*

sarcástico que implica un deseo o inclinación a insultar, humillar u ofender 5-1 *(140)*

sayo *m.* casco de guerra 6-4 *(209)*

sellar llevar a una conclusión 1.1 *(2)*

semblante *m.* cara, rostro 14-4 *(503)*

sembrar (ie) esparcir semillas en la tierra para cultivar algo 2.4 *(48)*

semilla *f.* grano de maíz 10-1 *(344)*

sensatez *f.* calidad de una persona que piensa y actúa con buen juicio y moderación 4.4 *(100)*

séquito *m.* grupo de personas que acompaña a una persona célebre; (figurativa) efecto o consecuencia de algo 4.4 *(100)*

sexteto *m.* grupo de seis 5-1 *(146)*

siervo(a) *m.f.* sirviente 10.1 *(266)*

simiente *f.* semilla 12.4 *(358)*

sindicato *m.* organización para defender intereses profesionales comunes, generalmente de obreros 6-1 *(182)*

sinfonía *f.* una composición musical ambiciosa ejecutada por una orquesta que dura de veinte a cuarenta y cinco minutos 10.2 *(280)*

síntesis *f.* reunión de elementos en un todo 13-2 *(454)*

sistema *m.* grupo de órganos que trabajan juntos para llevar a cabo una función vital 13-2 *(454)*

soberanía *f.* tener un estado el poder político supremo sin estar sometido bajo el control de otro estado o entidad 7-2 *(238)*

socarrón burlón, pero con más malicia 6-4 *(217)*

sociedad *f.* el grupo de personas que participan en una cultura común 2.2 *(39)*

sociedad anónima *f.* corporación grande 4-2 *(104)*

sociedad colectiva *f.* una asociación 4-2 *(104)*

socios *m.pl.* los dueños o propietarios de una sociedad colectiva o asociación 4-2 *(107)*

socorrer ayudar 12.4 *(355)*

software *m.* las instrucciones que le indican a la computadora lo que tiene que hacer 3-2 *(58)*

soler (ue) acostumbrar, hacer ordinariamente 4.1 *(86)*

solícito(a) diligente, deseoso de servir 5.4 *(132)*

solozar descansar 6-4 *(214)*

solución *f.* mezcla homogénea 14-2 *(482)*

sonoro de sonido armonioso 5-4 *(171)*

sordomudo(a) *m.f.* persona que no puede oír ni hablar 3.1 *(62)*

súbdito *m.* sujeto a una autoridad superior a la cual tiene que obedecer 1.1 *(2)*

sublevación *f.* rebelión, motín 10.1 *(266)*

sublime eminente; de gran valor moral, intelectual 7-4 *(253)*

substracción *f.* resta 10-2 *(348)*

sucumbir rendirse, someterse 6-1 *(182)*

sujetar dominar o someter a alguien 3-4 *(85)*

sujetar dominar o someter a alguien 11.4 *(318)*

suma *f.* el monto 4-2 *(106)*

suplicar rogar 5.4 *(132)*

suplicio *m.* padecimiento corporal muy doloroso ejecutado como castigo 10-4 *(367)*

suprimir omitir, pasar por alto; hacer que desaparezca 6-1 *(182)*

surcos *m.pl.* arrugas 14-4 *(503)*

surtidor *m.* chorro **10-4** *(372)*

surtir proveer **14-4** *(494)*

suspenso *m.* un elemento de tensión dramática, una especie de anticipación de lo que va a pasar 3.4 *(75)*

T

tabla periódica *f.* una representación gráfica que relaciona las propiedades de los elementos con sus números atómicos **14-2** *(483)*

tablado *m.* tipo de escenario **5-2** *(151)*

tabú *m.* prohibición de tocar, comer, decir alguna cosa 13.4 *(384)* **1.4** *(18)*

taburete *m.* banqueta, mueble sin brazos ni respaldo 6.4 *(161)*

taciturno(a) silencioso, callado, triste 13.4 *(382)* **1.4** *(16)*

talle *m.* apariencia **6-4** *(215)*

tallo *m.* el tronco **14-4** *(503)*

tamañas tan grandes **9-4** *(332)*

tapón *f.* embotellamiento 5.1 *(120)*

tartamudo(a) *m.f.* que habla con pronunciación entrecortada repitiendo los sonidos 1.4 *(23)*

teatro *m.* el género literario en el cual el medio de expresión es el diálogo entre los personajes 4.2 *(92)*; *m.* el género literario escrito con la intención de ser representado en escena **5-2** *(148)*

teclado *m.* el conjunto de teclas **3-2** *(62)*

tecolotes *m.pl.* policías (México) **7-4** *(251)*

teja *f.* azulejo o baldosa del techo (tejado) 6.4 *(159)*

tejido *m.* grupo de células que trabajan juntas para llevar a cabo una actividad **13-2** *(454)*

telaraña *f.* tela que forma la araña para cazar insectos 6.4 *(159)*

tema *m.* la significación de lo que pasa en una narración 3.4 *(75)*; la materia que pinta el artista 10.2 *(278)*

temerario atrevido, imprudente **12-4** *(436)*

tenaz persistente, adherido con fuerza **5-4** *(171)*; **9-4** *(326)*

tenderete *m.* puesto de venta callejero en un mercado **4-1** *(101)*

tenedor *m.* poseedor **4-2** *(104)*

tener empeño insistir en que **4-4** *(120)*

tener en mucho estimar **3-1** *(55)*

terminal *f.* dispositivo entrada y salida **3-2** *(58)*

término *m.* un número, una variable o un número y una variable combinados en una multiplicación o división **10-2** *(348)*

terrateniente *m.f.* propietario de una gran extensión de tierra **9-1** *(310)*

terreno de tierra, fango **12-4** *(435)*

testarudo(a) que se mantiene en una opinión fija a pesar de razones convincentes en contra 10.4 *(290)*

testigo(a) *m.f.* persona que presencia (ve) algo; persona que da testimonio 10.1 *(266)*

tiempo *m.* la condición de la atmósfera en un lugar durante un período breve 9.2 *(242)*

timbre *m.* cualidad que distingue un sonido de otro 3.4 *(74)*

timorato(a) tímido, indeciso **7-4** *(186)*

tinieblas *f.pl.* oscuridad; *(figurativo)* ignorancia **6-1** *(182)*

tintero *m.* antiguo receptáculo para la tinta **10-4** *(365)*

tiovivo *m.* atracción infantil que consiste en una plataforma giratoria con caballitos de madera **4-4** *(118)*

título *m.* un bono **4-2** *(104)*

topacio *m.* piedra preciosa 9.4 *(257)*

toparse chocarse, encontrarse casualmente **6-4 (213)**

toque de queda *m.* un acto del gobierno que dice que los ciudadanos no pueden salir a la calle después de una hora determinada 13.2 *(374)* **1.2 (8)**

torcaz salvaje **12-4 (436)**

torcer (ue) cambiar, desviar 11.4 *(318)*

torcer la dirección dar una vuelta **9-4 (329)**

tordillo *m.* caballo de pelo blanco y negro **3-4 (76)**

torniscón *m.* golpe de revés **10-4 (366)**

torpeza *f.* tontería, estupidez **10-4 (362)**

totalitario relativo a un régimen político no democrático; autoritario **6-1 (182)**

trampa *f.* hábito peculiar **14-4 (499)**

trapecio *m.* un cuadrilátero que tiene dos lados paralelos y dos lados que no lo son **10-2 (353)**

trapicheo *m.* manera maquinadora de conseguir algo 10.4 *(292)*

travesura *f.* acción sobre todo de los niños para divertirse o burlarse de alguien sin malicia pero puede ocasionar algún trastorno (disgusto) **10-4 (362)**

traza *f.* apariencia 14.4 *(410)* **2.4 (44)**

trecho *m.* distancia **3-1 (54)**; **6-4 (214)**

trepar subir **4-4 (122)**

triángulo *m.* polígono que tiene tres lados, tres vértices y tres ángulos **10-2 (352)**

triángulo acutángulo *m.* triángulo que tiene tres ángulos agudos **10-2 (352)**

triángulo equilátero *m.* triángulo que tiene tres lados congruentes y tres ángulos congruentes **10-2 (352)**

triángulo escaleno *m.* triángulo que no tiene ningún lado congruente **10-2 (352)**

triángulo isósceles *m.* triángulo que tiene por lo menos dos lados congruentes y por lo menos dos ángulos congruentes **10-2 (352)**

triángulo obtusángulo *m.* triángulo que tiene un ángulo obtuso **10-2 (352)**

triángulo rectángulo *m.* triángulo que tiene un ángulo recto **10-2 (352)**

tributario *m.* afluente, corriente de agua que desemboca en otra 11.1 *(304)*

trigueño(a) que tiene el color del trigo 9.4 *(254)*

trinar temblar 10.4 *(293)*

trinchador *m.* lo que corta en trozos la comida, sobre todo la carne **10-4 (372)**

tripulante *m.f.* el/la que trabaja abordo de un barco, avión; miembro de la tripulación **11-1 (388)**

trocado cambiado **10-4 (367)**

trompicones *m.pl.* golpes **12-4 (437)**

trompo *m.* juguete de forma cónica 11.4 *(322)*

tropezón *m.* acción de tropezar con un obstáculo al caminar, perdiendo el equilibrio **10-4 (364)**

tuertos *m.pl.* agravios, injusticias **6-4 (213)**

tumbar derribar, hacer caer **9-4 (326)**

turba *f.* muchedumbre de gente **5-4 (171)**

turgente hinchado **7-4 (248)**

turrón *m.* tipo de dulce con almendras; a veces significa alcorza **10-4 (379)**

U

ufano(a) muy ensimismado 14.4 *(410)* **2.4 (44)**; orgulloso **4-4 (122)**

ultraje *m.* abuso **12-4 (437)**

unir juntar, enlazar 6.1 *(142)*

urbanizarse acondicionarse a una vida urbana (de la ciudad) 2.1 *(32)*

urdido imaginado **14-4** *(495)*

urología *f.* parte de la medicina que estudia y trata el aparato urinario 8.2 *(216)*

urólogo(a) *m.f.* especialista en la urología 8.2 *(216)*

V

vagar andar sin tener un destino fijo 13.1 *(368)* **1.1** *(2)*

valentía *f.* calidad de valiente; hecho heroico 1.4 *(16)*

valor *m.* idea abstracta que uno considera deseable, buena y correcta 2.2 *(38)*

vándalo(a) (de los vándalos) asociado con el pueblo germánico que invadió España 9.4 *(255)*

vapor *m.* barco, nave 11.4 *(322)*; *m.* agua gaseosa **14-2** *(478)*

variable *f.* un símbolo que se usa para representar un número desconocido **10-2** *(348)*

vecindad *f.* zona residencial 5.1 *(120)*

velador *m.* lámpara que se coloca en la mesita de noche **8-4** *(290)*

veliz maleta pequeña **9-4** *(329)*

vellorí *m.* paño muy fino **6-4** *(209)*

velludo de mucho pelo **6-4** *(209)*

vendedor(a) *m.f.* el/la que vende 4-2 *(104)*

verdugo *m.* funcionario de justicia que ejecuta las penas de muerte **12-4** *(439)*

verosímil describe a hechos en un cuento o una novela que podrían haber ocurrido 3.2 *(69)*

verter derramar, vaciar un líquido de un recipiente 4.4 *(100)*

vértice *m.* el punto de un ángulo que los rayos tienen en común **10-2** *(351)*

vestuario *m.* conjunto de los trajes que llevan los actores y actrices **5-2** *(152)*

vianda *f.* alimento **13-4** *(460)*

viento en popa *m.* viento que sopla en la misma dirección que se dirige el buque 11.4 *(318)*

vigas *f.pl.* piezas de construcción **3-1** *(53)*

villanía *f.* cosa ni honrada ni honesta **3-4** *(75)*

visualizar examinar datos en la pantalla **3-2** *(59)*

vivir de exclusivas adherirse a un principio sin considerar la validez de otro **10-4** *(367)*

Vizcaya provincia vasca **10-4** *(365)*

voladizo *m.* proyección estructural **5-2** *(150)*

voto *m.* derecho que tiene el pueblo de elegir a sus líderes 13.2 *(374)* **1.2** *(8)*

vuestra alteza *m.f.* el rey (la reina) **3-1** *(53)*

Y

yacimiento *m.* acumulación natural y local de una sustancia mineral susceptible de ser explotada 9.4 *(254)*

yantar comer **6-4** *(216)*

yerma inhabitada **11-4** *(402)*

yugo *m.* ley que somete u obliga a obedecer **10-4** *(374)*

Z

zambullirse sumergirse **12-4** *(437)*

zarza *f.* planta espinosa **12-4** *(436)*

zumbido *m.* sonido continuo y bronco (tosco) **8-4** *(290)*

zurdir (figurativo) poner **14-4** *(496)*

zurdo(a) *m.f.* el/la que escribe con la mano izquierda 1.4 *(23)*

Índice temático y cultural

El número que sigue a cada entrada indica la página en la cual se presenta el tema. Los números en letra negrita se presentaron en el Nivel 2. Todos los demás se presentaron en el Nivel 1.

Índice temático y cultural

Índice temático y cultural

 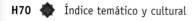

Índice temático y cultural

Créditos

171 (t)Daniel Rivedemar/Odyssey Productions, (b)Getty Images; 172 Archivo Iconografico, S.A./CORBIS; 173 (t)Yam Arthus-Bertrand/CORBIS, Chris Sharp/Photo Researchers; 174 SuperStock; 176 (t)Getty Images, (b)Michael Newman/PhotoEdit; 178 Jeremy Horner/CORBIS; 179 David Young-Wolff/PhotoEdit; 180–181 Taxi/Getty Images; 182 Andrew Payti; 183 (t)Bettmann/CORBIS, (b)Dani Felipe/Reuters/CORBIS; 184 (t)O. Alamany & E. Vicens/CORBIS, (bl)Oliver Strewe/ Lonely Planet Images, (br)Michael Busselle/CORBIS; 185 (t)Bettmann/CORBIS, (b)M.ou Me. Desjeux, Bernard/CORBIS; 186 (t)Andrew Payti, (c)Ruggero Vanni/CORBIS, (bl)Nik Wheeler/CORBIS, (br)Brian Lawrence/SuperStock; 187 (t)Archivo Iconografico, S.A./CORBIS, (bl)Michael Maslin Historic Photographs/CORBIS, (br)Dave G. Houser/CORBIS; 188 (t)CORBIS, (tc)Julio Donoso/Sygma/CORBIS, (b)Bettmann/CORBIS, (bc)Archivo Iconografico, S.A./CORBIS; 189 (t)Roger Antrobus/CORBIS, (b)Bettmann/CORBIS; 190 (t)Bettmann/CORBIS, (b)Aechivo Iconografico, S.A./CORBIS; 191 (t)David Cumming, Eye Ubiquitous/CORBIS, (b)CORBIS; 192 (t)Patrick Ward/CORBIS, (b)Hulton-Deutsch Collection/CORBIS; 193 (t)Bettmann/CORBIS, (cl)O.Alamany & E. Vicens/CORBIS, (cr)Andrew Payti, (b)Veronica Garbutt/Lonely Planet Images; 194 (t)Andrew Payti, (b)Stapleton Collection/CORBIS; 195 Owen Franken/CORBIS; 196 (t)Andrew Payti, (b)Michael Busselle/CORBIS; 197 Andrew Payti; 198 (t br) Andrew Payti, (bl)Owaki - Kulla/CORBIS; 199 Blue Lantern Studios/CORBIS; 200 CORBIS; 201 Andrew Payti; 202 Michelle Chaplow; 203 204 205 Andrew Payti; 207 (t)Archivo Iconografico, S.A./CORBIS, (b)Andrew Payti; 208 Mary Evans Picture Library; 209 Jose Fuste Raga/CORBIS; 210 CORBIS; 212 Victoria & Albert Museum, London/Art Resource, NY; 213 Archivo Iconografico, S.A./CORBIS; 218 Jose Fuste Raga/CORBIS; 220 Giraudon/Art Resource, NY; 221 CORBIS; 222 Martin Moos/Lonely Planet Images; 225 Andrew Payti; 226–227 Comstock/Getty Images; 229 CORBIS; 230 (t)Culver Pictures, (b)Brown Brothers; 231 (tl tr)Bettmann/CORBIS, (b)Dave G. Houser/CORBIS; 232 (t)Getty Images, (c)Buddy Mays/CORBIS, (b)Bettmann/CORBIS; 233 (t)Stravato Michael/CORBIS, (c)Jennifer Szymaszek/AP Wide World Photos, (b)Savino Tony/CORBIS; 234 Bettmann/CORBIS; 235 Bob Krist/CORBIS; 236 (t)William Manning/CORBIS, (bl br)Robert Frerck/Odyssey Productions; 237 (t)Reuters/CORBIS, (cr)Dan Loh/AP Wide World Photos, (b)Jonathan Blair/CORBIS; 238 (t)Reuters/CORBIS, (b)Stone/Getty Images; 239 (t)Reuters/CORBIS, (b)Ron Sachs/CORBIS; 240 Onne van der Wal/CORBIS; 242 Bob Daemmrich/The Image Works; 243 (t)Getty Images, (b)Patrik Giardino/CORBIS; 246 The Bridgeman Art Library; 247 (t)Dave G. Houser/CORBIS, (b)Andrew Payti; 248 The Image Bank/Getty Images; 250 Richard Cummings/CORBIS; 251 Bryan F. Peterson/CORBIS; 253 (t)James L. Amos/CORBIS, (b)Gillian Darley/CORBIS; 254 Paul Steel/CORBIS; 255 Edifice/CORBIS; 256 (tl)Amet Jean Pierre/CORBIS, (tc)Bettmann/CORBIS, (tr)CORBIS, (bl)Duomo/CORBIS, (bc)Reuters/CORBIS, (br)Neal Preston/CORBIS; 259 Yuste Jose Luis/CORBIS; 260 Gene Blevins/CORBIS; 261 (t)Getty Images, (b)Theo Westernberger/Gamma-Liaison Network; 262 James

P. Blair/CORBIS; 263 (t)AP/Wide World Photos, (b)Macduff Everton/CORBIS; 268–267 Paul Barton/CORBIS; 270 (l)CORBIS, (r)Bill Ross/CORBIS; 271 (t)Bogdan Cristel/Reuters/CORBIS, (b)Curt Fischer; 272 (t)Joel W. Rogers/CORBIS, (b)file photo; 273 Seamas Culliagn/Zuma/CORBIS; 275 CORBIS; 276 SW Productions/Getty Images; 277 Jonathan Nourok/PhotoEdit; 278 (t to b)Jeffery Greenburg/Photo Researchers, (2)Mark Scott/Getty Images, (3)Jerrican/Photo Researchers, (4)Myrleen Ferguson Cate/PhotoEdit, (5)Doug Martin/Photo Researchers; 279 Bill Aron/PhotoEdit; 280 Chuck Savage/CORBIS; 281 (t)Robert Brenner/PhotoEdit, (b)EXPLORER/Photo Researchers; 283 SW Productions/Getty Images; 284 Taxi/Getty Images; 285 CORBIS; 286 Stone/Getty Images; 290 Andrew Payti; 291 (t)Sophie Bassouls/CORBIS, (c)Sergio Pitamitz/CORBIS, (b)Getty Images; 292 SuperStock; 294 Stone/Getty Images; 295 Andrew Payti; 296 (t)Rick Gomez/CORBIS, (bl)Lynsey Addario/CORBIS, (br)Bettmann/CORBIS; 297 298 Andrew Payti; 299 Bettmann/CORBIS; 300 Peter Johnson/CORBIS; 301 Bruce Burkhardt/CORBIS; 303 Jose Luis Pelaez/CORBIS; 304 James L. Amos/CORBIS; 305 307 Andrew Payti; 308–309 Jose Fuste Rage/CORBIS; 310 Pablo Corral V/CORBIS; 311 (tl tr br)Andrew Payti, (bl)Michael Maslan Historic Photographs/CORBIS; 312 (t)Pablo Corral V/CORBIS, (c br)Andrew Payti, (bl)Owen Franken/CORBIS; 313 (t)Galen Rowell/CORBIS, (b)Patrick Ward/CORBIS; 314 (t)Daniel Leclair/CORBIS, (bl)Tom Bean/CORBIS, (br)Annie Griffiths/CORBIS; 315 (t)Andrew Payti, (c)Viviane Moos/CORBIS, (b)Michael Brennan/CORBIS; 316 Anders Ryman/CORBIS; 317 Andrew Payti; 318 (t)F. Carter Smith/Sygma/CORBIS, (tc)Anders Ryman/CORBIS, (b)Andrew Payti, (bc)Mike Blake/Reuters/CORBIS; 319 (t)Reuters/CORBIS, (c)Danny Lehman/CORBIS, (b)Andrew Payti; 320 (t)Mark Newman/Lonely Planet Images, (c)CORBIS, (b)Andrew Payti; 321 Bill Varie/CORBIS; 322 Bo Zaunders/CORBIS; 323 324 Andrew Payti; 326 (t)Andrew Payti, (b)CORBIS; 327 (t)Doug Martin, (b)CORBIS; 328 (t)Nik Wheeler/CORBIS, (bl)Ross Barnett/Lonely Planet Images, (br)CORBIS; 329 Danny Lehman/CORBIS; 330 Randy Faris/CORBIS; 331 Stephnie Maze/CORBIS; 332 Nik Wheeler/CORBIS; 333 (t)Jan Butchofsky-Houser/CORBIS, (b)Danny Lehman/CORBIS; 334 Randy Faris/CORBIS; 335 Danny Lehman/CORBIS; 336 Galen Rowell/CORBIS; 337 Francesc Muntada/Corbis; 338 339 Andrew Payti; 340 Tom Stewart/CORBIS; 342–343 Scala/Art Resource, NY; 344 (tl)Curt Fischer, (tr)Getty Images, (b)Lindsay Hebberd/CORBIS; 345 (tl c)Getty Images, (tc)Jennifer Levy/PictureArts/CORBIS, (tr)Greg Elms/Lonely Planet Images, (b)Pablo Corral V/CORBIS, (bc)Lynda Richardson/CORBIS; 346 (t)Reuters/CORBIS, (tc)Philip Gould/CORBIS, (cl)Lois Ellen Frank/CORBIS, (c)Greg Elms/Lonely Planet Images, (b)CORBIS, (bc)Owen Franken/CORBIS; 347 Robert Frerck/Odyssey Productions; 348 (t)CORBIS, (b)Ariel Skelley/CORBIS; 358 Don Mason/SIE Productions/CORBIS; 359 SIE Productions/CORBIS; 360 (l)Stone/Getty Images, (r)Andrew Payti; 361 Getty Images; 362 Fred Prouser/Reuters/CORBIS; 363 Doug Martin; 365 Peter M. Wilson/CORBIS; 376 James Leynse/CORBIS; 377 (t)Bureau L.A. Collection/CORBIS, (b)Owen Franken/CORBIS; 378 Annie Griffiths